U0647117

文心语粹

浙大中文学者演讲录

胡可先　黄　擎　主编

ZHEJIANG UNIVERSITY PRESS
浙江大学出版社
·杭州·

图书在版编目（CIP）数据

文心语粹：浙大中文学者演讲录 / 胡可先，黄擎主编. -- 杭州：浙江大学出版社，2023.3
ISBN 978-7-308-23541-9

Ⅰ. ①文… Ⅱ. ①胡… ②黄… Ⅲ. ①汉语－语言学－文集②中国文学－文学研究－文集 Ⅳ. ① H1-53
② I206-53

中国国家版本馆 CIP 数据核字（2023）第 035179 号

文心语粹：浙大中文学者演讲录

胡可先　黄　擎　主编

责任编辑　周烨楠

责任校对　吴　庆

责任印制　范洪法

封面设计　周　灵

出版发行　浙江大学出版社

（杭州市天目山路 148 号　邮政编码 310007）

（网址：http://www.zjupress.com）

排　　版　杭州浙信文化传播有限公司

印　　刷　杭州宏雅印刷有限公司

开　　本　710mm × 1000mm　1/16

印　　张　23.5

字　　数　326 千

版 印 次　2023 年 3 月第 1 版　2023 年 3 月第 1 次印刷

书　　号　ISBN 978-7-308-23541-9

定　　价　98.00 元

目 录

如何“历史”？怎样“小说”？

——谈谈我的历史小说研究，兼及治学的有关问题与方法

吴秀明

学者名片

吴秀明，1952年生，浙江温岭人。浙江大学求是特聘教授、博士生导师，为国家教学名师、浙江省有突出贡献的中青年专家。兼任中国文艺理论学会副会长、浙江省中国当代文学研究会会长等。1976年毕业于杭州大学汉语言文学专业。出版《中国当代长篇历史小说的文化阐释》《中国当代文学史料问题研究》《当代文学“历史化”问题研究》等20多部著作，在《文学评论》《文艺研究》《中国现代文学研究丛刊》等刊发表文章近300篇。主持“历史文学研究”“当代文学文献史料问题研究”“当代文学研究的‘历史化’及其主要路径与方法”等5项国家社科基金重点项目与一般项目。获教育部高等学校优秀教学和研究成果奖二、三等奖多项。

时间：2010年1月5日

地点：浙江大学西溪校区人文学院会议室

首先有必要说明，历史小说研究不是我学术研究的全部，大概占了我30年学术活动的一半时间，但它却是我学术生涯的重要组成部分。历史小说研究让我受益良多，但更重要的是它确立了我的学术起点，增强了我的学术信心，为以后进一步研究打下了基础。历史小说研究可以说是我从事学术研究的"阿基米德点"，我有关研究的基本思路、理念与方法都来自历史小说。

今天，我主要拟对自己过往的研究作一番盘点与反思，也想借此就历史小说及治学有关问题与方法，与在座的本科生、研究生和青年老师交流与切磋，敬希得到大家的批评指正。为了方便起见，我想将讲演分为两个阶段：先是由我谈谈自己历史小说的研究过程和感受体会，然后再与大家进行现场互动。历史小说研究虽是我个人的实践活动，但它毕竟带有学术研究的某些共通性和规律性的东西。因此，大家不妨将我今晚的讲演看作是由个别通向普遍的一个简单粗糙的现场自述，而不是廉价无趣的、王婆卖瓜式的一种自我夸耀。

一、研究过程：从批评到理论再到综合

说起来，我的历史小说研究也许带有一定的偶然性。30年前，也就是20世纪80年代初，当时还是杭大中文系年轻教师的我，生了一场长达二三年的病。身体恢复以后，为接下来如何寻找突破口、进入研究状态感到很焦虑。不像现在，那时年轻老师上岗都要进行试教，教研室分配给我的一个任务是试讲姚雪垠的《李自成》。这部长篇历史小说有十几卷，总计

300多万字。现在可能很多人都没有读过，但在当时却是爆热的，影响也很大。为了备课，同时也为了寻找“突破口”，有段时间，我几乎天天都往中文系的资料室和学校图书馆跑，满脑子在考虑怎么在茫茫的学海中找到自己赖以生存和发展的“栖身之地”。有一次在书架上意外发现了一部名为《陈胜》的长篇历史小说。该书开头描写了这样一个情节和场面：在秦始皇入葬的前一天，秦二世领着一班王公大臣，在咸阳的上林苑观看了一场非常残酷的人兽相搏游戏，许多手持兵器的“角抵”被迫去与各种野兽进行酷烈的恶战。正在这危急的关头，后来成为农民领袖，也是为大家所熟知的陈胜出场了，他擅自单身一人跳进圈斗场内，在转眼之间就把两头凶猛无比的狮虎给杀死了。“中国古代先秦时代也有像古罗马那样专供观赏用的斗技场，并且这个斗技场还有规模宏大的看台、相关的配套设施以及乐于此道的观众呢。”说实在的，我当时读了以后是很怀疑的。请注意，我这里指的是供人观赏的一种娱乐活动，一种民情风俗，而不是偶尔为之的惩罚性举措。我怀疑，这样的描写是否从西方的小说及影视《斯巴达克斯》那里移植过来的。

可仅仅是怀疑，我有限而又浅陋的历史素养无法回答和解释这个问题。没有办法，于是就去请教中文系和历史系从事“四古”（古代文学、古代汉语、古代历史、古典文献）研究的姜亮夫、黎子耀、沈文倬、蔡义江等先生。或许这个问题有点偏，这些先生没有正面给予解答，但他们却给我提供了检索的一些具体路径、方法和工具书，如《史记》《汉书》《秦会要》等。通过相关资料的查阅，我不仅得到了具体的解惑，而且也懂得了怎样去“入史”。最后，联系全书对陈胜不无神化的描写，整合其他有关的材料，将其写成了一篇文章《虚构应当尊重历史——关于历史小说真实性的一点想法》，寄给了当时颇有影响的《文艺报》。没想到很快收到了编辑的来信，编辑对我热情地加以褒扬，并把它作为重点文章予以发表。记得当时接到散发着浓

浓油墨香味的样刊，我激动了好一阵子，后来还将收到的26元稿费去买了一张藤椅，以示纪念。需要指出，编辑还因此特地推荐我参加1982年初在北京举办的首届茅盾文学奖的评选。我至今非常感谢那位编辑，是他发现、鼓励并且引导我走上学术道路，我也很怀念那个时代相对比较纯洁的人际关系及学风。

稍后，我接着又在《文学评论》上发表了一篇题为《评近年来的历史小说创作》的文章，进而较为全面地对20世纪七八十年代之交的历史小说创作，包括思想与艺术成就、真实性品格以及成败得失进行了归纳、总结，并就今后如何发展提出了自己的看法。也许是选题有点新意，最早对当时文坛上涌动的历史小说大潮作出了回应，《文学评论》的编辑们认为比较重要，所以拙稿寄出后不久，很快就被发表出来（载《文学评论》1982年第2期头条），随之还被数家报纸、杂志转载，产生了较好的反响。当时我正应邀在北京参加茅盾文学奖的评选，编辑得知后特地把我叫到他的办公室，在勉励的同时告诫我要戒骄戒躁，争取今后有更大的成就，等等。

上述两篇文章就是我历史小说研究的起点。现在回过头去看，它们的不足是十分显见的，对历史小说的真实性——主要是历史真实与艺术真实之间的关系的解读比较简单、粗糙乃至不无僵硬（实则是限于比较紧箍的"历史现实主义"的一种解读）。但有一点我以为是对的，那就是它的提出来自实践，同时又反作用于实践。也就是说，我是从实践中发现问题、提出问题，讲的是一个真问题，而不是一个伪命题，对中国当下文学和文化的建设是有意义的，是一种及物的研究。文学研究不能太实用、太功利，但文学研究的确也有一个价值效应的问题。它至少对文学创作、理论研究和学术史应该有推动作用；或者是说，文学研究应该有一个价值论的问题。只有这样，它才能更好地发挥其功能价值，并有效激发自己的研究兴趣。这一点对现当代文学来说特别重要，它可以说是构成我们这个学科的一个非常重要的“根性”特点。一切的一切，都应该立足于此，从这里出发。

这两篇文章发表后，我就顺势而发，继续从事历史小说研究（主要是当代历史小说的作家作品研究），先后大约有四五年吧。那时几乎所有的重要或有代表性的作家，包括姚雪垠、徐兴业、任光椿、凌力、端木蕻良、蒋和森、杨书案、鲍昌、顾汶光等等，我都对他们写过批评文章，开始慢慢有点影响了，有的历史小说作家还主动与我联系，将作品寄给我。不少圈子里的人都知道杭大中文系（那时杭大与浙大还没有合并）有个搞历史小说的，有的人误认为我是一个“老先生”，以至于有次闹了一个笑话。有位从事太平天国题材长篇历史小说创作的贵州作家去南京参加会议，特地在杭州下车，来敲我家的门，问我是不是“吴秀明的儿子”，因为他想，搞历史小说研究的肯定是一个上年纪的人。（众大笑）这是我研究的第一阶段，这个阶段主要是历史小说批评，我发的文章大多收在 1987 年出版的历史小说评论集《在历史与小说之间》。该书封面的字，是由姚雪垠先生题签的。

第二个阶段是 80 年代中后期到 90 年代初期，那个时候觉得自己不能老是跟在作家作品后面转，认为感性的认识必须上升到理性的高度，应该有自己的一套东西，特别是有一套理论。那时北京等地也有人在搞历史小说研究，有位先生建议我不要再写这类批评性的文章了。我当时虽有点接受不了，但自己确实也对自己感到不满意，想在原有基础上有所提升和超越。所以就有一个转型的问题。那么如何转型呢？我反复考虑，首先想从理论上寻找出路。80 年代中后期，学术界正在兴起一股以“新三论”（系统论、控制论、信息论）为代表的“新方法论热”，那时的我也感到了某种落伍的危机。第二次去北京参加茅盾文学奖的评选，听有的批评家发言，满口都是新名词、新概念（从自然科学那里移植过来），我听得雾里云里的，似乎有点“失语”。因此，那段时间里，我有意识地压制自己的发表欲，想补课，颇读了一些美学、心理学、文化学、新批评、新方法论方面的著述。

我现在书架上的很多跨学科的书就是在那段时间买的。老实说，能发表文章，而压制自己的发表欲，还是蛮难受和压抑的。大概与年龄及经历有关吧，我们是将学术研究当作“第二生命”的，而绝无半点“玩”的心态——坦率地讲，像我们这样有过上山下乡或扛过枪的经历，后来有幸上大学从事教学和科研的“50 后”，是不会也不愿去“玩”的，更不会“玩的就是心跳”。（众笑）但现在回过头去看，我觉得当时的难受和压抑是值得的。暂时的难受和压抑，是为了以后更好的发展。有时候一帆风顺、直线发展，并不一定是好事。做人如此，作文也如此。另外，我还结合申报的国家社科基金项目“历史文学研究”，撰写了不少历史文学理论方面的著述。本阶段，我的历史小说研究逐渐由历史小说批评推进到了历史文学理论研究——需要说明，我这里所谓的历史文学，除了历史小说外，还包括历史题材影视、史诗等，是指与历史有关的所有文学创作。

历史文学有别于其他文学，它既姓“文”，又与“史”有着特殊的联系。如果不嫌生硬，你也可以说它就是一种跨学科或跨文类吧。在这里，如何“历史”，怎样“文学”（“小说”），出于不同的立场、观念与方法，彼此会有不同甚至截然相反的理解和结论，由此也就构成了我们通常所说的现实主义、现代主义、后现代主义几种研究范式。近些年来，也有研究者将这种文史兼具的文类统称为“纪实文学”，具体再细分为传记文学、历史文学、报告文学这样几种形态。怎样看待纪实文学内部这几种文学形态之间的关系呢？我认为：如果说传记文学是纪实文学的古典形态，报告文学是纪实文学的现代形态，那么历史文学就属于介于传记文学与报告文学之间的既传统又现代的一种形态。我就是基于这样的理解和定位来展开对历史文学理论的研究的，撰写了历史真实与艺术虚构、历史的限度与艺术分寸、历史文学影射与现代化问题等一批文章。它们大多发表在学术刊物的文艺理论栏目。通过这样的撰写，几年下来，自觉在理论方面有了不少提升。这些研究主要集中在 1993 年、1994 年出版的《历史文学论》《历史文学真实论》《历史的诗学》这三本书。也从这个时候开始，我的研究发生了一些变化：从原来的“我注六经”慢慢转向“六经注我”，并逐步形成了自己的一套话语。我尽力按照自己对历史文学的理解，对作家作品进行阐释。这样既评价了一部作品，同时也表达了自己对历史文学的一种认知。我以为这样的阐释比以前的批评更难，也更有意味，更具挑战性。第二个阶段，我把主要的精力花在了历史文学理论研究上。我现在之所以对文艺学有点兴趣，并与这一领域的专家学者勉强可以对话，主要倚仗那时打下的基础。

第三个阶段是 90 年代中后期开始到现在，我的研究重心转向到了当代文学方面：开始研究当代文学思潮，出了一本书（《转型时期的中国当代文学思潮》）；接着致力于文学史编写，主编出版了两部文学史（《中国当代文学史写真》《当代中国文学五十年》）；最近几年还写了一些当代文学学科和史料方面的文章。至此，我的研究同时涵盖了“作家作品”“文学思潮”“文学史论”“学科与史料”（先是学科，后来逐渐偏向史料）这四个方面，或者说逐步形成了“作家作品＋文学思潮＋文学史论＋学科与史料”这样“四位一体”的研究构架。此外，还广泛地当然也是蜻蜓点水似的涉及教育学、生态文学、地域文化等。与以往不同，在 90 年代中后期，历史小说研究只是我偶尔为之的“副业”，数量明显减少。但这种研究的转向也给我的历史小说研究带来了一些以前所没有的新东西，它使我的观念、思维、方法都有一些新的拓展。这个阶段的成果主要收录在 2007 年出版的《中国当代长篇历史小说的文化阐释》（以下简称《阐释》）那本书里。

为有助于梳理自己走过的学术轨迹，方便大家批评指正，这里我不揣冒昧地对这部《阐释》稍述一二。作为带有研究文章汇编性质的一部拙著，《阐释》分上下两部分，上半部重点讲思潮现象，后半部主要讲作家作品。与我以前的研究相比，《阐释》的不同主要表现在：1. 从当代文学整体性乃

至20世纪文学整体性的角度，以大视小，也可以说是以小见大，来观照和把握当代历史小说；2.借鉴文化批评的理念，同时还将当代历史小说当作一种文化现象进行审察；3.在讲真实性的同时，亦不忘其艺术想象和创造能力的发掘，因此本阶段不仅调整和扩大了历史小说的概念内涵，将新历史小说、新故事新编、戏说历史等纳入视域，还对其固有的意义和价值也做了认肯；4.还进而就历史小说理论与实践有关问题，努力作出新的解读。这一点相对比较重要，我想在此稍多说几句。

如历史小说真实性问题，古今中外讲得很多，包括我自己在内，以前基本围绕虚实关系展开。这样的解读自有道理，但也往往容易平面简单。尤其是，当大家都大同小异地这么说，如“七实三虚”呀，“三实七虚”呀，“子虚乌有”呀，将它当作研究的不二范式，此弊就显得更为明显，甚至有点乏味。有感于此，我从语言和内容两方面入手，提出了历史真实的“两度创造”问题：所谓“一度创造”，是指语言上合情合理的创造与转换，即以“无障碍”阅读或观赏为前提，大可不必为了所谓的“求真”或“稽古”，而在叙述时向读者兜售深奥生冷的历史用语，使人不知所云或接受起来十分费劲。所谓“二度创造”，则是指内容上基于现代伦理和人性的创造与转换，因为真的不等于善的和美的。例如大家都知道勾践“尝胆”的故事，但历史上勾践为了讨好吴王还干过“尝粪”的事。为什么迄今为止的所有创作，都没写“尝粪”呢？因为它尽管真实，但实在太恶作、太恶心了，如果将其正面表现，恐无法令人接受，所以有必要按照善和美的原则对此作隐显抑扬的处理。我将上述这样的想法，整理成文寄给了《文学评论》，得到了他们的认可，后来就以《从历史真实到现代消费的两度创造——论历史文学真实的现代转换》为题，刊发在《文学评论》1998年第2期上。

此外，还有像历史知识的两面性问题、历史翻案的陷阱问题、历史文学创作的底线和境界问题等，也都有类似的情况。它已超越了狭隘的历史小说文体界限，与整体的当代文学联系起来，彼此具有一种互文性的、相互激发和建构性的关系，包括历史观、价值观、真实观、艺术观。为什么出现这样的变化呢？这里的原因，除了得益于自己此前历史小说研究的积累外，还与当时研究重心向当代文学转移密切相关。也就是说，这里虽然讲的是历史小说，但某种意义上，何尝不是在讲当代文学，它反映和体现了我对历史小说所归属的，自然也是更为宏大的当代文学的一种认知和评判。而这，是我早期的历史小说研究没有的。这也从一个侧面反映出，我后期的历史小说研究开始注意到历史和文学的丰富性、复杂性，并努力给予整体性和综合性的把握。总之，在如何“历史”，怎样“小说”问题上，由于受时代社会和主客多方面因素的影响，至此，我的研究有了不同以前的调整和拓展。当然，后来我逐渐由此淡出，而转向到当代文学思潮、文学史及史料研究；但即使如此，历史小说研究仍成为我充满温馨的一种记忆，并深刻影响着我后来以迄于今的整个当代文学研究。

二、研究体会：需要正视的三个关系及有关问题与方法

回顾自己研究的道路，我有三点体会。它具体体现在以下三个关系的处理上。

（一）创新与规范的关系

这几年学术界出了一些学术不端的行为，大家都把目光锁定在学术规范上面。这当然没有错，也有其必要，但我认为更值得关注和重视的还是学术创新，这是包括历史小说在内的当代文学研究最难，也是最重要和最欠缺的，是学术研究的核心和灵魂所在。学术规范只是手段，创新才是目的。规范的目的在于更好地创新，而不是为了规范而规范。可不是吗？你看不少文章，从表象上看，的确写得很规范，引文、出处、参考文献一应俱全，

无可挑剔，但就是没有新意，人云亦云，没有自己的想法。这几年量化考核制度实施以后，中国学术界的文章数量成倍猛增，但这之中到底有多少创新的文章呢？相信在座的都知道，也懂得。我所在的现当代文学学科还不到百年历史，时间不长，又不稳定，共识性的东西本来就不是太多，可资拓展的空间相对也较少，这种先天不足自然会影响到我们的创新。今天的时代不同于“五四”，那时可是几千年之一遇啊，文学革命“断崖”式的巨变，为创新留下了可供驰骋的广阔空间。所以我们的前辈相对容易出成果，其中不少人都成为某一领域的开拓者。他们也是碰上了一个好时代，是学术的幸运者。如今一百年过去了，留下来的空间越来越少，这是我们当前学术界尤其是现当代文学学术界面临的一个严峻问题，也是我们大家苦恼的地方。但我觉得这亦是我们研究的意义之所在。越是有危机，我们也就越是要正视创新这个问题。好在大家的境遇相同，所以大体还算公平。那么如何进行创新呢？我觉得没有什么捷径可走，每个人只能根据自己的积累、个性、优势、特长去选择。有的创新也许重在观念认知，有的可能推崇路径方法，有的可能强调从史料出发或从传统的话题中挖掘新意，而有的则从当下鲜活的生活或从跨学科那里提炼话题、寻找灵感。我想在座的对此都有体会，下面我想结合自己的历史小说研究，主要强调彼此相互关联的这样两点。

首先，也是最重要的一点，就是不仅把创新提到学术“本体论”的高度来加以认识，还将其内化到自己的具体研究中，并与之对接，以至每篇文章、每个话题，都尽可能有所发现，言他人之未言，道他人之未道；没有新的观点，至少有新的角度、方法或新的材料。这当然很难，但却值得我们持续不懈地去追求。就拿上面曾提及的新历史小说、新故事新编、戏说历史来说吧，它所隐含的“文本之外无历史”等某种历史虚无和不可知论的思想艺术观念，在整体上也许为我们所难以接受，但它对破除延续已久的、带有超稳定性质的“历史本质主义”和“农民革命动力说”，推动历史小说观念创新，无疑是有意义的。事实上，也正是与这股新思潮有关，20 世纪 90 年代以降，原有大一统的历史小说才出现了明显的嬗变。我本人也正是在这样的情况下，对原有的“历史现实主义”做了调整，除了凌力、刘斯奋、唐浩明、二月河、熊召政外，同时还将赵玫的《武则天》等“唐宫女性三部曲”、李少红导演的电视连续剧《大明宫词》，甚至《戏说乾隆》《大话西游》等带有很强观念化、狂欢化、娱乐化的写作也纳入视野，肯定了其意义和价值。当然，认肯新历史小说、新故事新编、戏说历史的价值，并不意味着对 80 年代首次历史小说高潮（以《李自成》《戊戌喋血记》《金瓯缺》为代表）和 90 年代第二次历史小说高潮（以《曾国藩》《雍正皇帝》《张居正》为代表）创作，尤其是对首次历史小说高潮成就的否定。那时刚从“文革”走出来不久，整个文坛学界都标举现实主义回归，推崇真实性原则，反映论和认识论成为主要的批判武器。所以，包括我自己在内，大家有意无意将真实性中的“历史真实”放大，对其中严谨史实的“教授小说”（如蒋和森的《风萧萧》和徐兴业的《金瓯缺》）分外赞许；相反，对于强调虚构想象，尤其是完全虚构想象即“子虚乌有”写作的，却多有贬抑。可知创新虽须臾不可或缺，十分重要，但它到底“如何怎样”，与其所在的时代社会的精神气候密切相关，还是有它自身的发展逻辑的。情况既如此，那么我们就应该将创新放置在特定的历史情境和脉络中进行审察。如此，才能对它们抱持“了解之同情”的态度，给予合历史、合逻辑的理解。要知道，“一代有一代的学术”，作为学术链中的一个环节，我们与研究对象一样，本身也是历史的一部分，包括历史的局限性，是一种历史性的存在——我们研究者难道能超越历史吗？

还有一点需要提及，就是在讲创新时，也要注意它是有陷阱的，过于追新求新，效果可能恰得其反。何为创新、如何创新，它有一个实践检验的问题，并不是所有的创新都值得称道，我们也不能对之不加辨析地“唯新

是从”。前些年学界有所谓的“追新逐后”之说，就是对这种盲目跟风潮的批评。这在研究项目化、功利化、浮躁化的当下，有必要值得警惕。在如今“小历史”风靡的情况下，如何客观公允地评价以叙述“大历史”为要的传统历史小说，将它们视为相互碰撞又相互建构的历史小说的“共同体”，而不是将其当作水火不容的对立物，这也是我们需要正视的一个问题。学术创新从根本上讲是对真理的一种言说，它的目的是“求是”，所以我们在讲创新时不能疏忘或忽略“实事求是”这个基点。

（二）寻找“根据地”与超越“根据地”的关系

搞学术研究恐怕有一个“根据地”的问题，极而言之，我们甚至可以说，有没有根据地，也是衡量学者是否成熟的一个重要标志。学海茫茫，面对“知识大爆炸”时代浩瀚无比而又层出不穷的万千世界，我们每个个体都会感到不适和渺小，所以只能择取其中一个点来进行研究。这个点也就是根据地。当然，同样是根据地的建立，每个人的情况可能不一样：有的根据地建立比较早，有的则比较晚。自然，晚建有晚建的好处，也有它的副作用。我听人讲，姜亮夫先生曾说他的研究工作“收网”的时间嫌晚了。姜先生此说，是否有点类似于我这里所讲的根据地呢？姜先生的意思是说，他研究工作所铺的面即“撒网”过广，占去了过多的时间；如果收得早一点，他可能在“专”方面钻得更深，取得更大的学术成就。之所以要建立根据地，我想主要是为了集中力量打歼灭战，着眼于战略的考虑；不能毫无计划，四处出击，逮住一个搞一个，碰到什么研究什么，到处打游击，打一枪换一个地方，没有自己的主攻方向和目标。说起来，我大概算是较早有了根据地的——似乎一起步就歪打正着地选择了历史小说作为自己的研究方向。当然这种选择有利也有弊，它使我在无形之中为自己的研究对象所拘囿，显得专有余而通不足，拘囿在一个相对比较局促的空间里打转转，这也是蛮致命的。对这个缺憾，直到 90 年代以后随着时间推演及研究方向的转换才有所认识和改观。

这也告诉我们，找到根据地固然是好事，但亦容易滋生一种封闭性的思维理念。因为你躲在根据地里，熟门熟路，非常安全，没有压力，所以无形之中，它就给你平添了一种惰性。这大概就是根据地的"负面效应"，或者说是根据地的一个"陷阱"吧。正因此故，我认为要有超越根据地的意识。超越根据地就是打破现有恒定的秩序，防范和克服一劳永逸的思想，使思想处于一种动态的、开放的状态。这有利于学术的提升和发展。就拿我自己来说吧，如果当时不从批评转向理论，再进而从历史文学转向当代文学思潮、文学史乃至学科及史料研究，那么就有可能在继续专精的同时也被专精所累，因为不管怎么说，历史小说只是当代文学的一个门类，而且还不是主流的门类，它毕竟有点窄，难以全面系统地表达我对当代文学的想法，更不要说对学术主流产生辐射影响。所以，当时下决心少发文章、多读点书进行补课，现在看来没错。超越根据地或走出根据地，应该说是有风险的，谁也不能保证你手到擒来，必然会成功呀！但我觉得这种冒险是值得的，因为它对你的学术有一种推进、驱动和逼迫的作用。所以即使找到了根据地，我还是主张对之"不即不离"，即与根据地保持一种适度的平衡和张力。

学术研究推进到一定的阶段，恐怕都会面临一个自我选择和定位的问题。某种意义上，这也可以说是学术研究走向成熟的一个"成年礼"吧。这种选择和定位当然因人而异，有的可能是在原来延长线上不做任何更改的继承推进，也有的可能要做六十度、七十度"转弯"，甚至一百八十度"大转弯"的调整，每人的情况不一样。但我觉得，年纪轻轻的，就躲在根据地里睡大觉、睡懒觉，也是有忧虑的。在这个时候，看准了，该突围的还是要突围，该狠心的还是要狠心。也许这一步跨出去，又给你打开了另一个天地，推进到了另一个境界，对你的研究产生了质的影响。我以为不妨一试，冒点风险也是值得的，人生难得冒点险嘛。实在不行，大不了再退回来，有

什么关系呢？当然这不是提倡蛮干，它是有前提的，并且我们还得坦率承认，学界从中不也可找到不少与我上述所说的相反例证吗？在国家社科基金项目越来越成为左右乃至支配整体学术研究及其走向的背景下，这种情况似乎也越来越突出，它也极易催生功利的、短视的思想。什么话题申报容易成功或命中率高就申报什么，不少人不也因此照样驰骋学界，大获成功，很有影响吗？这亦是事实。可见，我这里所说的寻找根据地与超越根据地其实还是蛮难的，它带有某种浪漫的“想象”成分。对学者来说，恐怕也有一个定力的问题。也许在多元化的时代，人们对根据地乃至是否需要根据地，原本有不同乃至完全相反的选择。我这里讲的，只是基于专业化和相对稳定性因素考虑，我个人的一点感受和体会，可能有点片面而不切实际，仅供在座的参考吧。

（三）批评与研究的关系

先从自己参加古代文学博士论文答辩说起。记得 2003 年 4 月份吧（正是中国举国上下面临“非典”的时期），我的师辈、浙大中文系著名古代文学研究专家徐朔方先生要我去参加他指导的一位博士生的论文答辩。开始人家来通知我，我还不相信，说，你没有搞错吧，我是搞现当代文学的。他说没错，是徐先生叫他来通知我的。没有办法啊，我只好给徐先生打电话，想说服他收回决定。我小心翼翼地对他说：“徐先生呀，下午那个答辩你是不是……”“你是不是说我搞错了？没有！就是我就叫你来的。”说完就将电话搁了。老先生发话，我只好硬着头皮去了，没有办法呀。（众笑）那次博士论文答辩是由吴熊和先生主持，安排在浙大西溪校区东一教学楼四楼的中文系会议室。也许受到徐、吴两位先生的启发，在会上，我曾不无放肆地发了这样一通议论：学术研究大致分各有侧重而彼此又有关联的实证研究、文化研究、审美研究三种范式。浙大中文系的传统是以实证见长的，也就是所谓的考。我们论文写得很扎实，实证研究往往占了论文的大半篇幅。

的确，实证研究是中国很好的一个学术传统。它强调实事求是，追求言必有据，文章不写半句空。事情往往也是这样，有时候一条重要史料的发现，会将原有的结论整个推翻——借用老话说，这就叫“事实胜于雄辩”。古代文学呢，因为年代久远，存疑的很多，所以实证特别重要，甄别、辨伪、考据等等，可以说是学者的基本功，也是研究的重要的前提。古代文学这样一种治学传统，在我们现当代文学这里，现已得到了回应。这些年来，有关现当代文学史料方面的会议，开过多次，研究成果也出了不少，重视史料现已成为人们的普遍共识。这说明古代文学与现当代文学两个学科之间在逐步靠近。我参加徐先生的这次博士论文答辩，最大的收获就是认识到实证的重要，并由此及彼，对以论见长的现当代文学研究有所反思。我后来撰写的当代文学史料方面的文章，将来还想就此再作继续探讨，都与之不无相关。限于今晚的话题，这里就不说了。

当然，在充分肯定实证的同时，在那次答辩会上，我也坦言它不是唯一的，认为不能因此而忽略文化研究和审美研究，不仅不能忽略，相反，还要高度重视之，充分发掘它在文学研究中的功能价值。我说，文化研究是介于实证研究和审美研究的中间环节，这一研究范式积累了很多现代理性的思维成果。如果我们很好地借鉴和吸纳这方面的成果，是有助于激发和提升实证的水平、层次和境界的。我以为现在中青年这一代，要想在实证方面超过师辈和前人，是很难的。因为师辈和前人，他们从小捧着线装书，拿着毛笔，在这样的语境中长大，而我们则是在电子文化和互联网背景下长大的。从某种意义上，我们已没有传统实证的语境了。所以要想在这方面有所超越十分不易，甚至是不可能的。如果要突破的话，恐怕在文化研究上，也寄希望于文化研究上。这或许是这些年文化研究比较热、备受推崇的一个重要原因吧。文化研究侧重研究文化人格、文化心态、文化政治、文化经济，等等，是比较理性的一种认知活动。它也是浙大中文系的一个学

术传统。中文系的传统是什么？我认为是“既考又论”。我当时还以徐、吴两位先生为例，说他们的《史汉论稿》《唐宋词通论》就是“既考又论”“考论兼具”，这从书名那里都不难看出。学术研究是个体的一种精神活动，当然应尊重个人的选择，发挥其个人的特长，并且每种研究范式彼此是平等的，没有也不存在什么“等级”之差。我只是就大而论说，中文系不仅要重视实证，而且还应向文化的、审美的向度拓展，有更大的容量、气度和胸襟。中文所谓的“文”，同时还应涵盖文化，指向审美。评判一个作家的成就和贡献，最终应该落实在文学史中，靠文学作品来说话。这点特别重要，是不能也不应忘记的。离开了这些，所谓的实证，包括文化研究，是有局限的，甚至在向度上恐怕也是有问题的。所以我认为实证最好对文化的、审美的研究有参酌，要体现一点中文系的特色，中文系的个性和优势；不要将它锁定在单向、单维的视野中，用单一的文献研究来代替富有意味的文学研究。当然，我也反对把文学性或审美性抽象化和超历史化，在讲这个问题的同时，亦要对狭隘的、闭锁的文学性或审美性保持应有的警惕，不能从一个极端走向另一个极端。

我记得当时讲了这番话之后，坐在旁边的吴熊和先生给了我鼓励和肯定，他说：“吴秀明讲的是对的，我们应该有所考，有所不考。”说实在的，我当时这样讲时是有点紧张的，心中没有底呀！听吴先生这么一说，暗暗地松了一口气。（众笑）徐先生当时没说什么，事后也对我的说法表示赞赏，说：“看来请你来参加答辩，是请对了。”徐、吴两位先生是中文系重量级的人物。他们如上态度，不仅是对我这个晚辈，也是对他们的学生的抬爱和鼓励，也从一个侧面反映了二位先生现代开放的治学理念。这是我没有想到的。由此，又对他们平添了一份敬意，至今感念于心。我始终觉得，任何研究都是带有价值指向的，实证也不例外。以价值论的观点来看，并不是所有的东西都值得我们劳神费心地去实证，实证可以而且应该纳入价值论的范畴里面去进行评判。中国几千年下来累积的东西实在太多，所有的东西都要去实证，有没有这个必要？是否也太累？你实证得完吗？再说，即使实证完了又如何呢？（众笑）呵呵！每个个体的生命有限，我们恐怕只能选择更有意义的事情去做，更有意义的对象去实证，也就是说，对于实证，要有一个理性选择的问题。所以，我非常赞赏当时吴先生最后总结时讲的一句话："我们应该有所考，有所不考。"

从审美研究出发，由此及彼，我想到了文学批评。它们两者是有联系的。文学批评主要是对文学作品在鉴赏基础上所作的一种艺术评价。在有些人看来，也许批评很容易。但我不这样认为，相反，我觉得要真正进入批评的境界，成为一名出色的批评家其实是很难的。俄国的别林斯基，中国的茅盾、何其芳等，都堪称其中的杰出代表。他们既是学者，又是批评家，集两种身份于一身。与一般的纯学者不同，他们的学术研究融会了浓郁的批评的元素，是基于敏锐的审美判断的一种研究。而缺少审美判断，恰恰是我们当下学术研究，特别是包括硕博论文在内的学院派研究的一个很大的弊端：相当程度地患上了审美贫乏症，往往习惯并喜欢对对象从逻辑到逻辑、从推理到推理的分析和评价。批评是学术研究的基础，我甚至认为一个学者最好同时也是一个批评家，至少有过从事批评的经历。批评应该成为学术研究的基本功和必不可少的一个重要环节。批评可以培养、丰富我们的学术感觉，促使我们对真善美保持一种高度的艺术敏感。往浅处说，批评元素的融入，可为我们的研究增彩添色，使之富有美感。研究当然需要逻辑和推理，这是常识。但研究如果完全变成判断和推理的演绎，即康德所说的"判断力的判断"，那也是很煞风景的。那样，只要中间出现一点失当，它就有可能使整体理论面临崩塌的危险。从这个意义上说，依托于某个支点而搭建起庞大体系的西方理论（如黑格尔的历史哲学和美学理论），是有致命局限的。对此，我们在借鉴时有必要引起注意。

中国古典文论有所谓的“评点”派，它在这方面为我们提供了很好的借鉴。古人在阅读经典时经常有“妙不可言”之类的批注，虽然它们不像西方学术著作那样有一个庞大的、逻辑有序的体系，但是往往三言两语，就道出了文章的妙处，让人拍案叫绝。这就叫艺术感觉、学术感觉。按现代的理论来看，也许你觉得太简单了，“言”得太少，不够系统也不成系统；但你不得不承认，它的确击中了作品的“文眼”，讲到了点子上，姑且叫“踩点”。这就是传统文论的“妙处”所在。审美贫乏症往往下笔千言，不知所云，一点都“不妙”的地方他却偏偏说“妙”；相反，“很妙”之处他却看不出来，感受不到。感觉或直觉有时比理性更能洞见本质，所以我们说理性不是万能的。正因这样，学术研究有必要向批评敞开，从它那里吸取有益的东西来丰富和充实自己。学院派中有的人往往看不起批评，这是偏见。没有感觉和感性介入的文章，怎么可能不晦涩、枯燥呢？因为它全靠概念、逻辑、推理来堆成，将文学研究变成与美无关的一种研究。或者说他的研究只用左大脑，而关闭了右大脑——左大脑是管理性的，右大脑是管感性的。理想的研究应该是左右大脑打通，感性与理性交融。严格地讲，学术研究面对的是两个对象：一个是批评，还有一个是批评的对象，即文学作品。批评的作用在于对文学作品进行非常准确到位的评价和把握。也正因这个缘故，批评意识对研究者来讲，绝不是可有可无的。当然，批评也有必要反思，向文化研究和实证研究开放，不能故步自封，更没有必要自恋。恕我冒昧和直言，批评中既不会“踩点”也没有想法的，在当下绝非少数和个别。粗暴地说，批评在最近一二十年，正处在一个令人尴尬的、无可挽回的下滑状态。

返回刚才所说的话题上来，我提出并强调研究的批评化，可能与我的兴趣、专业和经历有关。上面讲过，我开始是从批评（历史小说批评）起步的，并曾于 1982 年、1985 年、2006 年有幸参加中国作协举办的三次茅盾文学奖评选，使我有机会与国内一些著名的批评家在一起，阅读了全国各地推荐参评的诸多长篇小说，受到了熏陶和训练。特别是第一、二次的评选（主要是为以巴金为主任的茅盾文学奖终评评委提供推荐名单），为了方便工作，当时的作协把我们拉到了远离市区的北京西郊，一两个月的整天埋头读长篇，虽有点单调，但阅读过程的跌宕起伏和讨论时的交流碰撞还是挺有意思的，回想起来，至今仍感到很温暖。那是一个文学浪漫的时代，也是一个批评红火的时代，我们近 20 位的批评家和编辑集中住在香山别墅和曹雪芹故居附近，大家以宁静平和的心态分头阅读作品，然后隔三差五地经常交流，分合有致地对每部作品作出言简意赅的点评。一部四五十万字甚至上百万、几百万字的长篇小说，往往寥寥数语就对它作出评判：如果大家认为这个作品很不错，就说“过了”；如觉还可以，就说“暂且先过，留待下一轮再议”；如嫌平，比较一般，就说“算了吧，下”，即在初选时就将其淘汰出局。（众笑）开始时，我比较紧张，不敢多说话。因为参与评奖的都是名人哪！几轮下来，感到对作品的评判与大家比较接近，逐渐就有了自信，胆子也大起来了，似乎真正进入了批评的“角色”。以后我从事批评，撰写有关作家作品论方面的文章，应该说与茅盾文学奖评选经历不无有关，包括兴趣，也包括思维理念、言说方式等等。

在座的大都是硕博士研究生或博士后，学术研究上均受过比较规范的训练，在这方面大概问题不是很大；相对地讲，对批评可能涉猎不多，重视也不够。故有必要进行弥补，适当地注意研究的批评化。当然，这里所说的“研究的批评化”，不是叫你把研究写成批评，而是指在保持研究属性的前提下向批评寻求借鉴。这样，它也许能给我们的研究特别是学院派研究增添过去所没有或少有的新的东西，让研究显得丰润、饱满和细腻，也为文章平添一种灵性、韵味和才气。学术研究就大而言，也是一种诗学，我们不但不拒绝诗性的介入，相反，应该而且需要大胆地向它敞开，与之对话，接受它的馈赠。这也可以说是中外学术高手留给我们的一个重要经验吧。

三、对话：高校学术生态与我们的忧思及选择

下面是现场互动，以问答的形式与参加会议的青年教师进行交流。

最先提问的是陈洁老师——

陈洁：吴老师，我提一个操作层面的问题。如果有一天您发现在自己的研究领域有很多人参与，就像我目前碰到举国上下几乎所有研究出版的人都在研究数字出版，而我自己也找不到新的理论或方法来进行突破，应该怎么办？我在读博之前比较喜欢古典美学，与现在有很大的不同。我对您刚才讲的"评点"话题很感兴趣，我是继续从事数字出版，还是退回去搞古典美学研究呢？

吴秀明：我对你的情况不大了解，不敢妄言。从直观感受出发，常常觉得在历史小说研究领域，因为加盟的学者和批评家不多，犹如置身于无物之阵，不仅感到有点孤寂，而且因缺少碰撞与对话，也不利于自己学术提升。从这个意义上，很多人参与，并不见得就是一件不好的事。每个学科乃至每个话题，其自身内部都有一个"科层化"的问题，它是"科层化"与"整体性"的统一。我想数字出版是否也这样，它是多层、多维和多向的？我不知道你的特长是什么，也许在很多的层次、维度和路向中有一种比较适合你的，也许都不甚适合，你可能适合似是而非、似像又不像的"第三种"？每个人只能根据自己的实际情况，去寻找最适合自己的研究范式和方向。比如说我现在为什么不再从事批评，而转向了研究呢？重要原因之一，就是觉得自己置身的高校环境，与鲜活的当下社会现实有一定的距离，甚至多少有点隔膜，加上年龄等方面原因，在这样的情况下，要想继续搞批评并有所成就，是蛮难的。也就是说，觉得自己在这方面已不具有优势，至少优势不多，兴趣也越来越显得寡淡，于是，就从批评“跳槽”到了研究。需要说明，“只有批评而没有研究”的经历与“既有批评也有研究”的经历，它们彼此是不一样的。后者，即使再返回去从事批评，其审美评判也可能会多一份理性和历史感。我大体属于这种情况。现在的我，相对地说，理性为主，兼及感性，喜好并适宜于作综合判断。这是不是我的一个优势特点呢？你刚刚走上学术之路，自己到底是谁，擅长什么，这一切还都比较含混，或者说还来不及清晰地展现。在这样的情况下，我以为不必太急。如果匆忙地给自己定位、定性，不一定对发展有利。建议最好还是再等一等，也许在不久的将来，有的人可能要退出，进行“华丽”的转身呢？

陈洁：我是第一批从事数字出版研究的，现在发现有很多人都挤到这个领域来了。所以这一年我就搁笔了，想好好沉淀一下，找一个研究方向，可是至今还没有找到。

吴秀明：我理解你的心情，据我所知，不少人都有类似你的苦闷和焦虑。关键是要有自己的东西，人家没有的我有，人家有的我亦有，并努力超越之。这当然很难，不是轻松就能得到的。但置身学术领域，则又不能不将之自律为追求的一个目标。这是没有办法的事。其实，你所说的我也遇到。80 年代中期，就在我刚“入行”历史小说研究不久，我发现也有包括北京在内的其他同行加盟于斯，我为此感到高兴的同时，也增加了不少的压力。针对这种状况，到底如何从中探寻适合自己的个性之道，体现自己的价值呢？我选择的是“批评理论化”的路子。这就是先专攻历史文学形态理论，寻找一种批判的武器，然后再回过头搞批评。这样，也就有可能与其他同类的批评区别开来了，而具有自己的优势特色。自然，它也有意

无意地逼迫我从理论的维度对如何“历史”、怎样“小说”进行阐释，这不仅对我而且对整体历史小说研究都是有意义的。当代文学不同于其他学科的一个重要特点，是批评家的层出不穷及其对文坛学界带来的辐射及影响，人气较高的批评家更是如此。加之体制和市场等诸多因素的影响，各种各样的新人新作研讨会纷至沓来。频繁不断地在这类会上露面及撰写诸如此类的批评文章，固然有效地扩大和提升了知名度，但在这样的情景下，即使再有思想、才情的批评家也吃不消，人的精力毕竟有限嘛。它反过来会影响批评的质量，出现了为人所诟病的过多重复和“注水”的问题。我这样说可能有点夸张，也容易“得罪”人，但从批评需要反思及历史化、批评应该有更高远的追求目标和更深邃的境界的角度来看，也自有其道理。所以说任何事情都是有所得也有所失，世上没有绝对二字，有时候，上帝也是蛮公平的，不能什么好处都给你一个人。回想当年“新方法论”刚出来时，其提出者和拥趸的有关文章引领时代风骚，说产生“轰动”效应也不为过，尤其是在青年学者和批评家那里，一时遂成时尚，当然他们的确也为当代文学批评和研究作出了属于自己的贡献。但因与文学的“不及物”，以及尚未诉诸有效的中介转换机制，很快就由热转冷，被人们遗忘了，以至在座的有的可能还不知曾有此事。

接着是陈力君老师——

陈力君：吴老师，我们很熟了。这个问题我平时很想问，但一直不敢问，今天我要趁这个机会向你提问，希望你不要回避。就是现在我们的女生越来越多，女性之间的竞争也越来越激烈，你是怎样看待这种现象的？你看我们的路在何方？我读书的时候女生还是蛮少的，我记得你当时对我们女生的眼光是很不屑的。（众大笑）你从现在的角度，从男性学者的眼光来看，我们当前面临的最大的问题是什么，我们又如何去突破，实现自身的价值？

吴秀明：我要郑重申明，我从来没有所谓的“不屑的眼光”，我对女性向来是很尊重的。你问问在座的女生，我什么时候对她们说过重一点的话，你的话很使我伤心，真是天大的冤枉。（众大笑）当然，这是开玩笑啰。回到正题上来，严格地讲，女性也是一个复杂的群体，不能简单化、绝对化。当然就总体而言，女性可能感性的东西多一点。女性比较敏感、细腻，理性化也许不是她的强项。从这个意义上来讲，女性从事学术研究，较之男性，恐怕不占有优势。但这也仅仅是就“总体”或一般而言，女性中理性强的也大有人在；同样，男性中敏于感性者也不是没有。落实到每个具体的个体，就更不可一概而论，不能搞一刀切。现在我们中文学科乃至整个大文科，学生、研究生都以女性为主，男性都跑到理工科那里去了，这就是我们目前的学科现状。不过，整个中文学科都以女性为主，甚至相当程度地女性化了也没关系啊，北大、复旦不也是这样的吗？我们浙大这样，好像也不奇怪。大家多感性一点那就多感性一点，人人都一样，就不要紧，这样谁也没吃亏嘛。（众笑）也许少数的男性稍微占了一点便宜。（众笑）现代社会的异化是无所不在的，并把它贴上现代性标签，内化为一种机制性的存在。生活在这样的机制中，我们仿佛很自由，其实没有真正的自由，我们都被“量化”指标牢牢地控制着。它把一切个性的东西，包括男女之间异同互呈的个性的东西，有意无意地消解、抹平。在这样的机制中从事研究，我常有一种“一言难尽”的感慨，有时很无奈也很焦虑。当然，在无奈、焦虑之后又不得不去做。就这样，身不由己而又周而复始地生活在这么一个怪圈之中。我们明明用了很大心力想进这个门，不想神使鬼差，却拐入了另一道门——这似乎成为我们“现代性”的组成部分。所以你刚才问我“路在何

方”，坦率地讲，我不知道，真的不知道。（众笑）我自己都不知道自己的路在何方，自己都不知道该怎么办，哪里敢讲这种话，给你指什么路。所以可能使你失望了，对不起了，呵呵！（众笑）

最后是王艳博士——

王艳： 吴老师，我是高校的老师，但同时也从事一些创作。我一直苦恼一个问题，就是自己不太能协调好两种生活状态，处理好两者关系。一方面在高校里做理论研究，另一方面也应一些杂志社邀约写些畅销书，也写一些专栏，还在电视台做媒体评论员。现在的世界很浮躁，学校是以论文或者课题之类来对我们进行评价的，如果完全服从于这种评价体系可能会丧失自己的一些兴趣、爱好或者特长；但如在外面做得太多，单位的领导又会不太满意，觉得你不务正业。而且写畅销书或者专栏会带来一些经济上的收益或者是知名度的提高，对于我们年轻人来说，还是蛮有诱惑力的。那么就是说有没有一种方法，可以游刃有余地处理好这两种关系呢？或者说是如何比较好地实现这两种身份的转换？

吴秀明： 你的苦恼有一定的代表性。“五四”时期的学者在这方面比我们幸运。他们中的不少人，往往既是一流的学者又是一流的作家。我们现行的体制是把作家这个身份交给作协来管理，而“五四”时的作家有不少是在大学里的，那时也没有作协这个机构。现代西方高校有驻校作家制度，这值得我们借鉴。我们的学者最好同时也是作家（还是批评家）。我们中文系的徐朔方先生就是这样，他既是一位诗人，又写过小说，一手写论文，一手写美文。所以你说现在高校里面既搞研究，又搞教学，还搞创作，我认为很好。但问题也像你说那样，人家不搞创作而把主要精力放在研究上，他写了 10 篇研究文章，你也要像他那样写 10 篇，怎么可能呢？所以你也不要太求全了。有所得必有所失，同样有所失也必有所得，这可以说是生活的辩证法。在这样一种体制下，我认为要有一个基本的生存底线和精神底线，这就是在学校里每个教学工作者都能有体面的、有尊严的生活。在这个前提下，你去做你自己喜欢做的事情。现在的社会有很多诱惑，面对这些诱惑，你必须作出自己的选择。诱惑之所以为诱惑，肯定有它诱人之处，比如名利等等。正因为如此，对它说一声“不”或“不要”，有时比说“是”或“要”可能更难。什么东西都想要、都想得到，往往会把自己搞得很苦、很累，也不见得就幸福和快乐。所以我觉得，有时候要学会适度地拒绝，不要太“要”，在有基本的底线的基础上还是要讲究一点精神质量。我对当下学术生态有这样那样的想法，但就自身具体的研究来说，我觉得还是蛮有意思的。如果纯粹为了评职称而去研究，那的确是很乏味的，职称解决了，也就失去了研究的积极性。首先得有兴趣。没有兴趣，强己之所难去研究，结果可想而知。真正的学术研究源自研究者的内心需求，它同时包括了“精神之道”和“治学之术”两个方面。今天晚上我主要是从个人一己感受出发，讲具体的“治学”，是讲“术”而没有讲“道”。刚才所说，其实也已涉及“道”即“精神之道”。这个问题很重要也蛮复杂，限于时间，在此就不展开了；再说，以我这样的身份和境次，也不适合讲“精神之道”。在这方面，我自己何尝没有问题，只是与你及在座的可能侧重点有所不同。

王艳：吴老师，我想再问一个比较具体的问题，就是去年浙大核心期刊的调整。您可能不是特别在意。但对于我们年轻教师或者博士生来说，核心期刊与二级期刊的区别还是很要紧的，所以我们是很关注这个变化的。从学校公布的调整目录来看，我们发现核心期刊的比例大大减少了，二级期刊中原本有七八种创作类杂志，调整之后也被取消了。这就意味着创作不能作为学术成果进入量化评价体系了。显然，这个调整对于创作型的老师

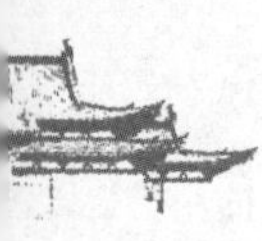

和学生来说，是一个不好的消息，因为毕竟是在高校这样一个评价机制下生存。不知您对此是怎么看的?

吴秀明：我多少知道一点，我也知道期刊与我们的关系，知道期刊在很大程度上控制着我们的学术及其学术生产。在这方面，近年来学界有很多反思和批评。从学校管理来看，他们似乎也有苦衷。对此，我也听到一些。当然这个情况比较复杂，非三言两语能讲得清楚，恐怕在短期内也很难改变。因为它涉及刊物分级的合理性及其分级的具体操作管理问题，涉及学科之间异同关系的处理等等。我只能说说自己，说说自己是怎么做的。我是这样对自己也是对我的学生要求的：一篇文章如果写到六分，恐只能发在你所说的“核心刊物”上，而如果咬一咬牙写到八九分，就有希望在你们所期待的更高级别的“一级刊物”甚至“权威刊物”上发（需要说明：刊物级别与质量有关，但不能简单画等号）。写文章，首先得有一个好的选题。选题好，等于在战略上取得了胜利。所以我特别在乎选题。一旦找到了这样的选题，那就殚精竭虑、不计付出，这段时间肯定寝食不安，没好日子过。好选题不易得，选择了它，也是一种缘分，可千万不要糟蹋呵。当然要将它写好，是很不容易的。但研究的意义和价值，恰恰也就体现在这里。没有艰辛的投入，哪有好的学术回报。我们所能做的，就是尽量在质量上做得好一些。

附记：

本文是笔者 2010 年 1 月 5 日晚在浙大中文系组织的“启真”学术沙龙的一篇讲演稿，讲演的地点在当时的浙大西溪校区人文学院会议室。其讲演文字，由研究生王林芳、李俐兴根据现场录音整理。如今倏忽之间，11 年过去了，物是人非，情况发生了很大变化，当年在会上与我交流的年轻老师或博士，现已成为学术精英或骨干，而笔者的观点基本仍其旧。为了更好体现演讲特点，保留一些口头交流的“现场感”，也是为了尊重原意，本文尽量保持王、李整理的文字不变，尤其是第三部分与青年老师和研究生的对话。当然，出于表意完整和修辞效果的考虑，也在局部地方对文字乃至内容和例子作了润色及增删处理。借此机会，谨向组织者和整理者表示感谢。

吴秀明

2021 年 3 月 6 日

狄更斯《双城记》中的法律书写

吴　笛

学者名片

吴笛，1954年生，安徽铜陵人。现为浙江大学文学院教授、博士生导师。兼任中国中外语言文化比较学会会长、中国外国文学学会英国文学分会副会长、浙江省比较文学与外国文学学会会长、国家社科基金学科评审组专家等。1988年毕业于杭州大学世界文学专业，2004年获文学博士学位。主要著作有《哈代新论》《比较视野中的欧美诗歌》等；主持国家社科基金重大项目“外国文学经典生成与传播研究”、重点项目“俄罗斯小说发展史”、一般项目“英国玄学派诗歌研究”、后期资助重点项目“俄罗斯古代诗歌发展史”等；成果获得教育部高等学校优秀研究成果奖三等奖、浙江省哲学社会科学优秀成果奖一等奖。

时间：2018年3月24日

地点：上海市淮海中路1555号上海图书馆四楼多功能厅

我们这场讲座拟从“文学法律批评”这一跨学科视角，审视英国19世纪著名作家狄更斯《双城记》中的法律书写。狄更斯在法律书写方面充分体现了他作为现实主义小说家的创作特质，他深入探究事件的来龙去脉，努力展现事件的本来面目。他反对当时所流行的“罪犯小说”的浪漫化的写法，追求无情的真实。他的法律书写完全是适应时代和社会的需要，是其现实主义文学创作理念的重要体现。

我们一开始所要探究的，是狄更斯《双城记》中的法律要素的呈现。

我们所提及的“文学法律批评”，所强调的则是以文学批评中的法律视野，即借鉴法律视野和恰当的研究方法，来审视文学作品，尤其是审视文学作品中的法律事件、法律主题、作家的法学思想以及法律要素在文学作品的措辞、风格、结构等方面的体现。狄更斯的很多作品，如长篇小说《匹克威克外传》《荒凉山庄》《小杜丽》《大卫·科波菲尔》，都涉及法律问题以及对当时法律制度的批判。而他的代表作《双城记》更是涉及法律问题以及相应的跨国审判。

狄更斯的长篇小说《双城记》是一部历史小说，这部历史小说的大部分史实，基于卡莱尔的《法国革命史》。狄更斯在创作中以大量的史实为材料，经过精巧的提炼和精湛的艺术加工，结合自己的人道主义思想来构造作品情节和塑造人物形象，不论是从思想深度还是艺术技巧来看，它都代表了狄更斯创作艺术的高峰和人道主义思想的精髓，更是集中体现了狄更斯对法律问题的密切的关注和深入的探究。

《双城记》写的是法国大革命前后发生在伦敦和巴黎这两座城市的故事，真实地描写了以厄弗里蒙地侯爵为代表的贵族阶层对普通百姓的欺压，

也生动地描绘了在法国大革命中曾经遭受压迫的普通百姓在攻打巴士底狱过程中所暴发出来的激情和疯狂。

作品的开端就呈现了法律要素。狄更斯的这部长篇小说共分为三部："复活""金线""暴风雨的踪迹"。在小说所划分的这三部的标题中，就体现了法律和审判的要素，尤其是悬念手法在作品中起着十分重要的作用。"复活"指的是出狱，渲染的是一种具有悬疑色彩的神秘气氛，"金线"体现法律事件中的线索，而"暴风雨的踪迹"则是对线索的进一步追踪，蕴含着线索追踪的豁然开朗。所以，这部作品的布局结构，都与法律问题以及相应的借助于法律的悬念手法发生一定的关联。

更有西方学者关注到法律概念在狄更斯作品中所发挥的文学结构功能方面的独特作用，认为构成《双城记》的主要情节的两个故事，即梅尼特医生在巴士底狱的生不如死的监禁和西德尼·卡尔顿在断头台上的自我牺牲，都是基于法律事件而展开的。《双城记》中的两条情节线索不仅基于法律事件，而且还首尾相贯。如果说《双城记》是由两个故事所组成的这一理念能够成立的话，那么，我们同样可以说，《双城记》所叙述的不仅是两个故事、两座城市、两个阶层，而且还叙述了两代人。甚至可以说，小说基本上是两相对照的。在与厄弗里蒙地侯爵有关的两代人中，前辈犯罪，为所欲为，而且罪孽深重，后辈蒙难，承受前辈孽债，无端遭受惩罚；在与得伐石太太有关的两代人中，前辈遭受贵族阶层的残酷的欺压和迫害，后辈坚定地报仇雪恨；在与梅尼特医生有关的两代人中，前辈因遭受迫害而进行血泪控诉，后辈因前辈的控诉而险遭家破人亡的命运。

可见，在狄更斯的长篇小说《双城记》中所构造的三个家庭的两代人的故事中，既有两代人的冲突和代沟，也有两代人的恩怨以及两代人思想和观念的承袭，但共同的一点是：都涉及与法律相关的问题。

而且，查尔斯·狄更斯的长篇小说《双城记》中所涉及的大量的法律问题，突出体现了狄更斯的法学思想，成为狄更斯对社会现实进行批判的一个极为重要的方面。具体而言，在这部作品中，狄更斯的法律书写，主要体现为梅尼特的两次控告、代尔那的三次审判，以及卡尔顿的两次营救等相关事件。

首先，我们要分析梅尼特的两次控告。

与狄更斯其他多数长篇小说松散的结构特性相比较，《双城记》无疑是一部结构紧凑、线条明晰的小说。在这缜密的结构之中，主人公之一梅尼特医生在作品中是一个极为关键的人物，作品的主要情节以及主要人物之间的错综复杂的关系都是以他作为轴心的。他既有反抗精神，不畏强暴，疾恶如仇，又勇于克制，善于以深厚的仁爱来战胜强烈的仇恨。1775 年，当法国大革命尚未爆发的时候，梅尼特是一位充满活力的年轻医生。然而，在一个月夜，他在散步的时候，被强行带到了厄弗里蒙地侯爵的家中，要他医治一个遭受剑伤的少年和一位绝色少妇。梅尼特医生当然没有办法来拯救两者的性命，而是目睹了两位男女青年饮恨而死的惨状，知晓了侯爵兄弟为了一时的淫乐而残害百姓的事实，于是，他向朝廷写了控告信，揭发侯爵兄弟两人的令人发指的罪行，他原本以为厄弗里蒙地侯爵兄弟的罪行一定能够得到法律的严惩。

但是，事与愿违，意想不到的结果是：朝廷根本不顾百姓的死活，当时的法律所维护的只是封建贵族阶层的特权，梅尼特医生所写的揭发信反而被转到了被揭发者的手中。于是，梅尼特医生遭到了秘密逮捕，被关进了巴士底狱。他的妻子在他被关进监狱不久之后就抑郁而死了。本来还算幸福的一个家庭就这样被弄得家破人亡。多亏梅尼特的一位在英国泰尔森银行驻巴黎办事处供职的朋友劳森先生的鼎力相助，梅尼特医生的女儿露茜才得以送回英国抚养。梅尼特在暗无天日的地牢中度过了长达 18 年的非人的生活，逐渐变得形容枯槁，精神痴呆。在巴士底狱被革命群众攻陷之后，

他才被人救了出来，并且从死寂一般的非人生活中开始了“复活”的进程。

在巴士底狱的非人的生活中，在尚未痴呆、头脑仍然清晰的时候，梅尼特医生依然坚信，总有一天，恶人终将会得到报应，做尽坏事的罪恶的厄弗里蒙地侯爵兄弟必将受到应有的法律的惩罚。于是，为了控诉厄弗里蒙地侯爵兄弟所犯下的暴行，他在非人的监禁生活的第十个年头的最后一个月里，他在监牢里用生锈的铁尖，和着铁锈、烟灰、血泪，写下了第二封控告书，对厄弗里蒙地侯爵的罪行进行了愤怒的声讨，并且严厉地控告厄弗里蒙地侯爵一家，直至这一家族的最后一人。

然而，这封控告书写好之后，在漫长的时间里却根本无人问津，并没有发挥它应有的任何法律效用，梅尼特医生依然在地牢里过着暗无天日的囚徒生活。直到巴士底狱被攻陷之后，控告书才被革命群众所发现。于是，始料不及的结果是：当他在女儿露茜悉心照料之下，身体状况逐渐好转，精神创伤也逐渐复原的时候，在他已经忘记自己在巴士底狱所写的控告书而且也不愿意继续进行控告的时候，这封控告书却被革命者获悉，于是，他自己成了继得伐石夫妇之后的第三位重要的控告人，而且也是最具决定意义的关键控告人。接着，革命政府根据梅尼特的控告，将厄弗里蒙地侯爵家族的后代——自食其力并且已经成为梅尼特医生女婿的代尔那押上了审判台，再次打破了梅尼特逐渐恢复宁静的生活。毫无疑问，等待代尔那的将是革命法庭的严惩。梅尼特的两次控告，由于朝廷的庇护以及时代的变更，不仅没有达到预期的控告的目的，反而事与愿违，使自己一家遭遇了意想不到的厄运，完全打破了趋于平静的生活。

其次，狄更斯的法律书写体现在代尔那的三次审判上。

代尔那就是贵族厄弗里蒙地侯爵的儿子。厄弗里蒙地侯爵在巴黎一贯无法无天，作恶多端，罪大恶极，经常残害无辜百姓。譬如，他有一次乘坐马车的时候横冲直撞，压死了贫苦百姓家的小孩之后，不但不停下马车处理事故，反而倒打一耙，对处于弱势的百姓破口大骂，甚至痛骂受害者伤了他的马匹。

于是，厄弗里蒙地侯爵在压死百姓家的小孩之后，他只是扔出一个金币，然后便耀武扬威地疾驰而去。

但是，代尔那作为贵族的后代，却与恶贯满盈的长辈毫无共同之处，他本人从来没有欺压过百姓，反而从他母亲身上承袭了人道主义思想和宗教理念，并且憎恨自己家族的罪恶行径，毅然放弃世袭爵位以及财产的继承权，改名换姓，移居伦敦，在剑桥自食其力当上了一名法语教师，并且与梅尼特医生的女儿露茜真诚地相爱、结婚。

在《双城记》中，代尔那一共经受了三次法庭审判，而且是跨越英法两国的法庭审判，几次死里逃生。

代尔那所接受的第一次法庭审判，是发生在英国的法庭。1780 年，在伦敦高等法院，他莫名其妙地以从事间谍活动的叛国罪而遭到了起诉，这是一种非常严重的罪行，在法庭上他差点儿因此而被判处死刑。代尔那之所以遭受逮捕以及严重的叛国罪控告，与小说中的间谍活动密切相关。

正是发生在英国的无所不在的间谍活动，使得从法国来到英国自食其力的代尔那受到当地人的怀疑,并且无端遭受叛国罪的指控。在伦敦高等法庭的审判中，指控他叛国罪的罪名是否成立，取决于一个关键的证人，这个证人便是英国间谍约翰·巴萨。约翰·巴萨声称，他在任何地点都能一眼认出代尔那，所以情况对代尔那极其不利。然而，在法庭中的一个律师——“老望天花板的戴假发的绅士”卡尔顿的暗示下，代尔那的辩护律师找到了证明代尔那无罪的突破口。

由于卡尔顿与代尔那相貌极其相像，辩护律师要求巴萨重新辨别，将法庭的注意力引向了卡尔顿。但是，他们两人长得实在太像了，令人无法辨别，更令巴萨无比震惊、无法辨别。由此，造成巴萨的目击证据不足信，

也使得陪审团对巴萨本人失去了信任，代尔那从而获得无罪释放。这一次代尔那法庭受审，多亏卡尔顿，才免于死刑的判决；同时，也在审判过程中，作品中的关键人物卡尔顿、代尔那与梅尼特医生以及露茜发生接触。通过法庭审判这一场景，小说中的几个主要人物形象得以展现各自的个性特征。

代尔那所接受的第二次审判的地点变更在法国。在法国大革命爆发期间，代尔那一直住在伦敦，远离了是非之地，但是，他为了营救并未犯罪的管家盖白勒，冒险回到法国。

可是，一到巴黎，代尔那就被捕入狱。梅尼特父女闻讯后星夜赶到巴黎。在革命法庭，梅尼特以昔日巴士底狱囚徒的身份，营救自己的女婿，凭借自己在巴士底狱所经历的苦难以及他在革命群众中的影响力，他出庭作证，发挥了明显的效用，使代尔那获得释放。

然而，好景不长，代尔那不久之后就遭遇到了第三次法庭审判，他所接受的这第三次审判同样是发生在巴黎，发生在革命政府的法庭。原因是梅尼特医生在巴士底狱所写的那份控告信现在被革命群众发现。这份控告信发挥了意想不到的作用，激起了人们对贵族的巨大仇恨，所以代尔那又遭到了逮捕。在法庭审判过程中，苦大仇深的得伐石将当年梅尼特医生在狱中写下的这份充满血泪的控告书交给了审判长。正是在这封控告书中，梅尼特向苍天和大地控告厄弗里蒙地家族的成员，直至这个家族中的最后一个成员。其中自然也包括代尔那。《双城记》第三部第十章“阴影的实质”所记录的就是这封控告书的内容。在控告书中，梅尼特控告了厄弗里蒙地侯爵所犯的残害人命的一系列罪行。

这份写于巴士底狱的字字饱含血泪的控告书在法庭宣读过程中所产生的效果，我们是可想而知的。所以，不难想象，这份控告书一念完，就立刻激起了人们强烈的复仇情绪。控告书撰写者本人——梅尼特医生之前为了解救代尔那所付出的种种努力，瞬间全都付之东流。正是根据这一控告书所指控的内容，法庭经过陪审团成员投票表决，一致同意判处代尔那死刑，并且在二十四小时内立即执行死刑判决。

再则，狄更斯《双城记》中的法律书写体现在卡尔顿的两次营救方面。

如果说代尔那受到的是跨国的法庭审判，那么，卡尔顿的两次营救也是真正意义上的跨国营救。

卡尔顿是作者狄更斯心目中的富有自我牺牲精神的人道主义者的理想形象。狄更斯在作品中，以卡尔顿富有自我牺牲精神的博爱来与得伐石太太为代表的“革命”行为的恐怖相对照，以他的“仁爱”和革命群众的“残酷”行为进行对照，进一步宣扬了以德报怨的人类博爱思想。

在《双城记》中，卡尔顿是一位富有自我牺牲精神的理想的青年形象，而且善于利用法律知识和当时的英国相关法律条文的漏洞，为人们进行辩护，被人们称为“知识渊博的朋友”。正是因为他对法律的透彻把握，所以他才在关键时刻对代尔那作出了有利的举动。卡尔顿对代尔那有过两次营救，而且两次都是将他从死亡线上解救出来。

卡尔顿对代尔那的第一次营救发生的地点是在英国。当时，代尔那因为犯有叛国罪而遭到起诉，在英国法庭上接受审判。在当时的社会政治语境中，代尔那所被控告的叛国罪是一种非常严重的危害国家安全的罪行，被判死刑似乎毫无悬念可言。围观的群众也都显得情绪沸腾，准备享受观赏死囚被执行死刑的痛苦过程了。

然而，在代尔那即将遭遇死刑判决的关键时刻，卡尔顿作为法庭上的一名律师，他深深地知道代尔那所面临指控的严重性质以及将要遭遇的极刑判决。于是，在法庭审判过程中，为了避免这次审判中的冤情的发生，卡尔顿利用了一个恰当的机会，向辩护律师递交了一张纸条，使得整个审判过程发生了根本性的逆转，使得陪审团的态度发生了变更，从而推翻了对代尔那的叛国罪的指控，使得代尔那获得无罪释放。卡尔顿这一次在英国

通过法庭审判的有利时机对代尔那所作出的拯救，主要是通过两人之间相貌相近而实现的，这也为第二次营救的成功作了铺垫。

卡尔顿对代尔那的第二次营救发生在法国，是在巴黎监狱。代尔那被判处死刑之后，在即将执行死刑的夜晚，写了几封留给亲人的信。为了减轻露茜的痛苦，他准备坚强地迎接死亡的降临。然而，就在这个夜晚，卡尔顿为了自己所深爱的露茜不至于因失去丈夫而过于悲痛，毅然决然地买通了狱卒，混入了监狱，他利用自己相貌与代尔那极为相近的优势，与他更换了服装，顶替了已经处在昏迷状态中的代尔那，让其获救。代尔那被当成因探监而悲痛过度的卡尔顿，毫不怀疑地被抬出了监狱，而穿上了代尔那服装的卡尔顿，却替换代尔那，作为死刑犯，留在了监狱。

卡尔顿明晰地知晓他即将面对的无辜的惩罚，他更清楚地知道他即将面临的人生命运的终结，但是，他毫不退却，毫不惧怕，毅然决然地顶替代尔那，为了所爱女子露茜的幸福，为了让她免遭灾难，义无反顾地登上了死囚的车辆，沿着巴黎大街，奔赴刑场，最后心情坦荡、面色安详地走上了断头台。

如果说卡尔顿对代尔那的第一次营救还是一种于己无关的无意识的即兴行为，那么，他的第二次营救便是一种果断的自觉行为了。卡尔顿深深地知道，他所下定的营救代尔那的决心将要付出多大的代价。实际上，无论他的营救是否获得成功，他都将要付出自己生命的代价。可是，他决心已定，对此义无反顾，为了自己所爱女子的幸福，他不惜牺牲自己的生命，将自己的这一举动视为自己生命的崇高奉献。

然而，在更深的层次上，卡尔顿的这一营救行为恰恰表达了狄更斯心目中所期盼的人道主义理想，以及两个阶层的敌对状态的和解。卡尔顿的形象是大受赞赏的崇高的形象，甚至是得以圣化的形象，是狄更斯人道主义思想的化身。

最后，狄更斯《双城记》的法律书写具体体现于对司法制度的批判以及以牙还牙的惩罚法则。

我们从上述梅尼特的两次控告、代尔那的三次受审，以及卡尔顿的两次营救等法律事件中可以清楚地看出，无论是何种控告、何种审判，即便是跨越国界的审判，在官方的层面上，无论是在法国的审判还是在英国的审判，无论是在官僚宫廷的法庭还是在新兴的革命群众的法庭，正义都是难以得到伸张的，法庭的审判与狄更斯的人道主义理想常常是背道而驰的。反而是坚守正义的控告者常常受到无端的迫害，清白的受审者受到无辜的审判。这显然不是一个梅尼特或代尔那的问题，而是整个国家法律体制的问题。正如里德所说："对于狄更斯而言，正义不成问题，但是正义的制度却是成问题的。真正的正义既包含着惩罚，也包含着宽恕。但是人类的制度不能适应正义的理想模式。例如，在《双城记》中，正义就遭遇了极度的错误。无论英国的还是法国的法律体系，都似乎更能迫害无辜的人，而不是控告犯罪的人。"从里德的评论中，可以看出问题的实质：当时的法庭是一个颠倒是非的场所，而不是伸张正义的地方，当时的法律体系也是不能适应理想模式的混乱的体系。

在梅尼特医生所进行的第一次控告中，由于法国政府的司法腐败以及对贵族势力的偏袒，伸张正义、疾恶如仇的控告人却成了受害的一方，邪恶的以厄弗里蒙地侯爵为代表的贵族阶层为所欲为，法律成了压迫平民百姓的工具，成了迫害异己的手段。法律遭到如此践踏，必然会引起民众的反抗。法国大革命的爆发因而也就在所难免了。

然而，当法国大革命爆发之后，代表贵族阶层利益的政府被革命群众推翻之后，人们所期盼和欢呼的革命法庭依然不能依法办事，依然没有让法律恢复其应有的特性。而是在法律问题上采用了与贵族政府迫害平民百姓相类似的方法，即以牙还牙的方法，反过来对贵族阶层进行了血腥的复

仇和镇压。代尔那在法国的两次无端受审以及被判极刑，就充分表现了当时法国的革命法庭在审理案件中的极端和盲目。代尔那本人并没有犯下任何罪行，他只是作为贵族的后代（而且还是一名背弃法国的贵族家庭，只身到了伦敦靠教书而自食其力的后代），就受到株连，遭到逮捕，并且被判处极刑。

如果说代尔那之所以遭受极刑判决是因为他是贵族的后裔，这种判决是出于革命群众对贵族阶层所积压的深仇大恨，源自贵族阶层以前对普通人民群众的血腥的统治和无情的欺压，那么，在小说结尾部分所出现的一位无名的女裁工的悲惨遭遇，以及她的莫名其妙的死刑判决，就更是让人们对革命法庭深感困惑、难以理解了。

一个身材苗条、身体羸弱的无助的姑娘，一个安分守己、头脑中并无多少主见的贫苦而单纯的女缝工，竟然因为“搞阴谋”而被革命法庭判处死刑！从她的举止言谈以及善良的性格中，我们无论如何也难以将她这个羸弱的姑娘与罪大恶极的死刑犯画上等号，从这个女缝工的具体表现以及她的所思所想来看，她根本不存在“搞阴谋”的动机，更不具备这种“搞阴谋”的条件和能力。所以，穷苦的姑娘自己到死都弄不明白：“谁会想到跟我这样穷苦瘦弱的人一起搞阴谋？”即使在临死之前她还抱有良好的愿望，对共和国抱着朴实的情感。

然而，正是这个无辜的姑娘，本来就属于被贵族欺压的对象，好不容易盼来了革命，然而，却没有翻身做主，甚至没有得到来自革命法庭的应有的怜悯和同情，而是遭到了更大的不幸和灾难，最后无辜地死于断头台，甚至连她的亲友也没人知道她的死刑判决与执行，更没人知道她的姓名。由于法庭的不义以及审判的不公，指望法庭来伸张正义已经完全没有可能，所以，在狄更斯的笔下，受害的人们只能依靠自己的非法律的手段了。于是，被厄弗里蒙地侯爵马车所碾死的孩子的父亲，并不求助于法庭的诉讼，也不相信法律的公正，而是依靠自己独有的力量，找到了合适的复仇的机会，对厄弗里蒙地侯爵进行了严厉的惩罚，杀死了他，尽管孩子的父亲为这一复仇行为也付出了惨重的生命的代价。

得伐石太太的处境也是如此。尽管她苦大仇深，受尽了贵族的欺压，是贵族害得她家破人亡，是贵族厄弗里蒙地兄弟剥夺了她家好几位亲人的性命，因此她渴望着推翻贵族的血腥统治，渴望总有一天为死去的亲人报仇。但是，当她终于等来了复仇机会的时候，她同样表现出了残忍的一面，她在复仇过程中凶如老虎，滥杀无辜，最后同样不是死于法庭的判决，而是意外地死于普通百姓之手。可见，在这部作品中，许多罪孽即使得到了惩罚，也不是通过官方的渠道。

在狄更斯的笔下，无论是在法庭举行的审判，还是在庭外发生的复仇行为，都是缺乏司法公正的，也都是狄更斯本人所极力反对的。因此，《双城记》中的种种形式的惩罚的性质，是缺乏正义和人道的血腥的复仇，如同评论家萨克史密斯在《狄更斯叙事艺术》一书中所言："狄更斯所描写的悲剧事件中，给予惩罚的明晰的形式，不是理性的正义，而是古代的以牙还牙的惩罚法则。"

狄更斯假借吉伦派领导成员的妻子罗兰夫人之口，对以牙还牙的惩罚所导致的结果作了假设："我看到，在废止这种报应的惩罚工具像目前这样使用以前，巴萨、克莱、得伐石、'复仇女神'、那个陪审员、那个审判长，以及许多借消灭旧压迫者上台的大大小小新压迫者，都将死于它的斧下。我看到，将要从这个地狱出现一个美丽的城市，一个了不起的民族，在他们将来经历多年的争取真正自由的斗争中，在他们的胜利和失败中，我看到这个时代的邪恶，和造成这一恶果的前一个时代的邪恶，逐渐为自己赎了罪而消亡。"狄更斯在作品中所作的这种假设，无疑是对贵族阶层与平民百姓之间的世代仇恨所发出的一个警示，更是对司法正义所发出振聋发聩的

呼唤。尽管他所呼唤的正义是基于他的人道主义思想立场，尽管他的这一人道主义立场还存有这样或那样的局限性，但是，就终止以牙还牙的报复以及建立公正的法律秩序而言，这一警示是具有积极意义的。

从上述法律书写中，我们可以看出，狄更斯在其代表性的长篇小说《双城记》中，通过上述种种法律事件的描写以及相关问题的探索，尤其是作品中所书写的多次进行的不同国别、不同政府的法庭审判以及相应的跨国营救，充分表达了自己对法律问题的关注，以及对法律程序和法庭判决的认知与反思，并且在作品中借助于法律书写，塑造了一些性格各异的生动丰满的人物形象，传达了他心目中的人道主义的理想人物和理想境界。当然，狄更斯并非法学家，他也无意在文学作品中过分地显摆自己的法律知识或者炫耀自己的法律修养，然而，对法律问题的兴趣和关注使得他不经意间将法律意象以及法律素材运用到文学创作中。而我们探讨文学作品中的法律书写，更是为了探讨文学作品除了审美价值之外所具有的文献价值和认知功能。

意义危机与中国文化和文学的现代转型

黄　健

学者名片

黄健，出生于江西省九江市。研究生学历，文学博士。浙江大学文学院教授、博士生导师，2016年评为浙江大学唐立新教学名师。曾任浙江大学中国现当代文学与文化研究所副所长、浙江大学教学督导。现兼任浙江大学旅游休闲研究院研究员、马来西亚新纪元大学学院客座教授、绍兴文理学院鲁迅研究院特约研究员。主要学术职务有：中国鲁迅研究会副会长、浙江省鲁迅研究会会长、浙江省中国现代文学研究会副会长，浙江省"十一五"至"十四五"哲学社会科学规划组专家。著有《反省与选择》等学术专著10部，发表学术论文近300篇。

时间：2019 年 7 月 20 日

地点：中国人民大学逸夫楼三楼讲堂

谢谢主席，谢谢大会的安排！今天我主要讲三个方面的问题。第一个，我们的意义为什么失落？第二个，我们的意义为什么产生了危机？第三个，我们的意义将如何呈现出来？

一、意义缘何出现失落？

大家知道，从文化、哲学的角度来说，所有的文化都是对人而言的。它是基于生命或人生的一种价值和意义的支持。那么，中国的文化和中国的文学当然也就是在文化的意义上，对生命或人生作了这方面的强有力支持。从文学史的角度来看，中国文学历来就有讲究“文以载道”之说，如果把“道”理解为意义的内容的话，那么，我们传统的文学就在承载意义方面，作了一个很好的基础性的建构。

在中国文学传统中，从文化和美学角度来说，它构建了一个与中国传统的以道德为本体意义的伦理审美系统。从文体上，或者说从中国文学的诗、词、曲、赋、文的演化角度上来看，我们就可以看到传统的意义演化和变迁的历程，也即是它经历了一个从初始到高潮再到失落的曲线过程。譬如，古代诗歌是经历了从四言到五言，再到七言的文体变化的。像四言诗，它对应的是农耕民族在劳动之余的心灵韵律，优美、雅致、愉悦，如《诗经》的第一首“关关雎鸠，在河之洲；窈窕淑女，君子好逑”的诗句，还有“蒹葭苍苍，白露为霜；所谓伊人，在水一方”的诗句，就非常优雅地对应了农耕民族向内而求的心灵韵律，形成一种对生命或人生的意义支持。到了汉代，出现了五言诗之后，虽然每行多了一个字，但可以说是“一字值千金”，在意义的层面上，五言诗比四言诗更为深沉，一种更为复杂的意义也随之生成了。我们读《古诗十九首》，读到“生年不满百，常怀千岁忧”的诗句时，与四言诗比较起来，就可以感受到它的意义内涵更具哲理性，形态也丰富起来了。用今天的话来说，它赋予了生命或人生的意义以更浓厚、更深沉的哲学内涵。到了唐代，四言、五言、七言诗均已达到了顶峰，也与整个大唐、盛唐人的精神情形相匹配。

众所周知，就中国的朝代而言，从秦开始，大一统的朝代，秦、汉、唐、元、宋、明、清，我们都可用“大”来相称，唯独唐朝还可用“盛”来表示。所谓“盛唐”，也就是这个“盛”表示中国文化和文学达到了“鼎盛”“顶峰”的阶段。然而，由于在意义的层面上，却未能赋予更为丰富、更为复杂、多元、多样性的元素，获得自身的创造性变异，这样，用我们的成语来形容，就是物极必反、盛极必衰，从此开始就一直往下走。从诗歌创作中就可以看到，初唐的诗风是非常开阔的，我们读李白的诗，就可以感受到诗中的想象非常地开阔：“君不见，黄河之水天上来，奔流到海不复回。”李白的个人性格也非常率性：“仰天大笑出门去，我辈岂是蓬蒿人。”而到了中唐，杜甫没有了这种精神气质，更多的则是“忧患”。他看到的是“朱门酒肉臭，路有冻死骨”。盛世的气象，他已经体会不到了。他感受到了这个社会、这种人生的内在危机。所以，他有两句诗：“万里悲秋常作客，百年多病独登台。”在古代诗歌里，这是写“悲”写得最好的两句诗，没有人能够超过它，通常有“八悲”之说，也就是说这两句诗内蕴着人生的八重悲意。到了晚唐，连杜甫的这种忧患的气质也没有了，有的则是李商隐的“向晚意不适，驱车登古原。夕阳无限好，只是近黄昏”。是啊，晚霞多么绚烂，可是已经到了黄昏，接下来就是漫漫的暗夜。再到了晚唐末，唐代马上要解体了，此时连“夕阳无限好”的闲愁都没有了，有的则是罗隐的诗“今朝有酒今朝醉，明日愁来明日愁”的颓废、颓唐，它表明，传统的意义失落进程在加快。

从文体上来看，取而代之的是词。词跟诗相比，就没有那么浑厚的意境，没有那么多向和深沉的意义内涵，它有的是更多的、无尽的哀愁。南唐李后主的词“春花秋月何时了，往事知多少？”更多地指向了心灵的愁绪：“问君能有几多愁，恰似一江春水向东流。”李清照更是用叠字来形容，用“寻寻觅觅，冷冷清清，凄凄惨惨戚戚”来传达“人比黄花瘦”的凄凉境况。苏东坡的词，人们都说写得很豪放，也很开阔吧，但却也表现了他面对人生困境的无奈：“我欲乘风归去，又恐琼楼玉宇，高处不胜寒，起舞弄清影，何似在人间？”他真正地体悟了“月有阴晴圆缺，人有悲欢离合，此事古难全”的人生无奈和悲凉，体悟到了“十年生死两茫茫”的悲伤和哀婉。人生全不了，这将是常态，所以，他也就只好把生命的情感寄托在月亮上：“但愿人长久，千里共婵娟。”而到了元代，连这种希冀都没有了，有的是：“枯藤老树昏鸦，小桥流水人家。古道西风瘦马，夕阳西下，断肠人在天涯。”为什么不说东风肥马呢？“夕阳西下，断肠人在天涯。”你想想看，肠子断了是什么感觉？到了清朝，《红楼梦》就是唱挽歌了。唱的那首《好了歌》，其寓意就是“好了，那么就了了”，当然，反过来说“了了，也就是好了”。通过四大家族兴衰的描述，通过宝黛爱情悲剧的展示，在意义的层面上，《红楼梦》告诉人们：一个时代行将结束了。这种意义的失落一直走到晚清，在晚清，现代西方文化的涌入，传统的意义就产生了根本性的危机，而不是单单失落的问题了。它表明：那种传统的在道德本体领域建构的一整套的价值和意义系统，已经不足以支持走向现代化的中国人面对现代文明的冲击，不足以为现代新的人生提供一个完整的价值和意义的支持。

二、意义缘何发生危机？

这样一种性质的意义危机，用美籍华人学者张灏教授的话来说，就是由于意义失落而形成的意义危机，使得中国人主要在三个方面产生了迷失：第一是道德的迷失，原本不需要去说清、道清的东西，在今天已经没有办法继续下去了；第二是存在的迷失，人活着却不知道要干什么，人生出现无意义的漂浮；第三个是信仰的迷失，人生失去了终极的方向和理想，心灵再也得不到意义的滋养。如同杜亚泉后来所描述的那样，它使“吾人精神界破产之情状，盖亦犹是。破产而后，吾人之精神的生活，既无所凭依，仅余此块然之躯体，蠢然之生命，以求物资的生活，故除竞争权利，寻求奢侈以外，无复有生活的意义。大多数之人，其精神全埋没于物质的生活中，不遑他顾，本无主义主张之可言”。

所以，从晚清这个时候开始，第一代“先进的中国人”提出要向西方学习。这样，向西方学习，那我们就要面对传统的意义该怎么办的这样一个问题。所以，先驱者们开始从文学的角度来表现他们的感性认识，于是，就出现了从“诗界革命”到“小说界革命”这种呼唤革新的声音，开始了对现代文明有所学、有所思的认识现象，提出了当传统的意义不足以支撑现代中国人的生命意义的时候，新的意义该怎样进行重构、重建的问题。

因此，从晚清来看，“诗界革命”中的“我手写我口”，其实在它背后支撑它的理念，已经从传统的单一的道德上的伦理意义，转向对生命自由的向往。“我手写我口”就是要求自由地表达生命的情感，展现人生的理想。再到“小说界革命”，就是“欲兴一国之民，必先兴一国之小说”的新理念的提出所表现出的对人的精神世界关注高度的创作理念。

当然，如果说晚清的这些革新运动没有完成它的使命的话，那么，这个历史的重担就自然而然地要落在“五四”新文化、新文学上了。因此，倡导和推动新文化、新思想、新道德的先驱者们就直接从西方文化思想库中搬来了两个东西，这就是“德先生”和“赛先生”，他们试图用“德先生”和“赛先生”来重新建构现代人的意义世界。这样，我们的文学也要求适应这

样的环境，配合这场新文化运动。胡适在《文学改良刍议》中，直接从语言的表意系统开始，而不是鸿篇大论地从体制或文化载体的角度开始。众所周知，传统文言文的表意系统非常优雅、集约、简练，这的确是非常好的语义表意系统，但是，在新文化、新思想、新道德面前，它发挥不了其原有的语义功能和作用，也不足以表达现代人内心的复杂心绪。这样，那一整套的文言表意系统就失去了它的功效，就不能再用了，这就要涉及话语权的转换问题。如果只是在文言文的表意系统里面，再去革新、去修修补补，都将不能解决问题的根本，所以，胡适发现了问题的所在，就直接从打破文言八股着手，直接从语言系统着手，建构了一整套的符合现代人的新的语言表意系统。这就是新文学的“诞生”。它虽然看上去还存在许多问题，但是它在“存在”的属性上，或价值的理念上，就和传统拉开了距离。同时，从这个距离上来看，中国文学在这一个转折中，也就获得了一种“新生”。虽然我们将来写历史的时候，也许我们现代文学、当代文学起步为一百年，可能后来人写文学史的话，不会像我们现在这样把现代文学史、当代文学史分得这么细，可能只归为一章，甚至就是一节。那么，这一章或者这一节怎么来写？就是说如果要确定这一章或这一节的地位的话，那只有一个，那就是在整个的“价值理念”上，在整个表意系统上，在意义的赋能上，它与古代拉开了距离，划开了一个时代。而这一个时代一直延续到今天，还在持续地发展。

三、意义缘何需要重构?

我们知道在“文革”即将结束之时，诗人北岛写了一首诗，叫《回答》，里面有一句：“我来到了这个世界，为了在审判之前，宣读那些被判决的声音：告诉你吧，世界 / 我——不——相——信。”可以这样说，传统的意义就是在“我——不——相——信”中倒塌了。所以，今天对于我们来说，包括我们今天在这里纪念“五四”也好，学习“五四”也好，实际上，就是要对意义进行重构，要重新思考意义，探寻新的意义，要明白在现代的历史时期，生命的意义究竟在哪里？如同郭沫若在《凤凰涅槃》中所发问的那样：

宇宙呀，宇宙，
你为什么存在？
你自从哪里来？
……
啊啊！
我们年轻时候的新鲜哪儿去了？
我们年轻时候的甘美哪儿去了？
我们年轻时候的光华哪儿去了？
我们年轻时候的欢哀哪儿去了？

重构新的意义，其基点究竟在哪里，又从哪儿出发？自然，回到原来的地方是不可能的，这样，怎么来建构一个跟我们这个民族或者我们这个表意系统相吻合的意义世界呢？这就是我们今天需要认真思考的问题，所以，我们今天不论是看“五四”新文化也好，还是看“五四”新文学也好，虽然会发现它还存在这样的问题、那样的问题，甚至它还很幼稚，但我的一个观点是：“五四”新文化、新文学真正与古代拉开了一个距离，是一种“质”的变化，它在整个时代发展的节点上，划了一个时代，也即是“划时代”的标志。无疑，这是一个新的起点的开始。这个新的起点，无论它怎么走，会遇到什么情况，它将始终是朝着以“自由”为核心价值理念的现代文明的意义世界走的，我想，就像九曲黄河入海一样，崎岖蜿蜒，但始终不会回头。

虽然，我还不知道未来的意义究竟会是一种怎样的情形，究竟会建构在什么地方，但我们需要对这个意义重构保持充分的信心、耐心和乐观。历史或许会有惊人的相似，但不会重复，不会走回头路。人对以“自由”为核心价值理念的现代文明的意义世界之向往，是永远不会过时或消失的，而这，也是我们从“五四”新文化、新文学中之所以会发生中所获得的深刻启示。

《孟子》“鸡豚狗彘”并称考

——兼论上古汉语家畜的称举法

方一新

学者名片

方一新，1957年生，浙江黄岩人。浙江大学文学院教授，汉语言研究所所长，浙江大学国家语言文字推广基地主任。兼任国家社科基金项目会评组专家，中国语言学会历史语言学分会副会长，浙江省文史馆馆员。出版《中古汉语语词例释》（合著）、《中古汉语读本》（合著）、《东汉魏晋南北朝史书词语笺释》、《中古近代汉语词汇学》、《东汉疑伪佛经的语言学考辨研究》（合著）、《训诂学概论》（编著）等；发表论文百余篇。获北京大学王力语言学奖，浙江省哲学社会科学成果奖一、二等奖，教育部高校人文社科成果二等奖，专著入选国家哲学社会科学成果文库。

时间：2018 年 10 月

地点：重庆师范大学文学院

引 子

同学们好！

今天我们要讨论的是名篇《孟子·梁惠王上》“鸡豚狗彘之畜”中“鸡豚狗彘”的表述方式。

“鸡豚狗彘”通常解释为鸡、狗、猪。其中豚指小猪，彘指成年的猪，或用豚、彘泛指猪。那么“豚”究竟是指什么呢？同学们有没有不同的看法？

带着同学们的疑问，我们来看前人对这个问题是如何解释的。

1995 年，周有光先生在《读孟一疑》记载，他年轻的时候读到《孟子》此例时就问过老师：“为什么说了小猪又要说猪？”“孟子说的明明是四样东西（鸡豚狗彘），要把它解释为三样东西（鸡狗猪），这样的解释终难驱除疑云。”周先生指出“彘”有野猪义：“如果说‘鸡、猪、狗、野猪’，四样东西，那就对了，合乎语法和情理了。”“孟子讲话非常讲究词序的逻辑性，如果他说‘养鸡，养小猪，养狗，养大猪’，这就不合逻辑的词序了。”“总之，把‘鸡豚狗彘’解释作四种牲畜，文句就通顺，意义就明白；解释作‘鸡、狗、猪’三种牲畜，文句就不通顺，意义也难于理解了。”

近些年来，陆续有学者提出了新的见解，比如：刘一龙认为《说文》中的“豚”字指称的是“古代饲养的由猪獾驯化而来的小家畜”，黄薇认为“豚”指“阉割后的小肥猪”，黄金贵老师则认为“豚”指阉猪。

其实，类似的意见清代的王夫之已经提过。他认为“家猪有两种”，“豕”“彘”来自野猪，可至数百斤，“豚”则为另一类，能肥而不能大。

那么，上述说法是否可信，孟子行文是否有误呢？我们需要仔细分析的地方有三点：第一，“豚”与“彘”是否同义（均指猪）？第二，如果同义，则二者是否可以并称？第三，“鸡豚狗彘”连言是否符合古人行文规律？

我们来逐一讨论。

一、“猪”的异称及用例

在历代传世文献中，同学们有没有留意过猪的异称呢？根据农业专家的研究，上古时不同品种的猪有不同的异称。《尔雅·释兽》记载有颈短皮皱的“豱”、四蹄皆白的“豥”、体高五尺的“豟”等等。

明代李时珍《本草纲目》卷五〇上《兽部》“豕”条基本概括了古代生猪的种类和特点，但没有记载以“（成年后）体型小”作为特征的。

根据生长周期及雌雄形体等，猪的异称也有很多：六个月到一岁为“豵”，三岁为“豜”，母猪为“豝”，公猪为“豭”，去势的为“豮”，大猪为“豕”“彘”“猪”“豨（狶）”“亥”，小猪为“豚”“豯”，等等。

尽管猪的品种不同，异称众多，但都没有见到大猪与小猪异种、小猪（豚）长不大的记载，可知王夫之的说法并无根据。

我们知道，猪是人类最早驯化的家畜之一，是汉族先民最重要的肉食来源。古代文献中，“豚”“豕”“彘”“猪”等猪类词最为常见，以往已有不少相关研究：关于传世文献中“豕”“彘”“猪”等猪类词的名称，骆晓平（1996）、王彤伟（2010）都作过调查研究，王文考察了“豕”“彘”“猪”三词的历时演变，已涉及甲骨文及汉译佛经，系统翔实；刘周全（2012）讨论了“豕”和“猪”的历时嬗变问题；而关于出土简帛文献中“豕”“彘”“猪”历时演替，胡琳、张显成（2015：164-168）作了较为细致具体的研究、考察。

尽管如此，以上诸家基本上没有涉及“豚”，也没有讨论“鸡豚狗彘”

一类的表述，为了对“豚”“彘”“豕”“猪”这四个表示猪概念词的使用情况有一个大致的了解和对比，我们依据香港中文大学中国文化研究所出版的先秦两汉古籍逐字索引丛刊，调查了先秦、两汉的部分传世文献。下面用表格的形式展现，我们一起来看。

表 1　部分先秦典籍“猪”类词用例分布

	豚	彘	豕	猪	共计
《诗经》	0	0	2	0	2
《论语》	1	0	0	0	1
《左传》	1	0	5	1	7
《国语》	1	0	3	0	4
《墨子》	7	11	4	1	23
《庄子》	1	0	5	0	6
《孟子》	4	4	2	0	10
《礼记》	16	1	21	0	38
《周礼》	3	0	3	0	6
《仪礼》	9	0	47	0	56
《荀子》	2	6	1	3	12
《韩非子》	2	6	0	0	8
《晏子春秋》	3	0	0	0	3
《吕氏春秋》	2	5	8	0	15
《战国策》	0	0	1	0	1
总计	52（27.1%）	33（17.2%）	102（53.1%）	5（2.6%）	192

我们可以从表 1 看出，第一，不同文献猪类词用例不均衡：《诗经》《论语》和《战国策》均极少，仅为 1—2 例；《左传》《国语》《庄子》《孟子》《周礼》《韩非子》都在 10 例以内；诸子中，《墨子》《荀子》《吕氏春秋》用例

稍多；用例最多的是《仪礼》《礼记》两部礼书，且主要集中在“豚”“豕”上，显示了上古祭祀时猪作为祭牲的重要性和常用性。第二，猪类词的使用频率不同：“豕”用例过半；“豚”“彘”次之；“猪”用例最少，占比不到3%，仅见于《左传》《墨子》和《荀子》[①]，说明“猪”应是后起新词，当时使用并不广泛。

表 2　部分两汉典籍猪类词用例分布

	豚	彘	豕	猪	共计
《淮南子》	3	20	4	0	27
《史记》	4	21	9	0	34
《盐铁论》	3	0	4	0	7
《急就篇》	1	0	1	1	3
《说苑》	2	0	1	0	3
《白虎通》	2	0	4	0	6
《汉书》	5	27	23	9	64
《论衡》	4	0	14	6	24
《风俗通义》	2	1	1	1	5
《潜夫论》	0	0	4	0	4
《汉纪》	3	0	17	1	21
总计	29（14.65%）	69（34.85%）	82（41.4%）	18（9.1%）	198

我们可以从表 2 看出，第一，不同文献猪类词用例依然不均衡：用例最多的是《史记》《汉书》两部正史，其次为《淮南子》《论衡》和《汉纪》。第二，猪类词的使用频率发生了变化：与先秦相比，“豕”用例有所减少，但占比仍在四成以上；“彘”用例虽有近一倍的提升，但使用范围有限；“豚”

① 《管子·地员》：“凡听征，如负猪豕，觉而骇。”该篇一般认为系战国作品，似亦为先秦用例。

的数量减少较多，占比已明显下降；“猪”虽然仍最少，但占比已增加两倍多，提升明显。第三，从用例分布看，“豕”“豚”分布最广，各书基本都有；“彘”则集中于《史记》《汉书》和《淮南子》[①]；“猪”除了史游《急就篇》，到东汉的《汉书》《论衡》等书中，才有了一些用例。

那么“豕”“彘”“猪”“豚”等词在秦汉出土文献中的分布又是怎样的情况呢？我们来看这两个表。

表 3　部分秦代简牍猪类词用例分布

	豚	彘	豕	猪	共计
《睡虎地秦简》	2	0	9	4	15
《放马滩秦简》	0	2	5	0	7
《岳麓秦简》（壹—伍）	1	4	1	0	6
《龙岗秦简》	0	3	0	0	3
《里耶秦简》（壹—贰）	1	6	1	2	10
总计	4（9.8%）	15（36.6%）	16（39%）	6（14.6%）	41

表 4　部分汉代简牍猪类词用例分布

	豚	彘	豕	猪	共计
《马王堆简帛》	3	20	15	9	47
《居延汉简》	1	0	0	0	1
《居延新简》	0	1	0	2	3
《张家山汉简》	2	5	0	0	7
总计	6（10.3%）	26（44.8%）	15（25.9%）	11（19%）	58

① 另有《风俗通义》1 例：“文帝代服衣罽，袭毡帽，骑骏马，从侍中近臣常侍期门武骑猎渐台下，驰射狐兔，毕雉刺彘。”此例描写打猎场景，“彘”又与“雉”相对，表示“（野）猪”无疑。

从表3、表4我们可以看出，在秦代简帛中，成年猪类词的使用频次由高到低依次是“豕”（16例）、“彘”（15例）、“猪”（6例）。“猪”的用例少，使用区域窄。“豚”则仅有4例，不到全部猪类词的十分之一。

在汉代简帛中，成年猪类词的使用频次则变为“彘”（26例）、“豕”（15例）、“猪”（11例）。相比秦代简帛，汉简“彘”的使用频率大幅提升，“豕”则由秦简的近四成降至四分之一，下降的幅度较大，而“猪”在成年猪中尽管用例仍最少，但其使用频率则略有上升。“豚”的用例仍然较少，仅有6例，刚刚超过全部猪类词的十分之一。[①]“彘”由与“豕”基本持平转而遥遥领先，秦汉简牍中“猪”的用例一直较少，或许与秦朝的“书同文”政策有关。《里耶秦简（壹）》8-461：“毋敢曰王父，曰泰父；毋敢谓巫帝，曰巫；毋敢曰猪，曰彘。”简文的意思是：“不敢说‘王父’，当说‘泰父’；不敢称‘巫帝’，当称‘巫’；不敢说‘猪’，当说‘彘’。”正因为如此，所以，在《睡虎地秦简》中，还只有“豕”“猪”用例，未见“彘”；到了《放马滩秦简》《岳麓秦简》《龙岗秦简》，则一跃变为以“彘”（9例）、“豕”（6例）为主，未见“猪”的情形；《里耶秦简》则“彘”“豕”“猪”三词并用，但“彘”的数量占据了绝对多数。[②]

二、“豚”的所指与作用

那么“豚”到底是指什么动物呢？我们需要从字形、字书和注家训释以及古书用例几方面来讨论这个问题。

---

① 如：《湖南长沙马王堆一号汉墓》：“濯豚一笥。”又：“熬豚一笥。”《睡虎地秦墓竹简·日书甲种》：“大夫先敫兕席，今日良日，肥豚清酒美白粱，到主君所。”

② 赵岩（2013：60-67）结合秦汉简牍猪类词用例后指出：“在秦朝时，‘彘’在秦地的口语中已经代替‘豕’成为基本范畴词。”

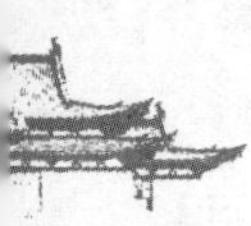

首先看字形。豚，甲骨文作、、等形。李孝定（1965）认为“豚”从豕从又（手），“可以置于把握之间”，“示豚尚小”；季旭升（2010）认为“从豚肉，会豚肉之意”；黄德宽（2007）则指出此字从豕从肉，“甲骨文豚，祭牲”。从甲骨文字形看，黄、季的说法较可信。“豚”应该指猪的一种，外形是“猪”（豕）的象形，里面（或旁边）的是肉形，突出“豚”圆鼓的腹部[①]，或突显（用肉）祭祀的作用。

《说文·豚部》：“（𧱏），小豕也。从彖省，象形。从又持肉，以给祠祀。豚，篆文从肉、豕。”《礼记·曲礼下》记载用牛猪羊等祭祀：“凡祭宗庙之礼：牛曰一元大武，豕曰刚鬣，豚曰腯肥，羊曰柔毛，鸡曰翰音，犬曰羹献。”所以清代几位《说文》大家都是从祭祀的角度阐发的。段玉裁注：“‘凡祭宗庙之礼：……豕曰刚鬣，豚曰腯肥。’”王筠句读：“按祭用小豕，亦贵诚之意。”在古代，猪是重要的祭牲，所以大猪（豕）和小猪（豚）都被列举，与牛羊鸡狗并提。

其次看字书和古训。在《说文》“豚，小豕也”下，清桂馥义证：“《玉篇》：‘豚，豕子也。’《急就篇》：‘六畜蕃息豚豕猪。’颜注：‘豚，谓豕之始生者也。’《方言》：‘猪，其子或谓之豚。’《小尔雅·广兽》：‘豕，彘也；彘，猪也，其子曰豚。’《论语》：‘归孔子豚。’孔注：‘豚，豕之小者。’”《仪礼·士冠礼》：“若杀，则特豚。”汉郑玄注：“特豚，一豕也。”[②]都可以看出“豚”为小猪。明顾梦麟《四书说约》卷一四《蒙引》：“‘豚，稚豕也。’……《正韵》：‘豚，小豕也。’《周礼·天官·庖人》注亦然。盖麋，鹿之大者，豚，豕之小者，曰麋又曰鹿，曰豚又曰彘，兼举耳。《庖人》注：‘羔，羊子；豚，豕子。’”已经指出“豚”为豕子。

① 《周礼·天官·冢宰》“春行羔豚”，汉郑玄注：“羔豚，物生而肥。”《睡虎地秦墓竹简·日书甲种》简157背：“肥豚清酒美白粱。”

② 钱玄、钱兴奇（1998：661）：“一豚。亦即特牲。……《仪礼·特牲馈食礼》：此特牲亦即特豚。”

再来看“豚”的用例。《孟子·尽心下》:“今之与杨、墨辩者，如追放豚。”汉赵岐章句:“今之与杨、墨辩争道者，譬如追放逸之豕豚。”赵岐用“豕豚”解释“豚”，说明“豚”“豕”同类。《周礼·天官·庖人》:“掌共六畜、六兽、六禽。”汉郑玄注:“六禽，于禽献及六挚，宜为羔、豚、犊、麛、雉、雁，凡鸟兽未孕曰禽。”将“豚”与“羔”(小羊)、“犊”(小牛)、“麛”(幼鹿)并列，那么“豚”指小猪无疑。

“豚”本义指小猪，后来也泛指猪。[1]《说文·示部》“祉”:“以豚祠司命。从示，比声。汉律曰:‘祠祉司命。’”段玉裁注:“《周礼》:‘司以，文昌也。’‘今民间祀司命,……汝南余郡亦多有，皆祠以豬。’按:豬，同猪;许所谓豚也。”清王绍兰《王氏经说》卷二《礼记》“司命”条:“《风俗通》称:‘齐地及汝南尊重司命，皆祠以猪。’即许云以豚祠之。”段、王的观点“豬，同猪”就是许慎说的“豚”。

由此可以看出，开头所提到的刘一龙、黄薇、黄金贵几位先生对于“豚”的释义缺乏文献依据，是不可信的。

上古祭祀，有太牢(牛、羊、豕)、少牢(羊、豕)之分。这些祭牲，都有严格的规定，包括:第一，重要的祭祀活动，用雄不用雌。《礼记·月令》:“命祀山林川泽，牺牲毋用牝。”第二，供祭祀的牲品，讲求毛色纯一，身体完整。《左传·桓公六年》:“公曰:‘吾牲牷肥腯，粢盛丰备，何则不信?’”晋杜预注:“牲，牛、羊、豕也。牷，纯色完全也。”唐孔颖达疏:“诸侯祭用大牢，祭以三牲为主，知牲为三牲，牛、羊、豕也。《周礼·牧人》:‘掌共祭祀之牲牷。’祭用纯色，故知‘牷’谓纯色完全，言毛体全具也。”唐慧琳《一切经音义》卷九九《广弘明集》音义“牲牷”条:“郑笺《毛诗》云:‘牛、羊、豕曰牲。’孔安国注《尚书》云:‘色纯曰牺，体完曰牷。’”

① 《史记·仲尼弟子列传》:“子路性鄙，好勇力，志伉直，冠雄鸡，佩豭豚。”其中“雄鸡”与“豭豚”(公猪)对举，可知“豚”为统称。

所以，无论是字形、字书、古代训释，还是典籍用例，“豚”都本指小猪，后来也泛指猪。

三、“豚”“豕”“彘”等词的连用并称

前人曾经对“鸡豚狗彘”提出过质疑和新解，问题在于“豚”与“彘”是否可以并称，猪与小猪看上去像是重复了，“鸡 / 小猪 / 狗 / 猪”的排列顺序看起来也有问题。带着这些疑惑，我们就来进一步讨论猪类词到底可不可以连言并用。

1. 猪类词可以连言并举

通过搜集文献资料我们发现，同样是表示猪这一概念的词，常可以连言并用：既可以是小猪（豚）与大猪并用，也可以是大猪连用。

其中，小猪、大猪并称的有“豚彘”“豚猪”“豚豕”。旧题西汉焦赣《易林》卷一二《姤之节》：“槽空无实，豚彘不食。”又卷二《讼之鼎》：“虎聚摩牙，以待豚猪。”[①] 晋傅玄《墙上难为趋》：“甚美致憔悴，不如豚豕肥。”

大猪连用的有“猪彘”“猪豕”。《荀子 · 正论》：“今人或入其央渎，窃其猪彘，则援剑戟而逐之。”《管子 · 地员》：“凡听征，如负猪豕，觉而骇。”

这些例证既说明“豚”与“彘”“豕”“猪”等其实是同一物，可以连用并称，也说明二名连用时基本遵循调序原则。[②]

汉班固《白虎通 · 五祀》：“五祀：……户以羊，灶以雉，中溜以豚，门以犬，井以豕。”五祀，指祭祀住宅内外的五种神，祭牲分别是羊、雉、豚、

---

① 《易林》这例之所以作“豚猪”，不作“猪豚”，是因为“猪”与“居”相押，并未违反双音词并列的调序原则。

② 即汉语并列式双音词，大抵按平声在前、仄声（上、去、入）在后的语序排列。参见丁邦新（1969、1975）、周祖谟（1985）、竺家宁（1997）、王云路（2010）等相关论著。

犬、豕；同属猪类的“豚”“豕”各占其一，突显了猪在祭祀中的作用，也说明“豚”“豕”可以并称。

2. “鸡豚”是当时常见的并称组合

在先秦典籍中,“豚”有时会与种类较远的动物连用并提，如《周易·中孚》:“豚鱼，吉，信及豚鱼也。”但更多的是与鸡、狗、羊等家畜并提。

我国古代有“三牲”之称，也有“五畜”“六畜”的说法。[①]“三牲”指牛、羊、豕[②],“五畜”指牛、羊、猪、鸡、狗五种家畜[③],“六畜”则多了马[④]。

西汉以前，“豚”常与“五畜”“六畜”中体型较小的羊羔、狗等并提：《周礼·天官·冢宰》:“凡用禽献，春行羔豚，膳膏香；夏行腒鱐，膳膏臊；秋行犊麛，膳膏腥；冬行鲜羽，膳膏膻。”“豚”和“羔”“犊”“麛”等表示羊、牛、鹿的幼崽的词并举，可见“豚”也指猪的幼崽。《国语·楚语上》:“其祭典有之曰：国君有牛享，大夫有羊馈，士有豚犬之奠。”

东汉以后,“豚”也与体型稍大的“羊”并提连用：有“豚羊”，也有“羊豚”。[⑤]从先秦典籍开始，“豚”还常常与家禽“鸡”并称“鸡豚”：

① “三牲”“五/六畜”的并称就是“牲畜”一词的来源。

② 《左传·庄公十年》:“公曰:‘牺牲玉帛，弗敢加也，必以信。’”唐孔颖达疏:“四者，皆祭神之物。……牲谓三牲，牛、羊、豕也。”用作祭祀，则为“大(太)牢”。《左传·桓公六年》:“九月丁卯，子同生。以大子生之礼举之，接以大牢。”晋杜预注:“大牢，牛羊豕也。”

③ 《汉书·地理志下》:“民有五畜，山多尘麖。”唐颜师古注:“牛、羊、豕、鸡、犬。”

④ 《左传·昭公二十五年》:“为六畜、五牲、三牺，以奉五味。”晋杜预注:“马、牛、羊、鸡、犬、豕。”也泛指各种牲畜。《淮南子·墬形》:“其地宜禾，多牛羊及六畜。”这些牲畜如果从体型和习性区分，大致可分为两类：一类为体型较大的马、牛、羊，可拉车运输，食草；另一类为体型较小的猪、鸡、狗，食性较杂。

⑤ 东汉应劭《汉官仪》卷下:“一旦驱之以即强敌，犹鸠鹊捕鹰鹯，豚羊弋豺虎，是以每战常负，王旅不振。”《艺文类聚》卷六九引东汉李尤《席铭》:“施席接宾，士无愚贤。直时所有，何必羊豚？”“豚羊”符合上古牲畜双名并举时形体原则(先小后大),“羊豚”不符，因为这一原则到东汉以后就已经出现了松动的迹象。

《礼记·大学》:"孟献子曰:'畜马乘,不察于鸡豚;伐冰之家,不畜牛羊;百乘之家,不畜聚敛之臣。'"

我们对战国、秦汉5部文献的"豚"和"鸡豚"用例作了初步统计:《荀子》3/1(指3例"豚",含1例"鸡豚");《墨子》7/2,《汉书》4/2,《韩诗外传》5/1,《风俗通义》2/1。总计5部古籍共有"豚"21例,含"鸡豚"7例;"鸡豚"连言频次较高,占"豚"总用例的三分之一。

到了魏晋南北朝时期,"鸡豚"用例有增无减,我们从香港中文大学"汉达文库"检得"鸡豚"16例[①]。

由此看来,"豚"的组合是有规律可循的:在六(五)畜中,"豚"能与"鸡""狗(犬)""羊"等体型稍小的牲畜并提连用;"鸡"跟"豚"连用组成"鸡豚",最为常见;也有"鸡豕"连用的[②]。从"鸡""豚"连言语序看,常有"鸡豚",少有"豚鸡"[③],说明基本遵循先小后大的形体原则[④]。

3. "狗彘"也是当时的惯常组合

我们在考察"彘""豕""猪"与其他牲畜组合连用情况的同时,也可以看出"鸡豚狗彘"的组合规律。

彘,甲骨文作[甲骨文字形](合集1339,宾组),季旭昇(2010:764)指出:"(彘)从豕从矢,会射豕之意。"《说文·彑部》:"彘,豕也。后蹄废谓之彘。……彘足与鹿足同。"彘既可指野猪,如《韩非子·外储说右下》:"王子于期为赵简主取道争千里之表,其始发也,彘伏沟中,王子于期齐辔策

① 不包括《三国志》"鸡豚犬豕"、《沈约集》"鸡豚犬彘"两例。

② "鸡豕"早期典籍也已见到,如《尹文子·大道上》:"彭蒙曰:'雉兔在野,众人逐之,分未定也;鸡豕满市,莫有志者,分定故也。'"《盐铁论·散不足》:"贫者鸡豕五芳,卫保散腊,倾盖社场。"

③ 上古仅见到《墨子》"狗彘豚鸡"1例,属牲畜四名并提连称,与二名并提连称的习惯不同。

④ 牲畜并称时先小后大的形体原则,也有例外,如"牛羊",已见于《诗经》《礼记》;"犬鸡",已见于《左传》等。

而进之，彘突出于沟中，马惊驾败。”也可指家猪，《孟子·尽心上》：“五母鸡，二母彘，无失其时，老者足以无失肉矣。”

“彘”主要与“犬/狗”搭配连用，与其他牲畜的组合连用并不常见，年代也偏晚。[①]

与“鸡豚”常常并提连用的情况类似，“狗彘”在上古汉语中也经常出现。《孟子·梁惠王上》：“狗彘食人食而不知检，涂有饿莩而不知发。”

据香港中文大学中国文化研究所出版的魏晋南北朝古籍逐字索引丛刊统计，两晋南北朝后，“狗彘”用例仅有2例。

“鸡豚”通常属于中性词，偏重于实指。“莫笑农家腊酒浑，丰年足客留鸡豚”，陆游《游山西村》的名句，体现了村民的热情好客。“狗彘”则常用于比喻人品行恶劣，或指猪、狗等牲畜吃了人的粮食（指本不该发生的事），有时含贬义。[②]

“狗彘”也说成“犬彘”。[③]《墨子·天志上》：“四海之内，粒食之民，莫不犓牛羊、豢犬彘，洁为粢盛酒醴，以祭祀于上帝鬼神。”

4. “狗彘”可作“狗豕”“狗猪”

另外我们发现“狗彘”也可以写成“狗豕”。[④]《荀子·正论》：“故盗不窃、贼不刺，狗豕吐菽粟，而农贾皆能以货财让。”

不仅如此，先秦的“狗彘”，常被汉儒改作“狗豕”。例如《盐铁论·水旱》：“《孟子》曰：‘野有饿殍，不知收也；狗豕食人食，不知检也。’”这里

---

① 战国、秦汉以来方见“彘”与“马”“牛”“羊”并提连用之例，《素问·五常政大论》有“马彘”（无“彘马”）、“彘牛”（无“牛彘”）和“羊彘”（无“彘羊”），《史记·封禅书》亦见“羊彘”。

② 关于这一点，朱睿（2014）已经指出。《墨子·兼爱中》：“不为大国侮小国，不为众庶侮鳏寡，不为暴势夺穑人黍稷、狗彘。”《淮南子·览冥》：“城郭不关，邑无盗贼，鄙旅之人相让以财，狗彘吐菽粟于路而无忿争之心。”此二例“狗彘”当为中性，泛指猪、狗等私有财产。

③ 关于“犬”“狗”的历时演变，王彤伟（2013：30-35）已经作了较为系统的考察，可参。

④ 豕，甲骨文作（合集1677正，宾组）。《说文·豕部》：“豕，彘也。竭其尾，故谓之豕。象毛足而后有其尾，读与豨同。”许慎《说文》豕、彘互训，可知均指成年的猪。

的“狗豕”在《孟子·梁惠王上》原作“狗彘”。与此类似，《孟子·梁惠王上》“鸡豚狗彘”，荀悦《汉纪·前汉孝文帝纪下》作“鸡豚狗豕”，可见汉代有改“彘”为“豕”的习惯。[①]汉儒改“彘”为“豕”，是一种复古行为，因为在先秦典籍中“豕”的用例最多。

春秋战国时期既有“狗豕”，也有“犬豕”。

“狗彘”，后也作“狗猪”。《汉书·元后传》：“后知其为莽求玺，怒骂之曰：‘……人如此者，狗猪不食其余，天下岂有而兄弟邪！’”稍早的有“犬猪”。《墨子·法仪》：“此以莫不犓羊、豢犬猪，洁为酒醴粢盛，以敬事天。”

刚才提到的这些例子可以说明，在上古时期，狗与猪并称，“狗彘”是很常见的，此外也有“狗豕”“狗豨”“狗猪”“犬彘”“犬豕”“犬猪”等；一般不作“豕狗”“豕犬”“猪狗”。说明两点：第一，作为小猪的“豚”，通常只与“六（五）畜”中体型最小的“鸡”并提连用，而成年的“豕”“彘”“猪”，一般只与体型相仿的“狗（犬）”并提连用；第二，“鸡豚”“狗彘”两对上古汉语的惯常组合，既遵循牲畜双名并称时先小后大的形体原则，也符合汉语并列双音词组合时的调序原则[②]，很少有例外。

四、“鸡豚狗彘”并称的表达规律

下面我们来谈一谈“鸡豚狗彘”连言是否符合古人的行文规律。

类似《孟子》这样用“鸡豚狗彘”之类四音节的表述指称家畜的情况有

---

① 表示“猪”的概念，《汉书》中“豕”与“彘”之比是 23∶27，而《史记》只有 9∶21，可知《汉书》常改“彘”为“豕”（如《史记》“人彘”，《汉书》改为“人豕”）。“彘”与“豕”或有新旧词之别。有意思的是，汉代也有不少改“豕”为“彘”的例子，如《左传·庄公八年》“豕人立而啼”，《史记·齐太公世家》作“彘人立而啼”；《荀子·正论》“狗豕吐菽粟”，《淮南子·览冥》作“狗彘吐菽粟于路”，均是。此蒙王彤伟老师提醒，特致谢忱。

② “犬猪”“狗猪”用例大概说明，当牲畜双名并提、形体原则（先小后大）与调序原则产生矛盾时，形体原则优先。

很多。我们发现，先秦、秦汉文献，凡是四音节牲畜名连用并称的情况大致有以下三种。

一种是四种体型相对大一点的牲畜并称，大致有牛、马、羊、猪，没有狗和鸡，比较典型的如“牛马羊彘”，我们把它称为“牛马羊彘”类。

《商君书·兵守》：“老弱之军，使牧牛马羊彘，草木之可食者，收而食之，以获其壮男女之食。”

东汉仲长统《昌言·理乱篇》：“琦赂宝货，巨室不能容；马牛羊豕，山谷不能受。”

《穆天子传》卷一：“官人陈牲全五□具。天子授河宗璧。河宗伯夭受璧，西向沉璧于河，再拜稽首。祝沉牛马豕羊。”

另一种是四种并称的牲畜中，有大（牛和马），有中（羊和猪），有小（狗），没有鸡，如“牛马狗豕”，姑称为“牛马狗豕”类。

《墨子·鲁问》：“鲁阳文君将攻郑，子墨子闻而止之，谓阳文君曰：‘今使鲁四境之内大都攻其小都，大家伐其小家，杀其民人，取其牛马狗豕、布帛米粟货财，则何若？’”

《墨子·天志下》：“霜露不时，天子必且犓豢其牛羊犬彘，洁为粢盛酒醴，以祷祠祈福于天。”

《礼记·礼运》：“然后退而合亨，体其犬豕牛羊，实其簠、簋、笾、豆、铏羹。”

《孔子家语·问礼》同。

以上两种类型，第一种是“牛马羊彘”“马牛羊豕”“牛马豕羊”，第二

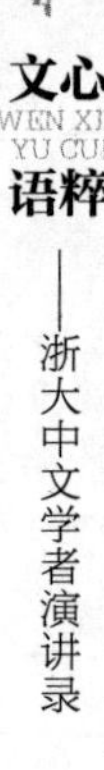

种为是“牛马狗豕”“牛羊犬彘”“犬豕牛羊”，虽然排列顺序、牲畜种类略有差异，但前者都是四种体型相对大一些的家畜并称，后者也是四种家畜并称，体型则是有大有中有小，大致按照由大到小排列（狗和猪并提时，狗在前，猪在后——“狗豕”“犬彘”“犬豕”），但也有倒过来的，如《礼记》“犬豕牛羊”例。

还有一种，则是三种体型稍小的牲畜并称，没有牛、马或牛、羊，有狗，也有鸡，且猪类词复出，“鸡豚狗彘”正属于这一类，称为“鸡豚狗彘”类。

> 《墨子·非攻上》：“今有一人，入人园圃，窃其桃李，众闻则非之；上为政者得，则罚之。此何也？以亏人自利也。至攘人犬豕鸡豚者，其不义又甚入人园圃，窃桃李。……至入人栏厩，取人马牛者，其不仁义，又甚攘人犬豕鸡豚，此何故也？以其亏人愈多。”

《墨子》“犬豕鸡豚”与《孟子》“鸡豚狗彘”相仿，也是指鸡、狗、猪三种家畜；除了把“狗彘”换成“犬豕”并移前外，二者并无本质的不同。

> 《墨子·迎敌祠》：“狗彘豚鸡，食其肉，敛其骸以为醢，腹病者以起。”
>
> 《荀子·荣辱》：“今人之生也，方知畜鸡狗猪彘，又畜牛羊。”
>
> 汉荀悦《汉纪·前汉孝文帝纪下》：“瓜瓠果蓏，殖于疆畔；鸡豚狗豕，无失其时。”
>
> 《三国志·魏书·杜畿传》：“渐课民畜：牸牛草马，下逮鸡豚犬豕，皆有章程。”

刚刚提到的“犬豕鸡豚”“狗彘豚鸡”“鸡狗猪彘”“鸡豚犬豕”等都是

指称鸡、狗、猪三种家畜，其中猪类词叠用，与《孟子》用“鸡豚狗彘”指称鸡、狗、猪三种体型较小的牲畜用法一致。此外，从后代学者引用《孟子》典故也可以看出时人的理解：

南朝梁沈约《究竟慈悲论》：“外典云：‘五亩之宅，树之以桑，则五十者可以衣帛矣；鸡豚犬彘，勿失其时，则七十者可以食肉矣。’”

唐释元康撰《肇论疏》卷上《物不迁论》：“孟子云：‘五亩之宅，树之以桑，则七十者可以衣帛矣。鸡犹犬彘，养不失时，则八十者可以食肉矣。’”

“鸡豚犬彘”“鸡犹犬彘”与“鸡豚狗彘”相同，也是四字连言而指三种动物，只是“狗”换成了同义词“犬”。

除了出土文献外，翻译佛经也有用例。旧题三国吴支谦译《菩萨本缘经》卷下：“无足、二足、四足、多足水陆空行，牛羊驼驴、猪豚鸡狗、飞鸟走兽，如是等辈，常为愚痴之所覆蔽。”姚秦竺佛念译《出曜经》卷五：“此等何者？是所谓鸡狗猪豚、驴野狐乌鸟等是也。”其中“猪豚鸡狗”“鸡狗猪豚”指三种牲畜，与中土典籍相同。

以上三类家畜并称连用的方法，最大的共同点是构成四字句，符合汉语的行文规律。

可见，《孟子》“鸡豚狗彘”完全符合古人的行文规律和习惯，其含义仅指猪、狗、鸡三种牲畜（家畜），是“六畜”中不涉及马、牛、羊一类的表述。之所以“豚”“彘”并举，一是为了音节和谐，形成双音步四字句，如

果有一种牲畜要出现两次，则非猪莫属；[①] 二是因为常常“鸡豚”连言、“狗彘”并举，前者是体型相对较小的家畜，后者是体型相对大一些的家畜，将两个现成的组合加以合并，最为方便自然。因而，“鸡豚狗彘”连用，指代鸡、狗、猪三种牲畜，既符合表述习惯，又能够形成俪偶的四字格，达到音节和谐的效果。[②]

另外，之所以是“鸡豚狗彘”连言，而不是相反（即不作“狗彘鸡豚”），同样是受汉语大多数并列双音词组合连用的调序原则（按照平上去入排列）的制约，得以延续下来，因为“彘”为去声字。

值得我们注意的是，汉语中也有三字连言的动物并称的例子。除了常见的“牛羊豕”这样的“三牲”“太牢”固定组合外，猪类词与其他牲畜类构成三音节并称的用例并不多，比如“羊犬豕”“牛羊彘”“猪羊马”“牛猪羊”，这些组合基本属于列举性质的，不属于惯常组合，因而并不遵循双名并举时形体大小（先小后大）的惯例，也看不出规律性。早期出土文献中也有用例。《里耶秦简》8-495：“畜彘鸡狗产子课，畜彘鸡狗死亡课。”《里耶秦简》8-950：“□□猪犬鸡。”《睡虎地秦墓竹简·日书甲种》：“戌，就也。其咎在室马牛豕也。日中死凶（凶）93背壹。”以上“彘鸡狗”“猪犬鸡”“马牛豕”等三名并称也类似。

① 因为猪在人类生活中特别重要：既可以向人们提供数量最大的肉食（一头肉猪贡献的肉量是一只鸡的数十倍；狗虽然比鸡大，但吃狗肉并不普遍）；同时又容易圈养繁殖。而猪，最容易想到的，是以大小为区分，故“豚”可与“彘/豕”共现；使用到后来，“豚”也可泛指猪，“鸡豚狗彘”的“豚”“彘”就是泛指猪了。

② 不妨把《孟子·梁惠王上》上下文引全一点：“五亩之宅，树之以桑，五十者可以衣帛矣。鸡豚狗彘之畜，无失其时，七十者可以食肉矣。百亩之田，勿夺其时，数口之家，可以无饥矣。”

小　结

最后，我们来做一个总结。

第一，“豚”为小猪，主要与“鸡”组合连用，属于形体小的动物；“彘（豕）”通常指成年猪，主要与“狗 / 犬”组合，属于形体相对大一点的动物；“鸡豚”“狗彘”既符合牲畜双名并举时先小后大的形体原则，也符合汉语并列双音组合的调序原则。

第二，“鸡豚狗彘”并提连言，主要是音步构词的需要，它们两两组合，俪偶相对，构成四字句。

第三，上古文献中四音节牲畜名连用并称，大致包括三种情况：一为四种体型较大的牲畜并称，没有狗和鸡，如“牛马羊彘”“马牛羊豕”等；第二种则是三种体型不一的家畜，有大（牛、马），有中（羊、猪），有小（狗），但没有鸡，如“牛马狗豕”；第三种则是体型较小的牲畜并称，没有牛马或牛羊，有狗，也有鸡，且猪类词迭现复出，如“犬豕鸡豚”“狗彘豚鸡”等。“鸡豚狗彘”正属于第三类。

所以说，《孟子》“鸡豚狗彘”的表述很正常，符合上古汉语牲畜并称的规律。“鸡豚狗彘”不是四种动物，“豚”既非猪獾，更不是阉猪。传统释“豚”为小猪，“彘”为大猪（成年的猪）是没有问题的。而“鸡豚狗彘”之类的表述，则是一种习惯表达，泛指鸡、狗、猪这三种家畜，“彘”“豚”已不一定具有区别大猪小猪的意味了。

既然原文符合古人行文的规律，周有光先生质疑“孟子讲究用词的逻辑性”就不是问题了。

针对以上报告的内容，同学们如果有疑问可以提出来一起探讨。

谢谢大家！

（原稿为2018年10月在重庆师范大学文学院所作报告，刊于《语言研究》2020年第4期，署名方一新、王云路）

参考文献

陈伟主编，何有祖、鲁家亮、凡国栋编:《里耶秦简牍校释（第一卷）》，武汉大学出版社2012年版。

陈伟武:《从楚简和秦简看上古汉语词汇研究的若干问题》，载《历史语言学研究（第七辑）》，商务印书馆2014年版。

丁邦新:《〈国语〉中双音词并列短语成分间的声调关系》，载《历史语言研究所集刊》39本2分，1969年版。

丁邦新:《〈论语〉〈孟子〉及〈诗经〉中并列语成分之间的声调关系》，载《历史语言研究所集刊》47本1分，1975年版。

傅亚庶:《中国上古祭祀文化》，东北师范大学出版社1999年版/高等教育出版社2005年版。

胡琳、张显成:《“豕、彘、猪”的历史演替：基于出土简帛新材料》，载《求索》2015年第2期，第164—168页。

黄德宽主编:《古文字谱系疏证》，商务印书馆2007年版。

黄金贵:《古代文化词义集类辨考（新一版）》，商务印书馆2016年版。

黄薇:《从“豚”字说起》，载《井冈山学院学报》2008年第3期，第30—31页。

季旭升:《说文新证》，艺文印书馆（台北）2010年版。

李孝定:《甲骨文字集释》，“中研院”历史语言研究所（台北）1965年版。

刘一龙:《“豚”非小豕辨》，载《古汉语研究》1993年第1期，第69—72页。

钱玄、钱兴奇:《三礼辞典》，江苏古籍出版社 1998 年版。

王彤伟:《“豕、彘、猪”的历时演变》，载《四川大学学报》2010 年第 1 期，第 74—79 页。

王彤伟:《常用词“犬、狗”的递嬗演变》，载《语文研究》2013 年第 2 期，第 30—35 页。

王云路:《中古汉语词汇史》，商务印书馆 2010 年版。

徐旺生:《中国古代猪的品种类型及其对世界猪品种育成的贡献》，载《猪业科学》2011 年第 1 期，第 114—117 页。

杨伯峻:《孟子译注》，中华书局 1960 年版。

游修龄:《释“豕、豚、彘和猪”》，载《中国农史》2000 年第 4 期，第 108—111 页。

张显成:《由秦汉简牍看词汇史上的“汉承秦制”现象》，载《文汇报》2017 年 4 月 14 日第 W11 版。

赵岩:《简帛文献词语历时演变专题研究》，中国社会科学出版社 2013 年版。

周有光:《读孟一疑》，载《群言》1995 年第 7 期。

周有光、苏培成:《语文书简——周有光与苏培成通信集》，浙江大学出版社 2016 年版。

周祖谟:《汉语骈列的词语和四声》，载《北京大学学报》1985 年第 3 期，第 3—6 页。

朱睿:《“鸡豚狗彘”释疑》，载《语文学刊》2014 年第 1 期，第 40—41、168 页。

竺家宁:《西晋佛经并列词之内部次序与声调的关系》，载《中正大学中文学术年刊》1997 年，第 41—69 页。

《孟子》里的几个疑案

汪维辉

学者名片

汪维辉，1958 年生，浙江宁波人。现为浙江大学求是特聘教授、博士生导师。兼任中国语言学会副会长。1997 年毕业于四川大学汉语史专业，获博士学位。主要著作有《东汉—隋常用词演变研究》《〈齐民要术〉词汇语法研究》《汉语核心词的历史与现状研究》《汉语词汇史》《著名中年语言学家自选集·汪维辉卷》等。主持国家社科基金重大项目“东汉至唐朝出土文献汉语用字研究”、国家社科基金一般项目“《齐民要术》词汇语法研究”和“汉语核心词的历史与现状研究”等。获得教育部高等学校优秀研究成果奖二等奖（2 次）、浙江省哲学社会科学优秀成果奖一等奖、王力语言学家奖二等奖等。

时间：2019 年 4 月 24 日

地点：清华大学

《孟子》是中国传统经典之一，距今已有约 2300 年。古往今来，读过《孟子》的人不知凡几，今天还有众多的读者在读它。经过东汉赵岐以来无数学者的持续钻研，《孟子》一书的大部分文字已经可以准确解读，但是仍留有一些疑案，至今没有定论。今天这个讲座，我们将用语言学的方法解析其中的四个疑案：(1)“徵于色，发于声，而后喻。”(2)“巨屦小屦同贾，人岂为之哉？”(3)“无耻之耻，无耻矣。”(4)“舍皆取诸其宫中而用之。”并且结合这些案例，来探讨“科学求解古书原意”所应该秉持的一些基本原则。

一、“徵于色，发于声，而后喻。”

《孟子·告子下》：

> 人恒过，然后能改；困于心，衡于虑，而后作；徵于色，发于声，而后喻。

我们来看看今人是怎么解释这几句话的，请重点关注最后一个分句。

王力主编《古代汉语》教材注：“徵，察验。色，容色，脸色。喻，了解。这几句是说一般人没有预见性，要等到犯了错误然后能改；要等到困难来了才着急，才能奋发有为；显出脸色来，然后才被人们所了解。”

初中《语文》第 5 册注：“徵于色：徵验于颜色，意思是憔悴枯槁，表现在颜色上。发于声：意思是吟咏叹息之气发于声音。而后喻：(看到他的颜色，听到他的声音）然后人们才了解他。”

杨伯峻《孟子译注》：“一个人，错误常常发生，才能改正；心意困苦，思虑阻塞，才能有所奋发而创造；表现在面色上，发吐在言语中，才能被人了解。”

以上解释和翻译都是依据的东汉赵岐的《孟子章句》和旧题宋孙奭的《孟子注疏》，请看原文：

> 徵验见于颜色，若屈原憔悴，渔父见而怪之；发于声而后喻，若宁戚商歌，桓公异之。（赵岐注）
>
> 憔悴枯槁之容而验于色，而后有吟咏叹息之气而发于声，则人见其色、闻其声，而后喻晓其所为矣。（孙奭疏）

这样解释，问题就来了：究竟是谁“喻”？让我们再来看一遍原文：

> 人恒过，然后能改；困于心，衡于虑，而后作；徵于色，发于声，而后喻。

这几句话一气贯注下来，主语显然都是头上的“人”，只是后面两个分句的主语承前省略了，补出来的话应该是这样的：

> 人恒过，然后能改；（人）困于心，衡于虑，而后作；（人）徵于色，发于声，而后喻。

可见“喻”的就是这个“人”本身，而不是别人。赵岐和孙奭都把“喻”的主语暗中偷换成了别人，这是有违孟子原意的。古人也有理解不误的，前有南宋的朱熹，后有清代的焦循：

> 不能烛于几微，故必事理暴著，以至验于人之色，发于人之声，然后能警悟而通晓也。（朱熹《孟子章句集注》）
>
> 徵色，谓为人所忿疾；发声，谓为人所诮让。然后乃能警悟通晓也。（焦循《孟子正义》）

他们的说解中，虽然没有说出“而后喻”的主语，但很明显都是上文的“人”。

可见解读古书必须以正确的句法分析为基础，有时释词都是对的，但是对整句话的理解却可能是错的。这正如王泗原所说：“词固不能离句而成义也。……不据句法而但就词释训，欲准确通晓古语文，不可得也。”（《古语文例释》，第 8 页）

分析到这里，“喻”的主语就是这个一以贯之的“人”，应该是清楚了。最后一个分句的意思就如焦循所说：一个人为人所忿疾（徵于色），为人所诮让（发于声），他才能警悟通晓（而后喻）。也就是一个人只有被别人给脸色了、呵斥了，才会明白原来自己已经问题很严重了。只有这样解释才符合《孟子》这一章的主旨——“生于忧患，死于安乐”。但是，问题彻底解决了吗？“发于声”又该如何分析呢？

“发于声”的字面意思是“（人）从声音上发出来”，也就是这个人他自己发出声音（杨伯峻译作“发吐在言语中”是很准确的），而不可能是别人发出（对自己表示不满的）声音。朱熹说“发于人之声”，焦循说“谓为人所诮让”，都是意译，意思虽然不误，但是译文和原文无法一一对应。问题究竟出在哪里呢？我认为是孟子本身的行文有问题，“发于声”的字面意思和他想要表达的实际意思反了。那又该如何解释这一现象呢？我想可能是孟子为了保持句式的一致以达到一种修辞效果，结果以辞害意了。“徵于色”与

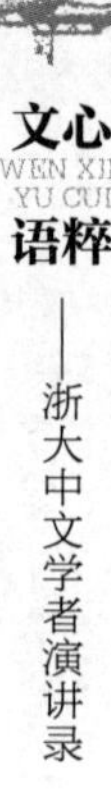

"发于声"表面看句式一致，但是内部的语义关系是不一样的："徵于色"是"（人）徵验于（别人之）色"，也就是从别人的脸色上得到验证，而"发于声"则只能是"（人）发于（己之）声"（发吐在言语中），"发于……"没有"从……得到徵验"这样的意思和用法，比如《诗经·周南·关雎序》："情发于声，声成文谓之音。"毛传："发，犹见（现）也。""情发于声"也是感情发吐在自己的声音中。也就是说，孟子的话存在语病，词不达意。这是我目前能想到的唯一解释。这样分析是否会"厚诬古人"、冤枉孟子呢？实际上，《孟子》的文章并非完美无瑕。比如《公孙丑下》：

时子因陈子而以告孟子，陈子以时子之言告孟子。

顾炎武在《日知录》卷十九"文章繁简"条就指出："此不须重见而意已明。"也就是说，"时子因陈子而以告孟子"就已经把意思说清楚了，没有必要再重复一句"陈子以时子之言告孟子"。顾炎武的批评是对的。下面"巨屦小屦同贾"条也能证明《孟子》的文章并不是无懈可击的，我们不必为古人讳。

二、"巨屦小屦同贾，人岂为之哉？"

《孟子·滕文公上》：

（陈相曰：）"从许子之道，则市贾不贰，国中无伪；虽使五尺之童适市，莫之或欺。布帛长短同，则贾相若；麻缕丝絮轻重同，则贾相若；五谷多寡同，则贾相若；屦大小同，则贾相若。"

（孟子）曰："夫物之不齐，物之情也。或相倍蓰，或相什百，或相千万；子比而同之，是乱天下也。巨屦小屦同贾，人岂为之哉？从许子之道，相率而为伪者也，恶能治国家？”

陈相说“屦大小同，则贾相若”，前提是“屦大小同”；孟子的反驳却是“巨屦小屦同贾，人岂为之哉”，把“屦大小同”变成了“巨屦小屦”。这样不合逻辑的辩驳焉能服人？

赵岐对此给出了一个巧妙的解释：“巨，粗屦也；小，细屦也。如使同价而卖之，人岂肯作其细哉！”原来孟子说的“巨屦小屦”不是指鞋子的大小，而是指其粗细（也就是精粗）！可是，赵岐这样的“以意逆志”，真的符合孟子的原意吗？“巨屦小屦”对应的是上文的“屦大小”，怎么变成了“屦精粗”呢？而且，“巨”“小”指粗、精，这样的训诂能找到依据吗？

我们先来看看《孟子》一书的内证。

《孟子》“巨”字出现了 5 次，除本例外，“巨室”3 见，“巨擘”1 见，“巨”都是“大”义。“小”出现了 73 次，经常跟“大”对文，就是“不大”义，没有一例可当“精细”讲的。

再来看看其他先秦典籍。《汉语大字典》“巨”条无相应义项，《汉语大词典》“巨”条确实列有“粗略”义：

③粗；粗大；粗略。《庄子·外物》：“任公子为大钩巨缁，五十犗以为饵。”《吕氏春秋·荡兵》：“贵贱，长少，贤者不肖，有巨有微而已矣。”高诱注：“巨，觕略。”参见“巨屦①”。

再查“巨屦”条，解释说：“①粗糙的鞋子。”仅引《孟子》本例及赵岐注。（正在修订的《汉语大词典》第二版“征求意见本”增加了一条书证：“清曾国藩《题毛西垣诗集后即送之归巴陵》诗之一：‘巨屦小屦天所区，焉能

屑屑齐美恶？’”）

原来除了《孟子》本例外，只有《吕氏春秋·荡兵》“有巨有微”的“巨”高诱注把它解释为“觕（=粗）略”。但是这个例子其实并不可靠。《吕氏春秋·荡兵》的原文是：

且兵之所自来者远矣，未尝少选不用，贵贱、长少、贤者不肖相与同，有巨有微而已矣。

陈奇猷《吕氏春秋新校释》说：

陶鸿庆曰：“‘贤者不肖’，‘者’字当在‘不肖’下。此以‘贵贱长少贤不肖者相与同’十一字为句，言此六者之人所同也。高注云‘贤不肖者用兵，皆欲得胜，是其同也’，是其所见本不误。”……奇猷案：陶说是，范耕研亦谓“者”字当在“不肖”下。……此文凡斗争皆谓之兵，故此谓不论贵贱长少贤不肖者未尝少选而不用其斗争，是其所同者也，特所用之斗争有大有小之别，大而至于三军攻战，小则至于在心未发耳。高以觕略、要妙释巨、微，不切。（上册，396页）

陈奇猷对“有巨有微”的解释十分正确，这里的“巨”和“微”就是用为它们的常义“大”和“小”，高诱的曲说不可取。

“小”字，《汉语大字典》和《汉语大词典》均列有“细；微”义，但都不是“精细”的“细”，而是“形容条状物横剖面小”（《汉语大词典》）。

不过《汉语大词典》又立有“小屦”条：

制作较细的鞋。（引《孟子》本例及赵注。第二版“征求意见本”也增加了上引曾国藩诗一例。）焦循正义："巨为大，即为粗也；小为精，即为细也。粗疏易成，细巧功密。"《急就篇》"裳韦不借为牧人"唐颜师古注："不借者，小屦也。以麻为之，其贱易得。"

这个释义同样是不能成立的，所引《急就篇》颜师古注的"不借者，小屦也"，按照《汉语大词典》的释义把"小屦"解作"制作较细的鞋"，是绝对讲不通的，因为下文已经明言"以麻为之，其贱易得"，可见并非什么"制作较细"。而且《汉语大词典》"不借"条讲得很清楚："草鞋。丝制者称履，麻制者称不借。"所引书证第一条也是《急就篇》和颜注。

由此看来，赵岐的解释只是为了给孟子打圆场的"想当然耳"，并没有切实的根据。问题没有解决。

后世治《孟子》者对此多有讨论，下面略举几家代表性说法以窥豹一斑。

旧题宋孙奭疏：

> 大屦与小屦同其价，则人必为之小屦而卖之，而大屦岂为之哉！言此屦之大小，则其他物之贵贱不言而可知矣。

朱熹《孟子集注》：

> 孟子言：物之不齐，乃其自然之理，其有精粗，犹其有大小也。若大屦小屦同价，则人岂肯为其大者哉？今不论精粗，使之同价，是使天下之人皆不肯为其精者，而竞为滥恶之物以相欺耳。

王力主编《古代汉语》即采用朱熹说："孟子是说物之不齐是自然的道

理，它们有精粗的分别，就和有大小的分别一样。假如大鞋小鞋同价，人们岂肯做大鞋出卖呢？若不论精粗，使之同价，人们又岂肯做精的出卖呢？”

焦循《孟子正义》：

> 《吕氏春秋·荡兵篇》云“有巨有微而已矣”，高诱注云：“巨，觕略也。”觕同粗，即麤字。《淮南子·主术训》云“而枹鼓为小”，高诱注云：“小，细也。”《汉书·扬雄传》集注引应劭云：“精，细也。”《礼记·乐记》云“凝是精粗之体”，注云：“精粗，谓万物大小也。”是精粗通谓之大小，巨为大，即为麤也，小为精，即为细也。粗疏易成，细巧功密，此物情之迥异。许子屦大小以形论，此巨小以情论。

周柄中《四书典故辨正续》卷四“巨屦小屦同价”条：

> 愚按：孙疏与赵注不同，注以“巨”为“粗屦”，“小”为“细屦”，是精粗之别，不以为尺寸之大小。以上文例之，“巨小”即“大小”也，“大小”既谓尺寸（赵注：大小谓尺寸），则“巨小”不容更生别解。疏说得之。但疏谓大与小同价，则又不然。陈相所云“屦大小同则价相若”者，本谓大与大同价，小与小同价，但论大小，不论精粗耳。今谓大与小同价，则并大小不论矣！彼未尝为此说，而孟子乃以是辟之，岂理也哉！此言巨屦与巨屦同价，小屦与小屦同价，而不论其精粗，人岂肯为其精者哉。就其言而折之，不是另换一层。朱子从疏说，亦一时未暇细审尔。

程二如《怎样解释“巨屦”“小屦”》（载《杭州师院学报》1983年第1期）：

巨的常义是大，可以引申为厚实，小的本义是微，可以引申为单薄。同时，小也可以释为低级，巨也可以释为高级，因为巨的原意是规矩，不仅是物体上的大，而且是质量上的合格或高级。如巨室、巨擘、巨子等，都是高级的证据。所以巨屦是厚实的、高级的鞋子，小屦是单薄的、低级的鞋子。

张觉《〈孟子〉"巨屦""小屦"新解》（载《语言研究集刊》第三辑，上海辞书出版社 2006 年版）：

巨：规矩，引申为工巧义，指做工精巧。小：细小，轻忽，指做工马虎草率。"巨屦小屦同贾，人岂为之哉？"即是说：精巧的鞋与粗陋的鞋同价，人们哪肯干这种事呢？按，孟子以极简单明了的道理来驳斥许子只看形状大小、不管质量好坏而使之同价的错误观点。

两位的基本观点与赵岐相同，不过认为"巨"是指精巧 / 厚实，"小"是指粗陋 / 单薄，则跟赵岐相反。这样的解释，正如王力先生所说：

当我们读古书的时候，所应该注意的不是古人应该说什么，而是古人实际上说了什么。……我们在注释一句古书的时候，除非有了绝对可靠的证据，否则宁可依照常义，不可依照僻义。（见《训诂学上的一些问题》，收入《龙虫并雕斋文集》第一册）

杨伯峻《孟子译注》则完全依据赵岐注，译"巨屦小屦同贾"为"好鞋和坏鞋一样价钱"（上册，130 页）。

很显然，以上诸说，只有旧题孙奭疏是忠实于原文的，其余各家都不免“增字解经”之嫌，与原文的字句都无法直接对应：原文明明是“巨屦小屦同贾，人岂为之哉”，何处说到“精粗”了？周柄中“岂理也哉”之前都说得很正确（“但疏谓大与小同价，则又不然”句除外），可是最后却又说：“此言巨屦与巨屦同价，小屦与小屦同价，而不论其精粗，人岂肯为其精者哉。就其言而折之，不是另换一层。”还是落入了“巨小”即“粗精”的陷阱里，未免“六经注我”了。

既然原文明明白白是“巨屦小屦同贾，人岂为之哉”，那么问题就来了：雄辩家孟子怎么会犯这么低级的逻辑错误呢？

如果说孟子当时说得兴起，滔滔不绝，说漏了嘴，不是没有可能（详下），但是《孟子》一书并非当时实录，而是在孟子晚年其道不行之后，“退而与万章之徒序《诗》《书》，述仲尼之意，作《孟子》七篇”（《史记·孟子荀卿列传》）。照理说，写定之时是有时间从容修改的，为什么这么明显的错误却留着未改？这是令人百思不得其解的问题。

实际上，《孟子》一书中说漏嘴的地方并非没有，本章前面孟子就有一大段雄辩：“然则治天下……亦为不善变矣！”如江河直下，气势磅礴。但是其中“决汝汉，排淮泗，而注之江”就说错了，朱熹《集注》说：“汝、汉、淮、泗，亦皆水名也。据《禹贡》及今水路，惟汉水入江耳，汝、泗则入淮，而淮自入海，此谓四水皆入于江，记者之误也。”所谓“记者之误”，显然是回护之辞，难道孟子晚年“作《孟子》七篇”时自己没有审定过吗？“巨屦小屦同贾，人岂为之哉”也是同样的情况。究竟应该如何解释呢？这涉及《孟子》一书的成书过程问题，这里就不详细讨论了。

三、“无耻之耻，无耻矣。”

《孟子·尽心上》：

> 孟子曰:“人不可以无耻。无耻之耻,无耻矣。”

“无耻之耻,无耻矣”这句话有点绕,究竟如何解释,也是《孟子》里的一个疑案。古今学者有不同看法:

赵岐注:“人能耻己之无所耻,是为改行从善之人,终身无复有耻辱之累也。”孙爽疏:“此章言耻身无分,独无所耻,斯必远辱,不为忧矣。孟子言:人之不可无其羞耻也,人能无耻而尚有羞耻,是为迁善远罪之人,终身无复有耻辱累之矣。”赵注和孙疏的解释都不甚明了,跟《孟子》原文无法一一对应。

杨伯峻《孟子译注》说:

> 孟子说:“人不可以没有羞耻,不知羞耻的那种羞耻,真是不知羞耻呀!”【注】之——有人把这个“之”字看为动词,适也。那么,“无耻之耻,无耻矣”便当如此翻译:由没有羞耻之心到有羞耻之心,便没有羞耻之事了。但我们认为“之”字用作动词,有一定范围,一般“之”下的宾语多是地方、地位之词语,除了如在“遇观之否”等卜筮术语中“之”字后可不用地方、地位词语以外,极少见其他用法,因此不取。

孟子是很看重“耻”的,全书“耻”字凡19见,都是指主观上觉得羞耻,没有指客观上所遭受的“耻辱之累”的。比如上面一章之后紧接着说:

> 孟子曰:“耻之于人大矣。为机变之巧者,无所用耻焉。不耻不若人,何若人有?”

“不耻不若人”就是不以自己不如别人为耻。又如《离娄上》:

今也小国师大国，而耻受命焉，是犹弟子而耻受命于先师也。如耻之，莫若师文王，师文王，大国五年，小国七年，必为政于天下矣。

因此杨伯峻的翻译符合原意，赵岐把最后一个“无耻”理解成“终身无复有耻辱之累也”是曲解了“耻”的词义。

四、“舍皆取诸其宫中而用之。”

《孟子·滕文公上》：

以粟易械器者，不为厉陶冶；陶冶亦以械器易粟者，岂为厉农夫哉？且许子何不为陶冶，舍皆取诸其宫中而用之？何为纷纷然与百工交易？何许子之不惮烦？

其中的“舍”字是《孟子》著名疑案之一，古今学者的解释不下七八种，但是没有一种是足以让人信服的。这里简单介绍几种主要的看法。

赵岐注说：“舍者，止也。止不肯皆自取之其宫宅中而用之，何为反与百工交易纷纷为烦也。”王力主编《古代汉语》注：“[一切东西]都只从自己家里拿来用。舍，止。按：‘舍’字不好懂，姑从旧注。”承认“‘舍’字不好懂”是对的，但是这个注解虽据赵注（所谓“姑从旧注”）而实误解其意：赵岐说“舍者，止也”，“止”是停止的止，《古代汉语》编者把它理解成了“只”的通假字。焦循《孟子正义》说：“舍为居止之止，此为禁止之止，故又申解‘止’为‘不肯’。”焦循特意申说这个“舍”不是“居止之止”，而是“禁止之止”，所以赵岐又接着申解“止不肯……”。实际上焦循的阐释仍然未达一间，这个“舍”不是“居止之止”，但也不是“禁止之止”，而是“停止之止”，与“不肯”同义。

朱熹的解释是：“舍去声。舍，止也。或读属上句，舍谓作陶冶之处也。”前解同赵注，后解意思是有人句读作“且许子何不为陶冶舍，皆取诸其宫中而用之”，“舍”看作名词，“陶冶舍”就是“作陶冶之处”。这是不能成立的，不要说《孟子》，就是全部“十三经”，也没有见过“陶冶舍”这样的定中式名词短语。

杨伯峻注：“舍，何物也，后代作偺（即啥字），缓言之为‘什么’、‘甚么’。”按，这是据章太炎《新方言》说，实不可从。王力先生已经从两个方面对章说提出质疑：第一，“何物皆取诸其宫中而用之”一类的句子不合于上古的语法；“什么都……”只是最近代语法的产品，唐宋以前是没有的，何况先秦？第二，“舍”字变为“甚么”很奇怪，“舍”是清音字，“甚”是浊音字，不能成为切音，而且中间有个 m 为什么消失了，也很难解释。（见《新训诂学》，收入《龙虫并雕斋文集》第一册）

近年来也有学者从古文字和出土文献的角度对这个“舍”字提出新解，认为“舍”读属上句，是句末疑问语气词，相当于“予”，但是仍未能圆满地解决问题。我觉得对于这样的老大难问题，与其强解，不如阙疑。我们并不赞同“不可知论”，认为应该鼓励探索和创新，但是除非有强有力的证据，否则再提出各种“新说”意义并不大。

五、小结

现在结合上面几个实例，来讨论一下解读古书所应该秉持的一些基本原则。

“经典永流传。”不管社会怎么发展，时代怎么变迁，中国古代的一些经典都不会过时，总有一些人会去读它们，我想这是确定无疑的。读古书

的人各有各的目的，也可以各有各的理解，这都无可厚非，但是有一点是共同的，那就是先得读懂古书。虽然曲解、误解古书的事从来没有停止过，当今更是愈演愈烈，今后也不可能绝迹，但是我相信，想要知道事情的真相是人类与生俱来的天性，一个正常人是不会愿意被假象和错误蒙蔽的，这也正是人人都有探索真理的欲望的原因。所以我们解读古书首先应该有一个“求真解、求甚解”的态度，在准确理解古书原意的基础上再去做各种发挥。

有了读懂古书的愿望，还应该知道读懂古书并非易事，不可随意曲解。身处21世纪的我们，要读懂像《孟子》这样的两千多年前的典籍，存在很多困难，其中最主要的就是书中的语言，因为两千多年来我们的汉语发生了很大的变化。此外，古人和今人在日常生活、礼仪习俗、思维方式以及社会制度等方面都存在巨大的差异，也会带来阅读的困难。关于如何正确地解读古书，古今学者有过很多研究和论述，我也写过一篇《训诂基本原则例说》(载《汉字汉语研究》2018年第1期，中国人民大学书报资料中心《语言文字学》2018年第8期全文复印)，根据学界的研究和自己的体会，总结了十条基本原则:(1)有实事求是之心，无哗众取宠之意;(2)言必有据，无徵不信;(3)合情合理;(4)揆之本文而协，验之他卷而通;(5)保持概念的同一性;(6)审文例;(7)通语法;(8)不以今律古;(9)破通假但不滥言通假;(10)合乎古代礼俗制度等。有兴趣的同学可以参看，这里不重复。下面只针对《孟子》里的这几个疑案谈几条原则。

1. 通语法

词要组成句子才能完整地表达意义，一篇文章是由无数个句子构成的，所以要读懂古书，通语法很重要。像第一个例子“徵于色，发于声，而后喻”，不做科学的语法分析就有可能把其中的逻辑关系弄颠倒了，即使像王力先生这样的大学者也难以避免。通语法是现代学者科学解读古书的一个利器，古人误解古书，很多时候都是因为不能正确分析句子，虽然古人里头也有逻辑思维很清楚、具有语法头脑的，比如朱熹和高邮王氏父子等，但是古代毕竟没有系统的语法学，缺乏科学分析的工具，所以这方面今人是可以大大超越古人的。王泗原先生的《古语文例释》讲得好的那些条目，往往就是由于很好地运用了“通语法”这个方法。

2. 辨词义

词义是有时代性和地域性的，一个词，可能古今都用，但是词义不一定完全相同，比如“耻”就是这样。“耻”是孟子的一个重要概念，《孟子》书中很常见，考察全部用例可以发现，孟子用“耻”只有“主观上觉得羞耻”这一种意思，没有指客观上所遭受的“耻辱之累”的。所以“无耻之耻，无耻矣”的后一个“无耻”也就只能解作“没有羞耻之心”，而不能理解成“没有羞耻之事”。

“徵于色”是“（人）徵验于（别人之）色”，也就是从别人的脸色上得到验证。赵岐把“徵于色”翻译成“徵验见于颜色”，孙奭翻译成“憔悴枯槁之容而验于色”，今人译作“显出脸色来”“表现在颜色上”，其实都是错误的，因为“徵”没有“显出；显现”这样的意思（参看《汉语大词典》《汉语大字典》“徵”字条）。“徵于色”只能是从别人的脸色上得到验证，而不可能是徵验表现在自己的脸色上。

“巨”“小”的词义也一样。为了把“巨屦小屦同贾，人岂为之哉”这一句讲通，硬要把“巨”解作“粗劣”（甚至“精巧 / 厚实”）、“小”解作“精细”（甚至“粗陋 / 单薄”），终究是讲不通的，因为“巨”和“小”本身没有那样的意思。

3. 不曲解

前面引过王力先生的话：“当我们读古书的时候，所应该注意的不是古人应该说什么，而是古人实际上说了什么。”事实上我们常常犯“古人应该说什么”的错误——按照自己的理解或者后世的逻辑去推断古人在这里应

该说什么话。比如“巨屦小屦同贾，人岂为之哉”这句话，孟子的原话明明是“巨屦小屦”，而且按照孟子时代的词义，“巨屦小屦”只能是大鞋子小鞋子，可是有人硬是要把它解释成粗糙的鞋子和精细的鞋子，这就是曲解。古人为了维护“亚圣”的权威性，认为孟子不可能说错话，一定要强为之解，还情有可原，因为这是古人的历史局限性；今人如果还觉得经典里的话句句都是正确的，没有任何语病，就不够实事求是了。

4. 不知盖阙

传世典籍里有一些至今无解的难题（实际上并非“无解”，而是暂时没有令人信服的正确解释），几乎每一部古籍里都存在。对于这些难题，我们要努力钻研，积极求解，这是没错的，但是证据不足就勇立新说则未必可取。在没有足够证据的情况下，与其提出一个看起来能自圆其说的新说，还不如盖阙存疑，留待后人去解决。孔子说：“君子于其所不知，盖阙如也。”（《论语·子路》）这是实事求是的正确态度，并不是畏难不前的托词。

5. 实事求是，遵循逻辑

这是最根本的一条原则，其他的具体原则无不贯穿着“实事求是，遵循逻辑”这一精神。“实事求是”就是尊重事实，不曲解，不强解。逻辑是一切现代科学的基础，今天我们要“科学求解古书原意”，也必须遵循逻辑，凡立一说，均须依据有效的证据，作出合乎逻辑的论证。道理易明，不再赘述。

（原报告为2019年4月24日清华大学“纪念闻一多先生诞辰120周年——中国语言文学研究系列学术讲座”第一讲）

文果载心　余心有寄

——从《文心雕龙》起结看刘勰持论的文化心理

孙敏强

学者名片

孙敏强，1958年3月生，浙江桐乡人。浙江大学文学院教授、博士生导师。1978年3月考入杭州大学中文系；1982年毕业，获学士学位；同年考入本校研究生，师从蒋祖怡先生攻读文学批评史硕士学位；1984年毕业留校。长期从事中国古代文学的教学与研究，主要学术方向是中国文学批评史，有专著《诗意·诗心——观照中国古代诗人审美追求与心灵的历史》等。

时间：2019 年 2 月

地点：浙江图书馆文澜讲坛

各位早上好！

很高兴有机会和大家一起来对刘勰和他的《文心雕龙》进行一些解读和了解。刘勰对于我们而言，既遥远，又切近。《梁书·刘勰传》说，刘勰早孤，笃志好学，家贫，不婚娶，依沙门僧祐十余年。在晨钟暮鼓的十余年中，他不仅博通经论（佛教经藏和论藏），也博览儒道经典，为以后撰写《文心雕龙》奠定了学养基础。他当过太末（今衢州龙游）令，且“政有清绩”。作为集大成的文论著作，《文心雕龙》分上下两部，上部包括总论和文体论，下部为创作论和余论，上下部各二十五篇。总论起首，余论殿后，各五篇，文体论和创作论各二十篇。那么，这部洋洋大观的文论巨著，我们从何说起好呢？

我想，我们通常会比较注意作品和论著的开头，而对其结尾部分的关注度似乎要逊于前者。作者的全副精神注于起首，而到终卷或难乎为继，不免有神疲气索之感，在文学史上往往而有之，读者的注意力也会如此。我们读到好的发端，眼睛为之一亮，所以会说这是一个响亮的开头；读到一气贯注，戛然而止而又余味无穷的结尾，又会深深感喟作者文气之长，精力弥漫；至于长篇巨制之首尾圆合，浑然相映，更会感叹作者思虑之周详，于得到审美享受的同时，感受到作者创制建构的大匠之道。即使如语录体的《论语》，开篇是《学而》，第一条：“学而时习之，不亦说乎？有朋自远方来，不亦乐乎？人不知而不愠，不亦君子乎？”结尾是《尧曰》，最后一条：“不知命，无以为君子也；不知礼，无以立也；不知言，无以知人也。”以三个疑问句（“乎”）起首，以三个肯定句（“也”）结尾，实在耐人寻味。从终其一生的愉快学习与交友处世之道，到知言知人，知礼立人，乃至知天命，全书始终围绕着君子人格的形成和确立，文本的起始与完成，亦如君子人格的起始与完成，这一起一结，各以三要素（点、线）构成立体系统，而首尾遥相呼应，仿佛若君子人格循序渐进的起始与完成，显现著论者自觉的建构意识和强大的建构能力。刘勰的《文心》也是如此。

清人章学诚在《文史通义·诗话》中指出："《文心》体大而虑周。"此语堪称定评。大到结构布局、纲目篇章，具体到论述行文之思理逻辑与阐释模式，我们都可以感受到刘勰的深思熟虑和《文心雕龙》文论体系的严整周密。更重要的是，刘勰将其生命情感和《文心雕龙》的理论体系建基和安放于文化根源之处，因而使其创制获得了整个古代文化资源与体系的支撑，也使其著述立论自然而然地显现着一种特有的文化自信。我们在全书行文的字里行间可以品悟到作者谦逊却自信、踏实而圆满、安详与安稳的气象和气度。在此，笔者试将《文心》起首与末尾联系全书合而观之，以把握和体认这部文论巨著的体系特征及其深厚鲜明的文化底蕴与特性。

一、"心"—"言"—"道"

《文心雕龙·原道》开篇如此言道：

> 文之为德也大矣，与天地并生者何哉？夫玄黄色杂，方圆体分，日月叠壁，以垂丽天之象；山川焕绮，以铺理地之形：此盖道之文也。仰观吐曜，俯察含章，高卑定位，故两仪既生矣。惟人参之，性灵所钟，是谓三才，为五行之秀，实天地之心。心生而言立，言立而文明，自然之道也。

我们切不要以为，刘勰论文而由天地说起，是怎样大而无当和不着边

际，而忽略了弥漫充盈于此段文字之间的深沉广阔的宇宙意识和虔诚真挚的人生情怀。在刘勰看来，天玄地黄，天圆地方，天大、地大，天地生人，而有文艺；日月星辰、大地山川，孕育和辉映着天地之文与人之文，由此，他找到了"文"之本原——"道"，从而于根源之处踏踏实实地构筑了他的理论大厦的第一块基石。这样的宇宙时空意识和对"道"的归依，使作者的生命情感有所寄托，也使他的文学理论体系有了深厚的背景、根基和文化家园。在这里，生命情怀、宇宙意识和文学理论是如此密切地联系在了一起。这样的思维模式、立论依据和思理逻辑，非常典型地体现了中国古代哲人文士普遍而深刻的文化心理。

刘勰论文而先由天地玄黄、宇宙大道谈起，这与古代名家巨制立论、开篇往往追溯到某个时空原点的宏大叙事模式是完全一致的。《老子》有"道生一，一生二，二生三，三生万物"之说，呈现为"一—二—三"模式，《易·系辞上》有"易有太极，是生两仪，两仪生四象，四象生八卦"之说，则呈现为"一—二—四—八"模式，二者正可谓是殊途同归，异曲而同工。其相似相通的重要方面，就是对元、始的追本溯源。《淮南子》发端便是《原道训》对"道"的阐述："夫道者，覆天载地，廓四方，柝八极，高不可际，深不可测，包裹天地，禀受无形……"钟嵘《诗品序》开篇由"气""三才""万有"说起，萧统《文选序》由"式观元始"起首，与《文心》的开篇亦同一思致。一直到后世，如长篇历史演义小说《三国演义》第一回即由战国秦汉叙起，而《红楼梦》则由女娲氏炼石补天写起，如果我们将刘勰《文心雕龙》开篇与《西游记》第一回"灵根育孕源流出　心性修持大道生"比读，就不难看出，二者思理是如此相似相近。应该说这都是由根源之处从头说起的观照与思维模式使然。

刘勰论文之始先由宇宙天地之道谈起，一气贯注到作为"三才"之一的人类的性灵与文言，而以"天地之心"（人心文心）为焦点。此一开篇与

《序志》篇所云正好遥遥相对：

> 夫“文心”者，言为文之用心也。昔涓子《琴心》，王孙《巧心》，心哉美矣，故用之焉。古来文章，以雕缛成体，岂取驺奭之群言雕龙也。夫宇宙绵邈，黎献纷杂，拔萃出类，智术而已。岁月飘忽，性灵不居，腾声飞实，制作而已。

在这里，作者正是以宇宙绵邈为背景，突出了人心之智术、性灵及其制作（文章）。“心”，成为刘勰《文心雕龙》开篇与尾声的一个焦点，首尾呼应，正揭示出作者以“文心”为书名的深刻寓意和用心。在刘勰的意念之中，惟此之“心”，以至高无上之“道”为归依，以性灵智术为内蕴，鉴照和辉映宇宙天地、日月山川，发而为美轮美奂的灿烂文章（“言”）。这使我们很自然地联想到黑格尔《美学》中著名的核心定义：“美就是理念的感性显现。”二者比照，是颇有意味的。鉴照宇宙万物、社会人生、思想与审美之历史的慧眼和灵光、体悟生命和生命情感的诗意与诗心，这一切，使《文心》之作焕发着异样的光彩和文化魅力。

在作为《文心》全书结尾部分的《序志》篇赞语中，刘勰如此咏叹道：

> 生也有涯，无涯惟智。逐物实难，凭性良易。傲岸泉石，咀嚼文义。文果载心，余心有寄。

这样的起首与结尾，实在是大有深意，耐人寻味。由对宇宙天地自然之道的仰观俯察和对至高无上之“道”的归依，最后落实到著书立说以发抒性灵寄托我心。起首高屋建瓴，结尾意味深长。由此发端，我们可以想见刘勰“搦笔和墨，乃始论文”之时，神思飞跃、目光如炬、胸有成竹的神情；由

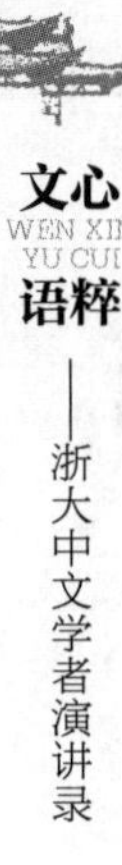

"文果载心，余心有寄"的尾声，我们也可以感受到作者完成著述之时如释重负、圆满安宁、得大安稳的心情。在刘勰看来，吾人吾心，也便是宇宙天地之心，以我虚静、纯正、真诚之心去仰观俯察，一切都是有序的、可以把握和期待的；作为"三才"之一的大写的人，理当有所作为，以语言寄托和承载我心，寄托和承载自我的生命情感、思想才智和对宇宙天地自然之道与儒家圣人之道的领悟和皈依。此一起一结，三复其言，令人久久沉吟回味。对处于当下文化境域的我们而言，作者的创作心态足以发人深省。

二、归依于自然和圣人之道

由《文心雕龙》一起一结去通观全书，我们可以把握到作者的基本创作理念和心态：一是对宇宙自然之道和儒家经学、圣人之道的依归，二是对语言承载我心、可以于此安身立命的坚信不疑。而这也正是古代士人颇为典型的文化心理的体现。

《文心雕龙·原道》所谓"文之为德"的"德"，与《庄子》所说的"天德"之"德"相近相通。庄子在《天道》曾以大舜的身份，用诗一般的口吻说道：

> 天德而土宁，日月照而四时行，若昼夜之有经，云行而雨施矣。

在庄子的心目中，云行雨施，四时代序，天地自然一气流行，生生不息，循环往复，是那样地和谐、完美，而日月叠璧的烛照，更为之带来了无处不在的光辉与明丽。这里的描述和赞叹与《原道》篇同一思致，与以《周易》为代表的先秦哲学乃至儒家经学的表述也相似相通或同出一源，代表了整个农耕文明时代中国人的宇宙观和自然观。无论是在《庄子》还是在《文心雕龙》中，我们都能够感受到一如康德著名的墓志铭所彰显和昭示的那种哲人彻悟宇宙人生之后圆满、自适、宁静、安详的审美心态。

《文心》开篇“仰观吐曜，俯察含章”一节，也同样体现了古代哲人观照天地宇宙的典型态势与方式。《易 · 系辞下》一则有云：“仰以观于天文，俯以察于地理，是故知幽明之故。”再则又谓：“古者庖牺氏之王天下也，仰则观象于天，俯则观法于地，观鸟兽之文，与地之宜，近取诸身，远取诸物，于是始作八卦，以通神明之德，以类万物之情。”《易经》将其观照归纳自然社会万象的八卦符号体系与阐释模式置放于根源之处，这种由根源之处从头说起的思维模式，正是《文心》和其他鸿篇巨制开篇叙论模式之由来。而仰观俯察的鉴照方式，在古代也有着极其广泛的影响力，此亦为刘勰《原道》一节所本。《淮南子 · 原道训》高诱注有云：“四方上下曰宇，古往今来曰宙，以喻天地。”中国古代人们心目中的宇宙概念首先是与房舍屋宇有关的，而宙便是人由屋宇中入与出（古《击壤歌》所咏叹的“日出而作，日入而息”亦可与此相印证）。宇代表空间，宙代表时间，自宏观的角度视之，天地一庐宇，百年一出入。百年生命，俯仰天地之间，人生与天地时空本来就不可分割，而宇宙意识与人生情怀也就必然是二而一、一而二的诗情和诗思了。

受此影响，古代许多优秀的诗文作品，其艺术想象和人生情感常常是在两个方面进行运思、拓展和得到呈现的：一方面是抚今追昔的感兴模式，另一方面则呈现为仰观俯察的观照视野。一个是时间维度，一个是空间维度。在时间维度，是追根溯源，归结于历史时空深处的某一个原点；在空间维度，是仰观俯察，“精骛八极，心游万仞”（陆机《文赋》）。《文心 · 神思》论艺术想象，便有“寂然凝虑，思接千载；悄焉动容，视通万里”之说。上下几千年，纵横几万里，成为古代诗词、散文、联语典型的境界与模式。如果没有纵向的时间维度，空间的展开就泛若不系之舟，生命的情怀也难以得到充分和完美的显现；同样，没有空间的展开，关于时间的追溯也便

没有了根基，而无所依归。书圣王羲之与文士墨客春日雅集，于良辰美景酒酣耳热之际，赋诗序文，而有千古名篇《兰亭集序》。文中写道："仰观宇宙之大，俯察品类之盛，所以游目骋怀，足以极视听之娱，信可乐也。"仰观俯察，即就宇宙空间而言，而"夫人之相与，俯仰一世，或取诸怀抱，晤言一室之内；或因寄所托，放浪形骸之外"云云，即以此为空间背景。文中"向之所欣，俯仰之间，已为陈迹，犹不能不以之兴怀。况修短随化，终期于尽。古人云：死生亦大矣，岂不痛哉"和"每览昔人兴感之由，若合一契……后之视今，亦犹今之视昔"云云，则是就时间而言的，在关于宇宙时空的浩叹中寄寓着深切的人生情感。受其影响，李白的《春夜宴从弟桃李园序》开篇"夫天地者，万物之逆旅也；光阴者，百代之过客也"便由对时空的追溯与观照发端。张若虚的《春江花月夜》则是在描绘月光下无限空蒙的宇宙空间之后，转而为对时间的哲学式沉思（苏轼的《前赤壁赋》也大体上呈现着这样的格局），追溯人之初、月之初、宇宙之初。这样的时空观与生命情感始终贯穿于我国古代诗文经典作品之中，同样也体现在刘勰《文心雕龙》的创制中。

《易·系辞》仰观天文，俯察地理，近取诸身，远取诸物云云启示我们，中国古代哲人文士的观照视野和阐释叙述往往呈现为由大到小、由宏观到微观、由群体到个体、由历史到现实、由古代到当下即刻的模式。[①] 这

① 当然，《易·系辞》所云"仰以观于天文，俯以察于地理，是故知幽明之故""古者庖牺氏之王天下也，仰则观象于天，俯则观法于地，观鸟兽之文，与地之宜，近取诸身，远取诸物，于是始作八卦，以通神明之德，以类万物之情"，既体现了追本溯源，由大到小、由宏观到微观、由群体到个体、由历史到现实的特性，却同时又反映了中国古代哲人由小观大、由近见远、以近推古、以形而下表征形而上的观照与思维的特点。而这两方面是相反相成的。古代哲学与文论中以人人日日所行之道表征至高无上之"道"，由口舌之味言审美之"味"。庄子既认为"道"超乎一切，不可闻见言说，却又指出"道"无处不在，在虫蚁、稊稗、瓦甓，甚至等而下之在屎尿；刘勰以"涧曲湍回"指喻文之"势"；《二十四诗品·含蓄》一品以"悠悠空尘，忽忽海沤"传写"是有真宰，与之沉浮"，而"不著一字，尽得风流"。类此论例屡见不鲜，都体现了中国古代哲人这种观照把握宇宙自然、思考论述社会人生的思维模式、思辨特征的后一个层面。对此双向同步、相反相成的两个方面，似可由专文论之，此不赘述。

样的文化文学传统渊源于经学，而影响深远，及于后世。如《文心·原道》继开篇之后，又进一步申说："人文之元，肇自太极。"这些论述的基本理念都本于经学。如《礼记·礼运》一再说："是故夫礼，必本于天，动而为地，转而为阴阳，变而为四时。""夫礼必本于天，分而之地，列而之事，变而从时。"我们在《易·系辞上》中也可看到同样的表述："易有太极，是生两仪，两仪生四象，四象生八卦。"这实际上是向我们标示了先秦哲学中一个关于宇宙万物、社会生活的发生、发展及其基本结构的重要阐述模式（《礼记·礼运》之说就是具体运用上述模式的一个典型例证）。《淮南子·天文训》这样来描述天地万物的生成："天坠未形，冯冯翼翼，洞洞灟灟，故曰太昭。道始于虚，虚霩生宇宙，宇宙生气，气有涯垠。清阳者薄靡而为天，重浊者凝滞而为地。清妙之合专易，重浊之凝竭难。故天先成而地后定。天地之袭精为阴阳，阴阳之专精为四时，四时之散精为万物。"这样的阐述模式同样也体现在文论之中，如曹丕《典论·论文》提出"文以气为主"之说，并且认为"气之清浊有体"，这正显示出一气二体的分析模式。其论文体则有"四科八体"之说。刘勰《文心雕龙》首章《原道》开篇探究文学的本源，从天开地辟、"两仪"、"四象"说起，《体性篇》论文学风格，更分析了"才""气""学""习"四大因素的决定性作用，并且将文学风格归纳为"典雅""远奥""精约""显附""繁缛""壮丽""新奇""轻靡"八种类型，便足以说明这样的分析和归纳模式与先秦哲学尤其是儒家经学中的上述阐述模式之间应该存在着必然的联系。

刘勰特撰《原道》《征圣》《宗经》三篇，对"明道""征圣""宗经"三位一体的文学观进行了全面、系统和深入的阐述，作为《文心雕龙》总纲"文之枢纽"的主干部分。这一观念体系源于先秦荀子学派，而阐发于东汉杨雄，经由刘勰的系统阐述，深远地影响后人。《原道》篇提出"道沿圣以垂文，圣因文而明道"的基本理念，《宗经》篇则标举："文能宗经，体有六

义：一则情深而不诡，二则风清而不杂，三则事信而不诞，四则义直而不回，五则体约而不芜，六则文丽而不淫。”此“六义”可以视为刘勰对儒家经典特征的归纳和总结。作者将此诸篇置于最关键的位置，其篇名便已然彰显和突出了可以视为其整个文论体系的指针和灵魂的思想原则与核心理念。这一切，在在处处都体现了刘氏对儒家经学和圣人之道的归依。

应该指出的是，刘勰反复申说的“原道”“明道”，与宋代以后理学家们所标举的“载道”之说显然还并不是完全相同的。在宋代理学家的意念之中，文章如同车舆，只是“载道”之具。周敦颐有“文所以载道”（《通书·文辞》）之说，《朱子语类》强调：“这文皆是从道中流出，岂有文反能贯道之理？文是文，道是道，文只如吃饭时下饭耳。若以文贯道，却是把本为末。”他据此批评苏东坡说：“道者，文之根本；文者，道之枝叶。惟其根本乎道，所以发之于文，皆道也。三代圣贤文章，皆从此心写出，文便是道。今东坡之言曰：‘吾所谓文，必与道俱。’则是文自文而道自道，待作文时，旋去讨个道来入放里面。此是它大病处。缘他都是因作文，却渐渐说上道理来；不是先理会得道理了，方作文。所以大本都差。”他甚至认为：“苏文害正道，甚于老佛。”理学家们的理论重心在“道”，而《文心雕龙》书名及其从头至尾的阐述中，突显的是“文心”。朱子对苏轼的批评，可以帮助我们理解“载心”与“载道”的差异。在刘勰的意念中，“原道”“明道”的主体是“心”。就像《文心》“文之枢纽”的《原道》《征圣》《宗经》三篇着重强调“通”的一面，而《正纬》《辨骚》两篇则着眼于“变”的方面一样，《原道》篇中与“道”—“圣”—“文”（“经”）三位一体的列式并行不悖的是“心生而言立，言立而文明”的“自然之道”。《文心》全书从开篇强调“仰观吐曜，俯察含章，高卑定位，故两仪既生矣。惟人参之，性灵所钟，是谓三才，为五行之秀，实天地之心”，到下篇创作论首章《神思》对“登山则情满于山，观海则意溢于海”的诗人心神的论述，直至末章《序志》篇所说“夫‘文心’者，言为文之用心也。昔涓子《琴心》，王孙《巧心》，心哉美矣，故用之焉”，都体现了作者在强调“原道”“明道”的同时，对诗人的主体性、对“文心”和以文“载心”的高度重视，其理论重心显然在“文”和“文心”。对“自然之道”的标举和“心”—“言”—“文”的模式，是对同篇所阐述的儒家圣人之道和“道”—“圣”—“文”（“经”）三位一体模式的必要与重要的补充，表明刘勰《文心雕龙》的论文思路和文论体系显然更为多元和开放。

三、语言是存在的家园

海德格尔在《诗·语言·思》中说：“人是能言说的生命存在。”语言的发明和运用是人类区别于动物的根本标志之一。正是借助于语言，人与人组成社会，从远古的荒原一步步走向辉煌的未来。也是以语言符号为工具，人类构建了自己理性的大厦和灿烂的文明。因此,对语言的地位功能似乎怎样重视都不会过分。在先秦诸子百家之中，儒家对语言是特别注重的。尤其不可忽视的是，尽管“子不语怪、力、乱、神”（《论语·述而》)，但儒家在撰述经典时，还是制造了不少关于圣人、经典、语言和诗乐的神话，这对儒家经典权威地位的确立无疑也有着重要的意义。《吕氏春秋·古乐》云：“乐所由来者尚也，必不可废。有节有侈，有正有淫矣。贤者以昌，不肖者以亡。”这明显继承了儒家的音乐思想。下文曰：“昔古朱襄氏之治天下也，多风而阳气蓄积，万物解散，果实不成。故士达作为五弦瑟，以采阴气，以定群生。”音乐被赋予不可思议的魔力。《淮南子·本经训》中有关于文字诞生的传说：“昔者，仓颉作书而天雨粟，鬼夜哭。”这与《尚书》“神人以和”、《毛诗序》“动天地，感鬼神”、《易传》包牺氏作八卦及文王演《周易》、孔子身世、河图洛书等传说何其相似乃尔，都赋予语言符号和诗乐等以神秘和

巨大的魔力。儒家诗乐论体现了其对经典、对诗乐、对语言、对象（符号）秉持着的一种近乎宗教信仰般的虔敬、神圣的态度。儒家学派及其思想之所以被视为儒教，与此种宗教般的情感显然有着密切的关联。

在这里，我们可以看出：对语言（象、符号）的崇拜和对圣人、对经典的崇拜是三位一体的，对诗乐和儒经的神圣化与对语言文字的神圣化也是密不可分的。回溯历史，我们可以从中国人对著述的态度和敬惜纸墨的举止中深切地感受到民族心理深层对语言文字敬若神明的文化心态，而儒家对此心理与文化现象的生成是起了重要作用的。我们不能忽视《易·系辞传》"立象以尽意"这一命题包含的意义和力量。解读"古者包牺氏之王天下也，仰则观象于天，俯则观法于地，观鸟兽之文，与地之宜，近取诸身，远取诸物，于是始作八卦，以通神明之德，以类万物之情"这段经典文字，我们不难得出这样的观感：所谓仰观天文、俯察地理、"是故知幽明之故"等话语，都赋予了八卦符号和语言，从而也赋予了儒经以魔咒般的神秘力量和神圣意义，是儒家语言观的深刻体现。"为天地立志，为生民立道，为去圣继绝学，为万世开太平。"（张载《张子语录（中）》，《张载集》，中华书局1978年版，第320页）中国古代理学家何以有这样的底气和自信？说到底，就是靠诗乐、靠经学、靠八卦符号、靠语言文字。通过类似仓颉作书、包牺氏作八卦、"《论语》折狱，《春秋》断案"、"半部《论语》治天下"等神话，通过对八卦文字等的神秘化神圣化，儒家使自己也试图使民众相信，八卦符号、语言文字、诗歌音乐，尤其是儒经有如此神秘、巨大的力量。汉儒"比兴""美刺"诸说，认为诗语诗象可以沟通天地人神，和睦君臣父子夫妇，关乎治国平天下，实际上正深刻地反映着这样的文化心理。刘勰在《程器》篇中强调"摛文必在纬军国，负重必在任栋梁"，也是上述文化心理的体现。

实际上，对语言文字的信仰敬畏，作为我们民族普遍而深刻的文化心理，是源远流长的。这样的文化心理，在经史著作中不胜枚举。《左传》谓“立言”为“三不朽”之一。《襄公二十五年》载：崔杼杀无道之齐庄公，“太史书曰：‘崔杼弑其君。’崔子杀之。其弟嗣书，而死者二人。其弟又书，乃舍之。南史氏闻太史尽死，执简以往，闻既书矣，乃还”。在权臣方面，反映了对文字记载和舆论背后的道义是何等畏惧；在史官方面，则展现了怎样无畏的“直录”精神和凛凛风骨！这又与对道义的坚守、语言的虔敬不可分割。这种以生命相殉的执着与坚守和将文章视为经国大业、不朽盛事的观念，“二句三年得，一吟双泪流”（贾岛《送无可上人》，齐文榜校注《贾岛集校注》卷三，人民文学出版社 2001 年版，第 120 页）的苦吟，汉宋诸儒及乾嘉学派将全部心血倾注于经典注疏的精神，是一脉相承的。我们由此理解了常州词派何以在敏感到厝火积薪的危机时，要强调词须“有寄托”，并且“以经术为古文”（阮元《茗柯文编序》评张惠言）。只不过，与前人不同的是，张周诸公所面对的是亘古未遇的大变局、大危机，是生机勃勃的近现代文明和工业革命武装起来的坚船利炮，而他们准备的却仍然是经学和诗词。在历尽封建时代春夏秋冬之后，儒生们依然未改那样的虔诚和执着，他们坚信诗乐关乎时运，能担负天下兴亡的重任。这种信念与对圣人、经典的崇拜、对道义的坚守和对语言的敬畏、对历史的重视多位一体密切相关。

实际上，儒家诗乐论所代表的，是中国古代哲人对语言符号普遍和共通的文化情感。即如作为道家代表人物的老、庄，一方面激烈地提出“擢乱六律，铄绝竽瑟，塞师旷之耳”“灭文章，散五采”（《庄子・胠箧》），主张通过否弃和超越语言、心智、感官和形而下层面的一切，以臻于至高无上的“道德”境界，但事实上，在另一方面，他们赖以承载和传写其哲学玄思的，依然还是语言。在深切体认到“道不可言，言而非也”（《庄子・知北游》）的同时，他们依然言而不已，摸索着通过语言通向和传写大道的途径与方法。因此，《老子》的五千精妙，那大道至简的语言形式，是精心撰述

的结果。《庄子》自由不拘，灵动而富于诗意的“谬悠之说，荒唐之言，无端崖之辞”（《庄子·天下》），其神思飞跃、层出不穷的“卮言”“重言”“寓言”，在在处处体现着对语言形式的精心和专注。可以说，在对语言及其形式的专注和重视程度方面，老、庄绝不亚于孔、孟。就此而言，他们的语言观与儒家相反相成，并有其共通之处，体现了古代文士共同的文化情感和文化心理。

刘勰《文心雕龙》的一起一结表明，这样的文化情感和文化心理贯穿始终地体现于《文心雕龙》全书体系和字里行间。联系全书，我们可以看到，不仅前述以《易经》为代表的关于语言文字的几乎所有神话，都一再地出现，而且其为论行文，也每每追根溯源于神理和神理之数。《原道》篇说：“人文之元，肇自太极，幽赞神明，《易》象惟先。庖牺画其始，仲尼翼其终。而《乾》《坤》两位，独制《文言》。言之文也，天地之心哉！若乃《河图》孕乎八卦，《洛书》韫乎九畴，玉版金镂之实，丹文绿牒之华，谁其尸之？亦神理而已。”《赞》中也写道：“道心惟微，神理设教。光采玄圣，炳耀仁孝。龙图献体，龟书呈貌。天文斯观，民胥以效。”《正纬》云：“夫神道阐幽，天命微显，马龙出而大《易》兴，神龟见而《洪范》耀，故《系辞》称‘河出图，洛出书，圣人则之’，斯之谓也。”在《文心》下篇，刘勰列《章句》《练字》《丽辞》诸篇专论练字炼句、谋篇布局，体现了他对语言文辞的高度重视。其《练字》篇有云：“夫文象列而结绳移，鸟迹明而书契作，斯乃言语之体貌，而文章之宅宇也。苍颉造之，鬼哭粟飞；黄帝用之，官治民察。先王声教，书必同文；輶轩之使，纪言殊俗，所以一字体，总异音。”作者论情采，也要追根寻源，从神理之数说起，在《情采》篇中，他指出：“故立文之道，其理有三：一曰形文，五色是也；二曰声文，五音是也；三曰情文，五性是也。五色杂而成黼黻，五音比而成韶夏，五性发而为辞章，神理之数也。”《丽辞》篇有云：“造化赋形，支体必双；神理为用，事不孤立。”论骈体四六形式，依然要从神理造化从头说起。

同时，《文心雕龙》在文论思路与模式上，也以先秦儒家经学和哲学的叙论模式为根源和依归。即如《文心》篇目五十，《序志》说：“位理定名，彰乎《大易》之数，其为文用，四十九篇而已。”如前所述，先秦哲学尤其是《易经》中“一气”“两仪”“四象”“八卦”的阐述模式，也对刘勰的论文产生重大影响。又如《情采》篇之形、声、情三文，与五色、五音、五性之间的三五对应模式，正是对《通变》所说“参伍因革，通变之数”的因借和运用。类此现象，在《文心雕龙》中屡见不鲜。

尤为值得注意的是，在创作论部分，刘勰特列《章句》一篇，其对章句的定义特别意味深长：“夫设情有宅，置言有位；宅情曰章，位言曰句。故章者，明也；句者，局也。局言者，联字以分疆；明情者，总义以包体。”此段文字，诵读讽咏至再至三，我们可以深切地感受到作者对于语言辞章别样的情感，“使人味之，亹亹不倦”。是的，语言是我们存在的家园，“设情有宅”“宅情曰章”，与《练字》篇所说“夫文象列而结绳移，鸟迹明而书契作，斯乃言语之体貌，而文章之宅宇”云云，深刻而充满感情地揭示了中国古代士人对于语言的体认和重视：语言文字和以语言文字缀连分疆合成的篇辞文章，是士人生命情感与思想存在的家园。刘勰对章句的定义表明，他是如此虔敬地秉持着对语言篇章的上述理念，是那样精心地结撰了这体大而虑周的《文心》巨制。

总而言之，《文心雕龙》是一棵枝繁叶茂的文化之树，其深深植根于中国古代文化、语言之地基。刘勰撰写《文心》的过程，自始至终有着一种文化充实感，圆满、自信、从容、安宁和安稳。当刘勰撰述《文心》，写到最后一句“文果载心，余心有寄”的时候，溢于言表的是一种生命有寄、生命情感与思想有寄的圆满感，那从容不迫的神情，那自信、自适、踏实、安宁与安稳的幸福感，如此种种，特别能够引起我们的深切感喟与共鸣。作为经

历、传承和感受了中国百多年文化冲突、社会震荡、心灵裂变和制度转型的漫长历史的学人，我们仍然在找寻自己的文化之路，试图重建自己的文化根基与重心。在这个意义上，也许可以说，在文化心理上我们失去了重心，失去了家园，无法像刘勰那样获得传统意义上的来自整个体系、资源和根源之处的文化支撑。找寻我们新的文化重心和基础，整合、创造新的文化根基和文化体系，重建我们自己的文化家园，或许还需要许多年，这，也应该是我们现代学人的历史使命吧。

新出文献与中古文学史的书写和建构

胡可先

学者名片

胡可先，1960年生，江苏灌南人。文学博士，浙江大学求是特聘教授、博士生导师。兼任中国唐代文学学会副会长、中国唐诗之路研究会副会长、中国杜甫研究会副会长、浙江省文史馆馆员、《惟学学刊》主编。主要从事中国古代文学教学与研究工作。著作《新出石刻与唐代文学家族研究》入选“国家哲学社会科学成果文库”。曾获教育部第七届、第八届人文社会科学优秀成果奖二、三等奖，浙江省政府哲学社会科学优秀成果奖一等奖，浙江大学永平杰出教学贡献奖，“全国宝钢优秀教师”、“浙江省优秀教师”、浙江大学竺可桢学院“十佳专业导师”称号。主持国家社科基金重大项目“考古发现与中古文学研究”、重点项目“杜甫年谱长编”。

时间：2016 年 5 月 5 日

地点：浙江大学之江校区四号楼 304 会议室

中古文学是中国文学发展的一个特定阶段，现代意义上的文学史书写与建构也已走过百年的历程，对于中古文学史研究的问题进行审视，仍然有一些弱点、盲点、偏颇和歧见，尤其在百年文学史编纂中的单线思维，使得文学史的本来面貌得不到真正彰显；流行百年的魏晋时期"文学自觉"的观念，也受到了多层面的质疑。在这样的背景之下，运用新出文献展开中古文学史的研究，可以在一定程度上改变旧的研究模式，开拓新的研究空间，提供新的研究思路。新出文献对于中古文学史的书写和建构意义在于：新出土的中古墓志呈现出更多的文学史内涵，新出土的写本文献是中古文学史研究的重要载体，利用新出文献可以促进中古文学史书写的多元化。

一、中古文学史研究的问题审视

（一）文学自觉问题

文学自觉说来源于日本铃木虎雄《魏晋北朝时代的文学论》，该文最早发表在日本的《艺文》1919 年 10 月号，后来收入其《中国诗论史》一书，他的结论是"魏的时代是中国的自觉时代"。1927 年，鲁迅先生作了《魏晋风度及文章与药及酒的关系》，提出了"魏晋文学自觉说"，近百年来在中古文学史研究领域产生了巨大的影响。鲁迅说："孝文帝曹丕，以长子而承父业，篡汉而即帝位。他也是喜欢文章的。……丕著有《典论》，现已失散无全本，那里面说：'诗赋欲丽'，'文以气为主'。……后来有一般人很不以他的见解为然，他说诗赋不必寓教训，反对当时那些寓训勉于诗赋的见解，用近代的文学眼光看来，曹丕的一个时代可说是'文学的自觉时代'，或如近代所说是为艺术而艺术。"这一论断对于20世纪以来的中古文学史研究及批评产生了深远的影响，以至于当今的主流文学史著作仍然以文学的自觉为魏晋文学的特征，如袁行霈先生主编的《中国文学史》第三编《魏晋南北朝文学绪论》的第一节就以"文学的自觉与文学批评的兴盛"立目。但也引起了学者们的反思和辨正，认为日本铃木虎雄提出的这一说法并不是一个科学的论断，鲁迅先生接受这一说法本来也是有感而发，虽然具有一定学术启发性，但不能把它上升为文学史规律性理论判断，否则会影响我们对魏晋南北朝文学的全面认识，也有碍于对中国文学发展全过程和中国文学本质特征的认识，因而中古文学研究中不适宜使用"文学自觉"这一概念。（参赵敏俐《"魏晋文学自觉说"反思》，《中国社会科学》2005年第2期；刘文勇《"文学自觉说"商兑》，《古代文学理论研究》第25辑；《"文学自觉说"再商兑》，《人文·第三届古典文学国际学术研讨会论文集》）诸位先生的商兑，虽然不同意铃木虎雄和鲁迅先生的说法，但往往将论点集中于汉代"文学自觉说"的挑战、功利主义和文学自觉关系、文学的社会承载和审美价值关系的辨析上。

我们现在来看，"文学自觉说"的核心就是鲁迅先生直接归纳的"为艺术而艺术"，其实这种说法不仅不符合魏晋文学的事实，甚至也不符合整个中国文学史发展的实际。因为无论是铃木虎雄还是鲁迅，这一说法的时间基点是朝代，如果限于诗赋文体，这种说法或许有一定道理，而推及文章甚至涵盖整个文学，其偏颇就大了，因为中国任何一个朝代的文学表征和发展演变都不是"为艺术而艺术"的。不仅一些史学著作如《左传》《史记》《资治通鉴》很重视文学表现，即使是一些地理著作如《水经注》、佛教著作如《洛阳伽蓝记》，其中都有一些很具文学特色的经典篇章为历代文学选本精选。因此，"文学自觉说"很大程度上遮蔽了中国文学发展过程中一些重要的文体和文学现象，尤其是五四运动以后，引进了西方的文学分类学说，

将中国古代文章的纷繁复杂的类别和特性屏蔽殆尽。“文学自觉说”的流行也与其产生的时代环境有着密切的关系，而且以后愈演愈烈，以至发展成了文学史规律性的理论判断，这样也就使得文学史的书写与文学的发展实际逐渐偏离。比如对于北朝文学的地位，按照“文学自觉说”就存在着荒漠化的危机，而新出土石刻文献尤其是墓志表明，北朝文学研究的薄弱局面需要彻底改变。以前的文学研究重经典名家名作，轻应用型文字篇章，这在北朝文学的研究中尤为突出，而北朝墓志作为传记文学的一类，既具文学性，又有社会性，文字质朴，骈散兼融，对于隋唐以后文章学发展影响很大。将新出土的北朝墓志作为一种独立性文体加以研究，并以此为中心展开文学史现象和文学史演变的研究，具有广阔的前景。

（二）单线思维问题

长期以来，传统的中国文学史写作大多按照时间线索叙述其历史发展脉络和演化进程，但由于时间维度的主导性，空间维度难以得到强调和凸显，这使得文学史的本来面貌得不到真正的呈现。这已成为 21 世纪诸多文学史家的共识。这种按照时间线索叙述文学史进程的思维方式，我们称之为“单线思维”。现代意义上的文学史，从 1904 年林传甲出任京师大学堂文学教授主讲中国文学史以来，已超过百年，文学史著作也由早年的简略发展到后来的繁复，但迄今为止超过两千部的中国文学史著作，大多仍然沿袭着单线思维的方式，是由一个时间线串起一系列作家作品，再加上一些背景的叙述和影响的说明。这样就使得中国文学史尤其是中古文学史的研究呈现出诸多偏向：一是重视时间向度，忽视空间维度；二是重视汉族文学史的梳理，忽视少数民族文学史的讨论；三是重视以男性为中心的文学叙述，忽视女性文学的书写；四是注重书面文献的利用，忽视新出资料的资源；五是注重文学史研究经典化的共性，忽视文人日常生活的个性。这样的情况，不仅对于空间维度重视不够，即使文学演变过程中极为重要的文人群体、文学家族、性别文学等等，都因为脱离了时间主线而不能被包容在内，这样单一性的书写，忽视了文学发展的丰富性和复杂性，与文学的原生状态渐行渐远。

要解决文学史书写和研究中的单线思维问题，就要对于上述被忽视的地方加以重视，即就新出文献而言，可以开拓的空间就很大。陈寅恪先生在《敦煌劫余录序》中甚至说："一时代之学术，必有其新材料与新问题。取用此材料，以研求问题，则为此时代学术之新潮流。治学之士得预于此流者，谓之预流。其未得预者，谓之未入流。"因此，要开拓文学史研究新境，首先是挖掘新材料，其次是研究新问题。敦煌新资料的发现，引领了一个新的学术潮流，这个潮流延续了一个世纪仍然没有消歇。目前看来，新资料主要有三个方面：一是出土文献。20 世纪以来，出土文献极为丰富，进入 21 世纪，更是日新月异，尤其是上古的简帛文献、中古的石刻和写本文献，出土不计其数，意义尤为巨大。利用这些文献，既有助于文学产生原生面貌的探索，起到正本清源的作用，更能够促进文学研究和历史学、考古学的关联。二是域外文献。中古时期的原始文献流传国外而国内散佚者很多，20 世纪后半段，文学史研究对于域外文献利用不足。21 世纪以来学者们不仅出国交流更为方便，域外汉籍大量回传成批影印也有利于促进文学史的多元化研究。三是实物材料。新出资料不仅是文献资料，更多的是实物材料，如新出土的各种文物、图画以及遗址等，很多与文学的发生环境和原生状态有所关联。利用实物材料以印证文学文本，阐述文学现象，能够使文学史研究在文字文献以外得到很好的补充。

（三）学科限制问题

学科化尤其是新中国成立以来的学科分类对于传统学术研究限制最明显的方面是文史研究传统的割裂。就一级学科而言，专门有中国文学和历史学、考古学等；就二级学科而言，中国古代文学与中国古典文献学是分开

的。这样就使得中国文学史的研究者在知识结构和学术理念方面失去了历史的支撑，也减少了对古典文献的重视程度。传统的文学、文献和历史一体化的局面被打破，必定给文学史的实证研究造成不利的影响。中国历朝历代的文学，都是在当时的具体背景下产生的，又是通过生活于当时的作家运用创造性的语言表现出来的，而削弱历史和文献的支撑也必定带来文学史研究的泛化。这样的影响在中古文学研究领域尤为突出，因为中古文学尤其是魏晋南北朝时期的文学，仍然是文学和学术不分、文学和历史相关联的。诸如文笔之辨的讨论就是学术基础上的文学讨论，昭明太子所编的《文选》也是经史子集都包融在内的。学科化倾向就是对学术和文学以及四部统一的传统进行了硬性割裂，由于科学化的影响，文学史著述也就具体为教材模式，这样也就在一定程度上使得这门学科的发展陷入困境之中，困境的核心在于实用主义的强化和实证研究的减弱。

要纠正文学史研究过于学科化的弊端，就要在文学史的研究中处理好与历史学和考古学的关系，这三者是“考古的眼，史学的手，文学的心”。史学是借助文献史料以描述过去，文学是借助生活经历以融入想象，考古是力求还原原有的时代风貌；史学要体现社会责任感和思想启蒙，文学要体现人性的情怀和审美的特质，考古要体现新资料对文化的印证和视野的开拓（参葛承雍《文物、史学、文学的互动：学术创新、争鸣与激情的思考》,《西部考古》第六辑）。文学史的书写既是文学的研究，又是历史的叙述，同时要利用考古发现的原始资料，因而也就最能融合历史、考古和文学的关系。而我们以往的中古文学史编纂与研究，在历史、考古和文学的融合方面是很不到位的，文、史和考古之间甚至是有些隔断的，历史变成了划分朝代的单线描述，文学变成了作家作品加上背景、影响、知识的罗列，而对于新发现的考古资料更是涉猎甚少，因而在时空拓展方面就带来了很大的局限。

二、墓志：中古文学史内涵的呈现

就中国书写文献的发展而言，汉代是纸简替代的时代，宋代是印刷繁盛的时代，处于其间的魏晋南北朝至隋唐五代的中古时期，石刻就成为最值得重视的一个文献类别。作为石刻大宗的墓志，更是中古文学研究最丰富的宝藏。饶宗颐先生在《远东学院藏唐宋墓志目引言》中说："向来谈文献学者，辄举甲骨、简牍、敦煌写卷、档案四者为新出史料之渊薮。余谓宜增入碑志为五大类。碑志之文，多与史传相表里，阐幽表微，补阙正误。"20 世纪以来，中古墓志特别是唐代墓志大量出土，保守估计也不下于万方。利用墓志文献以研究文学，有助于探索文学史的原生状态，挖掘被历史掩埋的文学史现象。就墓志本身而言，值得从文本、文体与文学的不同层面进行探讨；就墓志拓展而言，可以研究家族与文学、政治与文学、书法与文学等诸多方面的联系。比如在中国文学史研究领域，南朝文学与北朝文学一直呈现着不平衡的局面，长期以来重视南朝而忽略北朝，但随着北朝墓志的大量出土，出现了与中国文学史的常态研究反差较大的现象。通过新出土北朝墓志的研究，不仅可以填补北朝文献研究的空缺，也可以进一步认识南朝文学重情感和北朝文学重实用的不同的文学取向。

（一）新出墓志与文学内涵的蕴蓄

墓志作为一种特殊的文体，是当时文人撰写而又镌刻于石上的人物传记。因为各种礼仪制度的影响和风俗习惯的约束，不少墓志表现出程式化的特征，但仍然有很多墓志文学价值是很高的。相较于传世文献，新出土墓志以原始的实物形态和文字形态反映了唐代家族文化的特点，这样一篇篇活生生的传记，展现了生活于 3—9 世纪这一中古时期的人物群像。我们列举三类特殊的墓志加以说明。

1. 诗人墓志

中古时期尤其是唐代墓志当中，诗人墓志是其精华所在，也是文学史研究得以凭借的最有价值的原始材料和实物载体。诸如大诗人王之涣，在墓志出土之前，人们对他的家世籍贯、生卒年月、生平仕历等，几乎一无所知，而墓志出土以后，其生平经历就昭然若揭。墓志还记载了他“歌从军，吟出塞”“传乎乐章，布乎人口”的文学活动，不仅是他作为边塞诗人的有力见证，而且是他诗歌影响的最早文献记载。再如近年出土的《韦应物墓志》，撰者是与韦应物同时的著名诗人丘丹。这一墓志不仅对于韦应物的家世、生平、科举、婚宦等方面都有详细的叙述，还为大诗人丘丹的研究提供了不少重要的线索。又如集政治家和文学家于一身的女诗人上官婉儿的墓志近年出土，为我们展示了一篇极具文学价值的女性人物传记，墓志运用骈体行文，注重细节描写和曲笔表现，将这位特殊女性的形象惟妙惟肖地表现出来。

有些诗人墓志，还有诗歌创作过程的记载，如新出土的《崔文龟墓志》：“大中十二年冬，君始被疾，不果与计偕。明年三月□极，四日谓璐曰：‘予之疾不可为也。前十一月时，赋咏题诗云：惆怅春烟暮，流波亦暗随。’是日嗀血，盖有征焉。”“读浮图书，雅得其奥。每自咏曰：‘莲花虽在水，元不湿莲花。但使存真性，何须厌俗家。’旨哉斯言，可以味于人矣。君生平所为古文七十首，赋十首，歌诗八百二十首，书启文志杂述共五十三首。又作《玄居志》十八篇，拟诗人之讽十篇，尚未绝笔。”墓志记载崔文龟存诗二首，并述其作诗过程，很有助于我们对于唐诗创作环境的了解。尤其是“自咏诗”，表现他阅读佛教书籍而深得旨趣后的切身体验，将生命之情怀、佛理之参悟融入简短的二十字当中，形象鲜明，涵蕴深厚，耐人寻味。墓志还记载崔文龟创作古文七十首，赋十首，歌诗八百二十首等，可惜都散佚无存。新出土墓志载有诗作并兼述创作过程的诗人墓志还有不少，如《张晔墓志》《卢广墓志》《卢照己墓志》《丁元裕墓志》《崔尚墓志》《王素墓志》《韦志杰墓志》《皇甫映墓志》等等，甚至还有女诗人李澄霞的墓志。这些墓志再现了诗人的生活状态和创作风貌，是我们现在阅读《全唐诗》和《全唐文》这样的大型总集也难得获得的。墓志对于创作背景和创作环境原生态的表述，也是我们现在编纂的文学史著作所缺乏的。

2. 自撰墓志

自撰墓志是一种特殊的墓志文体，是文人自己给自己立传，侧重于自我形象塑造的自传文章，或叙行迹，或述家世，或抒感慨，或发议论。这样的墓志，既是撰者生命本真的映现，也是文学个性的凸显。比如新出土《唐乐知君自靖人君室石诗并序自撰》："乐知，自谥也。自靖人，自予也。名映，字韬之。玄晏十七代孙。祖父兄皆二千石。贞元癸酉生于蜀。映年七十二，太岁甲申终于洛。十岁而孤，母兄育训；长为儒业，无所成名；壮而纳室，竟无嗣续。因缘从事，仅十五载。郦曼容之贤，禄不过六百石，吾已及之；邓伯道之哲，皇天尚使无儿，何足叹也。依释不佞，奉道不谄，与朋以澹，事长以恭，如斯而已矣。今日幸免毁伤，归全泉下，预于先大夫北廿步，先妣东十三步，兄西十五步，凿深九尺，筑高一寻，旁荫故柏，上植三株，祔茔不敢具三代官讳。诗曰：三乐道常，九思不惑。六极幸免，百行惭德。四大无有大患息，一丘乐化永无极。"这是皇甫映自撰的墓志铭，其后的诗作，实际上就是一篇自挽诗，这样不仅表现出撰者的性格、心理和文才，更是将诗文融为一体了。

这些自撰墓志，新出土的数量不下于十方：《唐朝议郎守太子宾客分司东都上柱国赐紫金鱼袋卢载墓志铭并序自撰》《唐故朝议郎检校尚书户部郎中兼襄州别驾上柱国韩昶自为墓志铭并序》《唐太子太保分司东都赠太尉清河崔府君（慎由）墓志自撰》《唐故通议大夫守夔王傅分司东都上柱国赐紫金鱼袋吴兴姚府君（勖）墓志》《唐故尚书水部员外郎以著作郎致仕彭城刘

府君（复）墓志文》《通议大夫尚书刑部侍郎赐紫金鱼袋赠工部尚书广平刘公（伯刍）自撰志文并序》《唐乐知君自靖人君（皇甫映）室石诗并序自撰》《唐故中散大夫守太子宾客上柱国赐紫金鱼袋赠工部尚书河东薛府君（丹）墓志》《大唐中岳隐居太和先生琅耶王征君（玄宗）口授铭并序》《唐故朝请大夫慈州刺史柱国赐绯鱼袋谢观墓志铭并序》《唐故朝议郎河南府王屋县令上柱国裴珙府君墓志铭并序自撰》。从撰志主体而言，自撰墓志更加凸显家族背景下的个人化倾向，志主、撰者合而为一，更突出创作者的主体性，因此文学性较其他墓志更强；从文体形态而言，自撰墓志是特殊形式的自传文章，往往以感驱动文笔，侧重于生活叙事和性格刻画；就文化传承而言，自撰墓志侧重于家族背景下自我形象的塑造，也使得家族文化传承的表达更具真实感。

3. 鸳鸯墓志

鸳鸯墓志，一般是指同一墓穴中埋葬的夫妻二人的两方墓志，特殊情况下也会出现三方墓志，还有个别夫妻墓志属于两篇志文而同刻于一石者。“鸳鸯墓志”之称源于于右任先生的“鸳鸯七志斋”藏石，于先生收藏的七对鸳鸯墓志是北魏时期皇族夫妻的墓志，具有重要的历史文化价值。近几十年来，新出土墓志中鸳鸯墓志颇多，目前笔者统计有四百余对，这些墓志的文学价值非常值得重视。因为鸳鸯墓志中的一方是女性墓志，独具女性形象塑造的意义。合葬墓中仅有一方的非鸳鸯墓志，往往是对丈夫的事迹记载较为详细，而对于妻子的记载非常简略，作为丈夫的陪衬，并与子嗣的介绍连在一起。而各自一方的鸳鸯墓志则完全不同，妻子的单独墓志是其整个形象的映现。因为古代社会，女性往往很少从事政治活动和社会活动，故而妻子的墓志侧重于家族、婚姻和琐事的记载，以及对于妇德的颂扬，这与丈夫的墓志以仕历和事功为主是完全不同的。因此，鸳鸯墓志较普通墓志而言，独具女性形象塑造的意义，是女性传记文学的一个重要类别。

鸳鸯墓志中还出现妻子的墓志有时是丈夫所撰的，对于妻子的缅怀情真意切，非常有助于悼亡诗的印证和解读。如韦应物有十九首悼亡诗存世，其《出还》诗云："昔出喜还家，今还独伤意。入室掩无光，衔哀写虚位。凄凄动幽幔，寂寂惊寒吹。幼女复何知，时来庭下戏。咨嗟日复老，错莫身如寄。家人劝我餐，对案空垂泪。"新出土韦应物所撰的《元蘋墓志》，既表现韦应物自己的感受："余年过强仕，晚而易伤。每望昏入门，寒席无主，手泽衣腻，尚识平生，香奁粉囊，犹置故处，器用百物，不忍复视。"又描写其幼女的表现："又可悲者，有小女年始五岁，以其惠淑，偏所恩爱，尝手教书札，口授《千文》。见余哀泣，亦复涕咽。试问知有所失，益不能胜。天乎忍此，夺去如弃。"这种描写与《出还》诗中的情境不仅可以相互发明，而且更有助于读者探研韦应物悼亡诗的情感底蕴。

还很值得注意的是，鸳鸯墓志和自撰墓志有时是关联的，这表现在三个方面：首先，鸳鸯墓志中有一方墓志是自撰墓志，唐代鸳鸯墓志中的自撰墓志，表现了唐代文人对于自我形象的塑造，还突出死后世界的想象，这与完全写实的普通墓志是不同的，如薛丹夫妇墓志中《薛丹墓志》属于自撰墓志；其次，鸳鸯墓志中还出现妻子的墓志是丈夫所撰的，对于妻子的缅怀情真意切，尤其是韦应物所撰的《元蘋墓志》与其悼亡诗相互印证，可以进一步加深对于悼亡诗的理解；最后，更为特殊的是丈夫自撰墓志和其撰写的妻子墓志出现在同一对鸳鸯墓志中，即如新出土卢载夫妇墓志中《卢载墓志》就是自撰的，而其妻墓志是卢载所撰的，这在墓志的叙事抒情方面都更具有独特的价值。

（二）新出墓志与文学背景的呈现

我们再拓展一步来看，通过新出土的中古墓志可以探讨文学史演变进程当中的各种背景和联系。因为对于中古以前的文学背景研究，仅靠传世文献是远远不够的。处于抄本传播的时代，文本的不确定性和不全面性对

文学背景的了解带来很大困难，加以传世文献有些为当事人篡改，或者在后世流传中失实，这都需要出土文献加以补充，而出土文献中的墓志是最值得珍视的材料。

1. 家族与文学的关系

21 世纪以来，文学家族研究成为古代文学研究的前沿和热点，但以新出土墓志为主要依据进行研究的成果却并不多见。实则上，中古社会重视家族传承，聚族而居，也聚族而葬，因而新出土墓志的重要特点就是其家族性，且其中不乏文学家族的墓志。我们试举卢氏家族为例。中古卢氏定著四房，其中三个支系文学人物出现较为集中：一是阳乌房卢思道一系，出土了卢承福墓志等多方，这样由隋代卢思道到初唐卢藏用直至中晚唐卢拱在文学上的家族影响可以得到清晰的梳理；二是阳乌房卢昌衡一系，出土诗人卢士玫、卢载等墓志七十余方，为我们展示了作为望族的文学家族的缩影；三是尚之房卢羽客一系，出土了大诗人卢纶族系的墓志七方，这些墓志能够解决卢纶的家世、生平以及相关的边塞诗渊源研究等重要问题。综合卢氏三个支系的新出土墓志，链接该族系人物的文学创作，就能从一个典型的个案以彰显中古时期文学家族的特点和家族文学的风貌。诸如这样的文学家族颇多，最著者有太原王氏家族、清河崔氏家族、河东薛氏家族、京兆杜氏家族、京兆韦氏家族、弘农杨氏家族、武功姚氏家族等等。

2. 政治与文学的关系

新出土墓志当中，最为重要的墓志是兼政治家和文学家于一身的士大夫阶层的墓志。这样的墓志彰显出中古文学与政治是紧密联系、相互影响的。这里我们列举两方特殊的墓志加以说明：一是《苑咸墓志》。苑咸是李林甫的心腹人物，传世文献对其争议颇多，而新出土《苑咸墓志》则言："天宝中，有若韦临汝斌、齐太常浣、杨司空绾数公，颇为之名矣。公与之游，有忘形之深，则德行可知也。每接曲江，论文章体要，亦尝代为之文。洎王维、卢象、崔国辅、郑审，偏相属和，当时文士，望风不暇，则文学可知也。右相李林甫在台座廿余年，百工称职，四海会同。公尝左右，实有补焉，则政事可知也。”此墓志就将其德行、文学与政事融合在一起，表现其异于史传的另一副面孔，这是墓志表现政治与文学关系的集中体现。二是《上官婉儿墓志》。上官婉儿更是一位颇具争议的女性，而其墓志的出土，不仅有助于了解这位女性在复杂动荡的政治环境中的立身行事，特别是对于唐隆政变前后的政治情况作了较为详细的描述，厘清史书记载的一些疑窦，同时墓志对于上官婉儿家世的记载非常详尽，突出其父辈和祖辈的政治、学术和文学活动，与传世文献比照参证，可以勾勒出上官氏家族从隋代到唐中宗时期的文学传承情况。

3. 书法与文学的关系

新出土墓志是书法与文学融合为一的实物载体，其表现则有多个层面。一是书法家既撰文又书丹的墓志，书法与文学出于同一主体。如诗人《郭虚己墓志》题署：“朝议郎行殿中侍郎使颜真卿撰并书。”诗人《李岘墓志》题署：“银青光禄大夫行尚书工部侍郎集贤殿学士上柱国会稽县开国公徐浩撰并书。”二是文学家撰文书法家书丹的墓志，不同主体的书法与文学集中于同一墓志。如新出土《王琳墓志》，徐峤撰文，颜真卿书丹。徐峤既是文学家也是书法家，他为妻子王琳撰志，请当时还较为年轻的书法家颜真卿书丹，这是很值得重视的现象。再如既是政治家又是文坛领袖的张说的墓志，由当时的文坛冠冕并任工部尚书的张九龄撰文，又由当时八分书名家、朝散大夫中书舍人梁升卿书丹，更是集众美于一体了。三是书法与文学的交互研究。如唐代书坛出现复古的倾向，与唐诗的复古之风和古文运动的发生过程应该有一定的联系。就诗而言，杜甫有吟咏顾诫奢、李潮、韩择木、蔡有邻八分书的作品多首，称赞诸人的书法渊源李斯、蔡邕，臻于“蛟龙盘拿肉屈强”“书贵瘦硬方通神”的境地，从中透露出杜甫的书法观念是崇尚

复古并追求正宗的，这也是盛唐时期文学艺术复古思潮在杜甫身上的反映。就文而言，书体的复古与文体的复古也是相互影响的，一方面因为墓志的性质，要求其文字与书法都要古朴典雅、简洁得体，另一方面盛唐以后的墓志逐渐增入散体文句以接近秦汉古文，到了中唐韩愈而臻于极致，这与杜甫所称道的书家追求复古，崇尚李斯、蔡邕或许有一定的关系。

三、写本：中古文学史书写的载体

写本出现在东汉以后，刻本出现在唐末五代。我们所谓写本是指雕版印刷术发明之前古人手写和传抄的文献。写本是纸张发明以来一直使用的书写工具和文字载体。新出文献中的中古文学写本以敦煌写本和吐鲁番写本居多，这些写本不仅提供了文学研究的文本材料，而且是文学传播和文化交流的重要见证。此外就是东瀛回传的写本，其中以日本各机构所藏最为丰富。这些写本有些已经被文学史家所采纳，有些仍然还在资料整理和汇集的状态。

（一）敦煌写本

20 世纪以来的中古文学史研究，关于敦煌写本文献的研究对写本利用是最为充分的，尤其是唐五代词和变文的研究方面取得的成就最大，如《云谣集杂曲子》虽然收的都是无名氏词，但其内容丰富，语言质朴，感情真挚，形象鲜明，被誉为“倚声椎轮大辂”。唐代变文自从敦煌莫高窟发现以来，无论是从整理校订还是艺术研究，也都达到了较高的水平，使唐代这种文类得以全面生动地呈现于文学史园地当中。但总体来说，有关敦煌写本在文学方面的整理和利用，仍在文献层面成就较高，代表性成果如周绍良的《敦煌变文汇录》，王重民的《敦煌曲子词集》，任二北的《敦煌曲校录》《敦煌歌辞总编》，王重民等编的《敦煌变文集》，黄征、张涌泉的《敦煌变文校注》，徐俊的《敦煌诗集残卷辑考》，张锡厚的《全敦煌诗》等。诸如《敦煌诗集残卷辑考》基于写本的原生状态以确定整理的标准，关注文学的发展以进行叙录的撰写，突出了“写本时代”诗集的特点，是精深的文献整理与深层的诗学探源相结合的示范著作，对于唐诗研究具有不可替代的作用。而利用这些成果以书写和建构唐五代文学史的标志性论著较少，甚至在有些文学史著作的编纂中，这些重要的写本文献很少纳入其中。因此，将敦煌写本文献全面系统地运用于中古文学史研究当中，仍然还有很多空间可以开拓，而其重要的文学类别在于诗、词和赋。

就诗而言，敦煌写本的一大宗就是诗歌文献。项楚先生在《敦煌诗歌导论》中说：“从流传情况看，它们又可分为两类：一类是已见于《全唐诗》及其他著作的传世诗歌，另一类是历代不见披载而仅见于敦煌遗书的佚诗。前一类多属知名诗人的作品，为研究者所习知，敦煌本具有校勘和考订的重要价值。后一类则提供了大量崭新的研究资料，其有助于开拓学术研究领域、增长新知的功效尤为巨大。”项楚先生的《敦煌诗歌导论》初步打开了这一研究领域的基础，但总体上看，这类敦煌诗歌仅文人诗歌和王梵志的白话诗得到研究者的关注较多，而诸如佛道诗歌、民间诗歌、乡土诗歌，仍然没有在中古文学史上得到应有的地位。因此，这方面的文献应该是21世纪中古文学史建构所应纳入视野的重要内容。

就词而言，唐五代词是词的发展时期，并不是词的定型时期，在这一时期，各种因素对于词的起源和词体形成都起到作用，敦煌写本对于词体文学研究的开拓空间颇大，诸如佛教音乐对于词体的影响，P.2714《十二时普劝四众依教修行》第十三至十六首云：

这娘子，年十八，面目端正如菩萨。高堂妙舍伴夫郎，床上追欢悉罗拽。

不知僧，在夏月，房舍无屋日炙热。有甚椽木施些些，如此福田不可说。(大圣)

这郎君，英聪哲，斜文疏张帽抄薛。共于妻子入洞房，同杯饮燕相嗡啜。

不知僧，饥以渴，唇口曹熬生蹢烈。若能割减施些些，如此福口不可说。

(根据李小荣《敦煌佛教音乐文学研究》校理文字，福建人民出版社 2011 年版，第 607 页)

很明显，以上四首劝人修行作品，都是长短句式，是按照曲谱演唱的，无论在语词还是音乐层面，都体现出词的特性。

再如敦煌歌辞中《五更转》《十二时》，虽然文辞属于齐言诗，但是是根据一定的曲调传唱的，应当是诗词演化时期相互影响的作品。与《五更转》相关的是《曲子喜秋天》：

每年七月七，此是受夫日。在处敷座结交伴，献供数千般。今晨连天暮，一心待织女。忽若今夜降凡间，乞取一教言。

二更仰面碧霄天，参次众星笇(遍)。月明黄昏笇州元，星里宾星笇。回星看起□□，吾得更深九(久)。日落西山睡深沉，将谓是牵牛。

三更女伴近彩楼，顶礼不曾休，佛前类暗更添油，礼拜再三求。频(贫)女彩楼伴，烧取玉炉类。不知牵牛在那边，望得眼精穿。

四更换步出门听，直是到街庭。今夜半不见流星，奔逐向前迎。此时难得见，发尽千般愿。无福之人莫怨天，皆是上因缘缘。

五更敷没了，处分总交收。五个恒俄结交楼，那件见牵牛。看看东方分理处，来把秦筝弄。黄丁拨镜再梳头，看看到来秋。

（根据李小荣依 S.1497V，Дx.02147 综合校理本，见《敦煌佛教音乐文学研究》，第 611 页）

这一写本，任半塘先生定名为《五更转》，饶宗颐先生在《敦煌曲与乐舞及龟兹乐》中以为是《七夕相逢乐》，李小荣先生在《敦煌佛教音乐文学研究》中则定为《喜秋天》之词调。这一组曲子词用长短句组词的形式表现了七夕节日男女乞巧的民俗，而同时将礼佛发愿的佛教情怀融入作品之中，这也和以后的文人词有着明显的不同。

就赋而言，传统研究主要关注律赋为多，也以《文苑英华》所收唐赋为主，而敦煌文献中出现的许多俗赋则打开了赋体文学研究的另一视野，尽管如郑振铎先生的《中国俗文学史》对这样的赋体类别已有涉及，但从传统到现实的主流文学史中，敦煌写本俗赋仍然没有受到应有的重视。敦煌俗赋主要有无名氏的《晏子赋》《孔子项托相问书》《秦将赋》《燕子赋》《韩朋赋》《死马赋》《子灵赋》《双六头赋送李参军》《驾行温汤赋》《贰师泉赋》《渔父歌沧浪赋》《丑妇赋》《佚名赋》《去三害赋》《茶酒论》《齖䶗书》，以及文人赋作如刘长卿《酒赋》、白行简《天地阴阳交欢大乐赋》等。敦煌写本之赋至少有四个重要作用：一是呈现了俗赋的新体裁，这种赋体是与传统的文赋、律赋、骈赋等完全不同的；二是从赋的发展路线看，在典雅的赋体文学发展流变的主线之外，民间的通俗赋体创作仍然流行；三是通过俗赋的考察，可以看出唐五代时期文人赋与民间赋交融之后文人创作俗赋的情况；四是敦煌俗赋与小说、变文的相互影响体现出文体交融渗透的意义，较早的赋作整理作品往往收入《敦煌变文集》中也是一个佐证。

（二）吐鲁番写本

21 世纪吐鲁番写本文献涉及唐代社会生活的各个方面，是我们研究唐代政治、经济、军事、宗教、文化、文学艺术、民风世俗得以凭借的最为原

始的材料。新出吐鲁番文献中还有不少唐代类书的残片，这些写本残片大多是遗佚的类书片断，也是我们研究唐代学术与文学关系不可多得的材料。朱玉麒先生甚至将这些残片定义为“碎片模式”:“在整个中古时期，吐鲁番文书不仅具有地域性的意义，更因为它与中原文化的关系，而表现出中国古代文化传播与接受的通性。其‘碎片模式’在中国文学史新范式的创立中，便具有了不容忽视的价值。”（朱玉麒《中古时期吐鲁番地区汉文文学的传播与接受：以吐鲁番出土文书为中心》,《中国社会科学》2010年第6期）下面我们举三个实例加以说明。

1. 薛道衡《典言》残卷可以进一步考察类书与文学的关系

薛道衡主持编纂的《典言》是北朝时期的著名类书，然因久已散佚而不为后世学者所知，吐鲁番出土文书面世后，其中有《典言》残页两纸，弥足珍贵，从中可以看出类书的格局特点。尤其值得注意的是,《典言》的正文部分，全部用骈体文书写，而其注释部分又呈现出用典用事繁复密集的特点。如其所存的残句“周武之牢笼九县”“汉文之光宅四海”“文强德仁，扇枕而温席；樊儵丁茂，尝唾而吮痈”“嗜指心惊，君仲于是返室”等句，明显是骈体文组成的。而其叙述部分每句都运用典故,在文句的夹注中将典故的出处标出。“这里也可以看到骈文盛行时期，对于类书编纂的影响。反过来，类书的编纂，对于骈文的隶事与诗文的用典也起到一定的促进作用。”（参胡秋妍《薛道衡〈典言〉唐写本残卷的来源、体例和学术价值》,《文献》2013年第6期）还值得注意的是，闻一多先生在20世纪前期曾写过《类书与诗》，类书是一种太像学术的文学和太像文学的学术，以为初唐时期类书与文学的关系非常密切。而从《典言》残卷则可以看出，类书与文学在唐以前的南北朝时期就具有紧密联系了，其时类书的表达方式深受骈文的影响，而类书繁复的用事又反过来影响着骈文。类书对于文学的影响，唐以前侧重于文章，唐以后侧重于诗歌。

2. 吐鲁番出土的唐诗写本，可以考察中古时期西域边陲的诗歌教育和接受情况

吐鲁番出土的唐诗写本数量虽然不是很多,但却是弥足珍贵的。如儿童习字诗残片，是唐时抄写的隋代岑德润《咏鱼》诗，每字抄写多达三遍，参以吐鲁番以及和田地区出土的其他五言诗残卷以及《急就章》《千字文》等蒙学教材，证实中原文学和文化对周边地区教育具有很高的启蒙价值，也反映出唐代吐鲁番地区以诗歌作为启蒙教育载体的教育方式；再如吐鲁番出土的唐玄宗《初入秦川路逢寒食》诗残片（参朱玉麒《吐鲁番文书中的玄宗诗》,《西域文史》第7辑），说明诗歌通过唐代帝王的提倡，其影响已经到达了西域，这样的诗歌传播融会了政治与文学，缩短了长安与西域的文化距离。

3. 吐鲁番文书非常有助于边塞诗研究的深入

吐鲁番出土的写本文书对于唐代边塞诗研究具有重要意义。如其中所载的多篇家书是研究唐代西域书信文体沿革的重要资料，最典型的是《洪弈家书》。这是开元七年的写本，记载洪弈在西州于五月一日发向北庭的行程，描述了其时交通阻隔的情况，也书写了当时的心理活动。这些内容不仅本身具有抒情意义和文体价值，同时对于研究唐代边塞诗人的行军路线，以及边塞诗所表现的地理环境都有着重要的印证作用。再如吐鲁番阿斯塔那墓出土的马料文卷有关于岑参、封常清、李栖筠等人的记载，为唐代边塞诗研究提供最有说服力的原始实证材料。

（三）日藏写本

中古写本文献，敦煌和吐鲁番两大宗之外，就要数日本所藏的写本了。尤其到了唐代，随着中日文化的交流，日本派出遣唐使入唐也运去了大量的写本书籍，其中不少书籍在中国本土已经失传而在日本保存下来。如著名的正仓院所藏的《王勃诗序》写本一卷，具有重要的文体学意义，对于诗文

的演变和流布研究也价值巨大，我们即举其文体意义而言，正仓院抄本《王勃诗序》共一卷，收文四十一篇，其中最著名的就是《秋日登洪府滕王阁饯别序》。由上面所列的正仓院抄本《王勃诗序》可知，这种题材在王勃的诗文当中是独立的。如果追溯这种体裁起源的话，大概要追溯到魏晋南北朝时期。中国古代严文体之辨，梁代萧统《昭明文选》收录的文体就达三十余种。就中国的文体特点来看,《滕王阁序》属于“序”体，确切地说属于“诗序”体。因为序大体分为“书序”和“赠序”两类，“书序”起源很早,《周易》的《序卦传》、《史记》的《太史公自序》、《汉书》的《叙传》，以及《诗大序》，都是“书序”的体裁，这里不展开论述了。“赠序”的起源较迟，古代为送别而相赠所作之序，称为“赠序”，这在唐代较为流行；因为饯别时往往有聚集宴会，故而有“宴序”，也属于“赠序”的一种；有时集体作诗以赠别，集其诗而作序者，称为“诗序”。因“诗序”实则兼有“书序”“赠序”“宴序”中各自的某一些特点，融合而成一种文体。这些文体，唐代以后在编写总集和别集分类时，往往归入“序”类，没有再作细致的划分，只有正仓院公布的王勃的序文，总题为《王勃诗序》，这是对于我们一个很大的启发，觉得“诗序”是一种文体，但也是唐诗创作过程的一部分。这类诗序产生于文人的饯别宴会集体作诗时,在诗集前撰写的序言。这种文体有别于一般的书序,因为一般的书序仅对于书的本身进行评价,并不涉及更多的人和更多的作品；这种文体也有别于一般的赠序和宴序，因为一般的赠序和宴序，不一定要集体写诗而编成诗集，如王维《送高判官从军赴河西序》、韩愈《送孟东野序》、柳宗元《陪永州崔使君游宴南池序》等。由《王勃诗序》关联到唐代诗序文体，我们可以看到这种文体在初盛唐时期非常繁盛，但《王勃诗序》公布了将近一个世纪，而诸多的文学史研究著作几无一字涉及。这样的写本文献，在新中国成立以后的中古文学史编纂中往往被屏蔽于视野之外，在 21 世纪文学史的编纂和研究当中，无疑是要加以利用的。

四、新出文献与中古文学史的多元叙事

（一）边缘活力：中古文学研究的空间拓展

传统的中古文学史研究，注重以中原为核心的文学研究，尤其是长安、洛阳等京都文学的研究非常繁盛，而对距离京城很远的地区如南方的湖南、岭南等文学的研究则甚为薄弱，至于地处边远的地区，研究状态也可以用“荒漠”来描述。实则上，这样的研究是不全面的。中古时期，中央和地方以至边疆，一直处于交融的状态。作为中央的中原地区，尤其是政治、经济也是文学核心的长安和洛阳，体现了文化凝聚的特征，而这样的文化凝聚并不是局部的和单向度的，而是全局的和辐射状的，核心地区以外的边缘活力与文化中心也形成交融和碰撞，因此，中古文学史研究既要注重核心地区的文化凝聚，也要激发中心以外的边缘活力。诸如敦煌的文学写本，体现了边疆的文学活力就非常强大。总体而言，出于政治和军事的原因，敦煌在安史之乱前后接受中原的文学传播有着很大的差异。安史之乱前，流传到敦煌地区的诗歌甚至是诗集颇多，刘希夷、卢照邻、陈子昂、李白、高适等著名诗人的诗歌写本迄今还可见多种，这些作品与当地文化融合，推进了西域地区文化发展，也激活了中原文化的进一步传播。安史之乱后，敦煌地区为吐蕃占领，河西走廊被切断，敦煌地区的文化发展受到一定的影响，但文学的交流并不像政治和军事那样隔绝和对立。后来，归义军统治敦煌，成为敦煌历史的特殊时期，其文化交流与安史之乱前仍不相同。尽管如此，我们还是可以看到很多中原的文学作品在敦煌地区广泛地流传，晚唐诗人韦庄的名篇《秦妇吟》分别有十余种敦煌写本就是最好的例证。此外，还有“数量可观的敦煌民族题材诗歌，不仅延长了兄弟民族交流碰撞的诗史，也更加全面地展示了中古时期的民族关系态势及其影响”（王树森《论敦煌唐五代诗歌文献的民族史意义》，《文学遗产》2015 年第 4 期），就体现了安

史之乱以后，敦煌地区的文学和文化发展仍然具有较强的活力，这也是我们研究文学史所不应忽视的。这里我们再重点列举长沙窑、碎叶城、交阯三个特别的地域进行论述。

1. 长沙窑

长沙窑出土瓷器所题唐诗，是继敦煌文献之后发现的唐人题刻唐诗的重要文献，具有极高的文化价值与文学价值。这些诗歌主要题刻在瓷壶的流部之下，也有少部分写在双耳罐腹部、碟心或枕面之上。我曾在《出土文献与唐代诗学研究》一书中对这些唐诗进行过统计著录，总共有 105 首。这些诗歌，都没有诗题，不著作者，体裁有五言诗、六言诗、七言诗，其中五言诗占据绝对大的比例，大概是诗句简短，便于镌刻之故。诗歌通俗浅显，明白流畅，带有民间文学的特点。我们将这些诗与《全唐诗》中文人作品对照，就会发现，这些民间诗歌与文人作品还是有紧密联系的。

长沙窑瓷器题诗的流传情况，与一般的唐诗流传渠道是完全不同的。作为诗歌，其流传具有一定的文化属性；而其诗又是题刻在瓷器上的，是依附于瓷器而流传的，同时具有一定的商品属性。长沙窑瓷器既是内销瓷，也是外销瓷，其流传的范围应该是相当广泛的。长沙窑瓷器大量唐代题诗的发现，足证在当时的长沙，诗歌创作也是空前繁荣的。但从流传的文献如《全唐诗》收录的唐诗来看，湖南一带的诗人与诗作是非常少的，除了北方南贬的诗人之外，堪称杰出者唯李群玉一人。这种状况，不仅与长安、洛阳的都城诗坛无法比拟，即使与江淮这样地域的诗歌创作也不能相提并论，个中原因都很值得探讨。值得我们注意的是文人诗歌民间化的情况，这对于我们从动态方面全方位研究唐代文学史有着很大的帮助。

2. 碎叶城

在唐代西域与边镇的历史上，碎叶尤为重要，唐代于此设立都护府，作为安西四镇之一。这里作为军事重镇，20 世纪以来一直受到研究者的重视；

而作为文化和文学交流重镇，近年来随着“一带一路”倡议的实践才逐渐被提上议事日程。

张广达先生在其文集《文书、典籍与西域史地》序言中说：“至于胡语文书和图像文物的作用更是如此，许多历史时空中已经失落的文明篇章或湮没不彰的情节借此而得重显于世。从此，人们研究汉晋以来历史，只要有简牍、胡语文书、图像文物等新史料可资参证，人们便会逸出文本记载的范围，不再让自己局限于传世文献。……学术研究从此受到文本、胡语文书、图像文物等大量新材料的推动，气象日新月异。”碎叶城与唐代文学的关系极为密切，大诗人李白出生于碎叶城就是最为典型的事例。大诗人王昌龄《从军行七首》中也有“胡瓶落膊紫薄汗，碎叶城西秋月团。明敕星驰封宝剑，辞君一夜取楼兰”一诗。但长期以来对于碎叶城所处之地并不确定，文献记载也多有分歧，因而对于唐代诗歌难以准确地诠释，对于李白的出生地的具体位置也难以确定。到了 1982 年，在今吉尔吉斯斯坦托克马克市西南 8 公里的阿克・贝希姆古城遗址发现了汉文的石刻造像，残留文字 11 行，有“□西副都□碎叶镇压十姓使上柱国杜怀□”等字样。这里的“杜怀□”就是唐代安西副都护、碎叶镇压十姓使杜怀宝（据俄罗斯汉学家苏普陆年科、鲁博－列斯尼乾克、日本学者林俊雄、加藤九祚、内藤みど及我国学者周伟洲等撰文解读）。1997 年，又发现残存汉字 6 行 54 字的残碑。托克马克这些汉文残碑的发现，确定了唐代碎叶古城的确切位置，也为唐代文学的实证研究提供了无可移易的实证材料。因此，要研究碎叶对于文学的影响，也必须逸出文本记载和传世文献的范围，而拓展到考古发现所呈现的实物和图像文献。

3. 交阯

交州地处当今的越南河内，唐代隶属于安南都护府，属于内地。其文士在唐学习与获取科名，与当时的两浙、两广无异，而与新罗、高丽、渤海等

不同，往来和仕宦于内地都较为自由，因而与文学关系非常密切。但由于唐代交阯处于边远之地，文学文献保存有限，因此历代没有受到关注。但我们网罗传世文献和新出资料，还是会勾勒出交阯作为唐代东南疆域文人的产生、文学创作和传播情况的。就文人而言，交阯就有本土文人姜公辅、廖有方、杜英策等，流寓文人则有杜审言、沈佺期以及曾为安南都护的高骈等；就作品而言，留存到现在的唐诗也有不少，如杜审言的《旅寓安南》诗“交趾殊风候，寒迟暖复催。仲冬山果熟，正月野花开。积雨生昏雾，轻霜下震雷。故乡逾万里，客思倍从来”，亦可谓与中原境界完全不同的风物呈现。更为重要的是，2006 年 1 月西安碑林博物馆在西安东郊征集到的一方唐代墓志，墓志主人是中唐著名诗人廖有方。这篇墓志不仅为我们提供了廖有方生平事迹的诸多信息，对于研究诗人的名字与籍贯、科举与仕宦、婚姻与家庭、交游与经历等情况，具有重要价值，而且涉及多个政治事件，有助于我们对于中唐政治背景的认识。墓主为交州人，墓志对于了解与研究南裔人物在唐代的进身出处、家族迁移等方面，都有着较大的启发意义。

（二）女性书写：性别文学叙事的另类视角

已有的中古文学史叙事当中，对于女性书写这样的性别文学是相当缺乏的，除了像《木兰诗》这样的乐府诗以及像花间词侧重表现女性的生活情感外，并没有像宋代李清照这样的女性文学大家，因此文学史的叙事当中，性别文学是相当缺乏的。而新出文献则提供了丰富的性别文学材料，为中古文学史的叙事提供了另类视角，这就是众多女性墓志的出土。这些墓志上起宫廷女性，下至普通妇女，数量繁多，很多墓志具有很高的文学价值，甚至还出现了多方女性文人撰写的墓志。

就宫廷女性而言，新出土的《上官婉儿墓志》是一篇很好的人物传记。无论是政治的沉浮、历史的进退，还是家世的显荣、个人的升降，都通过这九百余字的墓志文表现出来。又因为上官婉儿的特殊身份和墓志写作的特殊环境，墓志所用的曲笔也很值得我们重视。这种曲笔和史书叙事的“春秋笔法”相似，是墓志尊体的需要，也是为死者讳的需要，因而在特殊政治人物的墓志中较为常见，这种“春秋笔法”也表现出超越一般史书的特殊性。同时，墓志书写过程注重文学表现，能够运用骈体构建文章格局，关注细节彰显人物性格，重视整饬锤炼语言文字，成为一篇富有文学内涵的政治人物传记。再如唐代诗人李澄霞墓志，墓志名称为《大唐故淮南大长公主墓志铭并序》，为其夫封言道所撰。墓志记载她涉猎文史并擅长作诗：“到于经史，无不游涉。须有篇会，援笔既成。尝□□□，公主等等侍宴奉上寿。仍令催酒唱歌词，公主随即作歌唱云：‘今宵送故，明旦迎新。满移善积，年来庆臻。院梅开花，袭蕊檐竹。挺翠含筠，二圣欢娱。百福九族，献寿千春。’又于洛城门陪宴，御制洛城新制，君官并和，亦令公主等同作。公主应时奉和云：‘承恩侍奉乐嘉筵。’凡诸敏速皆此类也。”这段文字呈现出初唐时期宫廷诗创作的具体环境，也说明宫廷女性在朝廷诗歌唱和的场合中扮演着重要的角色。

就普通妇女而言，新出土的妇女墓志是了解女性社会最为原典也最为丰富的文献，要了解中古时期女性的生存状态和精神状态，非读这些墓志不可。同时，这些墓志作为一种文体，也具有重要的文学价值。从墓主身份上来说，又有妻、妾、在室女、宫女等多种类型，其形象的表现往往会有所不同。妻子墓志注重家风和德行，姬妾的墓志注重姿色和才艺，室女墓志注重情感的表达（室女墓志多为早逝者），宫女墓志则是特殊的类别，虽然程式化严重，但也不乏文学色彩较浓者。还有特殊的墓志则集姬妾和女道士为一体，如李德裕所撰其妾《滑台瑶台观女真徐氏墓志铭并序》：“惟尔有绝代之姿，掩于群萃；有因心之孝，合于礼经。其处众也，若芙蓉之出苹萍，随和之映珉砾；其立操也，如昌花之秀深泽，菊英之耀岁寒。仪静体闲，神清意远，固不与时芳并艳，俗态争妍。嗟乎！崖谷之兰，植于庭

则易朽；江潭之翠，驯于人则不久。岂天意希奇，芳于近玩，不钟美于凡情？淑景鲜辉，掩阴氛而遂翳；良珪粹质，委埃尘而忽碎。无心所感，况在同心。残月映于轩墀，形容如觌；孤灯临于帷幔，音响疑闻。冥冥下泉，嗟尔何托？”志文以第一人称叙事，用骈俪华美的语言赞美了徐盼美艳脱俗、掩于群萃的外貌和良珪粹质、合于礼经的品行，由此透露出对徐盼早逝的深沉哀悼之情。

唐代女性文人撰写的墓志很少，至今我收得三方。一是2001年出版的《偃师杏园唐墓》在其附录中影印了《李全礼墓志》，题署："妻荥阳郑氏慈柔撰。"二是《唐代墓志汇编》所载的《何简墓志》，题署："妻陇西辛氏撰。"三是传世文献宋洪迈《容斋五笔》卷二所载的《唐曹因墓铭》，为其妻所撰。《李全礼墓志》文学价值尤高，全篇用散体行文，叙述李全礼一生的事迹，非常清晰，并在经历的描述中突出其"潜文不显，武艺优长"的特点。其武功"陈武事，布军容，鼓角雷震，旌旗彗云。匈奴退散，无伤一人"，其形象"身长六尺四寸，素肤青髭"，身材魁梧，面色威严，指挥作战，胜券在握。最后写出自己的哀伤，从中也透露出撰志的缘由："公无副二，嫡子早亡。奠马引前，孝妇轮后，白日西下，寒云东征，呜呼哀哉，瘗我良人于此下。"这样的墓志，情感真挚，文笔晓畅，出于女性之手，在唐代无论是出土文献还是传世文献当中，都堪称"景星一见"之作。

（三）家族传承：中古文学谱系的特别建构

研究中古时期的文学家族与家族文学，是中古文学史构建的主要内容。我们知道，魏晋南北朝时期是门阀士族统治的时期，重要的文化家族由此形成。这些家族因为势力强大，也左右着朝廷的政治导向，其中还出现了传承数百年的文学世家。到了唐代，由于科举制的兴起，门阀士族的势力有所消减，但重要的士族仍然借助文化传承的优势和科举结盟，在社会上具有很大的声望和影响，这又以山东士族和关中士族社会影响最大。而他们这些较大的文化家族，也具有文学传家的特点。

即如关中士族的京兆杜氏，渊源于东汉时期的杜周，到了晋代的杜预，武功、文事和学术、文学都鼎立当时并影响后世。到了唐代，京兆杜氏产生了众多的文学家，其中以杜甫、杜牧两个族系最为显赫。新出土文献当中，有关这两个族系的资料很多，直接或间接有关杜甫的墓志多达二十余方，其中杜甫叔父《杜并墓志》更为研究大诗人杜审言和杜甫提供了极为珍贵的家世文献。杜牧一系出土了杜佑所撰《密国夫人李氏墓志》、杜佑子杜式方夫妇墓志、杜佑孙杜陟墓志共五方。本来我们研究杜甫、杜牧，仅仅以老杜和小杜作为二者的联系，而通过新出土文献，可以从家族谱系传承的角度将两位大诗人结合起来进一步研究。

再如山东士族的太原王氏，影响中古文学发展进程者有三个族系：一是王通、王绩、王勃一系，二是王之涣一系，三是王维、王缙一系。我们以前研究初盛唐文学，并不很注意其家族的传承，而从新出土墓志中，却可以找到这三个族系互相联系和传承的线索。这三个族系共出土墓志二十余方，仅王之涣一族就出土九方。而王之涣夫人的《李氏墓志》就是王缙所撰。在传承过程中还可以看到各族的特点，如《王洛客墓志》记载王洛客与诗人王勃同隐黄颊山的经历，参以大儒文中子王通和诗人东皋子王绩的隐居，后来又有王维的隐居，可以概括出太原王氏这一家族谱系都较为崇尚隐逸的特点。从新出文献的视角研究初盛唐文学演进，太原王氏家族就是一个缩影。

（四）体制演变：文学本位研究的重新审视

长期以来，中国文学史的研究和编纂，所依据的文本主要是总集和别集，这些尽管是最重要的主流文献，但这些集部文献往往经过后世文人重新编纂，对于诗文体制的定位是模糊的。而出土文献或东瀛回传的新文献能够在文体定位方面提供新的认识，诸如日本尾张国真福寺所存唐写卷子本《翰林学士集》原目残卷：

五言侍宴中山诗序一首奉敕制并御诗

五言辽东侍宴临秋同赋临韵应诏并同作三首并御诗

五言春日侍宴望海同赋光韵应诏令同上九首并御诗

五言侍筵延庆殿同赋别题得阿阁凤应诏同上三首并御诗

五言七夕侍宴赋韵得归衣飞机一首应诏

五言侍宴延庆殿集同赋得花间鸟一首应诏并御诗

五言侍宴沙栅宫赋得情一首应诏

五言后池侍宴回文一首应诏

五言奉咏棋应诏并同上六首并御诗

而具体诗题与题署则如：

四言奉陪皇太子释奠诗一首应令

银青光禄大夫中书侍郎行太子右庶子弘文馆学士高阳县开国男臣许敬宗上

《翰林学士集》残卷纸本，长701厘米，宽27厘米。日本学者森立之作《解题》称："是书洵为初唐旧帙，近日诗家罕并其目知者，真天壤间仅存之秘笈，零圭碎璧，尤可宝惜。"该卷背面钞德宗贞元间圆照编《代宗朝赠司空大辨正广智三藏和上表制集》卷第五。据日本学者研究，此卷书写的时间，当在唐德宗以后。（参陈尚君《翰林学士集》前记及附录）

这一诗歌残卷至少提供了两个方面的信息：一是呈现出初唐时期宫廷诗创作的盛况与相关的环境信息；二是每一诗题都标明"四言""五言"，清楚地再现了初唐时期诗歌体制的原貌。从这里我们可以看出唐诗发展的初期，是在重视体制的基础上逐渐形成诗歌规范。这在传世的唐代石刻中也可以得到印证，如石淙集会诗题刻，每首诗题前明确标明“七言”，现在各种岩洞石刻如桂林朝阳岩的唐代摩崖题诗也是如此。而这些诗歌收到了别集或总集之中，体制就产生了很大的变化。

不仅诗歌如此，我们从新出土的中古石刻尤其是碑志文中，也可以看出文章体制的变化。新出石刻除了正文文字之外，还有特定的题署等内容，这是文章组成的重要部分。但这样的题署，在南北朝到初唐时期是非常罕见的，盛唐以后逐渐出现，到了中晚唐时期，题署文字繁复，诸多信息呈现出来，因此这样的碑版文章的完整体制，才是唐代碑志文的真面目，而编纂到作者的别集当中，就隐没或删削了这些信息，也就部分泯灭了这一类文章的体式特点。而我们以前的文学史研究对这一点一直是忽视的。我们挖掘这些特点，才能进一步了解中古文学的民族特色，而这一特色也是西方文体意义上的诗歌、散文、小说、戏剧等大类区分所涵盖不了的。对于文体之间的关系，新出资料也提供了很可贵的线索，如就唐代墓志而言，还可以看出有些是铭与诗的结合，有些是序与诗的结合，有些是序与铭的分离，文体的渗透和风格的变化都很显然。

五、最后总结

文学史的书写与建构是中古时期文学研究的核心问题，也是一个世纪以来文学史研究取得显著成就的标志，以至自 20 世纪后半期以来形成了读书的文学史时代。（参王水照《文学史谈往》,《书城》2008 年第 9 期）但是这样一个时代也出现了文学史研究的弱点、盲点和歧见。中古时期是文学发展的特定时期，这一时期以纸张的发明和书写工具的改变引起了文学形成和传播的巨大变化，又在印刷术普及之前呈现出纸本文献最为繁盛的局面。就写本文献而言，中古时期的写本主要有敦煌写本、吐鲁番写本和东瀛回

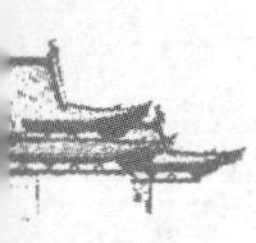

传写本，这些文献成为中古文学史书写的重要载体。同时，中古时期石刻文献的大量出土，也给这一时段的文学史研究增添了新的内涵。石刻文献的最大宗是新出墓志，墓志作为一种特殊的文体，是当时人撰写而又镌刻于石上的人物传记。对于中古文学而言，诗人墓志、自撰墓志和鸳鸯墓志在形象塑造、叙事抒情和创作过程有了更加细致的呈现；相较于传世文献，新出土墓志更能突出文学背景的呈现，能够以原始的实物形态和文字形态反映唐代家族文化的特点，集政治家和文学家于一身的士大夫阶层的墓志，则是政治与文学关系的集中体现，墓志又是文学和书法的结合体，有时在文学思想和书法思想方面的一致性也能表现文学发展的走向，比如盛唐以后墓志书体的复古与文章的复古是紧密关联的，这也为中唐古文运动的研究提供了新的视角。中古文学史的书写，一个重要途径是要从单线思维转向多元化叙事，要注重文学中心的凝聚与边缘活力的关系，关注中古文学中的女性书写以展现文学发展的特殊路径，通过文学家族传承的梳理构建中古文学的家族谱系，加强文学体制演变的研究以对文学本位研究的定位进行重新审视。

交流环节

卢盛江：按胡老师的讲法，出土文献、墓志这一大块其实有非常多的东西，唐代文学也好，中古文学也好，研究的东西非常多。国内这一块应该数胡先生做得最好,很羡慕他们的重大项目及一系列的成果。胡教授除了搞考古之外，还涉及整个文学史的基本想法，有很多东西以后我还得多向胡老师学习，确实是需要慢慢消化。我现在有几个问题。第一个就是你接触了那么多的出土文献，其中有没有思想艺术足以成为经典的，足以用这个作品来重写文学史的作品？因为刚才讲到的大量的都是背景、生平这些理论，也有可能有些是不错，但是难以作为一个经典，比如说《蜀道难》，又重新发现另一个比《蜀道难》还好的，这一类有没有？这是第一个问题。还有一个就是，现在有些墓志已经出版了，在这个已经出版的墓志书籍之外，你自己有没有到河南等地去调查？因为我们都知道陈尚君他经常到那边去。现在河南的墓志价值也不菲，一般有的上千块，他们也很识货，当然可能有些是秘密。还有一个就是墓志存不存在辨伪的问题。就这三个，谢谢。

胡可先：说一下三个问题。第一个问题就是有没有一些可以发现的经典的名篇来重解文学史的，这个我觉得中古时期还不易找到。我曾经和《河北学刊》的总编讨论过这个问题，前面人家用比较上古的材料来谈重写学术史，《河北学刊》组织这个栏目是"重写文学史"，我觉得中古时期还不到这种程度，因为个别地方进行多元化书写是可以的，但重写不太容易。在艺术上比较经典的就是 20 世纪初期的时候新发现的著名的《秦妇吟》，《秦妇吟》这样的发现还是可以称得上经典的，但是这样的发现还不是很多。这是第一个方面。

第二个方面就是有关自己收集墓志拓片的问题。到目前为止我搜集的拓片比较少，听说复旦大学陈尚君收集了一些，大概有 100 多张吧。其实这比起整个新出土的一万多方墓志，还是不多。我们对于这一方面的信息会了解一些，但是有的不一定准确，比如说像王维墓志，2012 年就听说出来了，但是到现在还没有见到。另外我们学校最近买了几千件拓片，这些拓片的购买过程我也参与了。我会了解民间销售拓片之人的动向，他们也会提供一些信息给我。其中有两个人是陈尚君也关注的，一个是洛阳的，叫李之健，另一位是西安的。目前看来，在全国真正跟大学做拓片生意的，比较集中者就那么几个人，不太多，我与他们多数有点联系，这是第二个问题。当然购买拓片，研究墓志，这里面也稍有风险，比如说有的墓志，涉及了

政治人物而太重要的，有的墓志被盗掘而公安局在追查的，你假如弄到一个拓片，是不能写文章发表的，因为写文章发表你也就会被连带追查。

第三个问题是墓志的辨伪问题。墓志有伪的，它有两种伪：一种是伪刻，一种是翻刻。翻刻历朝历代就有，比如说颜真卿撰书的墓志，后世为了学习书法就翻刻。翻刻对于石头是没有意义的，但是对于我们研究文献是有意义的。因为这种翻刻的文字和原石一点没有变化，一个字也不少。而伪刻就比较麻烦，是必须注意的，伪刻墓志不是像制造一本伪书那样全面。什么叫作“伪刻”？比如说，有一方墓志，它本来是大书法家徐浩撰的，当时撰写墓志的人是很重要的，书写墓志的人没有撰写墓志者那么受到重视。现在正好倒过来了，现在发现的墓志大多数人特别重视的是书写人，而撰写人倒显得不是太重要了。因为徐浩是大书法家，他平时的书法大家是很重视的，而这篇是他撰但不是他书的，而且没有题写书者。所以墓志出来以后，民间都爱钱，故作伪以提高身价，在后面加刻两字，变成徐浩“撰并书”，那么这篇墓志就是伪刻，多刻了两个字。为了多卖钱，就造成了这篇墓志一出来的时候，最早的拓片上是没有“并书”这两个字的，这样的原始拓片就特别重要。后来他们告诉我，像洛阳师范学院图书馆藏了 300 多块墓志，有 40 多块是伪的。但是这样作伪也是有限的，它跟竹简的伪作是不一样的。竹简的作伪经常表现是出了一本几万字的书，连一个真的字都没有。这是因为有些墓中出土的竹简，它的竹简是真的，同时有些墓葬中也会出土古墨，而作伪者就利用这些简和墨来书写文字，这些文字都是假的。而这样的造假，通过碳 –14 科学检验，根本就查不出来。所以就墓志的一般情况来说，作伪的比较少。石头这么笨重，它不像竹简，如果造一方假墓志的话，一个人都拿不动。所以一般来说研究中古这一段，特别是研究唐代墓志的话，文献这一方面就不大考虑墓志伪作问题，大多数反正都能用，就这三个问题。

刘真伦：这个问题我补充一点。魏碑里面还有一种，就是它是半真半假的，比如说我接触到的裴复的墓志，裴复这个墓志可以说是真的也可以说是假的。因为现传的“裴复墓志”就是“韩愈墓志”当中原始尚在的三篇，但是这一篇是假的，为什么？这当然是我判断的，因为它的文字用的是“朱熹本”——朱熹校订以后的文字，那就错了，那就至少可以肯定不是唐碑。唐碑的原文应该是韩愈的原文，而韩愈的原文应该是跟兼本相近，所以他用了朱熹校订以后的版本，那肯定是错的，这种情况也有。

田志光：我是做现代历史的，现在参与了一个项目，所以墓志也接触了一些。我现在有两个问题想请教您。第一个问题就是说您在讲座当中说的墓志在唐代有自撰的，我就想问一下，一般墓志是反映墓主的一生的，自撰的时候他还没有去世，这样他的墓志是不是有后人给他补充的情况？再一个他自撰的时候是什么时候撰？是他退休以后还是快要去世的时候？“自撰”的年龄该有个考证。再一个就是，他自撰的原因是什么？因为一般情况下，在宋代，一般墓志都是逝者的后人请一些当代的名人、一些文豪来给这个人作墓志，来撰写这个墓志。为什么唐代会出现自撰的情况？因为据我所了解，宋代的自撰的情况不太有，至少不太多吧。第二个问题是，刚才卢老师也探讨了作伪的情况，作伪是墓志的撰者作伪，还是书写者作伪，或者是他写完之后这个刻工来作伪？是不是分这几种情况？

卢盛江：这个我补充一下。我听说，以前河南人为了赚钱，先自己刻好，然后找一个墓埋下去，使得后人以为发现一个古墓，再将它挖起来。

胡可先：这个有，已经“产业化”了，从内地到香港形成了“一条龙”。前些年有些真正研究考古学的学者跟我提醒过，就是对真伪有一个基本的

判断：这个简有出土地点的是可信的，没有出土地点的就是可以怀疑的。比如说郭店楚简、里耶秦简这些都是没有问题的，尹湾汉简都是没有问题的。但是其他地方，尤其是从香港市场买过来的是比较让人怀疑的。还有一个问题，就是国内的伪简特别多，原因在于这个检查的制度，检测制度不一样。检测制度跟国外不一样，国外所有的东西都是抽检的，国内的都是送检的。送检制度致使造假情况突出，比如说有五百块简，他送的时候是送三块、五块简，这个不是买来的，是在郭店或者别的出土地方搞来的，是真的。这个简还有一个误区就是用碳－14 检测是真的，确实是真的。真在什么地方呢？现在楚墓里面经常出现一些沾泥带水的简，出现几千简，上万简都很多。有的字，经过上千年的浸水都没有了，简都是竹质的，因此无字简特别多。那么造假的人不是在一般竹简上面写字，而是在那个出土的无字简上造假，所以碳－14 检测每一根都是真的，而实际上这些简的每一个字都是假的。

刘真伦：史学界其实是有规矩的，是有学术规范的，不但要有发掘地，而且重要的是有发掘报告，包括它的地层，要有详细的发掘报告才被认可。用这个标准来看，目前像“清华简”“上博简”等，严格意义上讲都是不太符合规矩的，这是学术界已经揭示出来的。还有包括北京故宫上亿的钱收的书画，还包括上面讲的曹操墓，这已经是学术界揭开的，就是造假。其实这些造假已经形成了产业链，确实是非常吓人的，好像有人去专门采访过这些技术工人，介绍过这个造假的方法，很吓人。

刘成国：胡老师，我想请教一下，我还是从墓志里面去寻找一些史料和信息来研究。我比较感兴趣的是你怎么从文本的角度来分析一个墓志，因为我们以前在文学史上谈到墓志的时候，就是说人物塑造得很好，然后语言很好，那怎么评价一个墓志的好坏，怎么给大家一个文学史的定位？不是从史料的价值上看，而是从文学的角度、文本分析的角度来看。

胡可先：文本分析的角度，比如我去年发表的一篇文章对上官婉儿的墓志进行研究，通过分析墓志的文本，还有文本里面的细节表现性格等方面来进行探讨。另外从文本来研究墓志这样的传记文学，目前只是一种想法，我觉得还是可以认真做的，但我还没有着手全面展开研究。我目前一直做两个方面的研究：前面做的墓志跟唐诗有关，接着做的墓志跟文学家族有关。那么从文本这方面分析，它在文学方面的影响，我只是做一些单篇的墓志分析，比如说《韦应物墓志》我做过，《上官婉儿墓志》我做过。

刘成国：分析墓志的文本的话，就会牵涉到行状的问题，那唐宋以来的墓志很大程度上都是在行状的基础上写的，但是如果是在没有行状的情况下，你怎么切入这个墓志文本分析？因为你不知道这个文本中哪些是作者只是在行状的基础上照搬过来的。我曾碰到一个王安石的墓志，我找到了一个问题，发现王安石的墓志几乎全部是从行状上面照搬过来的。这样的话，如果我们用这篇墓志来分析王安石的碑志就不行了。这个我比较困惑。

胡可先：这个要稍微厘清一点，这种情况比较特殊。大多数作家他还是为了自己，比如说现在学者们写文章，还是会写自己的认知过程，那韩愈撰写墓志基本上也是写自己的认知过程。但这种特殊的情况可以单独进行研究，如果你能总结出一种墓志文本的研究规律的话，特别是唐代和宋代还不是完全一样的规律，更是很有学术价值的。我发现新出土刘禹锡书写的《崔迢墓志》是署“郭行余撰”的，而实际上那完完全全是崔迢家族人写的。但肯定是在此之前崔迢家人请了郭行余和刘禹锡，并得到了应允，而

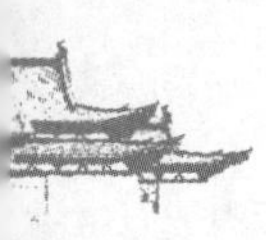

因为时间仓促，没有来得及，于是就将崔迢的第二个儿子拟好的稿子直接刻石了。甚至刻到石头上的时候，第二个儿子的口气都没有变，有几句话在墓志上面显示出来。但墓志的题署还是“郭行余撰”和“刘禹锡书”。如果要考证时间和来源的话，因为墓主从去世到安葬的时间实际上是那么短，家人也赶不上再去找刘禹锡、找郭行余撰书墓志，但是出于家族的影响就把并非实际撰书者的郭行余和刘禹锡署上去了。唐代也有你说的这种情况，纯粹是根据家族提供的行状或者经历等来用，但是这种情况还是很少。

刘成国：宋代的这些墓志基本都是行状，所以你要分别这些墓志作者是主观书写还是就是一种模式化的照搬，我感觉这就很困难。

胡可先：这方面我觉得可以分文学上的价值不一定很高的普通墓志（或一般的墓志）和经典名家大家撰写的墓志两种情况。你如果要探索文体文本的规律演变，就要找一些大家撰写的墓志来研究。你如果要研究文学背景或者文学现象，或者墓志怎么撰写，什么行状，撰写过程有没有变化，纸本和石本是怎么修改的，这个找普通的墓志就可以了。这样将墓志分成两个层面来研究可能会更切合一点，但我觉得也会很麻烦。另外回答刚才另一个问题，自撰墓志它有一个过程，因为自撰墓志的每个人的心理状态不完全一样。有的人他自己能写就写了，这是唐代的一种风气，写了以后，要埋下去的，埋下去以后，也想流传后世。另外唐代的润笔费非常高，有的人，他正好自己能写就自己写，当然也可以请别人写。比如说韩愈写一篇墓志，润笔费就不得了。据日本一个学者研究，唐朝官员要自己买得起房子、要骑上马的话，大概到 50 岁左右，同时达到五品官的职位。但是韩愈很早就骑马了，就买房了，什么原因呢？因为他润笔费太高了，就是靠撰写墓志这样一个工作。另外自撰墓志者也是因为他清楚自己的想法，然后要写出来。还有就是自撰墓志有一种游戏的色彩，刚才讲的那个皇甫映的墓志铭就是，虽然有些玩世不恭的话，但它的文学价值还是很高的。皇甫映写出这篇墓志后大概时间不长，就病危去世了。有一位文人生了重病，就自己撰写墓志，但写出来以后病又好了，又活了八年。其家人觉得他写的东西肯定是太重要了，总比请人家写好，就把它刻到石上，并且又加了一段他后面八年做的事情，这样，一块石头上刻成了两个部分。

赵声良：我虽然没有研究文学，但是很感兴趣，也收获不小。刚才卢老师提的那个问题，新出的文献有没有改变文学史是一个重要的方面，我想大量的书法辨伪可能对唐代文学至少是俗文学这一块有一个开拓性的研究，我不知道这一块是不是可以这样说。但是我还想问的一个问题就是，胡老师调查的大量的这种碑刻文献，关于中原边缘地区的文学的比较研究这方面，我也非常感兴趣。但是我们注意力现在大部分集中在对西北地区的这种发现上，因为在敦煌、吐鲁番发现了大量的东西，我不知道在我国东北地区或者是西南地区有没有这样一些就是在文学史上值得研究的碑刻的材料。

胡可先：这一方面的研究在中古文学界是相对比较少的，如果在明清以后可能比较多，明清以后比如说传世的一些碑刻各地也比较平衡。但墓志方面唐代是极盛的，后代相对少一点，因此历来的研究也是最重视唐代墓志。像西南地区相对而言出土的墓志就比较少，研究也就较少。但是也是有的，比如说五代时候写那个《才调集》的韦縠，他哥哥的墓志就出土于四川成都东郊，这对于研究韦縠还是很有用的。还有像王建墓出土的一些文字、文物，对于研究五代词用处是特别大的。尽管如此，总体上这些出土文献还是没有长安、洛阳和西北那边出土的东西价值大，因为西北那边出土的东西

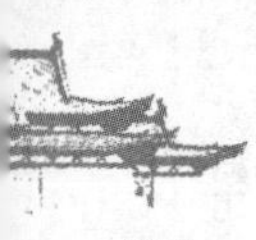

特别是写本，因为气候干燥，几千年都保存完好。而像东北这种情况又不太一样。可能是因为文献在这种非常干燥、没有水的地方容易保存到现在，其他的地方如西南的、东北的，大多数也就可能烂光了，除了实物应该还有一些。相对而言，唐代非常注重经营西北这一块，东部相对比较少一点，当然这个涉及当时的政治问题，展开论述会有点烦琐。

靳希平：内行都提完了，我外行的人提一个外行的问题。这个报告真是让我大开眼界，对这方面我一点都不了解。我就提两个问题，一个就是你讲的过程当中提到的佛经的翻译。刚才你也讲到这个文学史料的多元叙述，佛经翻译能不能也说是文学的组成部分，还是怎么样？就是怎么评价佛经翻译在文学发展中的作用，这是一点。另外，和欧洲文学史相比，比如说欧洲也有“中古文学”，中古文学还注意到了比如说德国的一些要饭的、一些“下九流”的底层人，留下了一些所谓的“俗文学”，其内容非常粗俗，有的是韵文，有的也算不上正经的韵文。它是用拉丁文拼写当时的“土德语”，因为当时的官方语言就像咱们的普通话一样，上海话一般都不写成书面的东西。但是这个东西他们也研究，那么咱们这边，如果是多元叙事的话，有没有遗留匈奴的民间文学，或突厥的，有没有用汉字拼写突厥语的，因为辽金的文学跟宋朝的文学有那么多交流。像日本他们用汉文作诗，那么这个文学史，是不是应该把日本人用汉文作诗也纳入范文里来，或者是越南人、韩国人，多元文学是不是应该再拓宽一点？要按照欧洲人那种写中古文学的方法来做，他们用汉语写自己的东西，或者说用汉字变成了语言符号来拼写自己的口传，或者有些要饭的或流氓写自己骂人、损人的东西，这些东西能不能扩展到所谓的“俗文学”“民间文学”里来？

胡可先：我觉得在视野方面，总体都应该扩展到这里面来，然后就是把这些作为材料进行整理，再经过梳理提炼，这样才是文学史上搞多元化的一种全貌。所以将靳老师说的第二个问题联系上去，跟欧洲的中古文学相比，就涉及匈奴、突厥、辽金这些方面的研究，我觉得如果视野打开到这个地方非常好。但是，现在有一个问题，中国和日本跟欧洲不一样：日本留下的东西，很多都是很完整的，而中国的话，感觉好多都被毁掉了。现在流传不少的就是匈奴文、突厥文、辽金和西夏文的这些东西，有人在研究但是还不太容易纳入文学史这个建构体系里面，因为都是比较零星的。就像对于西夏文，我们就很难办，因为一点都不通，现在我们流传下来的东西不太多。我了解的倒是有一些国外的一流学者，他们注意到这些方面的东西。因为国外的人并不功利，他们很钻研。比如有一些学者因为研究领域非常专门而招不到学生，在高校也没有饭吃了，但是由于他们的影响力比较大，有的财团就特别支持他们，他们就找乡下非常安静的地方建立研究所，潜心研究。他们不功利，研究的内容很专门，可以慢慢做，取得的成果往往会很厚重，而国内目前的研究还不如国外研究的人多。我觉得应该先把能扩展的地方先扩展并进行比较研究，这个路子是非常好的，但是这可能比较有难度，尤其语言方面存在问题或障碍。

第二个就是关于佛经翻译的问题。因为佛经翻译，我觉得应该纳入文学史的有关范畴里面来。有两个比较重要的方面：一个是佛经经过翻译以后，在文学上是有再创造的，尤其是魏晋南北朝到唐代这一段翻译确实是佛经里面很重要的，也有人研究佛经文学作为经典的篇目；另外一个就是佛经翻译对文学方面的影响也是很值得研究的。比如说王维的作品里面，涉及佛经的地方有很多，有的就是跟翻译有关系的。前面比较早的有好几种翻译，比如玄奘的翻译之类的，王维到底是受哪个佛经翻译的影响，在什么地方受到影响，这在他的诗文里面会提到的，从其作品的用典也是能看出来的。还有刚才讲的《苑咸墓志》里面提到，苑咸跟王维都受佛经的影响，

跟翻译也是有关系的。还有一点就是说，佛经翻译对文人的影响力，比如说王维他不仅是看原始的佛经，而且也是要看翻译的，所以他就把自己的名字跟字配在一起，“维”“摩诘”加起来就是“维摩诘经”，分开来就是他的名和字，所以如果对这方面进行研究的话，也还是有不少空间可以拓展的。我觉得这两个方面都有很好的研究前景，只是第二个方面，就是突厥、匈奴、西夏文这些，难度比较大。

李玉珉：我这里有两个问题想向胡老师请教一下。今天在讨论里面，你比较偏重的是唐代的墓志，而且看上去你所引用的材料还是以西安的为主，你也在整个的架构里面，谈到希望整个文学史除了要从地域上开始能够看到它的多样化，还要从材料上来看它的局限性，因为范围还是以中原为主的，那在我们的研究要做什么样的突破？这是我的第一个问题。第二个问题就是，实际上当我们看到中古时期的时候，研究上面可能不管是史学或者是文学上，我个人觉得最薄弱的可能是北朝的文学这一块，那究竟在您的接触里面，北朝的墓志可以为我们了解北朝的文学提供一个什么样的方向？我们也有稍微提到一下说，北朝是重实用，南朝是重情感，但是我们并没有看到比较具体的例子，而且以我自己所接触到的一些文字材料记载的话，北朝晚期的时候其实也有很多的骈文，它的文学性也是很高的。我们在文学史的研究上面，怎么看这些材料？

胡可先：首先说第一个问题，就是我所搜集的或者讲的墓志，出土的地方绝大多数还是西安和洛阳，其他边缘地方相对要少一点——本身就少一点。西安跟洛阳也是不一样的，西安还没有洛阳那么多，但是西安出土的档次比较高，因为达官比较多，文化人比较多，洛阳相对平民化一点。还有一点就是当时在唐朝，以洛阳为中心向西走和向东走，这一段其实是邙山，有好几十里的地方都是几十米深的土层,这里是最好的安葬之地。所以实际上这个地方出土的东西比较多,但是这儿出土的墓志,也不完全是这两个地方的人的,比如说我刚才讲的交阯人廖有方的墓志就是在这个地方出土的。总体来说,这个地方出土的东西比较多,其他地方少,是因为还是有一些局限性在的,也就是说这些地方出土的文献比较少,这方面如果加深研究的话可能会补充一点,但是有点难度。比如说最近北京出土了刘济的墓志,刘济是藩镇割据的重要统帅,墓志的文辞、文笔都是非常好的。还有前几年出了一个何弘敬的墓志,写得也是长篇大论的,文笔都是非常好的。但是不像长安、西安跟洛阳那么集中。五代十国的时候,闽王王审知的墓志也写得很好。而学术界对这方面研究是比较薄弱一点,我觉得如果这些地方出土文献更多一些,研究者下功夫更大一点的话,会弥补这个薄弱的环节,但目前仍然还是比较薄弱的。

关于北朝文学的研究也是较为薄弱的,总体趋势是研究南朝比较多。最近几年北朝出土文献多起来,所以也开始慢慢受到一些重视。北朝出土文献最多的还是墓志,文学价值相对还是比较高的,可以看出来北朝文学的价值。因为墓志本来就是一种实用的文体,它跟纯抒情的作品不一样。另外从墓志里面可以看出,北朝文是注重实用的,但是在文体上,它是学习南朝的,因为南朝的文化高,骈文还是比较多。另外我还注意到北朝出土的墓志里面,有庾信这些大家撰的,很值得重视。北朝墓志一般来说是不署名的,但是这篇文章在《庾信文集》里面收录了,所以这方面要是深入研究的话,还是有可能进一步突破北朝文学的这种藩篱的。目前北朝文学研究相对南朝文学还是薄弱很多,北朝特殊的地方是撰写墓志风气比较盛,而且皇族跟达官贵人的墓志也还是比较多的。但是这方面研究有一个麻烦的地方在于,它跟研究唐代墓志不一样。墓志的文学价值很高,但是北朝墓志除了偶然能够考证出几个撰写的人是谁以外,别的没法深入研究,因为它是不

署名的。虽然我们确定这些墓志肯定是很重要的文人撰写的，但是它没有名字。署名的墓志主要是从唐代开始有的，中唐以后才开始多起来，所以出土的东西对于文学上的研究，就北朝墓志来说也是一个瓶颈。还有就是“造像”也是这样的，没有写具体的人，有的只是说谁为他造的，他的儿女如何，也会出现作品没有署名的问题。怎么能从这个问题开拓出去是比较麻烦的，因为研究中国文学史毕竟有两个主体，一个是作品，一个就是作家。现在北朝墓志不知道作家是谁，这是很难办的一个事情。

靳希平：刚才我就问了在德国，写德国的文学史，只要你是用德语写作的，比如奥地利或者比利时的一些作家，都会被纳入研究的对象中来。那日韩咱们是怎么处理的？或者多元叙事的话，日韩如果在政治上有一些顾虑的话，是不是应该作为一个附录加进来？我们对它们的影响，它们的接受，以及它们是不是对我们反过来也有影响，我就不清楚了。我们外哲所图书馆曾进了上万本的韩国书，韩国早期、中古时期的文献全是汉语写作的，读它的历史我根本没有困难，我想文学是不是也有类似的情况。

胡可先：有的，现在这方面也有不少人在研究。日本的研究相对多一点，研究日本的汉诗和我们的古典诗歌是怎么融合的，甚至于我们跟日本都有一些共同的研究课题，研究文学史方面的交流是多元的。韩国方面也有不少的研究，比如说唐代或者宋代的词，传到韩国，对韩国的文化一直是有影响的，反过来对中国也有影响。比如说陶然教授，他去年就申请了一个国家社科基金重点项目，就是研究朝鲜跟国内的词的交流的影响这方面的，这是一个比较大的课题。也有人在专门研究这方面，我觉得这些研究达到一定的程度的时候，就会对文学史的书写产生比较重要的影响。

卢盛江：同样有几个问题，第一个“中国文学史”，第二个“汉语文学史”。如果把“汉语文学史”全部包进来，再加一个“中国文学史”，即中国汉族文学史和中国整个文学史。前些年，季羡林提出过这样一个大的构想，将范围并不局限在960万平方公里之内，甚至不局限在56个民族之内。好像现在这方面没有什么进展。

胡可先：中华书局专门出过一本书就是讲述唐代买地券研究的。历史学家专门研究过这样一种情况，关于当时的心理状态、当时的制度，甚至因买地券引起纠纷当时揍人的事情。多少年后被挖出来，这种事还是很有趣的。

刘骥：我有一个展望未来考古的问题，今天的主题就是说以前的历史好像有点少，所以我们现在到处找，地皮都被抠出来，几百字就可以写一本书。现在问题就是材料太多，或者是因为法律问题，不能被追究，那么未来50年我们研究现在的文学家，出现谷歌或者是百度不给你看的那种法律的问题。所以我在想今后这个学科发现研究的话，有没有考虑到说用预设的一些方法可以让今后的人挖到。现在因为多，所以就挖不到什么好东西；以前就是太少，几百字就可以写一本书，现在有臆造文集。那么有没有思考未来比如开放性这样的问题？

胡可先：现在更开放了，资料收集更广泛、全面了，也更容易得到了。

刘骥：也就是说50年以后，我们的孙子的孙子辈他们应该怎样研究现代的数据集采和信息？

胡可先：我觉得这就是两方面的问题。一方面就是说信息多对于学术研究是非常非常有利的,所以我们还是要尽量开辟信息的获取渠道。第二个方面是不管信息是多还是少,学术研究的境界基本上是一样的。就是说你要研究出有思想的东西，信息多不一定都能起到很好的作用。当然这里面涉及研究史学、研究文学和研究哲学不同领域的差异问题。比如研究史学的话，可能是处理的信息越多越好；研究哲学，古代不少的哲学家都是在山里面不出来的，他读不了几本书，因为读书过多的话，很容易形成文字障碍，而他们主要是集中精力在那里拼命思考，玄学就是这么搞的。我上次到天台山去，见到葛玄的隐居地，他在深山里修道，是很少与外界接触的，那时也藏不了多少书。有关国学的文史哲各个学科都是不一样的，利用的资料可能也是不一样的，但是共同的地方就是你不管资料多少，要达到的研究境界还是一样的。

丁雁南：前面老师有提到现在造的简有真伪的问题，因为我的学科背景——历史地理学的背景，所以我就想这里面会涉及很多的知识生产的问题，按比较近现代的概念，就是知识生产流通的过程。在听您的报告后我所得到的启发是，其实我们也可以利用历史地理的这样的方法，把这些出土的地点标到地图上去，然后根据这些地点，把这些人的行迹一个一个点一样标到地图上去。也许用这样的办法可能会帮助我们，它虽不是一个决定性的帮助，但是也会非常有利于我们理清很多有关这些人的生平的问题，甚至有助于我们去考证某些文献的真伪问题。这也是一个方法。

胡可先：这是很好的方法。现在这个方面的数据好像有日本人在做,我们这边也有做的,像武汉大学的王兆鹏,他就是以文学为中心在做。文学家在什么地方或者作品在什么地方他就把这个地名弄出来，这地方有什么材料，这地方出土什么东西，他告诉我说鼠标一点就出来了。这个东西他还没有研究出来，但是也得到了国家社科基金重大项目的支持，受到了重视，但是好像比较难做，他做几年才做出来的。我觉得如果做出来以后就很好，研究出来以后就发现某个作家在这地方待过，这地方有什么背景，这地方曾经出过一方墓志，这个是很好的。

附记：

本文是 2016 年 5 月 5 日上午在浙江大学人文高等研究院的一篇讲演稿，讲演地点是浙江大学之江校区四号楼 304 会议室，由驻院教授华中科技大学刘真伦先生主持。当时进行学术交流者有卢盛江教授、赵声良研究员、李玉珉研究员、刘成国教授、靳希平教授、田志光老师、刘骥老师、丁雁南老师等，以及研究生与文史爱好者。学术上相互切磋，颇启心智。高研院蒋玉婷女士组织整理，颇为辛劳。谨对上述女士与先生表示诚挚的感谢！

中国动画的称谓变化与艺术演进

盘 剑

学者名片

盘剑，1962年9月生。浙江大学文学博士，复旦大学传播学博士后，美国圣地亚哥加州大学高级访问学者。浙江大学文学院教授、博士生导师，现为浙江大学影视与动漫游戏研究中心主任、浙江大学文学院文化创意研究中心主任。兼任中国电影评论学会副会长、中国电影评论学会动漫游戏专业委员会主任、中国电影文学学会理事、中国电影文学学会剧作理论专业委员会副主任。已出版学术专著5部，主编教材2部，主编中国动漫产业发展年度报告3本；在《文学评论》《文艺研究》《文艺理论研究》《中国现代文学研究丛刊》等刊发表学术论文100多篇。获得中国金鸡百花电影节优秀学术论文奖二等奖1次、三等奖3次，浙江省哲学社会科学优秀成果奖三等奖1次、优秀奖2次，浙江省高等学校科研成果奖一等奖2次，二、三等奖各1次，中国高校电影电视学会学术成果奖二等奖2次。

时间：2020年11月18日

地点：浙江师范大学

各位同学、各位老师，大家好！

非常高兴有机会在这里跟大家分享我对中国动画艺术发展、演进的一些认识。

纵观中国动画发展的近百年历史，我们可以发现，不同历史时期的动画有着不同的称谓：民国时期的动画叫“卡通片”，而新中国动画在计划经济时代叫“美术片”，进入市场经济走产业化道路后，则先是叫“动漫”，后来又出现了“国漫”的概念。这些称谓、概念的出现、变化并不是偶然的、随意的，而是有着某种必然性，并且是意味深长的，因而通过考察这些称谓、概念的运用及其变化、更替，我们可以看到中国动画的艺术演进轨迹和未来发展趋势。

一、“卡通片”与中国动画的起步

“卡通片”的“卡通”是英文cartoon的音译。一般情况下大家都是把“卡通”等同于“动画”，当成动画的另一个名称，但实际上“卡通”并不是一般意义上的动画，因为cartoon的本义首先是漫画、讽刺画，然后才是动画。既然三个概念都用同一个单词来表达，便意味着这些概念之间有着某种相同性、相似性，至少是关系密切的。因此以“卡通”命名“动画”，应该是强调这种动画具有一定的漫画元素、漫画特性，或者就是一种“漫画式的动画”。事实上，美国动画都是这样的卡通片——在美国，除了将动画统称为cartoon，还把动画电影特称为cartoon film，可以理解为“漫画式的动画电影”。而中国动画在起步阶段，学的主要是美国动画，这有多方面的证明。

据史料记载，作为中国动画的先驱者和创始人，万氏兄弟，也就是万籁鸣、万古蟾、万超尘、万涤寰四兄弟，“上世纪20年代左右……相继从学校毕业参加工作，从小就对木偶、皮影、走马灯和中国传统美术感兴趣的他们在这个时期初次接触到了‘卡通片’。这些‘卡通片’基本都是从美国引入国内的，如《白雪公主》《大力水手》《鲍比小姐》《从墨水瓶里跳出来的小人》等等。万氏兄弟从此爱上了这门新鲜的艺术形式，倚凭有限的美国动画资料开始研究动画的制作原理和表现手法”[①]。不仅如此，他们当时的动画创作还受到梅雪俦的帮助和指导。这个梅雪俦原为旅美华侨，曾在迪士尼学过一点动画制作，还在纽约成立了一家电影制作公司——长城画片公司，1924年迁回上海后，邀请万氏兄弟加入“长城”并在公司内设立卡通片部门，试拍动画片，1926年宣告中国动画诞生的《大闹画室》就是由长城画片公司出品的，编导也由万籁鸣和梅雪俦联合署名。当然，这部真人加动画合成的卡通片同时也是受美国动画《从墨水瓶跳出来》的启发而创作的。[②]此后，万氏兄弟不仅以“万氏卡通”的名义创作了《纸人捣乱记》《一封书信寄回来》等一系列的“美式”卡通片，而且在1941年出品的中国第一部动画长片《铁扇公主》的片首鲜明标注着“第一部长篇有声立体卡通”的字样，片中的“孙悟空（也）被设计成铜铃眼、雷公嘴，细胳膊、面条腿，手上似乎还戴着副白手套，又圆又矮的身体怎么看都有几分米老鼠的影子”[③]。

由此可见，中国动画是从卡通片起步的，并深受美国动画的影响，民国时期的国产动画主要就是这种“美式卡通片”。

---

① 李孟:《孙悟空：看我72变》，载《中国收藏》，2014年第8期，116—121页。

② 参见颜慧、索亚斌:《中国动画电影史》，中国电影出版社2005年版，13页。

③ 李孟:《孙悟空：看我72变》，载《中国收藏》，2014年第8期，116—121页。

二、“美术片”与中国动画的民族化

但显然，这种来自美国的“卡通片”并不适用于新中国。1947 年，中国动画界开始出现了对动画的另一个称谓——“美术片”，这个概念最早由新中国第一家电影制片厂——东北电影制片厂（我们把它简称为“东影”）厂长袁牧之提出，他在这一年的年初布局“七片生产”时指出，“所谓七片就是艺术片、新闻纪录片、科教片、美术片、翻译片、幻灯片和新闻照片”[①]。“七片”中没有“卡通片”，因此“美术片”显然是作为“卡通片”的替代者被提出来的。果然，1949 年 7 月东影便将“卡通股”改名为“美术片组”，而随着 1950 年 3 月东影的“美术片组”整体迁入上海电影制片厂（简称“上影”），1957 年 4 月上影的美术片组改组扩建成立上海美术电影制片厂（简称“美影厂”），中国动画完全进入了“美术片”时代。

从“卡通片”到“美术片”绝不只是一种表面的称谓变化，它还是意识形态上的“去美国化”表现，这当然跟从旧中国到新中国的政治体制转换相关。在“去美国化”后，中国动画实际上还曾经有过一段“趋（或者仿）苏联化”的过渡，1956 年《乌鸦为什么是黑的》在第七届威尼斯国际儿童电影节上获奖却被评委当作苏联动画就是证明。在此之后，美术片开始全面回归民族化，直至形成动画的“中国学派”。需要说明的是，尽管后来被当作“中国学派”动画起点的《骄傲的将军》的创作并非像有的文章所认为的那样是受《乌鸦为什么是黑的》获奖却被误当作苏联动画的刺激有关——因为两部作品同一年出品，但同在 1956 年出品的两部动画却确实分别代表了当时中国动画“趋外（不管是趋美还是趋苏）化”的终结和“向内化”（也就是“民族化”）的发端，“美术片”也因此不仅获得了“新中国动画”的政

① 转引自颜慧、索亚斌：《中国动画电影史》，中国电影出版社 2005 年版，29—30 页。

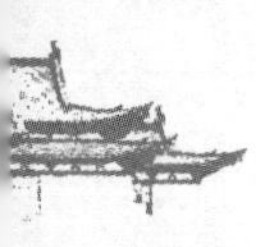

治身份，而且完全成为中国“民族动画”的代名词。当然，美术片还不仅仅是在意识形态方面表现了上述特点，更在艺术形态上形成了一整套独特的体系。首先是“去卡通化”，也即去漫画化、去讽刺性。美术片的“美术”与“漫画”两个概念虽然在逻辑上具有属种关系，即“美术”本应包含“漫画”，但事实上美术片却似乎有意绕开了“漫画”和讽刺，从《小蝌蚪找妈妈》《牧笛》《大闹天宫》《渔童》《聪明的鸭子》等经典美术片可以看到，美术片的“美术”主要包括水墨、剪纸、折纸及其他民间工艺艺术，就是没有漫画，甚至在将漫画作品改编成动画时也尽可能消解其漫画性，如1958年由章超群导演、上海美术电影制片厂出品，改编自漫画家张乐平著名漫画作品的《三毛流浪记》就选用了木偶片的形式——这就饶有兴味。如果说“卡通”中的漫画、讽刺画元素可以赋予动画娱乐和批判精神，那么“去卡通化”的美术片则显然丢掉了这种娱乐、批判精神——当然这又是与当时的整个国家意识形态相呼应的，并符合中国传统文学、艺术的“载道”“教化”原则。其次，美术片由于形式上借鉴国画、剪纸、折纸、民间工艺艺术，内容上选择中国神话、传说、民间故事，既具有鲜明的民族特色，又在制作上精雕细琢，所以总体上具有相当高的艺术质量，在国际上获奖无数，虽然“中国学派”的命名无处考证，但在动画领域这一高度民族化的“中国学派”的存在却是真实不虚的，而集合了其政治定位、艺术风格、文化特征、创作机制的美术片就是这一“学派”的载体、标志或“名片”——或者反过来说，“中国学派”即是美术片所建构起来的新中国动画在20世纪50年代至90年代之间试图摆脱一切外来影响，向内呼应政治、经济体制并回归民族文化传统的独特的艺术体系。

必须指出的是，美术片虽然代表着国家的主流意识形态，也引领着当时民族艺术的发展方向，但在表现形态上实际上却是“小众化”的。一方面，由于处于计划经济时代，美术片生产缺乏市场机制，人员工资和制片经费全部由国家财政统一拨付，创作主体不必担心经济效益，因而也不用考虑观众的审美需求和娱乐趣味。另一方面，美术片总体上长片没有几部，大多数是 30 分钟以内的短片，制片厂每年创作任务也不多，因此每一部作品不仅按照短片模式——影视、动画创作的短片模式多为作者式、小众化的艺术片模式——创作，充分表达创作者的个人兴趣、爱好，而且可以不计成本地精雕细琢，例如《牧笛》《山水情》等等。这便是美术片在国际上特别能获奖的重要原因，当然所获的都是艺术类奖项，而从来没有获得过像奥斯卡这样的商业大奖。

或许正是这种来自过去而与现代经济和当下文化错位的“非商业化”机制和“小众化”特点，使得美术片连同美影厂、“中国学派”在中国动漫产业兴起之后完全无法适应而迅速衰落了下去，很快成了明日黄花。与此同时，这个带来巨大产业的“动漫”则像当年“美术片”取代“卡通片”一样取代“美术片”，成为 2004 年以后中国动画的又一个新的概念。

三、“动漫”“国漫”与中国动画的再卡通化和再民族化

实际上“动漫”一词最早出现于 1993 年——中华动漫出版同业协进会在这一年创建。这个第一次在名称中使用了“动漫”概念的行业机构又于 1998 年 11 月创办了一本资讯类月刊《动漫时代》。毫无疑问，这时的“动漫”概念还远没得到广泛的认可，甚至没有怎么引起关注，然而它的出现也不是偶然的，其背景是 80 年代改革开放、90 年代文化体制改革，以及 WTO 协议签订后美国大片开始进入中国。这实际上便打破了原来美术片赖以诞生、存在并充分强化的封闭性、“向内化”（也就是高度民族化的）语境，在允许国外作品进入中国市场的同时也让中国动画得以重新将目光转向国外。尽管据了解，美国、日本动画都不直接使用“动漫”这个名称，但

不可否认，不论在美国还是日本，动画和漫画都是关系密切甚至密不可分的，不仅美国的“卡通”这样——如前所述，日本动画同样如此——据统计，日本动画片的百分之九十五以上都改编自漫画作品，并因此形成了“动画＋漫画”的产业运营模式，更进一步地创造出了独特的“ACG 文化”。甚至，在日语中，“动画电影”被叫作“漫画映画”，这也与英语中 cartoon film 的含义惊人地相似。因此，当中国动画界重见美国动画并接触日本动画后，便敏感地抓住了其与漫画的密切关系——这应该是“动漫”这一概念提出并在今天广泛流传的重要原因。

由上可知，“动漫”实际上具有两层含义：一是“动画＋漫画”，两门艺术并列，或两个相关的行业（今天还暗含第三个行业——游戏）结合成为一个新兴产业，并共同建构一种新型的大众文化形态，也就是 ACG 文化；第二层含义是“具有漫画元素、特征或漫画式的动画”，这是二者结合、融合创造的一种新型动画。其实，说“新型”只是相对于美术片而言，如果联想到卡通片，我们就会发现，这种“动漫”并不是“创新”，而只是一种“回归”，即是对早期中国动画“卡通化”的回归。而在这一意义上，我们可以看到，“动漫”概念的出现和运用实际上是中国动画的一次“再卡通化”转换，只是这次的“再卡通化”不再是单纯地接受美国经验，还广泛地借鉴了日本模式。由于美、日既为世界动画强国，而其强大又不仅在于具有雄厚的经济实力，更在于其拥有体现动画本质特征、反映动画独特机制、符合动画发展潮流的主流动画观念，以此为依托，再加上中国动画的产业化推进，“动漫”这个概念在中国一经出现便不胫而走，迅速普及和流行，同时终结了曾经辉煌一时的美术片，把中国动画带入了一个新的时代。

然而，在 2012 年之前，以产业驱动并迅猛发展的中国动漫在艺术上也存在着比较严重的问题，就是从美术片的过度“向内化”走向了一味的“趋外化”，完全抛开美术片和“中国学派”，大量模仿美、日动画，几乎重蹈了早期卡通片（仿美）和初期美术片（仿苏）的覆辙，而且还不能保证基本的制作质量，这便使得动漫及其产业一度陷入严重危机：产品多、质量劣、产值低，产业“泡沫化”。2012 年中国动漫产业开始转型升级，以提高作品 / 产品的制作质量带动进一步的创作方法、艺术观念调整，将国际化、流行化与民族化有机结合、融合起来。而在这种调整中，又一个重要概念悄然出现——“国漫”。

“国漫”可以看作是对“动漫”概念的补充和完善，也是“动漫”的升级形式，它有效地弥补了原来“动漫”概念可能存在的缺陷，既保留了动画的漫画元素、特征，肯定其“漫画式动画”的基本属性；同时又强调它还应该是“中国的”“民族的”，在“再卡通化”的基础上进行“再民族化”，因此“国漫”即为“中国民族动漫”。

“国漫”概念首次出现（正规文献记载）的具体时间和相关媒体还有待考证，但其引起社会广泛关注和高度重视的第一个作品样本应该是 2015 年出品的《西游记之大圣归来》，接着是《大鱼·海棠》《大护法》《小门神》《白蛇：缘起》《哪吒之魔童降世》《姜子牙》等影院动画，以及《斗罗大陆》《武庚纪》《狐妖小红娘》《镇魂街》《魔道祖师》《天官赐福》《雾山五行》等网络动画，还有早在“国漫”概念出现之前就已推出、目前仍在继续创作，拥有 1500 多万核心粉丝的电视 / 网络动画片《秦时明月》系列。这些作品不仅充分表现了上述国漫特征，而且在影院、电视、互联网等各种媒体平台上播映，拥有全媒体传播形态，正在产生越来越大的影响。

从卡通片起步，经美术片成长，以动漫再卡通化，在国漫中再民族化——中国动画这样一路走来，并将由此走向真正的成熟。

以上就是我今天想要分享的所有内容，感谢大家聆听，并请多多指教！

再次感谢！

（此为 2020 年 11 月 18 日应邀为浙江师范大学“鹤琴讲坛”所作的讲座，讲座对象为动画专业师生）

"致广大而尽精微"

——文艺学与学术生涯的自我设计问题

李咏吟

学者名片

李咏吟，1963 年 4 月生，湖北省黄冈市浠水县人。文学硕士（文艺学专业，1992 年，杭州大学），哲学博士（西方哲学专业，1998 年，杭州大学）。1997—2001 年，先后任杭州大学中文系副教授、浙江大学中文系副教授；2001 年至今，任浙江大学中文系教授，其中 2009—2012 年兼任上海交通大学哲学系教授。现为浙江大学文学院教授、博士生导师。

时间：2021 年 3 月 2 日

地点：浙江大学文艺学研究生课程

作为文艺学的研究生，到底应该如何设计自己的“学术生涯”？这是值得思考的问题。其他生涯的设计，例如，“行政生涯”“商业生涯”等等，非我所能，故无法论述。从专业意义上说，设计自我的学术生涯是一个有意思的问题。我记得自己在考研究生时就开始做这种职业选择的思考。为此，我们要思考的基本问题是：“我的学术思想兴趣是什么？”“为此付出毕生心血的事业是否自己的最爱？”“怎样才能穷尽文艺学学科的最高深秘密？”“如何才能真正解读中外文艺学的最优秀经典文本？”“如何才能达到自己在文艺学学科领域内学术与思想创造的至高点？”当然，回答这些问题之前，我们首先必须明确：“文艺学永远具有自己的特殊性。”它既要承担创造性的思想责任，又要承担学术性的学科责任，它既需要广阔的思想视野与学术视野，又需要精深细致的问题解决方案，这对于个体而言永远是“巨大的考验”。这就是说，文艺学专业的最高境界是：既要求你成为文艺理论家或美学家，又要求你成为真正的学者，显然，这是两难的事情。仅就学术品格与理论创造而言，它们要求的主体才能与性格气质完全不同。人的才能也很难兼顾这两个方面。因此，如果只有文艺学的学术研究功夫，没有文艺学的思想创造力量，那么，理论存在的价值就要大打折扣。

人的职业选择总是具有时代的偶然性，完全顺心顺意地选择自己的神圣职业，毕竟是极其稀罕的事情。唯当人的“天赋才能”与“自由意志”最紧密地结合，才可以真正决定人的职业成就。热爱是一回事，能否作出创造性的贡献则是另一回事。不过，“热爱”至少能够保证我们职业生涯的快乐。我们年轻时内心都不免有些狂妄自大，所谓“无知者无畏”，除了敬佩思想大师外，好像并不特别佩服时代的专业工作者，虽然内心也羡慕许多

人的“成功”。在临近退休的时候，我真正认识到学术与思想生涯只是“无尽的生命试验”。你有怎样的才能，你有怎样的意志，你才能达到怎样的思想与学术境界！“心比天高，才比纸薄”，这可能是许多研究主体自我发展的某种无奈感。如果按照《中庸》的有关论述来建构我们的学术理想，我们可以选择三句话：“君子尊德性而道问学，致广大而尽精微，极高明而道中庸。”当然，在这种人生理想、知识理想与实践理想中，从思想建构与知识传承意义上说，在我看来，最核心的话，就是“致广大而尽精微”。在此，根据个人的体验，我力图将文艺学或美学最理想的学术思想境界，理解成“致广大而尽精微”。基于此，从职业活动出发，我想结合自己的经验从四个方面就这一学术与思想理想进行说明，希望能够对大家有所启发或者引起大家思想上的共鸣。

一、学术为范与思想为宗：功夫和本体

“致广大而尽精微”，在文艺学领域，涉及文艺学的思想建构与文艺学的学术探索，它直接体现为“本体与功夫”的关系。从本体创造意义上说，必须以思想为宗，以学术为范，因为学术是思想的基础，思想是学术的目的。我们必须“从功夫见本体”，或者说，“从本体见功夫”，通过这一对观念，我们可以更好地解释中国思想或学术的特殊要求，也可以将之看作是一切科学工作的普遍性要求。“功夫”是客观性的活动，它需要我们实事求是地科学地面对事物自身，执着地、持久地从事艰苦的劳作并不断接近事物自身。“本体”则是事物的本质与心性的最高归依，它既是对事物本身的照明，又是对事物的真正创造。因此，只有把本体与功夫结合在一起才可能在专业领域作出真正的贡献，也只有将本体与功夫结合在一起才能真正做到“致广大而尽精微”。在此，我之所以先强调功夫而不是本体，这是由

文艺学自身的时代性要求决定的。作为文艺学工作者，或者说，以文艺学作为终身志业的人，必须清醒地认识到，我们的文艺学学科具有双重属性：一是它的思想创造性要求，我们必须不断地创造文艺理论新思想；二是它的学术继承性要求，我们不能仅凭经验而创造，必须继承前人的文艺理论思想传统并进行新的解释，这也是学术性要求。

思想性创造与学术性继承，构成了文艺学学科的自由属性。它不同于中文系的其他学科，例如“古代文学”与“现代文学”，创造者是作家，研究者是学者，对于研究者来说，他们的事业主要属于文学史的工作。必须肯定，其中的学术工作肯定也充满了创造性，但是，它毕竟是文学史的学术研究而不是文学思想创造本身。当然，学者也可以进行文学理论创造与诗文写作活动，但是，这并不是古代文学与现代文学的主要任务。文艺学则不同，它需要我们主动地进行“思想建构”，需要我们从经验活动与先验活动中形成文学理论的“综合创新”。这个理论创造的任务，既不能要求作家完成，也不能要求哲学家完成，它是文艺学工作者的当然责任。就文艺理论建构或生命存在而言，我们必须进行思想创造，当然，这种思想创造，既要建立在广泛的文学创作经验与文学实践之上，又要建立在普遍的逻辑科学反思与文艺学思想史的继承和创新基础之上。因此，我们形成了“学术为范与思想为宗”的理念。以学术为范，并不是要我们泥古不化，而是要求我们站在理论的至高点上，以思想为宗，思考文艺问题并继承文艺学的优秀传统，因此，这是文艺学功夫与本体的统一行动。

从学术评价意义上说，我们只能以最严格的学术范式进行。例如，“外文经典”必须以原文精通为根本，“汉语经典”则必须以深刻把握古典文本的语言与义理的互通为根本。无论是外文经典还是古文经典，我们必须理解经典文本涉及的任何细节，不放过任何思想疑难与学术疑难，这是文艺学的学术最高功夫境界。就“致广大而尽精微”来说，这也是最高的学术与

思想创造境界。为了达成文艺学思想创造的深刻性，我们必须优先注重文艺思想史与文艺理论经典的研究，优先关注文学作品与文学活动的创造性研究。这是学术性要求，也是思想创造的根基。为此，发挥思想创造的功夫就显得极其重要。我们必须能够自由地审视文艺理论史与文学思想史乃至文学活动史，由此，把握思想的经典与艺术的经典。

我们之所以要“致广大而尽精微”，是因为唯有“致广大”才能理解文艺学的丰富复杂性，同时，也只有“尽精微”才会不浮泛于外在形式而能深入思想与学术的内部世界。这样，“致广大”是思想与学术的广博境界，“尽精微”是主体思想者语言的功夫与解释的功夫，甚至是文献功夫的显现。文艺学学术与思想创造的理想，也强调思想的功夫与语言文献功夫的统一。这是学术与思想互通的根本与最高境界。无论是学术的功夫还是思想的功夫，都必须以本体为依据。语言文献本体、心性本体与生存本体，是学术与思想建构的对象世界，因此，强调对象世界的客观性与主观世界的创建性就成了文艺学的最高境界。那么，学术功夫到底应该如何拓展呢？

一要重视语言的深入而广博的精细学习。对于文艺学学术研究者来说，直面经典是最直接的功夫，最大限度地穷尽文献也是直接的功夫。相对而言，直面经典更加重要，因为它是对思想功夫与文本功夫的最高考验。对于文艺学专业来说，西方学术经典，必先解读古希腊经典。因此，荷马、柏拉图、亚里士多德三位宗师，对我们的学术与思想能力形成了最高考验。在此，古希腊语文本的直接研读就成了第一学术或思想考验。当然，为了更好地继承古典学传统，我们还要解决希腊经典文本的英语与德语翻译问题。没有这些关键学术语言的亲近理解，就很难把握古希腊思想的精髓。在理解了古希腊语之后，通过英语与德语的翻译协助，我们就可以充分理解希腊语思想文本的理论意图。同样，面对中国古代思想经典，我们需要研讨文化元典《周易》《论语》《孟子》《道德经》《庄子》和《荀子》，同时需要解读《文心雕龙》。要想真正解读这些思想经典，不仅需要高深的语言学修养与文献学修养，而且需要睿智的思想建构功夫。因此，涉及文艺学经典文本的语言与文献难题必须一一清扫。如果缺乏语言学的精深解释功夫，就很难达到“致广大而尽精微”的自由境界。

二要重视经典思想文本与文艺创作实践的深刻理解与自由阐发。语言学的功夫是文艺学学术与思想建构的第一步，回到对象自身与回归文学艺术的根本价值，才是我们深刻地解读经典文本与建构文学理论自身的必然要求。它要求我们不能简单地炫耀语言文献功夫，还必须深刻地理解文艺创造活动本身。文艺创造本身是本体，语言文献是功夫，通过功夫而接近伟大思想家的本质创造，通过思想自身最大限度地理解文艺创造的本质，才能实现功夫与本体的统一。只有在自由的思想理解与创造性的本质规定中，我们才可能回到人生实践中去想象文艺学的重要思想价值，并为生存自身提供最切身的思想启示。这说明，“功夫与本体”从来就不是分离的，最高的学术与思想境界必定是功夫与本体的统一。那么，思想本体到底应该探讨些什么问题呢?

先要探讨诗或艺术的根本目的，从创造性意义上理解文艺的根本价值及其生存论的美学意义。经典理论奠定了思想的基础，深刻地把握了文艺的本质。我们很难超越古典思想的境界，但是，绝不能在古典思想中自画牢笼，因此，必须通过诗或艺术的创造性理解回到艺术的根本性问题上来。为此，独立地创造固然重要，借鉴古典思想与外来思想乃至一切新的思想也有其必要性。这就是说，必须通过“致广大”的努力而接近思想的本质。自然，这需要以语言作为根本，以文本作为典范形式。无论是解释还是建构，都必须通过自我文本与他者经典文本的对话进行证明。在“致广大”的基础上，深刻地理解经典文本自身，同时，力图“尽精微”地发挥经典文本的微言大义与思想的根本真理，这才是文艺学学术与思想创造的统一。

后要通过生存的探讨明确文艺学最根本的任务，将文艺学与哲学意义上的生存学或伦理学结合在一起。最为关键问题是，我们必须认识到：文学艺术以人生或生存作为根本实践对象，以自由理想实践为根本目的。这说明，文艺学思想从来不是孤立的，它除了理解文学艺术本身之外，还需要理解哲学的生存论想象，甚至需要哲学的逻辑学援助。唯有如此，我们才能真正达到思想的最高境界，即通过思想创造自身，并通过思想的历史借鉴，最大限度地展示思想的力量。可能有人会说，最初的思想元典，都是独立的思想创造，我们根本看不出它们在创造时的借鉴途径，但这显然是思想的误读。在许多经典乃至元典中，我们都可以看到思想与艺术的广泛联系与广泛传承。因此，通过“致广大”与“尽精微”的方式，我们可以最大限度地接近文艺学的思想与学术创造的最高境界。没有“致广大”的胸怀，就没有思想的广阔与自由，就没有思想的综合创造性。同样，没有“尽精微”的能力，就没有思想与学术的智慧力量，就没有对经典的最深刻而系统的理解。因此，“致广大而尽精微”，与功夫和本体的思想一脉相承，我们的文艺学学术目标与思想目标就在于这一理想的最终实现。

二、事预则立与不预则废：寻求典范性

在认识到文艺学的本体与功夫的关系之后，我们必须根据“致广大而尽精微”的原则设计自己的文艺学思想与学术思想建构的道路。按照中国人的经验，“事预则立，不预则废”，因此，作为严肃的学术与思想创造活动，我们必须进行认真而理性的设计。具体说来，我们不能空洞地讨论问题自身，而是必须找到学术与思想的典范人物与典范作品，并以此作为文艺学专业的学术与思想建构的可能性目标与伟大性目标。

探讨或建构文艺学思想与理论，完全可以作为我们学术生涯的基本目

标。假定每个文艺学专业的研究生都以此作为职业生涯的行动目标，那么，我们的学术探究就必须制定自己的典范性标准。所谓“典范性”，就是找到学术与思想创造的最优秀人物，或者说，找到我们时代可能达到的最高学术境界与思想境界的经典或人物。任何经典文本或典范性人物，都不可能是十全十美的，但是，它们毕竟能够在中西思想交流中，通过现代汉语确立文艺学的最优秀思想与学术的创造性典范。

对于文艺学专业的研究生来说，明确地确立自己的学术与思想的“对象世界”极为关键。确立什么样的对象世界，就可能形成什么样的理论建构。文艺学的对象世界不同于哲学的对象世界，它要求我们直接面对文学艺术作品，面对文艺理论经典文本，面对文学艺术的伟大思想与艺术创造本身。只有确立明确而坚定的“对象世界”，才能划定我们的思想与学术范围。没有这种对象世界的划定，我们可能会陷入学术或理论困境之中。只有有明确的对象世界的划定，我们才能理解自己的思想与学术责任和使命。这需要我们确立学术研究的对象世界，同时，需要我们确立学术与思想大师的可能风范，即以具体的经典或大师作为我们“致广大”与“尽精微”的学术与思想目标。

说到文艺学或美学的最高创造境界，在西方，可能是“柏拉图与亚里士多德的世界”“康德与黑格尔的世界”“尼采与海德格尔的世界”，等等。在中国，可能是孔孟老庄与刘勰的境界，这是文艺学或美学的可能性思想创造的极点。只有追溯这种思想或学术极点并超越这种极点，才可能形成真正的时代巅峰，但这是可望而不可即的目标，甚至是千年一遇的目标。我们只能退而求其次，追求可能达到的境界或思想的至高点。因此，文艺学的最高深、最具创造性的思想经典，既是我们的对象世界，又是我们创造的思想榜样。

对于我们来说，中外文艺理论史的经典文本与经典名家思想是我们必

须面对的“文本世界”。与此同时，艺术创作与艺术批评理论活动，美学建构与审美思想活动，也是我们必须直面的思想对象。此外，与文艺理论和美学思想建构相关的科学理论，亦是我们必须涉及的对象。总之，文艺学或美学作为“跨思想与跨艺术的学科领域”，就是我们必须直面的“对象世界”。面对活跃的文艺创作与理性的思想建构，面对经典解释的文艺美学思想经验世界，我们需要在遵守传统的基础上进行新的解释与新的创造，这就是文艺学或美学的学科领域或思想世界。对于我们文艺学研究生来说，在对象世界认知中成长，在对象世界的探索中自由发展，在对象世界的建构中显示生命自由的思想尊严与学术尊严，这就是我们的思想任务与学术使命。

在这种思想理想的支配下，我们就可以按照三个步骤开展自己的学术活动。“致广大”，就是要有宏大的思想意愿，并借此把握宏大的世界，形成高瞻远瞩的思想境界与学术理想；“尽精微”，就是要有关于对象或经典文本的任何细节的最切实精到的理解，没有遗漏任何学术思想疑难。

第一步，寻找学术与思想的典范性，是“致广大”的重要工作。这就是说，我们必须在一开始就寻找本学科最成功的典范，或者说，寻找学科发展最严格的学术范式。这种典范需要从学术与思想两方面进行考察。没有学术功底，思想就无从依傍；没有思想创造，学术亦不会有真正见地。因此，从学术与思想两方面考察一个学者极其重要。从知识学意义上评价个人的学术成就，它要求创造者必须具备良好的外语水平与汉语水平，它可以通过文本解决文本自身所涉及的任何问题。与此同时，它必须能够自由地思想，完成学科自身必须完成的真理探索任务。第二步，从对象世界出发，寻求文艺学的本体观念建构。当我们确立了学术或思想典范之后，必须寻求艺术本体与美学本体的思想原创性可能。第三步，从解释有效性入手，寻求文艺学的自由创造表达与有创造性的价值表达。显然，这需要进行独立的学术思想创造，既可以通过创作本身来进行，也可以通过学术或思想写作进行。

按照上述理想与原则，我们可以选择自己能够达到的目标。毕竟天才的伟大创造，是普通人难以达到的目标。我们可以选择自己时代的典范人物与典范思想作为自身可能达到的目标，为此，姑且可以选择三位重要的思想者与学术大师作为文艺学思想劳作的目标。就现代中国文艺学学术与思想的创造境界而言，我们必须谈及朱光潜、钱锺书与李泽厚。在我看来，这三位学者或理论家，在文艺学与美学方面确实具有真正的成就。这并不是说他们没有局限或没有错误，而是说他们的学术思想实践代表了我们时代专业思想与学术创建的最高水平，达到了学术与思想的典范境界。在现代中国，文艺学或美学的学术思想的至高点，可能是朱光潜、钱锺书与李泽厚三位学者创造的世界，事实上，这三位学者，无论是学术功夫还是本体思想，都堪称我们的时代表率。

更重要的是，朱光潜、钱锺书和李泽厚成名的时代，是依赖纯粹学术权力而成功的时代，是真正依赖自身的学术与思想而立世的。现在的学术与思想精英，处于依赖行政权力成名的时代，它需要借助人才头衔、科研经费、课题项目与学术奖励乃至学术成果引用率等数据实现，因此，学术的可靠性发生了巨大的变化。这并不是好事情，它更容易让金钱与功利主义介入学术与思想世界，影响真正的学术思想创新，因此，我们寻求典范性，就必须回到真正的学术经典认知时代，并坚守真正的学术准则，这无疑是特别困难的事情，因为行政权力更容易获胜。

基于理论建构与学术建构的语言与思想功夫，我们可以发现，这三位重要的理论家与优秀学者如何接近中西文艺学思想的本源。对于朱光潜来说，“艺术本体”在他那里就是形象思维与现实主义和浪漫主义文学经典；“审美本体”在他那里就是人生实践与艺术人生的审美自由目的。对于钱锺书来说，“艺术本体”就是语言与意境形象，“美学本体”则是诗的自由。对于李泽厚来说，“艺术本体”就是形象的世界，“美学本体”就是人生的存在与审

美的自由。这说明，他们之间可以找到共同点，尽管在具体思想建构方面，他们的实践途径并不相同。朱光潜重视西方美学经典翻译与中国诗歌表达；钱锺书重视诗文和小说创作，更重视中国上古诗文经典的核心地位；李泽厚则重视近代思想革命与中国思想传统，并从康德与马克思思想出发寻求现代变革的西方思想资源。

事实上，朱光潜并没有完全脱离学术的思想逻辑论证，他的思想论证基本上都建立在学术翻译与思想还原的基础上。钱锺书的思想论证主要通过散文的方式来实践，他的学术思想则主要通过诗文的语言联类解释来完成。李泽厚既强调“六经注我”，也强调“我注六经”，当然，前者更占主导地位。其实，“六经注我”与“我注六经”并没有本质区别，只不过侧重点有所不同。必须承认，从专业意义上说，朱光潜是真正值得我们效法的学术大师与独立思想者。朱光潜早年留学英国和法国，精通英语、法语和德语，由于他出身于桐城世家，国学功底亦深厚，尤其是在中国诗歌方面很有见地。朱光潜在选定西方诗学与美学作为自己的学术生涯之后，先翻译了大师的经典名著，由此显示了他在学术上的根底与知识学上的水准。与此同时，他也是重要的思想创造者，他能够将美学与人生联系在一起，探讨人生论美学或艺术人生化理想。这种思想探索，是通过写作那些面对青少年的读物而实践的，即审美与人生、读书与人生，这样，他的思想始终将艺术与人生、审美与人生联系在一起，而且有着牢靠的西学功底与现代人的价值立场。朱光潜执着地探索美学问题，他的一生把学术翻译与研究，同美学思想创造与论证有机地结合在一起，为现代中国美学实践树立了良好的学术与思想榜样。

相对而言，钱锺书主要致力于中国诗歌与经典的语言研究。他也是留学英法的学者，更重要的是，他大学学习的专业领域就是西洋文学，他对英国、法国与德国的文学有着广泛的历史与文化修养，甚至在拉丁诗歌与英语诗歌方面，他都达到了极高的修养。他虽然写作了许多西洋文学笔记，但是，他的整个学术创造与思想创造并没有停留在西洋文学上，相反，更多地体现在中国诗歌与中国经典方面。他的《谈艺录》与《管锥编》，都是立足于中国古典诗文，并以语言为中心探索诗歌的规律与诗歌创新之道，他是真正深入中国诗文内部深处的思想与学术创造者。他虽然不是某一经典文本或经典作家的绝对研究者，但是，他的学术视野极其广阔，体现了"致广大"学术与思想境界。钱锺书也很重视文艺学或诗学理论的建构，他的唐诗与宋诗观念，不仅指代历史学意义上的诗歌形态，而且也象征两种不同的诗歌价值风范。他对"诗可以怨"的理解，都达到了特殊的思想深度。此外，在《写在人生边上》中，他也有不少新的人生感悟与哲学发现。

显然，李泽厚的学术依傍在中国思想史传统，虽然他没有显示出杰出的学术考证与翻译功力，但是，他能够很好地理解古典中国思想经典，对近代中国思想文献的阅读基本是可靠的，他对康德思想与西方现代思想亦有深入了解，至少能够从英语出发把握康德思想的根本。他基于经典文本的思想阐释，因其具有独创性，基本上是可靠的。他对近代思想文本的理解与古典思想文本的理解亦是可靠的，从这个方面说，他的思想建构具有很好的学术基础。在思想建构方面，李泽厚明显比朱光潜更具创造性。他对中国思想的认识，对现代中国革命的认识以及对美学本质的认识，特别是基于中西思想对马克思美学的解释，都具有很强的创造性与建构性。李泽厚重视哲学伦理学或哲学人生论或哲学知识论乃至哲学本体论对诗学与美学的关键影响，这是他思想建构的根本方法。他的美学思想建构，介于道家与儒家之间，或者说亦儒亦道，当然，他也曾致力于康德思想的系统研究。李泽厚对中国近代思想史的研究，确立了革命理论或变革理论在他的学术思想中的核心地位，这是近代中国变革思想在他的现实主义与理想主义美学中的深刻体现。李泽厚后来转向"致广大"的中国思想史乃至西方

思想史领域，为他的美学提供了重要思想支撑。李泽厚在谈及中国诗歌与艺术问题时，始终强调形象的价值，也重视境界的人生论意义，由此把握中国现代美学思想与学术的内在精神脉络。

从这三位经典大师的学术思想实践中，我们可以看到“致广大”的特殊作用。当然，在“尽精微”方面，钱锺书做得最好，他确实深入到了中国文化经典乃至诗歌经典的细部，能够通过最细部的问题发现中国诗歌的最重要特质，显示了特殊的创造性内质。这三位学术大师与文艺学美学思想家，很好地处理了学术与思想的关系，为我们树立了学科发展的最佳思想与学术典范。

三、对象世界与学科建构：科学的理想

文艺理论必须面向对象世界。这个“对象世界”，一是文学艺术活动本身，二是经典文论文本，三是文学艺术的可能性或本源性观念创造。说到底，就是学术建构与思想创造两个方面。学术创造本身具有自己的确定性，而且比较好地确立了标准。例如，亚里士多德的《诗学》，具有自己的思想确定性与文本语言确定性。对于研究者来说，从希腊文本出发，最大限度地还原亚里士多德与古希腊史诗和悲剧的联系，最大限度地还原或发现亚里士多德诗学本身的创造性，同时，最真实地评价亚里士多德诗学与文学艺术自身最深刻的关系，就是学术与思想自由建构的深刻体现。如果能够实现这种学术上的解释与发现，就是真正的学术与真正的思想建构。

文学理论作为学科的发展与建构，必有自己的科学理想。每个研究者的学术兴趣不同，有的关注于此，有的关注于彼，这种自由探索皆有合法性，但是，从“致广大而尽精微”意义上说，关于对象世界的学科建构或知识探索或生存探索，必须抓住问题的根本，既要展示宏大的世界，又要切

身关怀生命存在的根本价值。“对象世界”，不仅是文本与语言的世界建构，而且是生命历史与现实生活的世界建构，甚至是生命的未来自由世界，因此，对象世界不只是要客观地还原，更要创造性地理解。从创造意义上说，文艺学思想的对象世界是文学艺术创造本身的目的与规律。从学术传承意义上说，文艺学的学术对象，就是研究中外最伟大的文艺学思想经典及其学科的文献史和理论变迁史。

首先，对象世界规定了我们的思想范围。学术的规定比较容易理解，思想创造的可能则很难确立标准。面对文学艺术活动，面对文学艺术的解释，面对文学艺术的传统，面对文学艺术的理想与精神，如何创造新的思想是对文艺学工作者最大的考验。在我们的传统中，有时我们特别强调历史的通观，例如，我们习以为常的“西方文论史”“西方美学史”“中国文论史”“中国美学史”就这样大行其道。我们的文艺学研究或文艺学建构，似乎离不开这种史论通观的方法。对于中国文论与中国美学而言，人们习惯于“短言短语”，很少有专业意义上的鸿篇巨著。除了《文心雕龙》以外，几乎没有系统性著作，只有零简断篇或随笔文章。因此，通过这种零简断篇建立中国文艺理论思想史或美学思想史似乎是完全可能的事情，因为我们只需要通过少少的语言与文本就可以建构宏大的理论与历史叙述。

问题在于，西方文艺理论与西方美学史涉及多国多民族语言，他们早就创造了系统的鸿篇巨著，甚至可以说，一个伟大的思想家毕生创造的全部思想或学术经典，我们可能穷尽毕生精力也难以窥其全豹。显然，用中国文论史或中国美学史的方法，是无法实现西方美学或文艺理论通观的，因此，我们的历史叙述经常充满了误解与错误。结果，既不能真正理解伟大思想家的经典文本，又不能理解他们思想创造的实质。对于西方文论或西方美学，也许我们要穷尽一生的心力才能真正研究透一部经典文本或一种思想或一个民族国家的美学，根本不能形成系统的“西方理论通观”。因此，从

"致广大而尽精微"意义上说，如果我们需要真正的理论或思想突破，就必须有高超的思想能力与精湛的语言能力。

其次，对象世界的创造具有自己的学术共性与思想共性。仅仅寻求共性是不够的，必须寻求独立性创造，而创造本身是最困难的事情。文学艺术作为对象世界是无限广阔的，这是文本意义上的"无限性"与创造意义上的"无限性"。对于文艺理论与美学理论而言，我们一直习惯于通识性或共识性的理论建构，往往缺乏真正独立的思想突破。我们经常谈到文艺理论与美学理论建构中的重复或抄袭性问题，翻开《文学理论》或《美学原理》教材，我们发现，中国学者之间在理论架构上几乎都习惯了"重复或抄袭"，这就是思想创造上的强制性悲剧。人们只满足于共识性原则或共识性问题的理论表达，根本没有意识到思想创造的重要性。这种雷同性或抄袭性的思想方式，严重影响了中国思想自身的创造性突破，也严重影响了文艺学或美学的思想自由建构。

最后，对象世界的建构为我们的学术创造与思想创造确立了评价的规范。它不仅需要面对学术历史与思想经典自身，而且需要进行哲学与思想的广阔探索。最大限度地接近生存自由本身，最大限度地揭示世界的本质，最大限度地实现文艺学的思想与学术使命，这就是我们必须面对的对象世界。学术建构有其标准,其功夫与本体建构的深度完全可以客观评价。思想创造则不同，我们没有任何定见和先例可行。我们到底需要引导文艺理论界做什么学术与思想工作？目前，学术界的领袖人物所做的事情是：大力引入西方的理论，例如，现代主义理论、后现代理论、文化理论、新政治主义理论。总之，引入西方各种新的理论并结合我们的创作趋向，代替了我们时代的文艺理论创造。显然，这种创造方式不过是昙花一现，"总把新桃换旧符"。已经存在的理论或古典的理论，人们认为无法推陈出新，西方理论的引入又很容易过时，这样，我们的理论创造就很容易陷入内在的思想恐慌之中。人们或者随波逐流，或者重复过往，早就失去了文艺理论创造的自由信念。为此，我们必须改变思想策略，即回到本体自身，从本体出发评价理论的解释有效性。无论是古典理论还是现代理论，只要是解释有效性的理论即可。基于此，我们必须在比较中发现与探索。那么，到底哪种理论更能把握文学艺术的根本特性？到底是哪种文艺理论能够更好地推进文艺创作？到底是哪种文艺理论能够更好把握文艺思想自身？到底是哪种美学才能最大限度地发挥主体性的思想创造力？在这样的反思中，我们也许可以真正理解文艺理论与美学思想创造的根本价值。

当然，文艺学最终必须回到学科的建构上来。因为我们的文艺学工作，就是为了推进学科建构或世界建构，我们的学术与思想价值也在于此。实际上，文艺学并不直接关系国计民生。我们在面对国计民生问题时，往往非常无知，这是最可怕的事情。实际上，文艺学是和平年代或自由时代的思想产物。即使是在混乱的时代，它也只能给予人们信心与自由理想，并不能切实解决任何实际问题。相比科学与政治，相对法学与经济学，文艺学的社会文化作用主要是精神性的与知识性的理论建构，它的现实有效性与有用性是很少的。即使如此，我们也必须以学科发展为典范，毕竟，社会分工提供了我们探索这一思想活动的职业可能性。最不济，它至少可以帮助听众或读者理解民族语言、民族历史与民族文化生活的自由精神，并由此得到心理的快慰。思想与学术，最终必须转化为创造本身，我们不是学术或思想搬运工，我们必须寻求最大限度的创造。

首先，文艺学学科建构的体系性与逻辑性，植根于对象世界，又具有理性的逻辑思想力量。从学术性上看，我们可以找到学科的发展规律与逻辑，但是，从思想创造上看，我们又无法找到确定的思想目标。文艺学或美学作为一门科学的系统性理论性建构，当下可能没有紧迫性与必要性，因为目前的理论建构基本上是重复性的。在没有找到新的理论建构方式之前，

应该搁置这种理论思想方法或学科体系性的建构。除非我们找到了新的逻辑方法论，才可以在具体或独特的思想建构上进行新的思想努力。在这种文艺理论的体系建构中，刘勰的《文心雕龙》与黑格尔的《美学》最具系统性与深刻性，似乎很少有理论家能够超越这两种文艺理论体系之上。现代文艺学或美学理论的突破，更多地体现在具体理论的建构上。一个新的理论必将带来文艺创造的巨大变革，一个思潮或一种主义必然引领时代的文艺思潮。

其次，文艺学学科建构的创造性与发现性，由学科理论的系统性转向具体问题的探索性。文艺学的学术的创造虽有重大的贡献，但基本上有迹可循，而且可以看到学者的高深智慧显示，但是，思想创造的表现却没有那么容易。在文艺学思想史上至今能够树立至高创造典范的，也不过是柏拉图、亚里士多德、康德、黑格尔、尼采、海德格尔、庄子、刘勰等有限的几位思想家。更重要的是，这些伟大的理论家往往是跨越多个领域的自由思想家。因此，学科问题上的创造性发现，从来不是孤立的事件，它需要进行深刻而系统的理论发现。我们的理论创造，不是追求单纯的时尚性或先锋性，而是必须在历史的时空中与一切最优秀的经典思想进行综合创造。我们不能只热衷于流行性理论的介绍，因为西方的当代思想层出不穷，我们根本追不上时尚的思想建构。许多青年学者乐于介绍这些新的思想，例如，法国的理论家与美国的理论家的新作之译介。我们发现，许多新的理论或先锋的理论，在流行一段时间之后便成了明日黄花，无人再有兴趣谈论。例如，德里达等等，已经成了人们厌恶讨论的对象。事实上，一些后现代理论在被人反复地或错误地言说之后已经失去了新鲜感，甚至可以说，错误的解读已经破坏了原始思想的解释学意义，结果就走向理论建构的反面。文艺学理论创造与哲学理论创造一样，其实有着自己的固有局限性。根本没有那么多的思想可以创造，人们经常将自己的感觉经验当作创造的新原则，其实，任何理论的突破与任何创作的经典都是很难达成的。

最后，文艺学学科建构的时代性与批评性，可以对现实社会生活形成一定的干预或理论关注。学科的理想与思想的创造具有无限的奇迹性。我们强调文艺学的经典性，相对忽略了文艺学的时尚性。如何在经典性与先锋性之间走出自我的思想创造与理论建构道路，是对文艺学工作者最高的思想考验。许多经典理论家或先锋思想家的理论，在我们系统地严格地清理之后，也发现了许多内在的错误，并不值得我们真正地信仰。因此，我们很容易被置入巨大的虚无主义与怀疑主义之中。思想与学术上必要的怀疑主义是极其有益的。正是通过怀疑主义的思想方法，我们发现了许多理论的错误。不过，创造与怀疑形成了思想的巨大挑战，我们的内心永远充满着矛盾与不安。一切东西都充满了无聊感，我们又无法超越这种无聊感，于是，我们陷入了思想自身或学术自身的巨大怀疑之中，失去了理论建构和创造的真正信念与方向。我们很容易陷入理论虚无主义与理论怀疑主义之中，而且永远处于思想的迷惘中并失去思想的正确方向，因此，我们必须反抗这种虚无主义与绝望主义，显然，这需要学术与思想的双向促进，需要经典与时尚的相互丰富。

四、诗学解释与生存解释：知—信—行

如果模仿流行性的明星话语，那么，我们可以说，“做一个真学者很难，做一个真正的思想创造者更难”。经验的表达是容易的，创造性的发现与系统的理论建构，需要广泛的思想基础。它既需要“致广大”又需要“尽精微”地实践思想与学术功夫，又需要忍受寂寞、痛苦、无力感并排斥功利主义。因此，在生活中我们可能是失败者，而且，文艺学的学术与思想创建本身需要生存主体具备特殊的才能乃至天才，然后才可能成就一番事业。这不是

主观意志能够决定的事情，同时，它还必须面对各种各样艰难的选择。我们只能假设自己是纯粹学术与思想的信仰者，因为功利主义的操作方法与此完全不同，甚至需要从根本上鄙弃这种纯粹的思想与学术信仰。问题在于，真正的历史评判只在乎真正的思想与学术创建，一切功利主义的努力最终都会被扬弃，无论我们现世如何豪奢与尊荣！思想与学术的历史，最终只在乎你的学术与思想创造以及你的真正思想与学术德性。这是相当残忍的事情，因为我们在设计这种学术与思想道路时，必须假定你可能是贫穷者与寂寞者或失败者，必须假定你是天才者与伟大意志者。这种假设本身，在一开始就可能将许多人推上思想与学术的歧途。因此，更多的现实选择必然是功利主义的，而学术与思想的真正价值从来只属于理想主义者。

1980 年代，正是我们这一代人学术与思想自由成长的时代。正是由于当时正处于拨乱反正与文化社会恢复常态的初始时期，所以，文学乃至文艺学，在整个时代的思想启蒙与思想建构过程中发挥着极为特殊的作用。经济学与管理学乃至计算机科学，在那时完全不合时宜，属于极其冷门的科学。我们选择中文系在很大程度上就受到这种思潮的影响，而且这种文化思潮只能在政治经济相对不发达的时代才有可能，这也可能是“国家不幸诗家幸”的另一种理论翻版。在报考研究生的时候，在中文系的诸多学科领域中，我曾经试着报考现代文学专业，最终发现自己的学术兴趣与思想兴趣，不可能在其他学科的理论与学术实践中实现，似乎只有文艺学与美学才最符合主体内心的生命理想期待。因此，我对文艺学与美学充满了最深沉的爱。虽然这一生我并没有在文艺学与美学领域取得第一流的成绩，但是，我对它的爱充满了自己的整个学术生涯，这是幸福与自由的思想过程与学术旅程。在这一思想与学术旅程中，我逐步建立了“知—信—行”的方法论信念。

为何提到“知—信—行”这一方法论信念？这是因为诗学解释从来不是

一次性完成的思想与学术过程，它是循环往复的过程，甚至需要毕生努力实践、不断领悟的过程，因此，我们需要经历“知—信—行”的考验。你最初的选择未必能把握诗学的根本特质，它可能需要反复探索。

诗学解释作为本体性的生命自由活动，但并不是以诗艺作为学术与思想的根本目的，它必须以生存解释作为根本目的。唯有如此，诗学的建构才具有真正的意义。面对文艺学学术与思想的自由活动，我们始终强调“知与行的统一”，即在知的基础上行，在行的基础上知，相对忽略了“思想信念”的重要地位。其实，单纯从知到行、从行到知，并不能解决我们根本性的思想信仰问题。为此，我强调，在知与行之间加入“信”。这个“信”是信念、信仰、信奉、信赖，它是通过复杂的反复探索的过程并经历艰难的选择之后形成的“信”，它是时间累积与思想反复而形成的“信”。因此，太年轻的时代，不可能形成真正的“信”，需要在“致广大”的视野中反复实践才能真正确立“信”。即使是这个“信”，在成熟的学者那里也存在着巨大的差异。我的原则是，只要是出于个体的“真信”，就会对自身的“知与行”形成决定性影响。“真信”必须建立在“真知”与“真行”的基础上。任何选择都有它根本的理由，“真信”而不是“伪信”，才是思想的关键。

对于我来说，诗学解释与美学解释都关涉生命存在自身。因此，哲学意义上的生存探讨才是我的根本思想任务，也是文艺美学思想建构的真正理论根基。生存哲学与生存伦理问题，是我全部思想与学术的出发点。“对象世界”也是我的重要哲学思想基础，它为先验论与经验论的思想展开提供了理论基石。应该看到，我的学术实践与思想实践一直纠缠于诗歌与哲学之间。从诗歌走向哲学，从哲学走向诗歌，或者寻求诗歌与哲学的内在关联，由此达成普遍自由的生存理解与诗性自由的生存想象，这是由哲学向诗歌的自由过渡，也可以看作是由诗歌向哲学的提升。“诗歌与哲学”，是我关注与信仰的最重要思想与学术领域。在这一问题上，我试图寻求普遍的观

念与形象的本体价值。因此，回到希腊诗歌与哲学，回到德国诗歌与哲学，回到西周诗歌与哲学，寻求诗歌与哲学的内在关联，寻求观念与形象的本质构成价值，就变成了我当下学术与思想关注的中心问题，也变成了个体文艺学思想实践的理论方向。

“形象本体论”与“形象创造论”，是我在文艺理论或诗学上的最高价值信仰。在文艺学学科意义上说，我信仰形象创造理论与形象本体理论的关键作用。这种形象创造与形象本体理论，从文学经典中来，从文学巨匠而来。在学术上，我始终致力于以希腊诗学、德国诗学与中国诗学的互动作为思想建构的目标。在各种文艺理论的比较中，我认为，只有“形象理论”才能把握文艺的根本价值，而形象理论早就变成了约定俗成与习以为常的理论，甚至激发不了接受者的思想火花。事实上，传统的形象理论与形象分析活动已经变成了固定的俗套，无法提供人们创造的思想新颖感。例如，文艺作品的人物形象分析，除了文学本文的还原与生活历史的还原，我们很难赋予更多新的东西。不过，当代形象学理论建构必须超越传统的形象思维理论，我们必须从文艺学与哲学的双重建构意义上重新评价形象学的意义。例如，形象与观念的关系、形象与表象的关系、形象与图像的关系、形象与象征的关系、形象与生存的关系、形象与历史的关系，完全可以开启崭新的思想时代。当我们将形象视作艺术的本体时，就要求艺术家必须通过“形象创造”赋予形象自身更为深广的生命存在意义与价值。总之，无论是从本体论出发还是从思维形式出发，无论是从心理历史记忆出发还是从精神现象学出发，都可以发现，形象学建构具有真正的本体论意义。因此，在文艺理论或诗学美学建构中，我最信赖的理论思想主题，便是形象本体论与形象创造论的理论建构。传统的形象学理论可能因为讨论过多而变得俗套，但是，我们不能就此否定形象学理论的创新性可能。对于我们来说，建构新的“形象本体论”与“形象创造论”，就是时代文艺理论或诗学美学最核心的任务。正因为我们从比较与经验意义上认识到形象学理论的创造性意义或本体论价值，所以，我们可以由此建立关于形象本体论与形象创造论的至深价值信仰，于是，形象本体论与形象学的建构，便变成了我的文艺理论或诗学美学建构最核心的元素。其他的理论，要么服务于形象学理论，要么从文艺理论中退场。我并不追求文艺理论的新颖性，我只崇信文艺理论的实践有效性，并以此指导文艺创造实践活动本身，寻求文艺形象建构的时代文化价值。

“文本解释学”已经变成了主体关于科学解释对象世界建构的理论信念。这是客观性的理论探索,而且具有科学的规范性。在文艺理论或诗学美学建构中，我们面对的对象世界，最平凡的对象莫过于“文本”。无论是文学文本还是艺术文本，无论是文艺理论文本还是哲学美学文本，一切的理论探索与思想建构最终都必然表现为“文本”。因此，如何解读文本或如何重新建构文本，就是最重要的思想与学术工作。以柏拉图研究为例，柏拉图的“对话”是文艺形式的思想文本。如果按照一般理论意义上的文本来解读的话，就会发现，我们很容易陷入对话形式的唠叨之中。实际上，简单的文本思想还原，对于柏拉图对话的理论建构与解构毫无意义。因此，面对柏拉图文本，我们必须采用文学的解释学方法，即将众多的对话者或对话的语境，还原到真正的思想主题与历史哲学主题之中。我们必须从问题出发去建构柏拉图文本，而不能从文本语言自身去还原柏拉图的意图，这样，柏拉图思想就成了“自由的思想引领者”。这就是说，我们在进行经典理论文本解读或建构时，必须深入对话理论的思想主题之中，深入对话思想的内部关系之中，必须具有独立的理论思考能力与建构能力，这样，我们是与文本进行对话，而不是顺着文本做简单思想还原或结构还原的工作。例如，面对康德与黑格尔的美学文本，我们必须理解思想的真正实质，把握康德与黑格尔的真正美学主题。如果我们缺乏对康德与黑格尔所涉及的

理论主题的“真正思想力”，那么，就不可能真正解读他们的经典思想文本并释放其思想的创造性意义。就康德美学而言，自然与自由问题，质、量、关系与模态规定问题，正题与反题证明问题，审美与道德的关系问题，自然的合目的性与艺术的合目的性问题，才是我们必须考虑的核心问题。至于优美与崇高以及共同感等问题，并不一定是康德美学的根本问题。我们只有思考真正的美学问题或自由问题，才能真正理解康德的《判断力批判》自身。同样，面对黑格尔的《美学》，一方面，我们惊叹于黑格尔巨大的对艺术史的思想抽象能力、对艺术形态与艺术精神的高度抽象概括力，另一方面，我们必须面对艺术史的不同艺术类型的历史评判，直面艺术的解体与艺术的发展，反思批判艺术的终结是否可能，以及“美是理念的显现”所涉及的美与观念、美与形象的问题。如果不理解这些学术与思想问题本身，就根本无法解读黑格尔的美学经典文本。这就是说，要想理解真正的美学文本或文学理论文本，就必须潜入经典文本的思想深处，潜入理论家的思想深处，由此才能真正解构或建构文本自身。因此，相对于思想功夫，精深的学术功夫对于文艺学的思想建构与理论创新显得更加重要。

从对象世界理论出发建构“意志论美学”，成了我信赖的自由生存理解方式。对象世界与美学多元化的建构，虽然是美学的普遍必然性要求，但是，从个体自由信念意义上说，我最崇拜“意志论美学”，它既强调自由创造意志的表达，因为没有什么比自由创造意志更能体现美学的伟大精神，又强调生命存在信念与生命存在意志的自由升华，因为它是美学的根本价值信仰。这样，我们就由生存出发并最终回到自由生存信仰上来。无数的美学建构，曾经让我们陷入巨大的理论迷惘之中，后来，通过对象世界理论的建构，将多元化的美学体系建构与具体的对象世界相联系，我们由此就很好地解释了自然美学、文艺美学、生态美学、政治美学、历史美学、政治美学或民族文化美学的创造根源。不过，“多元化的美学”很难获得内在的统一，那么，到底应该崇信什么样的诗学与美学理论？坚守什么样的诗学与美学理论？或者说，什么样的诗学与美学理论才应该成为我的根本价值信念呢？在美学与诗学的历史比较与现实比较中，从解释有效性出发，我最终选择了“意志论美学”作为思想建构的理论目标。尽管此前我已经实验了各种各样的美学理论建构，但是，最终我发现，只有意志论美学才能最大限度地满足自己对诗学与美学的广泛而深刻的理论探求。

其实，意志论美学可以包容许多美学形式。例如，它与生命美学、生活美学、文艺美学、身体美学、人格美学等都具有广泛的自由联系。甚至可以说，这些美学理论的建构本来就是意志论美学的重要组成部分。意志论美学的根本价值在于捍卫了生命自由创造的普遍价值，它的理论意义在于以人为中心，通过对人的意志的关注，最大限度地把握了学术与思想创造的真正意义。生命的创造，在很大程度上体现了主体的自由意志创造。这种自由意志创造，既有生命的本源力量，又有主体的自由力量。它在创造与限制之间、意志自由与理性制约之间，显示了生命主体的最大自由。当然，“意志论美学”主要致力于以人为中心的审美创造活动。像“自然美学”涉及的自然意志问题就不在我们的探索之列。“自然美学的意志概念”是神圣的意志，是自然的意志，是我们无法理解的生命意志力量创造的结果。这与人类自由创造的意志论美学精神并不相同，尽管它对人的意志论美学创造产生了巨大启发。

正是基于这样的理论信念与理论实践，我最终确立了自己关于诗学和美学建构的“知—信—行”原则。即从知到信，从信回到知，由信指导行，由行验证信，最终，建构“知—信—行”的完整统一，这样，知识活动就不是盲目的活动，实践活动也不是盲目的活动，它们取决于信念的巨大支撑。与此同时，信念与信仰也不是盲目的活动，而是建立在知与行的基础上的自由的信念。这样，文艺学或美学理论的建构就变成了思想的自觉行动，就

变成了人生的自由亲证实践。事实上，每个文艺学学科的科学工作者必须找到属于自己的价值信仰，只有通过知而达成信，通过信而指导行，最终才能让我们成为真正的自由行动者与自由实践者，因此，理论信仰就可以变成真正的理论自觉。

必须承认，从纯粹学术意义上说，我们这一代学者，无论是在思想建构上还是在学术建构上都有许多值得反思和总结的地方。例如，在青年时代，我们满足于"致广大的想象"而轻视"尽精微的功夫"，结果，语言功夫与文献功夫都存在许多欠缺，思想功夫又受限于自我的经验，因而不能在逻辑学与哲学上具有真正的创造性，这样，我们就很难在学术与思想建构上完成真正的自由理论建构。在学术与思想生涯中，我最初并未充分理解学术的普遍科学规范性价值与学术德性自由建构的价值。真实的原因在于，作为解释者，我未能在对象世界所涉及的语言问题上达到精通或精熟的程度，同时，未能在经典文本以及文艺学根本思想问题上形成独立而自由的创建。如果学术生涯能够真正重来一次，那么，我希望自己能够真正精通对象世界所涉及的全部语言，希望自己在文艺活动本身以及哲学活动上有着真正的自由把握力。这样，在面对亚里士多德的《诗学》、柏拉图的经典对话、康德的《判断力批判》、黑格尔的《美学》以及尼采与海德格尔的美学文本时，就不再简单地借助翻译文本来理解或建构，我们必须深入文本的内部与思想的内部去建构文艺学或美学的真正思想价值信念。

每个人的学术道路不同，学术选择也会不同。即使是面对同一个对象世界，我们最终也会走上不同的学术与思想建构道路，但是，我们之间毕竟可以进行自由的学术与思想交流。由于我们之间存在基本的价值共识，同时，由于我们之间存在着普遍的学术目标，从这个意义上说，"致广大而尽精微"，必须成为我们的学术与思想自由目标。理想的目标可以确定，真正的学术与思想创造，则需要"知—信—行"的反复突围。关于文艺学与美学的思想与学术问题，必须自问："我们可以知道什么？"在这种知的追问过程中，我们反复实践与探索文艺学或美学的真理。在此基础上，又必须追问："我们因为什么而信？"显然，我们因为文艺学解释的有效性与思想的自由实践性而相信，我们因为学术或思想的经典文本价值与语言学精微解释而相信，更因为文艺思想本身的生命存在有效性价值而相信。为此，我们在文艺学中不仅可以找到艺术的根本价值信念，而且可以找到人生的根本价值信念。我们相信，通过文艺学或美学的理论实践，就可以自由地把握艺术与人生的根本。在此基础上，必须继续追问："我们应该如何坚定地行动？"显然，它必须基于自由的知识与自由的信仰。唯有在知识与信仰的基础上，我们才能真正地自由行动，由此自由地进行文艺学的学术与思想创造工作。这就是说，只有通过艰苦的努力与持续不懈的思想劳作，才能进行真正自由的理论实践与创造性的思想建构活动。

道理已经完全明白，时光已经徒然逝去，语言能力与知识能力依然真正受限，因此，我们这一代人徒有文艺学或美学的创造理想而无法真正达到文艺学或美学的最高学术与思想境界。为此，我们只能寄希望于年轻的文艺学工作者，我们可以通过经验的传承，让你们更早地明白文艺学专业的学术与思想自由真谛。当然，学术与思想的一切无法直接传承，它毕竟需要我们通过自身的经验进行反思，并在反思的基础上形成学术与思想的内在跃进。从这个意义上说，学术与思想的道路，永远充满着无穷的困惑。唯有意志坚定者与知识全备者以及思想自由创造者，才可能步入真正的文艺学学术与思想创造圣殿的自由之境。通过今天的演讲，我希望大家能够明白文艺学学术与思想建构的自由使命！

美好生活与休闲文化

楼含松

学者名片

楼含松，1963年7月生，浙江浦江人。浙江大学文学院教授、博士生导师，浙江大学图书馆馆长。1983年7月毕业于杭州大学中文系，获文学学士学位，并留校任教；1990年9月考取在职研究生，师从徐朔方教授；1995年6月研究生毕业，获文学博士学位。历任杭州大学中文系讲师（1988）、副教授（1994），浙江大学中文系教授（2007）。长期从事中国古代文学的教学与研究，主要学术方向为中国古代小说戏曲研究，主持国家社科基金项目、浙江省社科规划项目多项，有专著《从"讲史"到"演义"——中国古代通俗小说的历史叙事》（商务印书馆，2008）、《〈长生殿〉校注》（合作，台湾三民书局，2003）等。从2004年开始参与浙大亚太休闲教育研究中心组建并任中心副主任，与杭州市世界休闲博览会办公室、世界休闲组织等合作，组织国际休闲论坛，参与首届世界休闲博览会的前期策划和后期评估工作。

时间：2018 年 8 月 4 日

地点：武汉·湖北图书馆“长江讲坛”

各位听众好！

感谢大家在这个炎炎夏日的周末，到图书馆来听我的讲座！不过听讲座其实也是一种休闲方式，和我的讲座内容倒是很契合。因为，我今天讲座的题目就是“美好生活与休闲文化”。

我在大学教学和科研的领域主要是中国古代文学与文化。近些年来，我有机会参与杭州“东方休闲之都”建设、浙江大学休闲学科的建设工作，因此和休闲研究结缘。2017 年党的十九大召开，习近平总书记在报告中有一个重要论述，那就是对进入社会主义新时代中国社会主要矛盾的判断，就是“人民日益增长的美好生活需要和不平衡不充分的发展之间的矛盾”，这是对新时代的社会特质的一个重要认识。美好生活和休闲文化之间到底有什么样的关系？我希望今天可以给大家一些解读和分析。我的讲座分为以下几个部分：第一，和大家讨论什么是“美好生活”；第二，“迎接休闲时代”，中国近年来已经逐渐进入休闲时代，对于休闲时代的特征我会给大家作一些分析；第三，谈一谈如何提升我们的休闲品质；第四，向古人借智慧，给大家推荐一本古人写的书。我们现在的生活理念、生活方式、审美观念等，其实都受到传统文化的影响，我们有意识或无意识地传承着传统文化。如果我们能够加深对传统文化的理解，就可以从传统文化当中汲取养分来丰富我们对生活的认知，甚至直接借鉴古人的生活经验和审美经验。

一、何为“美好生活”？

1981 年党的十一届六中全会上，首次对社会主要矛盾作出了规范性的

表述，那就是“在社会主义改造基本完成以后，我国所要解决的主要矛盾，是人民日益增长的物质文化需要同落后的社会生产之间的矛盾”。当时改革开放才刚刚起步，发展经济、提高生产力是社会发展的重心。虽然说是“物质文化需要”有物质和文化两方面，但是当时全社会关注的重点是在物质方面，首先要解决温饱问题，要丰衣足食。然而到了现在，物质需求的迫切性已经逐步降低了，而文化需求的迫切性则在不断提升。党的十九大报告关于我国社会主要矛盾的新的判断，正是基于这样的社会变迁。不充分，是说我们国家虽然取得了很大的发展，但还不够，还要继续发展；不平衡，是正视社会现实，比如中西部不平衡、城乡之间不平衡，这些都要去弥补和改善。“美好生活”包含的内容是多面、多元的，包括经济、政治、文化、社会、生态等多个方面。经济上，人民需要增加收入，住房条件要改善，物质生活要过得更好。政治上，人民希望政治清明，自己的政治权益得到保障。文化上，希望获得更多的文化供给与服务，人们想看到更好的书、更好的电影，能有更多的博物馆、图书馆以及其他各种各样的文化设施，包括教育供给。现在教育是一个非常尖锐的社会问题，我们的教育需求和教育供给之间有巨大的落差。小孩子一出生，家长们就开始焦虑，幼儿园、小学、中学、大学，都想上好的学校，但是教育供给远远没有满足人们的需求。社会层面上，人们希望社会安定、法制健全。生态上，人民群众希望有清新的空气、干净的水，鸟语花香，环境宜人。

由此可见，“美好生活”这个话题很大，今天我们只能从一个角度来谈，让我们回到生活本身来，也就是从“生活”这个词的本义出发来思考问题。“生活”的本义，就是“生存”，人生下来，活下去，这就是生活。《孟子》说“民非水火不生活”，意思是人离开水火是无法生存的。当然，这样理解“生活”太表面化了。再进一步去思考“生活”，可以从形而上和形而下两个方面来理解其含义。从形而上的层面看，生活和人生观、价值观、信仰等观念意识有关系。每个人从小到大，大概都会听过家长、老师的教诲：“要过有意义的生活。”什么是有意义的生活？生活的意义是什么？这是教育和启发我们进行人生思考，也就涉及“人生哲学”的问题。从形而下的层面看，生活就是“过日子”，就是日常生活的具体内容。“生活”有时候又是和“工作”相对而言的，工作之余才是生活，很少有人把工作本身当作生活。一般的理解，衣食住行、休闲娱乐等都属于生活的内容，也就是我们的日常生活。如何让日常生活变得更加美好，这是“生活美学”的问题。人生哲学和生活美学，这两者并不是截然分开的，它们之间有非常紧密的联系。一个人有什么样的价值观、人生观，可能就会选择怎样的日常生活方式；反言之，你的生活方式是怎样的，可能就体现了你有什么样的价值观和人生观。比如有的人整天无所事事，日复一日，从没想过给自己的生活增添有趣、新奇的内容，或者在生活中提升和丰富自我。这样的人，就没有多少人生理想和生活追求，浑浑噩噩，人生态度很消极。有的人想着把日子过得每一天都不一样，这表明他是一个非常热爱生活、有着美好追求的人，他的价值观、人生观是积极进取的。

从生活本身出发去追求美好生活，也是对人生境界的一种追求。我们有必要将人生的境遇和境界区分开来理解。一个人有什么样的生活境遇，并不是自己主动选择的结果。你出生在哪个地方，在一个怎样的家庭，甚至做一份什么样的工作，都不是你自己主动去选择的，而是被动接受的，这就是你的境遇。但是在这样的生活境遇中，努力让生活更有质量和品位，这才体现人生的境界。人生境界是需要人主动去追求和实现的。我读到过这样一个故事，说是有位记者在西北采访一个放羊的小孩子，问他：“你为什么养那么多羊？”放羊娃说：“养羊是为了盖房子。”记者又问：“你盖房子是为了什么？”放羊娃回答：“盖房子是为了娶媳妇。”又问：“你娶媳妇干什么？”回答：“娶媳妇是为了生娃。”再问：“生了娃以后让他干什么？”回答：“放

羊。”这个故事中的放羊娃，在他的生活境遇里，日子就是简单的循环，甚至是一代又一代地循环。但如果他对生活有一种更加美好的期待，他一定会超越基本的物质需求，他的人生会呈现另一种境界，会更有意义。人生境界的提升，就是要超越客观境遇的限制，去追求人生的意义和趣味。生活的意趣，就是去探寻生活中的美，做一些貌似无用的事情，来提升活的意义、丰富自己的精神世界。这也是“美好生活”的一个组成部分。我们回到生活本身来理解“美好生活”，就是在满足基本的物质需求的前提下，丰富和提升我们的人生境界，去实现更多的人生意义，体验更好的生活意趣。生活中有些美好的东西不是靠物质来支撑的，而是需要我们培养美的感知力。今天我们要谈的休闲生活，就与此有关。近年来有一个流行语叫“诗意地栖居”，我们经常能在房地产的广告上看到这句话。这句话出自德国诗人荷尔德林，他说人“充满劳绩，但是人诗意地栖居在这片大地上”，是主张人除了劳作之外，还要保持一份诗意。诗意是什么？诗意就是美好的情怀。“诗”代表着文学、艺术，代表着世界上那些美的事物。人区别于动物的地方，就是人有美的追求、有精神的追求。商人是非常敏锐的，房地产商把握住了现在购房者住房需求的改变。回顾20多年来房地产市场的变迁，可以看出住房经过了几次迭代发展。房地产市场刚刚兴起的时候，商品房楼盘的名称基本叫“某某公寓”，“公寓”这个名称很朴实，就是满足人们最基本、最简单的居住需求，有个栖身之所。到了第二代商品房，楼盘的名称较多带有“豪”“富”“洋”的色彩，这是因为人们的消费观念变化了，开始将房产作为身份、财富的象征，房产商对楼盘的命名就是投其所好。而近些年来的楼盘命名，出现了两个特点。一是注重环境，很多楼盘推介时强调其绿化、亲水和空气质量等，另外还有交通、商业设施、教育资源配套等，这说明人们选购房产时更加注重这些了。二是命名体现了中国传统文化的回归，楼盘名称中带“府”“邸”“园”“里”的多了起来。万科在杭州有一个楼盘，名字叫“草庄”，倒退十年，万科公司肯定不会想到或不敢用这样的名字：谁会要去买个“草房子”呢？但是“草庄”这名字特别有生态感，还跟传统有联系，因为诸葛亮住的茅庐、杜甫住的草堂都是草房子，古代很多文人雅士喜欢把自己的书斋叫作“草堂”，让人有文化上的亲近感。商人们很好地把握住了消费者对自然的亲和，对文化的追求。

人们对美好生活的需求多起来，可以用马斯洛的需求层次理论加以解释。美国心理学家马斯洛把人的需求分为五个层次：第一层需求是生理需求，这也是最基本的需求；第二层需求是安全，需要获得生存的安全感；第三层需求是社交，人是群居动物，需要有社会交往；第四层是尊重的需求，需要获得别人的认可，需要有身份感；最高的需求层次是自我价值的实现。中国很快就要全面建成小康社会了，已经基本解决了生理需求、安全需求和社交需求，获得尊重和自我实现的需求将会越来越多，要求社会公平正义的呼声会越来越高。自我实现的需求包括对美好生活的需求，也会越来越强烈。

还有一个理论就是所谓的“中等收入陷阱”。“中等收入陷阱”是西方经济学家从西方发达国家发展过程中观察到的现象：当国民人均收入到了4000 到 12000 美元的时候，劳动力成本上升，产业面临转型，社会大众的精神需求提升，社会发展模式开始转变。2017 年武汉的城镇居民人均可支配收入是人民币 43405 元，杭州稍微高一点，都已经达到“中等收入陷阱”所设的国民人均收入水平，也就意味着我们已经到了一个中等收入的社会，面临着精神需求的提升、社会发展模式的转变，这是摆在眼前的、无法回避的一个现实挑战。在 20 世纪 70 年代到 80 年代，西方进入“中等收入陷阱”阶段。在 80 年代，后现代文化开始兴起，有学者提出了一个概念，叫“日常生活审美化”，其内涵主要包括两个方面。一是指出在当今社会，审美需求成为一种重要的资源被开发利用。人们的基本生活条件满足以后，对

美的需求、对精神的需求越来越多，这种精神需求、审美需求是社会发展的重要资源，并且已经被广泛地利用，刚才我讲到房地产楼盘命名的变化，其实就是对审美需求的一种利用。二是指艺术的生活化，艺术已经不仅仅是单纯的、高雅的、贵族化的精神产品，而是越来越多地进入寻常百姓家。人们的艺术消费越来越多，艺术本身也越来越通俗化。交响乐、古典歌剧等高雅艺术日渐萎缩，通俗艺术如电影、电视、动漫等大行其道，美术、雕塑等视觉艺术也开始进入百姓生活的社区，或成为家庭的陈设，这是艺术的一个重大的转向。学者揭示“日常生活审美化”现象，目的是要指出，大众审美需求被资本所利用，而导致审美盲目化和庸俗化。给大家举一些例子。请问大家，你的消费选择的主要根据是什么？当你需要一样东西时，你怎么判断这东西的好坏？你为什么要去买这样东西？这东西是不是你真正需要的？我们冷静反思一下，会发现我们的消费需求很大程度上受到各种各样的广告的引导，而广告后面是资本。各类广告制作得十分精美，它刺激了我们的审美需求和消费冲动，但是这些产品本身是不是适合自己，则不一定。这些广告确实是在影响我们的审美判断，导致我们的审美盲目。还有一个庸俗化的问题。庸俗化就是说我们跟风、随大流。现在年轻人可能比较了解，市场上经常出现所谓的爆款，突然一双鞋就成了爆款，满大街都是。这个爆款其实就是审美的一种庸俗化，往往是因为我们没有自己清醒的、独立的审美判断，这其实都是商业运作、资本的力量在背后诱导我们，引导我们的消费观念，达到他们增加产品销售的目的。我们现在提倡要扩大内需，要增加国内消费，但是我们也要防止消费主义的泛滥而导致我们审美观的扭曲。

看来，追求美好生活不是一件简单的事，到底什么才是美好生活，其实还是需要去思考、去反思的。在这样的一个信息爆炸、充满着各种诱惑的社会当中，我们如何保持清醒的审美判断，保持一种平和的审美心态，其实不是那么简单的问题，这也是我想与大家探讨美好生活的原因。2015年河南郑州的一个中学老师写了一封简洁直白的辞职信："世界那么大，我想去看看。"这封信一下子就火了，大家都在传。为什么这个东西能够一夜爆红，大家纷纷转发传播？我想是因为这句话让我们产生了心灵共鸣，好像一下子击中了很多在职场拼搏的人，尤其是一些年轻人内心的渴望，挠着了痒处。人们整天忙忙碌碌，到底为了什么？生活的意义到底是什么？我们能不能从物质羁绊和生存压力当中抽身出来？这是值得我们思考的事情。有人说过："生活不止眼前的苟且，还有诗与远方。"这句话一下子也火了，在网络上到处转发。诗与远方，其实并没有多少创意，因为前面我们讲了，荷尔德林、海德格尔他们都说过，人要"诗意地栖居"，这不就是诗吗？"世界那么大，我想去看看"，那不就是去远方吗？但是大家都很受用，这几句话成了文艺青年的口头禅。这些话的内涵都是提醒我们，美好生活不是完全建构在物质基础之上，或者说是美好生活不是靠物质、靠财富就能够自然获得的。我们还是要有更多的精神追求，我们还是常常需要仰望星空，不要老看着脚下的这一方土地。我们追求美好生活，要更多地去关注我们自己的精神体验，丰富我们的精神追求。

二、迎接休闲时代

什么是休闲？中西方文化对休闲的理解是有所不同的。英文里面的leisure，是从拉丁文逐渐演化过来的，从它的词源来看，休闲的意思包括两个方面：一个是闲暇、空闲的时间；另外一个跟学习、教育有关系。原初在西方，休闲是指通过闲暇时间的学习与娱乐，实现生活品质的提升。娱乐与学习不同于消极的休息，而是具有更积极的目的和意义，所以西方学者给予休闲很重要的地位。亚里士多德认为"休闲是一切事物围绕的中心"。马

克思把休闲看作“非劳动时间”，他认为劳动都是被动的，工人阶级劳动是被剥削的，而休闲包括个人受教育的时间、发展智力的时间、履行社会职能的时间、进行社交活动的时间、自由运用体力和智力的时间，马克思把休闲看成非常美好的事情。美国当代著名休闲理论学者杰弗瑞·戈比，他对休闲下了一个定义：休闲是从文化环境和物质环境的外在压力中解脱出来的一种相对自由的生活。这些都是西方学者对休闲的理解。中国人对休闲其实存在一种矛盾的态度。从汉字和词源本身来说，“休”和“闲”是两个字，古人没有把“休”“闲”两个字连起来用，一般是分开用。“休”的本义是休息、休假，引申义为“美好”。“闲”的本义是空隙、闲暇，引申义也是“美好”和“恬静”。由此可见，不管是中国人还是西方人，都把休闲和人的精神感受联系在一起，它具有人文性和社会性。因此休闲是一种文化行为，它和我们的价值观念、审美追求、文化认同、精神寄托相关联；因为休闲具有社会性，所以它也是一种经济行为，它跟经济发展、产业发展、社会管理等问题也有关。西方未来学家莫里托认为21世纪人类进入休闲时代。他说，在未来的100年或者更长的时间之内，将形成推动人类经济增长的五大动力引擎。哪五大动力引擎呢？休闲、生命科学、超级材料、新原子时代与新太空时代。这五大动力引擎大多跟科技相关，生命科学、超级材料、新原子时代和新太空时代都是科技。但是真正跟人文、社会和我们人类本质相关的东西是休闲。因此莫里托把休闲放到非常重要的一个位置，他说“21世纪休闲将是位居第一的重要推动力”，说白了，我们的精神需求，将成为推动社会发展的重要力量。

社会发展怎么样才算是进入休闲时代呢？它需要一些基本条件。休闲时代有两个重要的基本条件。一是经济条件。前面我们讲了从国际经验看，中等收入水平，其实已经是进入了休闲时代，说明休闲和我们老百姓的收入、国民生产水平、社会发展水平相关联。跟西方已经走过的历史相比，我们在经济条件上已经达到了这个水平。二是时间条件。休闲毕竟跟工作有所区分,我们上班之余的闲暇时间有多少？一年法定假日和双休日共有 115 或 116 天。从西方发达国家的发展来看，工作时间越来越短，闲暇时间越来越多，休闲时间越来越多，这为休闲时代的到来提供了非常重要的时间保证，还有一些休假制度如年假、带薪休假等，为休闲时代的到来提供了制度上的保证。总体来看，我们已经具备了休闲的条件。那么休闲时代有什么特征？主要有以下几点。

一是休闲生活常态化。从时间层面上来说,居民获得了比较充沛的休闲时间，每天可以自由地使用休闲时间，并且这个休闲时间总量达到 5 个小时左右。我们可以看到，在城市里，人们从日常家务中解放出来，获得更多自己的时间。因为服务业发达，现在又有那么多外卖，所以很多年轻人不在家里做饭，就节省了很多做家务的时间，闲暇时间也就越来越多。今后人工智能普及，机器人充当部分劳动力，人的闲暇时间会更多。那么人闲下来干什么？我们要学会休闲。不仅是工作要学习，工作技能要学习，休闲也要学习。

二是休闲消费脱物化。从行为层面上来看，我们的休闲方式已经越发多元化和自由化。以前我们放假、休息，主要的休闲方式是居家，我听说武汉人是比较喜欢打麻将，休闲的时候就搓搓麻将；而现在比较流行的是出门旅游。旅游方式也在发生重要的改变，一个重要特征就是由原来的观光游向体验游转变。原来的旅游，往往是走马观花，下车拍照，上车睡觉。现在开始逐渐流行体验游、慢游，参与式体验、体验性认知，了解和体验当地的文化、风俗、民情，领略自然风光、人文历史，这种有深度、有体验的旅游方式越来越受欢迎。单一性的旅游项目向综合性的旅游项目发展，各种传统的观光型景区向主题体验型的景区发展，比如迪士尼乐园向全世界的扩展，就是通过主题概念的泛化和综合运用物质消费向精神消费转化。

三是城市功能的休闲化。我作为杭州市发展咨询委员会的委员，参与了杭州的城市文化建设。杭州原来的城市定位是风景旅游城市，杭州市把旅游业作为重要的产业，景区和景点是重要的旅游产品。现在的定位发生转变了，其中的一个标志是把“旅游”和“城市”这两个词倒一下，叫“城市旅游”，又叫“旅游全域化”，就是说整座城市变成了一个旅游休闲的产品。原来大家去杭州可能是去西湖景区，现在去杭州则是去体验杭州的城市生活之美，体验杭州的城市休闲文化。这是城市建设观念的重要转变，也是城市形态的转变，是适应休闲时代到来的转变。

我十来年前来过武汉，昨天图书馆的老师带着我去汉口租界区，然后到江边去看了看，刷新了我对武汉的认识。武汉有非常丰富的历史文化资源，也有很好的休闲旅游资源，但坦率说武汉对这些资源的开发利用没有杭州做得好，还可以做得更好一些。不过从旧租界区的整修与业态打造可以看到，武汉现在对这些资源越来越重视了，对休闲产业越来越重视了，可以看出武汉从工业城市到第三产业繁荣的综合性大都市的转变。

三、提升休闲品质

随着人们的休闲需求越来越大，社会管理者应该呼应这种需求的变化，满足人们不断增加的休闲需求。政府主管部门要在公共建设、休闲、健身、文化设施上加大投入，同时促进休闲产业的发展，做大服务业，为老百姓的休闲生活提供更多的便利，提供更多的选择。

提升休闲的品质要改变休闲观念。我刚才说中国人关于休闲的观念是很矛盾的，是既爱又恨。一方面我们把休闲看作一种美好的事，我们看古人的诗“偷得浮生半日闲”，忙忙碌碌的生活当中有半日清闲，能够有一段闲暇的时光，是一件非常美好的事情。有个成语叫“忙里偷闲”，“闲”是需要去“偷”的，肯定是令人心动而又不能轻易得到的。唐代的张彦远说过一句名言：“不为无益之事，何以遣有涯之生？”这句话的意思是，人生还是需要做一些非功利性的事情的。绝大多数人做事情都有功利目的，为了赚钱，为了升职，为了健康，等等。但是休闲是什么？休闲是做那些没有功利性的事情，它就是“无益之事”。在张彦远看来，如果人都被那些功利性的事情撑得满满的，就会过得很紧张，有巨大的生活压力，那样的话漫漫人生真是太痛苦了。因此要做一些无关功利的事，如游山玩水、饮酒喝茶，否则生活就会很无趣。这是古人对休闲好处的认识。但另一方面，我们的文化中又有对休闲的偏见甚至反感。汉语中用到“闲”字的词语，有些是负面意义的，如“游手好闲”、做“闲人”、操“闲心”、管“闲事”、东西被“闲置”，这都不是好词。中国人崇尚的美德，是勤俭节约，是奋斗拼搏，因此以前的主流文化对休闲有所贬低。中国社会经济发展到现在，是时候应该改变这种认知偏差了。“休闲让生活更美好”是 2006 年杭州世界休闲博览会的主题和口号，我们应该大力倡导这种观念。为什么“休闲让生活更美好”？第一，休闲是生命的调节器。有两句话就像鸡和蛋的关系，一句是“休闲是为了更好地工作”，另一句是“工作是为了更好地休闲”。这两句话把休闲和工作对立起来了，但又揭示了休闲和工作之间存在着重要的辩证关系。没有休闲，其实也不可能有良好的工作状态，两者是相互依存的。休闲是整个生命非常必要的调节，包括身心两个方面。第二，休闲具有体验自由、感知文化、获得新知、提高修养、激发活力的功能，具有积极意义。休闲是人的一种自由状态，人在自由状态中，是最有创造力的。第三，休闲是非功利性的活动，是一种让人身心愉悦的活动，休闲带给人们的是美好体验，让人们感受到世界的丰富和生命的精彩。提高休闲品质，还需要自身的学习，包括向传统学习。

四、向古人借智慧

休闲是每个人自由选择的活动，可以五花八门，本来就没有一定之规。但是人们在选择休闲方式时，常常也会感到可供选择的休闲活动不是很多。

我认为有两个方面原因，一方面是长期以来我们缺乏休闲教育，另一方面是我们对自己的传统文化了解不多，缺乏可以汲取的资源。由于我们对传统文化存在长期的隔膜乃至否定，传统文化离我们的生活似乎很远了，以至于对古人的生活智慧缺乏了解。古人有古人的生活之道。这个“道”就是他们对生活的理解，是他们探寻和摸索出来的生活规律。“道”可以是抽象的哲学观念、人生规律，也可以是我们日常生活当中的点点滴滴，所以庄子说道无所不在，甚至“道在屎溺”。

“一阴一阳之谓道”，阴阳观念是中国古代传统文化中非常核心的一个概念，阴阳关系体现了一种辩证的思维方式。阴和阳，阴是月亮，阳是太阳，这是两个自然现象，古人就是由太阳和月亮交替出现这样一种运动规律，推演出自然和人类社会的普遍性规律。阴阳的图腾，就是太极图。太极图是黑白两个鱼形，阴阳的关系，不是用一条直线把它割裂出来，而是抱阴负阳，这是一种相互依存的关系，你中有我，我中有你，而且又是在一个圆形当中，所以它是在转换的。太极图非常形象地体现了阴阳思想的核心。古人认为事物都有两面性，是相辅相成、相斥又相吸的关系。刚才我们讲到工作和休闲，其实就是阴阳之道，就是相辅相成的关系。《道德经》中说，“有无相生，难易相成，长短相形，高下相盈，音声相和，前后相随”，长和短、高和下，这些都是相对立的概念，但是它们也是相互依存、相互转化的，这种相互依存、生生不息的关系就是一种运动规律。

第二个重要的思维方式是“自然之理”，或者叫“天人合一”。古人没有把人和自然分开来，古人认为自然界的运动规律跟人的生命运动规律是一样的，人本身就是自然的一份子。所以人可以从自然界的运动规律中获得很多人生经验的启迪，比如“天行健，君子以自强不息；地势坤，君子以厚德载物”，就是从自然运动中获得的人生启迪。老子思想“贵柔”，他主张柔，主张弱，主张以弱克强、以柔克刚，他在说明这个问题时也是以自然现象为例，即“上善若水”。在老子看来，“水善利万物而不争”，万物的生长离不开太阳，同时也离不开水。但是水不会跟万物去争功，正是因为它不争，所以天下莫能与之争，谁少得了水呢？它不争不等于它不存在，它存在的价值就在那里。水还有一个特点，“处众人之所恶”。有句俗话：人往高处走，水往低处流。按照老子的观点，人要向水学习，人也要往低处走，恰恰人是不愿去低处的，所以水是“处众人之所恶”，但是它接近于道。因为水往低处走，它可以积聚力量。这世界上最低的地方是什么？是大海，所以大海的力量是最大的。一滴水虽然没什么力量，但是“天下莫柔弱于水，而攻坚强者莫之能胜”。休闲也可以说是“柔”，但是这种柔可以转化为一种力量。

在传统思想当中还有一个非常重要的观念，就是“中和之境”，这是儒家思想。我们可能对中庸有误解，把中庸看作不偏不倚，没有原则。其实中庸强调的是和谐、合适、协调，恰如其分。孔子说“中庸之为德也，其至矣乎”，把中庸看作最高的美德。阴阳之道、自然之理、中和之境，这是中国传统文化最重要的思维方式和审美理想。这 12 个字也体现在古人的日常生活当中。

李渔是明末清初著名的文人，他拥有多重身份，既是小说家、戏曲家，也是一个园林设计师、美食家，还是一个出版商、剧团经纪人，按照现在的话来说，他属于文化创意产业的从业人员。他写了很多的书，其中有一本书名叫《闲情偶寄》，是一部理论著作，其中有李渔对自己戏曲创作、导演经验的理论总结，更多内容讲的是女性美学，建筑、园林设计，美食餐饮，种植，收藏和养生，可以说是古代生活的百科全书。林语堂说：“李渔对生

活艺术的透彻理解，充分显出中国人的基本精神。”李渔对生活的理解，主要体现在《闲情偶寄》里。李渔强调生活的美是需要去经营的。崇尚自然，不是简单地顺其自然。《闲情偶寄》中专门有一章讲女性美学，他主张女性要化妆,所谓七分人才三分化妆。但是他又指出当时女性化妆太过于千篇一律，失去了本真。李渔认为女性穿衣服，要遵循几个原则:“妇人之衣，不贵精而贵洁，不贵丽而贵雅，不贵与家相称，而贵与貌相宜。”现在很多人穿衣讲究品牌、流行款式，但李渔认为着装首先要整洁；其次不要花枝招展、穿金戴银，而是要文雅；还有一点，衣服不是用来彰显财富、身份的，关键在于和容貌、身材相宜。他说大家可以做个实验，拿一件衣服，让几个女人来穿，肯定有一两个人穿得好看，也肯定有穿得不好看的，这不是衣服的问题，而是人的问题。李渔还提倡过一种精巧、个性化、富有创意的生活。关于住房装修和室内陈设，他提出“贵精不贵丽，贵新奇大雅，不贵纤巧烂漫”的原则，强调室内装修设计要有创意和个性，不要随大流，要在房屋的室内装修里面体现主人的美学追求。讲到室内陈设，他说:“幽斋陈设，妙在日异月新。若使古董生根，终年匏系一处，则因物多腐象，遂使人少生机，非善用古玩者也。居家所需之物，惟房舍不可动移，此外皆当活变。”人们的休闲，很多时间是居家休闲，家庭环境对人的心态和情绪有很大影响。李渔认为家庭陈设应该经常变动和调整，因为“眼界关乎心境，人欲活泼其心，先宜活泼其眼”。李渔给我们的启发是，生活的美是可以通过改变日常生活的细节来获得的。《闲情偶寄》中还有专门讲养生的章节。李渔讲养生，一上来就讲死，他说人总是要死的，正是因为生命是有限的，所以才要珍惜生命，要及时行乐。李渔认为快乐是养生的第一原则，他是一个快乐主义者。其次他认为养生重在养心，养心重在“和”，就是前面我们讲到中和之境的“和”。“心和则百体皆和。即有不和，心能居重驭轻，运筹帷幄，而治之以法矣。”怎么样才能做到心和？他说了一个“和心诀”:“略带三分拙，兼存一线痴；微聋与暂哑，均是寿身资。”这是告诫人们不要太精明，不要太会算计，不要斤斤计较。第二个原则是要做到自然中和，娱乐、健身都不要做过头。举例来说，李渔讲到喝酒有“五贵”，只要这五样能做到了，喝酒就对身体有利；违背了这五样事情，喝酒就是有害的:“饮量无论宽窄，贵在能好；饮伴无论多寡，贵在善谈；饮具无论丰啬，贵在可继；饮政无论宽猛，贵在可行；饮候无论短长，贵在能止。”李渔谈饮食，提出“爱食者多食”，但是多吃不是暴饮暴食。他的理论依据还是道法自然，爱吃说明身体能接受，与身体适合，因此可以多吃一点。你不爱吃的东西，说明身体内部在排斥它，与身体不和，因此要少吃。这是一种朴素的理论，但体现了古人的智慧。

总结李渔的生活美学，有几点启发。第一，李渔强调用欣然之心去面对生活，要有积极的生活态度。第二，金钱与幸福感并不是成正比的，真正有钱的人不一定快乐，不一定幸福，但是那些有审美能力或者有休闲能力的人，他的生活是幸福的。因为审美不是靠金钱堆砌起来的。在过分追求物质享受、金钱至上的时代，李渔的观点是很有启发价值的。第三，李渔的理论集中体现了古人的休闲理念和生活美学思想:“与天地合其德”，“与四时合其序”，“与日月合其明”。

留芳西湖，泽溉海东

——三朝元老、一代宗师阮元的功绩与影响

陈东辉

学者名片

陈东辉，1966年生，浙江绍兴人。现为浙江大学文学院、汉语史研究中心副教授。兼任扬州阮元文化研究中心研究员、浙江省中日关系史学会常务理事、甘肃省《四库全书》研究会常务理事等。1998年毕业于杭州大学汉语史专业，获博士学位。已出版《阮元与小学》《汉语史史料学》《清代学术与文化新论》《东亚文献与语言交流丛考》等专著7种，整理校点《卢文弨全集》等古籍4种，编著或主编《阮元研究文献目录》《历代文献学要籍研究论著目录》等工具书10种以及《文澜阁四库全书提要汇编》《两浙艺文志辑刊》《卢校丛编》等大型古文献资料汇编11种，在国内外发表论文280多篇。曾在多篇研究综述类文章中被列为阮元研究、四库学研究、古籍保护研究、古代藏书研究、古籍索引研究等领域的核心作者之一。

时间：2019 年 4 月 27 日

地点：扬州讲坛

有机会来阮元的故乡扬州做关于阮元的讲座，我有一种矛盾的心理，一方面是十分高兴，能把自己的研究成果与阮元故乡的听众分享；另一方面，我又觉得底气不足，虽然做了多年的阮元研究，但总觉得研究还不够深入。在扬州当地，不少我的前辈、同辈学者取得了丰硕成果，有些担心自己班门弄斧。

清代学者众多，不过提到“三朝元老，一代宗师”，我想到的只有阮元。

二十多年前，我正在撰写博士学位论文《论阮元与小学》，当时对阮元的研究很不够。2000 年以来，特别是近十年来，关于阮元的研究成果呈快速增长的状态，令人欣喜！

今天我从以下两个方面谈谈阮元这位扬州先贤的功绩与影响。

一、为官浙江，留芳西湖

阮元虽然是江苏扬州人，但他曾先后在浙江为官十余年，与浙江（尤其是杭州）关系十分密切。阮元于清乾隆六十年（1795）八月在山东学政任上奉旨调任浙江学政，十一月到任，清嘉庆三年（1798）九月任满回京；嘉庆四年（1799）十月奉旨署理浙江巡抚，嘉庆五年（1800）正月实授，嘉庆十年（1805）闰六月丁父忧而去职，嘉庆十二年（1807）十二月服满后再次出任浙江巡抚，嘉庆十四年（1809）九月因受刘凤诰科场舞弊案牵连而被革职。以下就阮元对杭州文教的重要贡献略述管见。

阮元对于杭州文教的最大贡献莫过于创设了诂经精舍。清嘉庆二年（1797），阮元任浙江学政时，于杭州孤山南麓构筑了五十间房舍，组织两

浙经古之士纂修了《经籍籑诂》这一规模宏大的古汉语训诂资料汇编，此乃杭州对中国学术文化的一大贡献。及嘉庆五年（1800），他奉调抚浙，遂将昔年纂籍之屋辟为书院，选拔两浙诸生好古嗜学者读书其中，颜其额曰“诂经精舍”。同时又在西偏修建了第一楼，作为生徒游息之所。

阮元于嘉庆十四年（1809）八月离浙，诂经精舍辍讲殆二十年。直至嘉末道初，富呢扬阿抚浙，方组织人力修缮遗址，精舍讲肄才渐次重开。到了咸丰年间，精舍又毁于太平天国战火。及至同治五年（1866），始由布政使蒋益澧拨资重建，由原精舍肄业生丁丙和林一枝董其事。其后精舍又屡有变故，终于在光绪三十年（1904）停办。精舍地处风景秀丽的西湖孤山，位于三忠祠之东，照胆台之西，实乃读书治学的“琅嬛福地”。精舍停办后，原址曾为国立艺术专门学校（今中国美术学院前身）院舍所在，如今其址已归于浙江省博物馆。诂经精舍可以说是当时浙江省的最高学府，乃该省的学术研究中心，对于清代中后期浙江学术文化之发展影响甚大，具体而言主要包括以下四个方面。

第一，诂经精舍的教学内容注重汉学。首先，诂经精舍这一名称就反映了经学在该书院中的崇高地位。关于诂经精舍的题名，阮元在《西湖诂经精舍记》中曾作过这样的解释：“‘精舍’者，汉学生徒所居之名。‘诂经’者，不忘旧业且勖新知也。”[①] 由于诂经精舍专重经学训诂，所以奉汉代经学大师许慎和郑玄的木主于舍中而祀之，以为鼓励莘莘学子勤奋治学的榜样。同样，精舍中所署楹帖“公羊传经，司马箸史；白虎德论，雕龙文心”，亦旗帜鲜明地道出了办学宗旨。应该指出的是，作为扬州学派中坚人物的阮元虽然崇尚汉学，但不固守汉儒之训诂。他和一般汉学家不同的是，他力持学术之平，既重训诂考据，亦重义理探求，走汉宋兼采的道路。

① （清）阮元：《揅经室集·西湖诂经精舍记》，中华书局 1993 年版，第 547 页。

第二，诂经精舍注重学术研究。诂经精舍不仅是一所教育机构，而且也是学术研究的重要基地。精舍创建初期，除了阮元和主讲王昶、孙星衍之外，尚有讲学之士等教学人员。据孙星衍《诂经精舍题名碑记》记载，当时汪家禧、陈鸿寿、陈文述、朱为弼、周中孚、严元照、洪颐煊、洪震煊等著名学者，都曾在精舍讲学，共计 92 人。同时还有荐举孝廉方正及古学识拔之士 64 人。一时两浙人才荟萃于此，这支高水平的师资队伍不但保证了诂经精舍的教学质量，而且成为当时杭州地区学术研究的中坚力量。应该说明的是，上述学者并不都是执教的，其中有相当一部分专职从事学术研究。

第三，诂经精舍培养了一大批经学人才。诂经精舍从开办到结束跨越百余年，历经嘉庆、道光、咸丰、同治、光绪五朝，为杭州和全国培养了大批学术人才，受业生徒可查考者达 1000 多人，另有 200 余位教师先后在精舍讲学，其中包括许多位经学家或在经学领域取得了重要成绩的学者，如姚文田、陈鳣、徐养原、金鹗、崔适、黄以周、朱一新、姚文栋、吴承志、袁昶、章太炎等，便是其中的杰出代表。众所周知，俞樾、黄以周、孙诒让并称为晚清江浙三大汉学家，俞乃精舍主讲，而黄则是精舍高材生。

近现代国学大师章太炎与诂经精舍渊源深厚。他的父亲章浚乃县学廪生，曾在诂经精舍担任监院多年，地位仅次于山长。光绪十六年（1890），父亲章浚去世，章太炎来到诂经精舍求学。在精舍肄业的七年中，章氏跟随俞樾、黄以周、谭献、高学治等著名学者学习。章氏天资聪颖，学习刻苦，加上有一流名师悉心指导，学业大有长进。毋庸说章氏后来在学术上所取得的巨大成就，就说他在精舍肄业期间的习作，亦足以称道。光绪二十一年（1895）刊刻的《诂经精舍课艺文七集》和光绪二十三年（1897）刊刻的《诂经精舍课艺文八集》，共计收录章太炎课艺文 38 篇，是所有生徒中最多的。其中包括考证“三礼”的 18 篇，考证“三传”的 10 篇，考证《尚书》《尔雅》的各 2 篇，考证《周易》《论语》《孟子》的各 1 篇。在精舍求

学期间，章太炎最有价值的研究成果当数《春秋左传读》。另外，在此期间他还撰写了《膏兰室札记》等高水平的学术论著。

第四，诂经精舍开创了一代学风，促进了经学研究的发展。书院在古代和近代中国曾是传播学术文化的重要基地，在我国教育、文化和学术史上都占有不可取代的地位。作为当时最有影响的书院之一的诂经精舍，对清代中后期杭州以至全国的教育、文化和学术事业的发展产生了深远影响，其中也包括对当时杭州及周边地区经学研究的重要影响。诂经精舍的作用和价值，并不仅仅在于其本身的创建以及所取得的成就，更重要的是它那推崇汉学、求实求真、经世致用的倡导作用，在很大程度上鼓动了一代学风，孕育了一代又一代经学家，而对清代中后期杭州及周边地区经学发展之影响则尤为明显。

清代中后期杭州及周边地区英才辈出，文教学术水平在全国处于领先地位，并且能发扬经世致用的求实学风，原因当然是多方面的，但其间诂经精舍无疑起了重要的作用。此外，诂经精舍的创办，对当时杭州乃至全国的八股教育的瓦解也起到了积极作用，同时也为清末新式学校的教育提供了某些借鉴。

阮元对于杭州文教的另一重要贡献是设立了灵隐书藏。清嘉庆十四年（1809），阮元第二次任浙江巡抚时，鉴于“好学之士，半属寒酸。购书既苦无力，借书又难。其人坐此孤陋寡闻无所成就者不知凡几”的状况，为推广教思无穷之意，决定在始建于东晋咸和元年（326）的江南名刹杭州灵隐寺建立书藏。由于寺庙一般比较幽静、远僻和宽敞，是颇为理想的藏书之所，因此历代都有文人藏书梵宇僧舍的事例，如唐代白居易曾分藏其集于庐山东林诸寺，南宋洪咨夔曾在浙江西天目宝福院闻复阁藏书 13000 卷，而北宋孙洙则曾从佛龛中喜获《古文苑》。作为东南第一名刹的杭州灵隐禅寺，远离市区尘嚣，周围山峦叠翠，古木参天，环境幽雅清静，并且殿宇众多，清规森严，不失为一处难得的庋藏典籍之宝地。关于“书藏”之名称及意旨，阮元有云：“《周官》诸府掌官契以治藏，《史记》老子为周守藏室之史，藏书曰藏，古矣。古人韵缓，不烦改字，‘收藏’之与‘藏室’，无二音也。汉以后曰‘观’，曰‘阁’，曰‘库’，而不名‘藏’，隋、唐释典大备，乃有《开元释藏》之目，释道之名‘藏’，盖亦摭儒家之古名也。明侯官曹学佺谓释道有藏，儒何独无？欲聚书鼎立。其意甚善，而数典未详。”①

灵隐书藏的创议人系清代著名学者翁方纲，主其事者为阮元。清嘉庆十四年（1809），杭州刻朱文正公、翁覃溪先生、法时帆先生诸集将成，覃溪先生寄书与杭州紫阳书院院长石琢堂状元曰：“《复初斋集》刻书，为我置一部于灵隐。”是年仲春十九日，阮元与顾星桥、陈桂堂、石琢堂、郭频伽、何梦华、刘春桥、顾简塘、赵晋斋等名士同游灵隐，谈及翁方纲藏《复初斋集》于灵隐之事，以为“今复初斋一集尚未成箱箧，盍使凡愿以其所著、所刊、所写、所藏之书藏灵隐者，皆裒之，其为藏也大矣”②！阮元当即表示赞同，乃于灵隐寺大悲佛阁后造置木橱，按唐人宋之问《灵隐寺》诗（“鹫岭郁岧峣，龙宫锁寂寥。楼观沧海日，门对浙江潮。桂子月中落，天香云外飘。扪萝登塔远，刳木取泉遥。霜薄花更发，冰轻叶未凋。夙龄尚遐异，搜对涤烦嚣。待入天台路，看余度石桥”）编号，遴选灵隐寺玉峰、偶然二僧登录所藏书籍，掌管木橱钥匙。另外还刻了一方铜章，用以在藏书上钤印。并大书“灵隐书藏”四字匾额，悬于阁楣。为了加强藏书管理、方便诸生阅读，阮元郑重地制订了较为具体的《书藏条例》，考虑周详，言简意赅，行之有效，足为范式，故曾先后为江苏镇江焦山书藏和安徽芜湖中江书院所采用。

关于灵隐书藏设立之缘由，阮元赋有一诗：“尚书未百篇，春秋疑断烂。

① （清）阮元：《揅经室集·杭州灵隐书藏记》，中华书局1993年版，第616页。
② （清）阮元：《揅经室集·杭州灵隐书藏记》，中华书局1993年版，第617页。

列史志艺文，分卷本亿万。传之千百年，存世不及半。近代多书楼，难聚易分散。或者古名山，与俗隔厓岸。岧峣灵隐峰，琳宫敞楼观。共为藏书来，藏室特修建。学人苦著书，难杀竹青汗。若非见著录，何必弄柔翰？舟车易遗亡，水火为患难。子孙重田园，弃此等涂炭。朋友诺黄金，文字任失窜。或以经覆瓿，或以诗投溷。当年无副本，佚后每长叹。岂如香山寺，全集不散乱。名家勒巨帙，精神本注贯。逸民老田间，不见亦无闷。虽不待藏传，得藏亦所愿。我今立藏法，似定禅家案。诸友以书来，收藏持一券。他年七十厨，卷轴积无算。或有访书人，伏阁细披看。古人好事心，试共后人论。既泛西湖舟，旋饱蔬笋饭。出寺夕阳残，鹫岭风泉涣。”①

灵隐书藏虽仍偏重于保存，但已略具近代图书馆的性质，为学人阅读提供了方便，对于推动当时文化的传播和学术的发展，起到了积极作用。令人惋惜的是，灵隐书藏毁于咸丰十一年（1861）太平天国的战火之中。其后虽有张大昌、丁丙等热心之士提议重建，但由于种种原因而未能如愿，实为一大憾事！

灵隐书藏曾经为瑞霭缭绕、梵呗抑扬的灵隐禅寺增添了缕缕书香，在灵隐乃至整个杭州的文化史上留下了独具特色的一页。如今的灵隐寺已经成为海内外著名的文物古迹和游览胜地，充满了诗情画意和禅味古韵，几乎每天都游客如潮。近年来，杭州市大力开发人文旅游资源，修复和重建众多古建筑，成绩卓著，有目共睹。灵隐寺也重新建造了藏经楼（即第四殿上层，类似于清代的灵隐经藏）。我认为，有关部门可以考虑在原址基础上依照原样重建灵隐书藏（就像清代光绪年间重建文澜阁），重点收藏海内外新版佛教类书刊以及现当代名人佛教类手稿等，与现有的藏经楼形成互补之格局，争取使灵隐寺逐步成为杭州乃至全国佛教类文献的收藏中心之一，

① （清）阮元：《揅经室集·灵隐置书藏纪事》，中华书局 1993 年版，第 889—890 页。

同时也可以为灵隐景区增添一处富有意义和特色的人文景观。这一设想应该是可行的，并且难度不算太大，工期不会太长，花费也不会太多，但对于杭州文物古迹的保护、旅游事业的发展乃至生活质量之城的建设，均有一定价值。

令人欣喜的是，位于灵隐寺药师殿西侧的新建的云林图书馆，设施一流，目前藏书达 3 万多册，包括图书、报刊、声像资料三大部分，其中图书以佛教类为主（各种版本的大藏经尤其丰富），人文社科类为辅，已于 2014 年 4 月面向杭州市属八大寺院的僧众、杭州佛学院师僧、杭州灵隐寺的职工开放，在一定程度上恢复了“灵隐书藏”之功用。

阮元还创办了海宁安澜书院，又在玉环厅建立学宫，在杭州建立白文公祠和苏公祠，修缮浙江的贡院和杭州崇文书院院内的四贤祠等，重修岳庙，并疏浚西湖，修筑海塘，在振兴浙江文教事业以及保护杭州名胜古迹方面功不可没。《定香亭笔谈》乃阮元督学浙江时所撰，其中许多内容都与杭城直接相关，字里行间深深地融入了阮氏对杭州人文及山水的挚爱情结。

同时，阮元还主持编纂了《两浙輶轩录》《两浙金石志》《两浙盐法志》《海塘志》《两浙防护录》《浙士解经录》等，为弘扬两浙学术文化作出了很大贡献。《两浙輶轩录》书名中的“輶轩”二字，是指汉代輶轩使者驾车赴各地采风，阮元加以效仿。该书共计四十卷（其中卷三十九为“方外”，卷四十为“闺秀”），收录清代顺治至乾嘉之际 3133 位浙江人士的诗作 9241 首，所有作者均附小传，并注明字号爵里。该书所收诗家众多，并且注重收录知名度不高的作者之诗歌，是研究清诗以及清代浙江文学的重要资料书。

《两浙金石志》汇录浙江地区自会稽秦石刻至元末的金石资料 680 种，以时代先后为序，先全录金石文字，后附案语，详载各金石所在地点、行数、字径及书法等。该书搜罗广博、考订精审，编成后影响深远，在很大程度上促进了江浙地区金石学研究的昌盛。此后，这一地区不断涌现出金

石学专家，并逐渐形成了清代金石学研究中的“江南学派”（又称“南派”）。后来金石志成为纂修各级方志时不可或缺之内容，显然是受了阮元所编的《两浙金石志》和《山左金石志》的启迪与影响。

阮元和当时兼管两浙盐政的延丰于清嘉庆六年（1801）主持重修的《两浙盐法志》，资料翔实，内容丰赡，堪称清代最为完备的浙江地区盐法志书。阮元和陈寿祺于嘉庆年间编纂的《海塘志》，则是专门关于浙江海塘之作。

阮元出任浙江学政后，积极寻访和修护帝王贤哲之陵墓，并主持编纂了《两浙防护录》。《浙士解经录》（附《浙江考卷》）也是阮元在担任浙江学政时编订的，该书从当时浙江考生的试卷中选录可补经义之内容。此外，阮元还撰有《浙江图考》，这是关于古代浙江地理研究的重要论著。

最后值得关注的是，不少论著中提及阮元主持编纂了《浙江通志》。笔者经过仔细考察与分析，发现此乃讹传，阮元并未主持编纂《浙江通志》，并且也无清代嘉庆年间编纂的《浙江通志》，而仅有《［雍正］浙江通志》的清嘉庆十七年（1812）修补（此处指修补板片）刻本（也并非阮元主持）。这一讹传，当始于梁启超在《中国近三百年学术史》一书中的误记，此后的不少论著便据此以讹传讹，从而导致这一讹传流布甚广。关于这个问题，我另有专文加以详细论述，此处不再展开。

由于阮元对于杭州文教的重要贡献以及在杭期间卓著之政绩，阮公一直受到杭州父老乡亲的尊敬与缅怀，他于清咸丰二年（1852）入祀浙江名宦祠。著名的杭州西湖湖中三岛之一的阮公墩，便是阮元主持治理西湖时，用湖中挖出的24000余吨葑泥堆积而成，人们为了铭记阮元的功绩而将该岛称作阮公墩，目前岛上建有忆芸亭（阮元号芸台）、云水居、环碧小筑、阮元陈列室等。位于杭州吴山城隍阁南面元宝心60号的阮公祠，则是清代光绪初年为了纪念阮元而在原重阳庵的基础上改建的，现已修葺一新。此外，阮元与白居易、沈括、苏东坡、陆游、于谦等杭州历代名贤的画像一起，被用青石线刻的方式，镶嵌在早已成为杭州的标志性建筑之一的城隍阁一楼的内墙上，充分彰显出阮元对于杭州的重要性以及杭州对于阮元的高度认可。

2016 年 11 月、2017 年 8 月，阮元故乡的扬州电视台为拍摄关于阮元的专题片，摄制组在阮元第六代孙阮锡安先生的陪同下，先后两次专程来杭州，到我在紫金文苑的寓所“芸雅居”（阮元号芸台，以此表示对阮元的崇敬和纪念），对我作了专题采访。我还与摄制组一同前往孤山附近拍摄与阮元相关的遗迹，并面对摄像机谈了我对诂经精舍的若干研究心得。

2015 年 10 月，杭州文史研究会曾就《杭州文史小丛书》第二辑向笔者约稿。我申报的书名是《精舍书藏共湖山——阮元与杭州》，具体分为以下九章：三朝元老，一代宗师；孤山南麓，筑屋修典；诂经精舍，书声琅琅；文脉不辍，影响深远；灵隐书藏，嘉惠学人；阮墩环碧，西湖佳境；为官三任，造福百姓；歌咏湖山，情意拳拳；杭城父老，缅怀阮公。由于诸事繁多，拙著至今尚未完成，颇感遗憾！该书深深地融入了我对阮元的缅怀以及对阮元研究的挚爱情结，但愿能够早日交稿并刊行。

二、中朝交流，泽溉海东

阮元在中朝关系史上的有关事迹，近年来已经逐渐引起学术界的关注。笔者研究阮元有年，对东亚文化交流史亦颇有兴趣，以下就这个问题进行一些考述。

阮元与朝鲜学者的交往始于清乾隆五十五年（1790）。此前一年，朝鲜著名诗人赵秀三随朝鲜冬至使团来到北京。因时任吏部尚书的刘墉之诗文和书法在朝鲜影响甚大，故赵氏专门拜访了刘墉。这一拜访，引发了来华的朝鲜学者与一批中国著名学者的交往，而这批中国著名学者中就有刘墉门

生、当时已经崭露头角的青年学者阮元。乾隆五十五年是乾隆皇帝八十大寿，朝鲜国王派进贺使祝寿。时任朝鲜奎章阁检书官的学者、诗人朴齐家（1750—1805）和柳得恭（1748—1807）二人作为副使的随员检书，与正使黄仁点、副使徐浩修、书状官李伯亨一同到达北京，与阮元、纪昀、翁方纲、刘镮之等中国学者交游。柳得恭在《刘阮二太史》一文中，记载了他当时与阮元等人会晤的情景。

清嘉庆六、七年间（1801—1802），柳得恭在北京琉璃厂书肆结识了阮元弟子陈鳣，并从陈鳣处了解到戴震、段玉裁、王念孙等中国著名学者的一些情况。当柳、陈二人谈及阮元正在浙江担任巡抚，并负责指挥剿灭海盗时，柳得恭说他早在十年前就认识阮元，并拜读过阮元所著的《考工记车制图解》。听了对阮元的介绍后，柳得恭称颂阮元乃文武全才。

嘉庆十四年（1809）十月二十八日，朝鲜青年学者金正喜（1786—1856）随父亲金鲁敬（朝鲜冬至兼谢恩使副使）来到北京。此次金正喜在中国住了三个多月，与中国学者曹江、徐松、翁方纲、翁树培、翁树崐、阮元等结识。阮元热情接待了金正喜，请金氏品尝上好的“胜雪”茶，还一同欣赏金石珍书并赠送给金氏自己所编著的《经籍纂诂》等书。从金正喜的诗作中，亦可窥见阮、金二人之交往，如：“《七经》与《孟子》，《考文》析缕细。昔见阮夫子，啧啧叹精诣。随月楼中本，翻雕行之世。（余入中国，谒阮芸台先生，盛称《七经孟子考文》以扬州随月读书楼木板刻通行。）”①

嘉庆十五年（1810）二月初一日，阮元和李鼎元、洪占铨、谭光祥、刘华东、翁树崐、金勇、李林松、朱鹤年等共同出席为金正喜举行的饯行宴会。会后，金正喜因在北京期间未曾与诸公以诗会友而深为遗憾，于是写下了充满感情的《我入京与诸公相交，未曾以诗订契，临归，不禁怅触，

① ［朝］金正喜：《阮堂先生全集》卷九《仿怀人诗体，历叙旧闻，转寄和舶，大板浪华间诸名胜，当有知之者（十首）》，载《韩国文集丛刊》第301册，韩国民族文化推进会2003年版，第163页。

漫笔口号》一诗。值得一提的是，金正喜回到朝鲜后，仍与上述中国学者保持“神交”。

阮元的个人文集《揅经室集》在清道光三年（1823）刊刻后不久，金正喜便见到了该书。他在认真拜读后，从该书的《外集》即《四库未收书目提要》中，获悉元代朱世杰的《算学启蒙》在中土已经亡佚，便在朝鲜尽力搜求到《算学启蒙》的原刊本并加以重刻，于是《算学启蒙》又重返故国。或许金正喜当时所见到的《揅经室集》并非全本，所以道光九年（1829）叶志诜又将《揅经室集》11 册和阮元的另一部著作《文笔考》1 册一并寄赠金正喜。此外，道光十一年（1831）十月金正喜之弟子李尚迪来到中国，次年回国之际，当时在北京的阮元之子阮常生，委托李尚迪将阮元主持编纂的多达 1400 卷的巨著《皇清经解》转赠给金正喜，此乃传入朝鲜的首部《皇清经解》。

原东京帝国大学教授高田真冶藏有《揅经室文集》一卷，上面有金正喜的亲笔题记：“此《揅经室文集》之第六卷。庚午春，谒芸台先生于泰华双碑之馆，抽赠此卷，时原集未尽校勘矣。又赠《十三经注疏校勘记》《经籍籑诂》、泰华二碑拓本，又获观贞观铜牌、宋尤延之旧藏《文选》，又辨真《考工记》辀制。卷内校讹，皆属芸台原笔。”①

在清代学者中，当数阮元的学术思想及成就对金正喜的影响最大，理由如下。首先，汇集了金正喜之论著的《阮堂先生全集》分为 10 卷，其中最重要的部分是卷一，包括“考”8 篇、“说”7 篇、“辨”10 篇，共计 25 篇。在这 25 篇文章中，有 7 篇是全盘窜入或改编阮元、凌廷堪、戴震等三位清代学者之著述而成的。其中《太极即北极辨》先抄录《揅经室一集》卷二《太极乾坤说》开头大约 130 字，然后再补充了约 50 字；《书派辨》则基

① 参见葛荣晋主编：《韩国实学思想史》，首都师范大学出版社 2002 年版，第 380—381 页。

本照抄《揅经室三集》卷一《南北书派论》中起始部分约300字而成;《格物辨》全文约500字，其中大部分抄自《揅经室一集》卷二《大学格物说》的前半部分;《汉儒家法说》共有850字左右，照抄阮元所编的《诂经精舍文集》卷十一《两汉经师家法考》(胡缙撰)。关于这一现象，根据韩国学者的研究，估计是金正喜出于喜爱而抄录阮元等人的著述，以备随时观览。金正喜去世后，整理其遗著者难以辨别哪些系金氏所著，哪些系金氏所抄，于是混而为一，悉数收入《阮堂先生全集》之中。韩国著名学者全海宗的观点颇有道理，他指出:"即使认为编纂者误把这些文章编入其文集之中，也不能断定窜入文章对理解阮堂经学毫无意义。因为，此种窜入至少说明：第一，能够了解阮堂非常关注这些文章的事实；第二，表示阮堂对这些文章内容(至少阮堂亲自记录原文的情况下)仍然持有新奇感和生疏感的同时还没有把它们充分融入自己的学问体系并将之转化为自己的学问。"[①] 笔者认为，上述现象无论作何种解释，均无碍于阮元对金正喜影响之大这一事实。

其次，在金正喜的藏书中，有对其学术影响较大的阮元、翁方纲、戴震、凌廷堪等中国学者的著述，其中尤以阮元所著或主持编纂者居多，包括《揅经室集》、《小沧浪笔谈》(有2部)、《定香亭笔谈》、《文笔考》、《经籍籑诂》、《十三经注疏校勘记》、《诂经精舍文集》(有3部)等10余部。再者，从金正喜最常用的别号"阮堂"，以及其他别号"阮叟""阮舫""阮坡""阮坡老人""老阮""阮堂老人""阮堂老叔""天东阮堂"之起名，也可以看出他与阮元的密切关系。同时，金正喜的书斋别名之一为"覃揅斋"，乃取翁方纲之别号"覃溪"和阮元之书斋别名"揅经室"(又名"揅经斋")中各一字组合而成，而翁、阮二人是金正喜最推崇的中国学者。

金正喜对阮元非常尊敬和崇拜，他在《又自题小照(在济州时)》有云:

---

① [韩]全海宗著，全善姬译:《中韩关系史论集》，中国社会科学出版社1997年版，第391页。

“覃溪云嗜古经，芸台云不肯人云亦云。两公之言，尽吾平生。胡为乎海天一笠，忽似元祐罪人。”[①] 闵奎镐所撰的《阮堂金公小传》提到：“先是判书公[②] 使于燕，公随而入，时年二十四。阮阁老元，翁鸿胪方纲，皆当世鸿儒，大名震海内，位且显，不轻与人接，一见公莫逆也。”[③] 李尚迪在《恩诵堂集》第三册续卷三丙辰条（1856）“奉挽秋史金侍郎”中曰：“海国通儒（阮堂）旧见，推北翁覃溪、南阮芸台。”[④] 同时，阮元对金正喜这位异国晚辈学者亦颇为欣赏。上述引文中“海国通儒”之称谓即源于阮元，因为阮元曾经盛赞金正喜为“海东第一通儒”。众所周知，“通儒”一词自古以来就是指那些穷通世间万事、有知有行的儒学家，足见阮元对金正喜评价之高。

阮元曾在《揅经室集自序》中阐明了他的治学宗旨：“余之说经，推明古训，实事求是而已，非敢立异也。”金正喜秉承阮元之说并加以发扬光大，专门撰写了一篇《实事求是说》，论述了自己的见解，其中提到：“《汉书·河间献王传》云‘实事求是’，此语乃学问最要之道。若不实以事而但以空疏之术为便，不求其是而但以先入之言为主，其于圣贤之道，未有不背而驰者矣。……故为学之道，则不必分汉宋之界，不必较郑、王、程、朱之短长，不必争朱、陆、薛、王之门户。但平心静气，博学笃行，专主实事求是一语行之可矣。”[⑤] 如果说金正喜在学术方面同时受到阮元、翁方纲以及戴震、凌廷堪等中国学者的影响，那么金正喜“实事求是”的实学思想则主要源于阮元。“实事求是”可以说是阮元思想之核心，同时也是金正喜思想之

① ［朝］金正喜：《阮堂先生全集》卷六《又自题小照（在济州时）》，载《韩国文集丛刊》第 301 册，韩国民族文化推进会 2003 年版，第 126 页。

② 判书公乃金正喜之父金鲁敬（1766—1840），曾于清嘉庆十四年（1809）作为朝鲜冬至兼谢恩使副使出使北京。

③ ［朝］闵奎镐：《阮堂金公小传》，［朝］金正喜：《阮堂先生全集》卷首，载《韩国文集丛刊》第 301 册，韩国民族文化推进会 2003 年版，第 7 页。

④ 转引自［韩］全海宗著，全善姬译：《中韩关系史论集》，中国社会科学出版社 1997 年版，第 412 页。

⑤ ［朝］金正喜：《阮堂先生全集》卷一《实事求是说》，载《韩国文集丛刊》第 301 册，韩国民族文化推进会 2003 年版，第 21 页。

精髓，主张与其崇尚空洞的理论、囿于虚浮的学风，不如从实际存在的事物中寻求正确的道理并付诸实践。

阮元认为："圣人之道，譬若宫墙，文字训诂，其门径也。门径苟误，跬步皆歧，安能升堂入室乎。学人求道太高，卑视章句，譬犹天际之翔出于丰屋之上，高则高矣，户奥之间未实窥也。"① 金正喜则曰："窃谓学问之道，既以尧舜禹汤文武周孔为归，则当以实事求是，其不可以虚论遁于非也。学者尊汉儒，精求训诂，此诚是也。但圣贤之道，譬若甲第大宅，主者所居，恒在堂室。堂室非门径不能入也。训诂者，门径也。一生奔走于门径之间，不求升堂入室，是厮仆矣。故为学，必精求训诂者，为其不误于堂室，非谓训诂毕乃事也。"② 可见金正喜的堂室与门径之论，是对阮元宫墙与门径之说的继承和发展。

阮元曰："两汉经学所以当尊行者，为其去圣贤最近。"③ 金正喜的见解与阮元一致，对汉儒之学评价极高，而尤为推崇董仲舒、郑玄之学："卓越为吾道之宗者，在西京有董江都，在东京有郑康成，其学以潜心训诂为主，以专笃谨严为法，不蹈空虚，不骛高远，三代典型，庶几其不泯。"④

阮元用"平实精详"四个字来评价他主持编纂的《皇清经解》，认为该书体现了清代经学研究求实、求真之学风。金正喜十分赞同阮元之评价，作了如下解释："平则不骛高远而切问近思，实则不落空虚而好古求是，非明辨则不能精，非博学则不能详。"⑤

---

① （清）阮元:《揅经室集·拟国史儒林传序》，中华书局 1993 年版，第 37 页。

② ［朝］金正喜:《阮堂先生全集》卷一《实事求是说》，载《韩国文集丛刊》第 301 册，韩国民族文化推进会 2003 年版，第 21 页。

③ （清）阮元:《揅经室集·国朝汉学师承记序》，中华书局 1993 年版，第 248 页。

④ ［朝］金正喜:《阮堂先生全集》卷一《实事求是说》，载《韩国文集丛刊》第 301 册，韩国民族文化推进会 2003 年版，第 22 页。

⑤ ［朝］金正喜:《阮堂先生全集》卷八《杂识》，载《韩国文集丛刊》第 301 册，韩国民族文化推进会 2003 年版，第 146 页。

虽然宋代涌现出一批有成就的金石学家，但从总体而言，清代初年之前的金石家大多还处于玩赏古董的层次上。乾嘉时期的学者开始将金石视为正经补史的重要史料，金石学于是空前兴盛，从而成为清代朴学的重要组成部分。在这一转变过程中，阮元起了十分重要的作用。阮元对金石文字极为重视，用以考证、研究文字源流、字形演变以及历代典章制度和历史沿革，取得了很大成绩。他的《商周铜器说》是一篇在考据训诂学风中具有开创性的金文学著作。他在《金石十事记》一文中，谈到自己在金石考古方面为学术界所做的十件工作。此外，阮元是乾嘉时期众多金石藏家中收藏最富的。受到阮元的影响，金正喜在朝鲜积极倡导金石考据学，并成为在该领域取得重大成就的朝鲜金石学第一人，是名副其实的朝鲜金石学开创者。与阮元的见解一样，金正喜也认为金石考据之目的在于“羽翼经史”“分隶同异，偏旁流变”。尤为值得一提的是，金正喜充分利用自己的金石学知识，解决了朝鲜古碑研究中的若干重要问题，其中最突出的当数他所撰的《真兴二碑考》一文。该文对《新罗真兴王巡狩碑》和《真兴王巡狩碑》作了出色的考证，堪称朝鲜金石考据学的代表之作。《新罗真兴王巡狩碑》系当时所见朝鲜最古之碑，金氏从仅存的 272 个字的碑文中，考定了碑的性质、年代、形制，以及文献误记和失载等诸多问题。《真兴王巡狩碑》的残缺情况更为严重，可以辨认的只剩下 70 个字，并且已经没有完整的语句，然而金氏还是凭借其深厚的学术功底，最终弄清了该碑的年代和性质。

与金石文字学相联系，阮元对书法亦颇有研究，乃清代最著名的书法理论家之一，他的《南北书派论》和《北碑南帖论》均系中国书学史上具有划时代意义的重要论著。金正喜在这方面也受到阮元的影响，在书画领域取得了很大成绩，逐渐形成了拙朴清高的“秋史体”，开朝鲜一代艺术新风。

此外，朴齐家在学术研究中注重“考据该洽”，但他并非为考据而考据，主张古为今用，实体实用。朴氏的这一思想显然也受到了阮元的影响。

还有，朝鲜学者丁若镛（1762—1836）虽无机会亲自来华，但他通过柳得恭、朴齐家等友人借阅了阮元等清代学者的著作，并在他所著的《茶山全书》中多次引用。

金正喜乃朴齐家之高足，而李尚迪又是金正喜的著名弟子。朴齐家曾经四度访华，金正喜、李尚迪更是到过中国十余次，均系中朝文化交流之功臣。朴、金、李三代朝鲜学者，都深受阮元的影响，在经世致用之学或考据学方面留下了许多重要著述，并对阮元的学术成就和思想在朝鲜的流播以及发扬光大作出了重要贡献。

同时，我们从上文的论述中可以看出，阮元堪称清代对朝鲜学术界影响最大的中国学者之一。诚如韩国国史编纂委员会李元淳所云："从中可以看到在朝、清文化交流史上引人注目的清硕儒，特别有名的有潘庭筠、纪昀、陈鳣、阮元、翁方纲等。"[①] 加强这方面的研究，有助于我们更加全面、系统地了解和评价阮元的学术成就及地位，也有助于我们从新的视角来看待清代学术文化史上的某些问题。

最后应该说明的是，阮元必定还有与中朝文化交流有关的其他一些事实，但中国和朝鲜的文献资料均缺乏记载，现在已经难以知晓，着实令人遗憾！此外，因笔者见闻有限，尤其是韩国刊布的一些论著未能寓目，希望今后有增补的机会。

三、答媒体记者问

问：您认为阮元身上有哪些优点是值得我们学习的？

---

① 李元淳：《燕京琉璃厂市与朝鲜学人》，载黄时鉴主编：《韩国传统文化·历史卷》，学苑出版社 2000 年版，第 210 页。

答：我觉得可以从这几个方面来说。一是学术研究方面，阮元治学的面很广，而且包容性很强，没有门户之见，值得学习。二是为官从政方面，阮元是三朝元老并且政绩显著，他虽官至高位，但并没有损公利己、贪污腐败的行为，古时官员能做到阮元这个程度是很不容易的。三是家庭教育方面，阮元对于家人的教育是很成功的，由于长期在外做官，他对子女的教育，主要体现在“以身作则”。

问：阮元很多时候都在外地做官，那他对故乡扬州学术文化的影响具体体现在哪些方面？

答：虽然阮元长期在外地做官，比如在杭州做官长达十多年，但他也经常回到扬州，在外地的时候也会通过信札与扬州的学者进行交流。还有一种情况，比如在杭州时，他聘请一些学者到诂经精舍，其中就有不少扬州的学者。另外，阮元在杭州期间，编纂了《淮海英灵集》这部扬州地区的诗歌总集，他为此事跟多位扬州学者有信札往来，并且还派人到扬州周边地区访诗，这就是家乡情结的很好体现。阮元非常关心家乡的文化事业，就算长期在外地，他的家乡情结仍在。阮元对扬州学术文化的贡献，可能不像在杭州那样，专门设立了一个著名的书院，也就是诂经精舍，但是他也通过多种方式，对扬州学术文化的发展起到了重要的推动作用。

问：您刚才说到阮元在中朝交流上的成绩，请问扬州这个城市在对外交流上占据什么样的地位？

答：提及对外交流，扬州在中日交流史和中朝交流史上都占有重要地位。在中日文化交流方面，扬州的鉴真大师作出了十分重要的贡献，影响

极大并且持续至今。而阮元应该是清代中国对朝鲜影响最大的学者之一，因此扬州在中朝文化交流史上也具有重要的地位，这与当时扬州的地位是相称的。在历史上，无论是隋唐还是其他历史时期，扬州在文化和经济上都占有重要的地位。一般来说，如果一个城市在全国占有重要的地位，那么这个城市在对外交往中也相应地具有比较重要的地位，这其实是密不可分的。

"留芳西湖，泽溉海东——三朝元老、一代宗师阮元的功绩与影响"演讲现场

问：您刚才说扬州要打造好阮元这张文化金名片，请问您有什么建议呢？

答：我觉得扬州一方面要进一步加强与阮元相关的学术文化研究，另一方面可以将阮元文化跟旅游业有机融合，并积极开发相关的文化创意产品。其实这两方面是可以相互促进、相互利用的，这也更有利于阮元这张文化金名片的打造、弘扬与拓展。

从黄道周、倪元璐和王铎的艺术与人生看书论中的书如其人

邹广胜

学者名片

邹广胜，1967年生，江苏丰县人。浙江大学文学院教授、博士生导师。2000年获得南京大学文学博士学位，同年起在浙江大学中文系从事博士后研究，2002年出站留校工作至今。2006—2007年在美国加利福尼亚大学伯克利分校访学，2007—2008年在美国哈佛大学访学，2010年12月—2011年3月在剑桥大学访学。浙江大学首批“新星计划”资助者，浙江省151人才。曾主持国家社科基金1项、教育部基金2项、浙江重点基金及浙江省社科基金等3项、浙江大学科研项目2项。出版专著4部:《中西论文对话——理论与研究》(商务印书馆)、《中国传统文论的现代意义》(商务印书馆)、《自我与他者》(中国社会科学出版社)、《〈哈姆莱特〉导读》(中华书局)。曾在《文学评论》《学术月刊》《文理理论研究》《外国文学研究》《外国文学》等核心刊物发表论文20余篇。主要从事文学基础理论及中西比较诗学的研究。

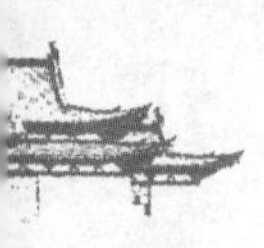

时间：2018 年 6 月

地点：河海大学

刘熙载《艺概·书概》说："书，如也，如其学、如其才、如其志、总之曰：如其人而已。"然书在何种程度上如其人，历来就有争论。书法能否像文学那样直接反映书法家的个性气质，甚至伦理道德观念和政治品质？或者说，书法是如何反映书法家的人生现实的？我们可从明末清初三位书法家王铎、黄道周、倪元璐艺术与人生中的解读中得到某种启示。

一、"三狂人"的不同历史命运

中国书法史上不乏影响深远的书法群体：魏晋的二王及王氏家族、宋的苏黄、明的吴中四才子。书法史上有一奇怪的三友人，他们在中国书法史上影响深远，又因性格不同走向了截然相反的历史命运，他们就是明末清初的王铎、黄道周、倪元璐。他们三人之中，王铎影响最大。吴昌硕《缶庐集卷四》说王铎"有明书法推第一"，沙孟海《近三百年书学》中说"矫正赵孟頫、董其昌的末流之失，在于明季，可说是书学界的'中兴之王'"，林散之说他的书法"自唐怀素后第一人"，启功说他的字"王侯笔力能扛鼎，五百年来无此君"。黄道周的书法也有着独特的魅力，从未缺少钦慕者，而这种独特的魅力又是王铎的书法所没有的。

王铎（1592—1652）31 岁时与黄道周（1585—1646）、倪元璐（1594—1644）同时殿试及第，由此成为挚友，号称"三狂人"与"三株树"，黄、倪曾帮助编撰王铎诗集《拟山园选集》，黄道周作《题王觉斯初集序》。随着明王朝的灭亡，三人的命运发生了根本性的错位：倪元璐在李自成攻陷北京时与皇帝一起自缢身亡；王铎降清；黄道周抵抗被俘，殉节而死。与黄、倪的历史选择根本不同，王铎的命运更为崎岖多辱，坎坷不尽。当时宦官当权，为官者朝为重臣暮成死囚的命运经常发生，倪元璐、黄道周、王铎在为官之路上也常常因言获罪，朝不保夕，这种邪恶的封建专制制度早已丧失了文人为它奋斗守节的价值了。前期的王铎在与阉党的争斗中，与清流一起，倾向东林党，然而在政治的倾轧与农民起义的国破家亡之下渐渐销蚀了抗争的勇气，无依无靠，在残酷的政治漩涡中漂浮。在受尽屈辱，甚至被流民打得遍体鳞伤，须发皆尽后，他和好友钱谦益一起投靠了新的清政权，成为地位最高的降臣。但在新政体中，当朝者对这些左右摇摆的骑墙者并不看重，他们不过是用以装点门面的附着物与牺牲品而已，没有任何的价值与尊严，我们从乾隆评价钱谦益的诗中就能看出："平生谈节义，两姓事君王。进退都无据，文章哪有光。"他评价王铎则说："在明朝身跻膴仕，及本朝定鼎之初，率先投顺，洊陟列卿，大节有亏，实不齿于人类。"为其扣上了"贰臣"的帽子。他悲惨而又屈辱的历史结局乃是从一开始就注定的，只不过得到了暂时的苟且。王铎临死时也充满了对新政权的恐惧："遗命用布素殓，垄上无得封树。"甚至不知墓地何处，不敢为自己树碑立传。钱谦益在为他写的《墓志铭》中说："既入北廷，颓然自放，粉黛横陈，二人递代。按旧曲，度新歌，宵旦不分，悲欢间作。为叔孙昭子耶？为魏公子无忌耶？公心口自知之，子弟不敢以间情也。"声色、诗文、书画就成了他生命中最为真实的寄托。相比于黄道周的被俘从容就义、倪元璐的自缢殉节，王铎为天下读书人所耻笑的历史命运也就是必然的了。关于王铎的选择，很多人都认为他应该走黄道周与倪元璐的路，然而在历史的关头又有多少人能够无惧生死，愿为一个衰亡的王朝做无谓的祭品呢？

这三位书法家之中，王铎最多倡导取法二王，而二王自然以儒家中庸之道为原则，然而王铎竟然是现实中最违反儒家道德原则的。黄道周与倪元璐的艺术以彰显个性为主，然而现实人生中却又最能体现出儒家的人生极则，

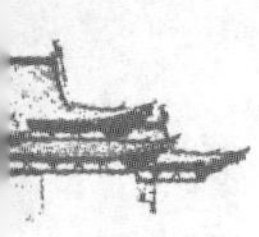

这不能不说是中国艺术史上的诡异现象，然而，这又是中国艺术史上非常普遍的现象：艺术上的成功与仕途人生的成功及伦理人格的成功往往存在着极大的反差，因为在中国艺术史上，现实的人生和艺术的理想都和政治权力纠缠在一起，既让人困惑不解，又让人欲罢不能，更难让人一刀两断。启功在论述王铎的书法时说："如论字字既有来历，而笔势复极奔腾者，则应推王觉斯为巨擘。譬如大将用兵，虽临敌万人，而旌旗不紊。且楷书小字，可以细若蝇头；而行书巨幅，动辄长愈寻丈，信可谓书才书学兼而有之，以阵喻笔，固一世之雄也。"王铎只是笔之雄，而非如黄道周之真英雄。王铎也有旺盛的生命力，然随着政治局势的变迁，他把这种生命力转移或升华到书法艺术中去了。王铎的小楷自然是细弱蝇头，如果他像黄道周那样坐砍头之牢狱，是否能写出黄道周之《孝经》，恐怕是很值得怀疑的。正如庄子在《田子方》中所说："夫至人者，上窥青天，下潜黄泉，挥斥八极，神气不变。"此三人者，只有黄道周达到了这种境界吧。黄道周把书法的地位看得极低，也许只有把书法当作无用之用的人才能达到真正的极致吧。

王、黄、倪三人各有取法，达成默契：王铎学习王羲之，黄道周钻研苏东坡，倪元璐取法颜真卿。或说："相约攻书，黄学钟繇，王学王羲之，倪学颜真卿。"王铎书法力追二王，特别是雄强奔放的小王，则更是达到了钱谦益所说的"如灯取影，不失毫发"，他甚至打出了"予独宗羲献"的自负与自信，睥睨高闲、怀素与张旭，常常在自己的作品上标注"吾家羲之"，"临吾家逸少帖"。其实这也是王铎"守定一家，时时出入各家"学书原则的体现，他甚至自述："铎每日写一万字，自订字课，一日临帖，一日应请索，以此相间，终身不易，五十年终日矻矻而不辍止。"王铎大量的书法作品都是以自己的笔法与体制来临习二王作品所创作的新作品，而这种作品往往比他那些纯粹以自身审美趣味创作的作品更富韵味，更经得起审视与推敲，因为它们整合了传统的美与王铎自身的独特情感。三位书法家与他们的师法对象在人生上也多相合之处，倪元璐与颜真卿的慷慨悲节，黄道周与苏东坡的不屈不挠，王铎与王羲之对政治人生的忍耐与躲闪，缺少铁肩担道义与慷慨赴死的勇猛，而对艺术与生命的无上珍惜也是一致的，因为“王羲之惟一留恋的是生命，他早已经开始‘服食’、‘发散’，就是希望把握生命的奥秘，尽量延长自己的生命，这是道家思想支配下的人生态度”。王羲之字的根本原则就是张怀瓘在《书断》中所说的“动必中庸”，即《书谱》所谓“志气和平，不激不励，而风规自远”，虽然有狂狷的成分，但中正平和的成分为主，中庸平和也是王羲之的养生处世之道。王铎的书法虽以鸿篇巨制闻名，但他的纵横驰骋也仅仅局限在书法之内，论及人生则是忍辱负重，不敢屈伸，既没有黄道周、倪元璐的英雄气概，也没有顾炎武、傅山这样的民族气节。王铎的书法，特别是他的行草与狂草正是他多舛命运的展现与象征，他的书法汹涌澎湃、大起大落，正是他跌宕起伏的生命的具体展现；布局的曲折腾挪，笔画的焦灼险怪正是他苦闷不安甚至是绝望灵魂的倾泻。王铎狂草常常是2米以上的立轴，几十个大字连绵不断，其中《赠张抱一行书诗卷》和《赠张抱一草书诗卷》竟长达11米多，其中所展示的一泻千里的撼人力量，不仅能引起观者跌宕起伏的审美享受，同样也是乱世离人悲惨命运的象征。王铎的字在临摹二王时往往是斩钉截铁，笔势顺畅，毫无优柔寡断之态，似有榜样在先，坚定地跟随前行，但在自己书写时，却常常是盘桓曲折，跌跌撞撞，给人以不畅之感，似外有愁绪万种，内更有百折柔肠，让人深感人生之曲折不畅，心思盘结。这正是他人生状况的真实反映，降清使他的余生生存在别人的蔑视眼光中，毫无自由与尊严，最后抑郁而死，丝毫没有黄道周那种坚定畅快之情。黄道周在狱中所写的《孝经》，运笔斩钉截铁，结构纹丝不动，风格整饰精美，表现了作者坚定沉静的内心世界，这是王铎书法所匮乏的。

黄道周也出身贫寒，二十多岁父亲去世时连安葬的钱都没有。他个性

倔强，独立不羁，和不计个人得失的忠谏之臣倪元璐交好，不像张瑞图那样依附阉党，更不像钱谦益那样，风平浪静时跃为文坛翘楚，一到历史关头，就真相显现，临阵倒戈，气节连寄命青楼的“秦淮八艳”都不如。黄道周和崇祯皇帝都发生过正面冲突，被批评为“尔读书有年，只成佞耳”。他这种性格在凶险的官场江湖自然很难一帆风顺，被俘后在狱中卧病三个多月，为感谢狱卒，“以素清贫，狱卒不敢期帑，惟奉纸求书，凡书《孝经》一百二十本，皆付狱卒”。“既无春明景和，又无明窗净几，卧为草荐血毡，食为粗粝难咽，黄道周竟静心屏气，几乎每日以恭楷书写一部长达近三千字的《孝经》。”和王羲之书写《兰亭》时天朗气清，茂林修竹，一觞一咏，心手双畅，放浪形骸的情景相比，那是地狱与天堂之别！然黄道周所写《孝经》小楷行云流水，精美绝伦，这种炉火纯青的艺术作品很难想象是艰难决绝的死囚临刑前的杰作，这种豪迈气概无疑是中国艺术史与中国文化史上的绝唱，唯有嵇康临刑奏《广陵散》可与之相提并论！这种宗教般的献身精神，绝非常人所能想象。所以王铎说“平生推服，唯石斋（黄道周）一人，其余无所让”绝非虚辞。黄道周说：“右军书《乐毅论》《周府君碑》、颜公《座位帖》，尚有意义可寻，其余悠悠，岂可传播？”从这个角度，黄道周所书《孝经》自然有着与《兰亭》根本不同，甚至高于《兰亭》的人生及文化价值。他临行前的绝笔为“纲常千古，节义千秋，我死何憾，家人无忧”，同样是以“纲常”“节义”来要求自己。黄道周虽然被认为是人品与书品合一的典型，但他也并没有像傅山那样对书法史上另一位著名的贰臣赵孟頫的书法大加挞伐，还是把美与善区分开来。黄道周书法遒媚奇崛，绵密纠绕，神采烂漫的鲜明书法个性彰显了他独立自由、倔强不屈的个性，而这种个性是与他的人生一致的。王铎的艺术个性与人生原则正相反，人生中无法展示的东西借助艺术得以充分展现。应该说黄道周行草学苏东坡，也只是字势取其横向斜姿，其力度的雄强与激昂、内在精神的孤高与遒媚却是独有的，很显然，他没有苏东坡的中正平和与含蓄，楷书则完全达到了钟繇与欧阳询楷书的丝丝入扣与精美绝伦，如果用苏东坡“真放在精微”的标准看，其他两位是难以匹敌的。

倪元璐也曾敬重当时的文坛魁首钱谦益与翰林院的同僚王铎，但他们在历史的转折关头，无不临危惜命，倪元璐则殉节自毙，也许倪元璐继承了浙东勾践复国的倔强刚猛之气，勇于诤谏，反抗魏忠贤阉党，支持山穷水尽的东林党人，在朝廷让贤黄道周，曾经罢官还乡，退居山阴，以至于黄道周都自认“至性不如倪元璐”。黄道周与倪元璐互相砥砺，黄道周为诤谏而遭受过廷杖之辱，最后为大明抗清，被俘而死。倪元璐的一生中一直把书法当作余事，对书法的专门谈论很少，精力主要集中在从政及诗文上。黄道周对书法也持与倪元璐一样的态度，他在《黄漳浦集》卷二十三《题自书千字文帖后》说:“作书是学问中第七八乘事，切勿以此关心。”“余素不喜此业，只谓钓弋余能，少贱所该，投壶骑射反非所宜。”他这种书法为“余事”的观点来自苏东坡，当然余事不是意味着随便之事、潦草之事，而是和国家民生大事相比而言居于次要地位，但他对书法的钻研和谈论却是倪元璐所没有的。至于王铎，由于晚年的人生不得意，书法几乎成了他的事业，以艺不惊人死不休的态度来从事书法活动，因此书法的活动与记述在三人之中也最丰富。当然，这并不意味着王铎把书法当作他人生最重要的事业，书法不过是他政治生命绝望的情况下不得已的躲避与寄托。

二、艺术史上的艺品人品之争

黄道周与王铎的历史命运作为一种常态伴随着中国传统社会政权的循环更迭。即如书圣王羲之，曾以坦腹东床的个性被招婿，但随着政治环境的日益恶劣，人生仕途的渐入末路，终于在与小人抗争后写下《告誓文》，

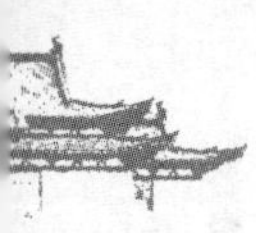

愤然辞职，最终将生命消融在服食药酒、游山玩水之中，其书法个性正是心性的真正展现。我们在竹林七贤身上也能看到中国历代文人知识分子艺术与现实人生的矛盾与无奈。七贤的内部差异是非常巨大的。以嵇康为代表的抗争者个性最为激烈，如黄道周一样，最后惨烈而亡，黄道周临行书《孝经》如嵇康临刑弹《广陵散》一样，都是千古的绝唱。以阮籍为代表的隐忍态度表现最柔软、最讲策略，和陶渊明一样以酒为武器，名为抵抗不合作，实为回避与躲闪，甚至和权力者不断进行各种各样的合作，保住了性命，但生存质量可谓是江河日下，一蟹不如一蟹，最后是抑郁而终。中间派者如山涛与倪元璐则长袖善舞，稳坐钓鱼台，但倪元璐的命运太差，陪伴他的是一个即将灭亡的王朝。至于其他大量中间人，也多是游离于权力与自我之间，这是他们的时代，也是他们的命运。宋朝被元朝取代时，作为同乡好友、"吴兴八俊"的钱选与赵孟頫在历史的重大转折关头也选择了不同的历史命运，赵孟頫被招安了，钱选在《题竹林七贤图诗》中说"昔人好沉酣，人事不复理。但进杯中物，应世聊尔尔"，其抉择也是显然的。清朝取代明朝时也是一样，黄道周、王铎自然不同，石涛、傅山也面临同样的问题。这是中国传统社会更迭，边缘与中心此消彼长的老问题，在中国文学艺术史上有着普遍的意义。在君主专制之下，知识分子不是被杀就是被辱，很少有所谓气节之士，即如王羲之、陶渊明、苏东坡也多以隐忍躲闪为能事，只是程度不同而已，这乃是中国传统文化的悲剧。《南齐书·王僧虔传》中，当皇帝问王僧虔"谁为第一"时，他回答"臣书第一，陛下亦第一"，皇上笑着回答"卿可谓善自为谋矣"。

艺品与人品之争也同样存在他们身上。高居翰在《山外山》一书中说："专治政治史而较不着急艺术的学者，一般都对董其昌持不能谅解的态度。"其实也不尽然，傅山在论述赵孟頫时就曾采取过两种截然不同的态度，一开始他说："弱冠学晋唐楷法，皆不能肖，及得松雪、香山墨迹，爱其圆转流丽，稍临之，则遂乱真矣。”他主张做人比写字更为重要，很讨厌赵孟頫，蔑视他的为人，厌恶他的书法浅薄，虽学王羲之，但“学问不正，遂流软美一途”，“危哉！危哉！”在他看来，赵孟頫“心术坏”，他的字是“贱态”“无骨”“浅俗”，因此转学颜真卿，给人谈论书法就主张：宁要拙，也不要巧；宁要丑，也不要媚；宁要不正，不要油滑；宁要率真，不要着意。随着环境的不同，人的价值观发生了变化，审美判断自然也发生了变化。伍蠡甫在《赵孟頫论》一文中详细分析了赵孟頫新事二主的复杂心态：元朝最高统治者欲笼络汉族，特别是江南文人，出身皇家、身世显赫的赵孟頫多才多艺，正好符合了他们的要求，而赵孟頫也深感皇恩浩荡，踌躇满志，为新朝歌功颂德，唱出所谓“读罢经书香一炷，太平天子正无为”的赞歌。虽然他也常常如杨延辉入赘萧辽，时显悔意，对岳飞报国表示莫大敬意，有黍离之悲，然一人出仕，满门光彩，身居显位，甘居荣禄，又用骨相与世变来为自己的官瘾辩解，他的渊明画像、渊明故事、胸中自有丘壑、高士图、竹图、兰图等都不过是他自我标榜、高蹈自解的策略，所谓“我生瘦软乏俊骨，浪许腾骧仿失真”。但晚年的赵孟頫孤苦贫困，落到“必得钱然后乐为之书”的地步，最后抑郁而死。于此可见，赵孟頫也没有免掉一个文化文人被当作招牌的历史命运。其实赵孟頫的书法风格与他的人生保持着内在的一致性，姚安道就认为赵孟頫的字反映了他整饰清和的气质，伍蠡甫则认为这种整饰清和的气质正反映了他温顺的性格，这种性格正是当时元朝统治者所需要的，实际上就是缺乏一种勇猛奔放的意识。至于张丑《清河书画舫》说赵书“过为妍媚纤柔，殊乏大节不夺之气”，傅山《作字示儿孙》更说“薄其为人，痛恶其书浅俗”，其学习王羲之也是“学问不正，随流软美一途，心手不可欺也如此。危哉！危哉！”包世臣《艺舟双楫》更说“以平顺之笔运山阴矫变之势，则不成书矣”，可见，软媚正是贯穿赵孟頫政治立场、现实性格及艺术风格的基本特征。正如伍蠡甫所说，赵孟頫提倡宗法古人就是

由于他软弱调和的性格决定的，妍美柔和的书风正是他当时政治地位及其性格的显现。然而王铎之书不乏奔放的气势，然而这种奔放的气势也只有表现在书法之中，正所谓艺术的世界乃是现实世界的弥补与升华。书法自然有各种风格，或崇高或优美，或豪放或婉约，或阳刚或阴柔，各有其美，赵体自然也有其美，但如果把赵体遵循的艺术原则运用于伦理道德，那它的局限就昭然若揭了。

因道德问题艺术被作出不同的评价，赵孟頫并不是个案。启功在谈论宋四家中的蔡到底是哪家——是蔡襄、蔡京还是蔡卞时说："所谓宋四家中之蔡，其为京卞无可疑，而世人以京卞人奸，遂以蔡襄代之，此人之俗，殆尤甚于始拼四家者。'德成而上，艺成而下'，见小戴《礼记》。古之所谓德成者，率以其官高耳。"启功在讨论柳公权"心正笔正"之说时说："至于史传载其对穆宗有心正笔正之语，实出一时权辞，而后世哄传，一似但能心正，必自能书，岂不慎乎？忠烈之士，如信国文公；禅定之僧，如六祖慧能，其心不可谓不正矣。而六祖不识文字，信国何如右军，此心正未必工书之明证也。且神策军操之宦官，腥闻彰于史册，玄秘塔主僧端甫，辟佞比于权奸，柳氏一一为之书石。当其下笔时，心在肺腑之间也耶？抑在肘腋之后耶？而其书固劲媚丰腴，长垂艺苑。是笔下之美恶，与心中之邪正，初无干涉，昭昭然明矣。"可见，启功还是把美和善、艺术与道德区分开来的，美就是美，善就是善，然而他在欣赏蔡卞或蔡京之书法美时，难道没有夹杂着因想起蔡京与蔡卞为人为政之事而产生的一种嫌恶的感觉吗？在启功看来，宋四家没有蔡京主要是因为蔡京的人品问题，其中也有官位的大小问题，他在论述欧阳修与苏轼把蔡襄奉为宋书第一时说"未免阿好"，究其原因乃是"文与艺俱不能逃乎风气，书家之名，尤以官爵世誉为凭借"。他在《论书绝句》中又说："官位愈高，则书名愈大，又不止书学一艺为然也。"正如鲁迅在《学界的三魂》中说中国人的灵魂就在当官，当了官就有了真善美，也有了世俗的各种成功享乐，一般人很难摆脱这种诱惑或者说是束缚。看今日艺术品市场，只要官阶一升，价格即飞速增长，反之亦然，他在驳斥阮元“南北书派论”时甚至说：“惟世之达官且号为学人者，纵或指鹿为马，闻者莫敢稍疑，阮元之‘南北书派论’是也。”启功对董其昌的为人是有保留的，他说：“董氏以府怨遭民抄，曾致书其友吴玄水以自辩，吴氏覆书首云：‘千思万思思老先生’，以董号思白，书语嘱其自醒己愆也。”董氏书画艺术的流传自然也有官的影响。

董其昌也处在一个大动荡的时代，他官位显赫，虽在其位，不谋其政，但仍能做到无毁无誉，最后全身而退，正如他的友人陈继儒所说：生前画以官传，死后官以画传。董之被反复推崇，是不是他的人生正是当前很多画家所追求之人生理想，不得而知。至于对董其昌书法的评论，历来争议很大，其友人王文治评其书法为“神品”，谢肇淛称其“前无古人”，周之士说“飘飘欲仙”，但根据董的具体作品的运笔行气软弱无力来看，包世臣说“行笔空怯”，康有为说“神气寒俭”，更符合事实。董其昌之所以获得那么高的名气，与他身前的高官厚禄密切相关。正如他所倡导的“山水画南北宗”之论，俞剑华《中国山水画南北宗论》中认为是出于伪造，伍蠡甫《中国画论研究·董其昌论》中认为“难以言之成理”，徐复观《中国艺术精神》中认为：“是他暮年不负责任的‘漫兴’之谈。但因他的声名地位之高，遂使吠声逐影之徒，奉为金科玉律。”至于他骄奢淫逸、贪婪无耻的人生则更是史界所共知。伍蠡甫在《董其昌论》一文中甚至说他“迷信古人”，“偏重形式”，“标榜门户及家庭出身”，“由于他的文人习气和门户之见相当严重，有时故弄玄虚，有时自相矛盾，有时为了争购或出售某家的画迹，所作评价不是真心话，总之情况是很复杂”。

“从一而终”、追逐权势是不是王铎与赵孟頫等道德的真正困境呢？我们可以看看孔子在《论语》中如何评价管仲的。《论语》讲，子路说：“桓公杀公子纠，召忽死之，管仲不死。”问：“未仁乎？”孔子回答：“桓公九合诸侯，不以兵车，管仲之力也。如其仁，如其仁。”子贡又问：“管仲非仁者与？桓公杀公子纠，不能死，又相之。”孔子回答：“管仲相桓公，霸诸侯，一匡天下，民到于今受其赐。微管仲，吾其被发左衽矣。岂若匹夫匹妇之为谅也，自经于沟渎而莫之知也。”子路与子贡一直纠结于管仲是否对原主子忠诚，但孔子还有一个更高的对天下人而言的仁义，超越于对某个个体主子的忠诚之上，孔子自然知道管仲背叛了原来的主子，但他实行了更高的仁义。可见孔子也是反对愚忠的，他并不认为从一而终就是好的，决定你选择性质的是你依据的原则，是以个人的利益还是天下民众的利益为基准。王铎的历史抉择不仅仅在于他在历史的重要关头选择了新的政权，更在于他的选择纯粹以个人的利害为依归，而并不考虑时代与历史的根本价值观念。他是否对新朝摇尾乞怜，或是以萧然尘外的方式来应对，都以他个人的趋好与名利为旨归，并没有时代的潮流与国家的观念，他背叛了原来的主子，但没有像管仲那样实行更高的仁义。黄道周与倪元璐自然忠诚了原来的主子，但是否以天下人的利益为标准，那也是值得怀疑的。

三、儒、道传统与艺如其人

为何艺品、人品的矛盾一直在中国传统文化中普遍存在、问题突出？这与中国传统文化的基本特点密切相关。艺如其人在中国传统社会并不是性格即命运这样简单的问题，它在中国传统社会中与很多社会文化问题非常复杂地纠缠在一起，特别是与政治、权力、金钱、人生命运等密切相关。中国儒、道不同的文化传统导致了传统文人集团千丝万缕的纠葛与关联，圈内圈外、在朝在野即有云泥之别，孔子、屈原、竹林七贤、陶渊明、苏东坡的命运就是集中体现。画家也是如此：赵孟頫、高克恭均为在朝大官，黄公望、王蒙、倪瓒、吴镇四家则在野。两个集团迥然不同，历代画评也迥异，基本差别还是在朝在野所遵循的基本价值观念与人生理想及艺术趣味根本不同造成的。黄道周、倪元璐、王铎的历史人生告诉我们，时代的抉择正是考验人品、画品的决定时期，人生的纠结与艺术的焦虑融为一体。

我们在《文心雕龙·程器》中就能深刻体察到刘勰对文品与人品、艺术与人生复杂纠葛的体悟。他列举了中国传统文人各种令人遗憾的缺陷：司马相如、扬雄、班固、马融、潘岳、陆机等文人的各种个人修养问题。接着他又列举了武士的毛病：管仲、吴起、陈平、绛灌等，无不如此。但刘勰为他们作出一定的辩解：那些高居显位的大官老爷还不停地干些令人惊奇的事，至于那些家徒四壁、空空如也的穷苦文人，他们又怎能免俗呢？这是刘勰自己的切身感受，自己写出《文心雕龙》也要讨好沈约，因为沈约当时很有权势，自己只好等着沈约出来，带着自己的书在路边等着沈约，送到他车前，得到他的认可。所以鲁迅说刘勰揭示了中国传统文化的痼疾，“东方恶习，尽此数言”，艺术家或高坐在庙堂之上，或游走在江湖之远，不断在“腾涌的江河”与“寸折的涓溪”之间徘徊抉择，他们只是漂荡在政治大江大河中的一叶扁舟，身不由己，关键时刻必须以自由与尊严为代价才能获得荣华富贵或苟且生存。中国传统的文人知识分子，包括黄道周、王铎这样的大艺术家都没有获得过真正的自由，不是依靠自身的价值而是依靠政治的权势来获得生存的资本，这才是他们真正的悲剧。刘勰认为人并不都是十全十美的，所谓人无完人，但也不是所有的文人都随波逐流，被别人的权势与自己的欲望所降伏。知识分子与权力之间复杂的关系，我们从孔子与庄子的对比中就可看出。孔子是外王，庄子是内圣。庄子宁愿处在穷街陋巷靠织鞋为生，面黄肌瘦，忍饥挨饿，但他仍然讨厌那些尽力博得君王欢心的小人，他甚至把那些权贵之人看成是舔治君王痔疮的人。古今中外对权势的批评与蔑视无有比此更激烈的，他那清高自傲、坚忍不出的高

洁是可想而知的。李泽厚《论语今读》《文心雕龙·体性》、钱钟书《文如其人》都讨论了人品与文品不一的问题，赵孟頫喜欢书写《归去来兮辞》《五柳先生传》《渊明五言诗》，张瑞图以苏东坡为师，喜书《赤壁赋》，正如钱钟书所说“巨奸为忧国语，热中人作冰雪文，是也”。

赵孟頫与张瑞图所创造的书法美与他们的人生态度毕竟不是一回事，美与善不同，如果因为书法家的道德而否认其作品的美，自然是不对的，但是如果因为书法的美而忽视书法家的道德及其产生的深刻影响，从而认为书法家的道德在书法的审美中没有任何意义，同样是不对的。正如康德所说，美是真过渡到善的桥梁，而美的最终目标仍然是善，当然美给人带来愉悦本身就是一种善，这种愉悦在改造人的心性中，到底起到什么作用，最后落实在人的行为上能导致什么样的行为，那就不仅仅是个体的审美所能决定的了。孟子说：“矢人岂不仁于函人哉？矢人唯恐不伤人，函人唯恐伤人。巫匠亦然。故术不可不慎也。”矢人杀人了吗？没有，但他有杀人之心。函人保护人了吗？也没有，但他有保护人之心。这种隐而不发的心性对人的行为并不是没有任何意义，而这正是艺术的根本目的，即影响人的心性，进而影响人的行为，虽然并没有直接决定人的行为。我们不能因为书法家创作了独特的美，而片面地忽视他个人的品质修养在艺术审美中的作用。书法家创作的美自然有它独特的意义，但这种意义往往和他的人格对人产生的影响纠缠在一起，很难截然分开。康德在《实践理性批判》中说，只有天空与人们心中的道德法则才能真正激起人们心中的道德感。康德并没有说艺术家苦心孤诣创造的美能够达到真理和善，给我们巨大的冲击，但美能对人的内心世界及其行为产生深刻的影响。无论怎样，我们在欣赏王铎与黄道周的书法时，他们的一生给我们激起的情感都会在我们观看书法的同时涌荡在我们的脑海里，和所谓的纯粹审美快感融合在一起，而不是泾渭分明地列于头脑的两边。《易经》说“君子进德修业”，艺术自然也是进德修业之一种，然而进谁的德，修谁的业，是个体一己之德业，还是广大民众之德业，那是根本不同的，那些夜以继日创作的虚假艺术又怎能长久呢？至于那些想靠胡乱书写吸人眼球的书家，似乎靠一个教授的名头随便撒泡尿、吐口痰就能创造出惊世骇俗艺术，并幻想着以此名垂千古，其实也只是在世人面前展示一下自己的低下智商与黔驴技穷罢了。看着他们为博得世人的一瞥而疲惫不堪的身影，很是让人无奈与哀怜。

结　语

从以上的分析可以看出，艺如其人是中外艺术发展史中常常出现的问题，对其争论也不绝于艺术发展及艺术理论史，其根本问题乃是艺术发展与艺术创作中美与善的关系问题：美不是善，但并不意味着美与善没有任何关联。强调美善合一与尽善尽美正是中国艺术史的核心问题，在今天强调中国传统文化的时代，美善合一正是先贤对今日艺术发展提出的最高要求。

大数据背景下的地方文献整理

徐永明

学者名片

徐永明，1967年生，浙江遂昌人。浙江大学文学院教授、博士生导师。浙江文献集成编纂中心办公室主任，浙江大学“大数据+学术地图创新团队”和“学术地图发布平台”负责人。国家社科基金重大项目首席专家。1996年获北京师范大学中国古典文献学硕士学位，2002年获浙江大学中国古代文学博士学位，2004年3月复旦大学博士后流动站出站后进浙江大学中文系任教至今。先后在哈佛大学东亚语言文明系、哈佛大学燕京学社做访问学者。

时间：2020 年 12 月 27 日

地点：南京大学文学院

各位领导、各位专家，上午好！

非常感谢主办方的邀请，让我有这么一个机会在这里与大家交流。我衷心祝贺《江苏文库》第三期成果成功问世！根据我的初步调查，浙江和江苏的著述应该占全国著述总量的 60% 左右。浙江古代文献的大规模整理，应该说比江苏起步早。但是，从这几年的发展来看，江苏的文献整理有后来居上之势。我认为浙江文献整理的机制上还存在问题，主要是规划办、高校、出版社、图书馆之间的关系没有处理好，当然还有其他的问题。不过，前不久浙江省规划办领导找到我，表达了规划办与浙大共建浙江文史大数据平台的愿望。这样的话，浙江古代文献整理与江苏就能够齐头并进。中国古代文献的整理，我认为最后应该会走到智慧化数据的阶段。所以我今天报告的题目是“大数据背景下的地方文献整理”。

首先，介绍一下《浙江古代文献总目》的编纂情况。这是我与另一个教授负责的项目，已进行了 15 年的时间，今年已经结项。根据我们初步的调查，《浙江古代文献总目》经部 2500 多条，史部有 13700 多条，子部 9000 多条，集部 14000 多条，丛部 500 多条，总字数有 400 多万。我们根据评审专家的意见，还要进一步完善，争取明年出版。分类有书名、籍贯、作者、收藏地、版本等信息，与《中国古籍总目》著录不同的是，我们加上了籍贯。

其中我负责的《清代浙江集部总目》，是国家的一个后期资助项目，这个月 29 日会拿到书，出版社已经在公众号作了一个介绍。我们在编纂目录的时候，使用了一些技术，比如说 Emeditor 的全文搜索软件，这是西方开发的软件，对我们传统书目检索非常有用。它能够对几百部、上千部的

书目作地毯式的搜索，且高量显示检索出来的结果。你输入一个书名，就能马上检索到其信息，收藏在哪个图书馆，什么版本，哪个大型的书目里面已经收录了。这对我们提高效率是非常有用的。可以根据自己的要求，需要哪些信息，通过正则表达式搜索出来，这个对我们的编纂提高效率有很大的作用。另外使用了 Excel 或 Access 数据库一些功能，数据库可以进行匹配，比如说我们使用 Excel 里面的 Vlookup，可以进行批量比较，能够知道哪些书是有的，哪些书是没有的，进行批量地检索，不需要一个一个地去查询，这是数据库的一个非常有用的功能。

书讯 | 徐永明 主编《清代浙江集部总目》出版
经纶图书 3天前
清代浙江集部總目
(上册)
General Catalog of Zhejiang Literary Collections during the Qing Dynasty

《清代浙江集部总目》书讯，2020 年 12 月 23 日发布于浙江大学出版社人文与艺术出版中心微信公众号“经纶图书”(现更名为“浙大文史出版”)

因为我们的团队里面有 6 个人，经、史、子、集、丛等，其他的老师都使用传统的方法，我使用数据库的方法，他们做好的数据，由我将其导入数据库。这样，就能批量查询，批量发现问题。比如说作者的籍贯，大家著录很不一致，这个只有数据库才能够快速地发现问题。数据库还有一个好处，就是可以排版。数据导出来，变成整齐划一的文本格式。如果你是在 Word 里面处理的话，肯定会出现很多的问题，但数据库导出来的文本格式，整齐划一，非常干净。

另外我们使用了 Python 技术，这是当前最流行的编程语言，语法不是很复杂，适合我们文科学者使用学习。我们使用 Python 来排索引，过去这个排索引只有出版以后，根据页码来排。现在可以在书出版前，用 Python 对书名和序号排序。这样，索引就可以和正文一起出来，不需要根据页码来排序了。Python 能够排书名或作者的音序、四角号码、笔画三种索引。另外，传统纪年和公元年的批量处理、新旧字形的转换、繁简字体的转换等，也可以用 Python 处理。

除了数据库和 Python 技术的使用以外，我们还使用了 GIS 技术。因为我们编的这些目录著录了作者籍贯，有籍贯就有经纬度，就可以做好数据地图，发布在学术地图发布平台（http://amap.zju.edu.cn）上，供大家定位查询。学术地图发布平台是由浙江大学和哈佛大学共建的平台，上面已发布了很多的目录，譬如《四库全书总目》，就可以根据书名、作者、地点等信息定位查询某一个地方的著述。关于浙江的古代文献总目，我们已试着上传了杭州地区的目录。目录在地图上的定位查询，对研究地方文化是非常有用的。从我们做的一个集部数据的分布密度图中，我们可以直观看到杭嘉湖地区的著述占了很大的比例。

其次，谈一下古籍整理与大数据技术。当前，大家接触到的文献形态，主要有纸本文献、金石文献、数字化文献、结构化数据几种。所谓的数字化文献，就是我们平常所说的电子书，包括图片格式和文本格式两种。所谓结构化数据，就是我刚才所说的数据库，如图书馆的在线目录、哈佛大学 CBDB（中国历代人物传记资料库）等。CBDB 里面有籍贯的人物都可以定位，有关系的人物可以可视化呈现。目前 CBDB 已与中国的上市公司中文在线（A 股）合作，放在各大图书馆试用。浙大与哈佛共建的学术地图发布平台，也是一个结构化的数据。但是，我认为随着大数据技术的发展，文献整理一定会走向更高的发展阶段，即智慧化数据的阶段。

古籍智慧化数据的建设，取决于以下一些技术。

第一是基于机器学习的 OCR 技术。过去的 OCR，只能识别排印本的书，印刷体文字识别率非常高，但古籍的版刻体文字，识别率很低。随着机器学习、人工智能的技术进展，现在基于机器学习的 OCR，识别古代版

刻体字，准确率达85%—90%，大大加快古籍数字化文本的进程。

第二是古籍自动标点技术。谷歌里面有一个算法模型叫BERT,国内有多家的自动标点技术是根据BERT模型训练的，如北师大、北京龙泉寺等开发的自动标点技术，自动标点的准确率已达到85%—90%。前两天，中华书局古联公司发布消息，称他们的古籍自动标点平台已上线，大家可以免费测试30万字的数据。几百万的古籍，过去手工录入标点，要耗费学者几年的时间和精力，重复机械地做单调乏味的工作，现在只要几秒钟，就完成这项工作85%—90%的工作量。

第三是分词技术。在计算机里面叫自然语言的处理，这个已经有很多开源的成果。如文言文的处理，就可以使用Jiayan这个库。使用Python，就可以将这个库引入。这对于机器标引古籍及可视化的词云呈现，都是很有用的。

第四是众包技术。所谓众包技术，就是打破时空界限，大家可以远程在同一个云平台做古籍整理的工作。平台提供扫描的图片和OCR后的文本，让用户远程进行线上校对整理。而且机器可以记录用户完成这项工作的时间、准确率，从而筛选出最适合古籍整理的专家。这样的话，项目就不局限于小团队或某个地方的人了，全世界各地的专家都可以参与这个工作。中华书局的古联公司已经采用了线上整理的众包技术。

我认为，所谓古籍的智慧化数据，就是利用知识图谱的理念以及大数据的技术，对古籍进行线上整理，供读者线上阅读。其模式和步骤如下。

第一步，扫描后的古籍图片上传到服务器以后，经过OCR识别，然后再经过机器的自动标点，形成了一个初始的标点文本。

第二步，这个初始的标点文本，经过众包的人工校对，形成一个干净正确的文本。

第三步，机器调用后台结构化数据，包括人名、地名、职官、科举、词典、诗韵等带有工具书性质的数据，对前台正确的文本进行机器标引，即前台的数据和后台的数据产生关联。

第四步，对机器标引的数据进行人工校对，形成正确的标引文本。机器的标引会有一些错误，比如“嘉定”，它既可以代表时间又可以代表地名，这个就需要人工的校对。

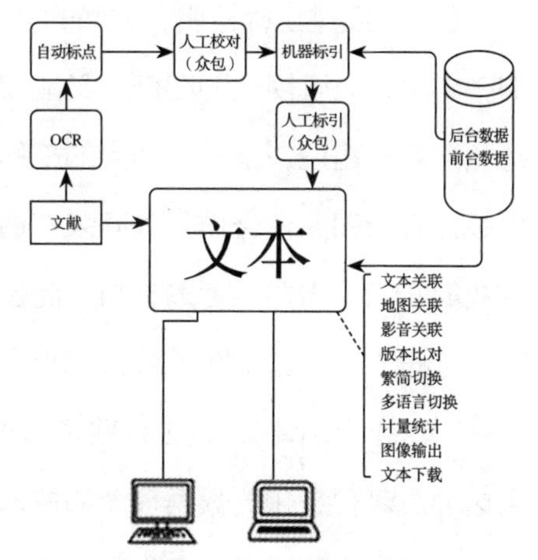

古籍智慧化模式与步骤

经过标引后的古籍，可以实现以下功能。

其一，可以计量统计，如词频统计、事件统计、人名统计、地名统计、书名统计等等。

其二，可以可视化，如人物的行迹图、分布图、社会网关系图、世系图、词云图等等。

其三，扫除阅读障碍。因为文本关联了后台的词典，读者遇到不懂的词语，点击后即可明白其意。

其四，可以进行版本分析。一本书各版本的图片和文本都在库里，随时可以调取比对。机器对不同版本的文本文字，能自动作出比对分析。

其五，可以进行诗韵、词韵的分析。因为后台有平水韵及词韵工具书，故能对诗歌的平仄进行自动分析。

其六，可以多语言切换。一首诗或一部小说，如果有不同的语种译本，都可以进行切换阅读。

其七，可以字体切换。现在古人的书法及篆刻，大多已数字化和识别，故读者阅读古书，可以选择书法或篆刻字体进行呈现，打破原来单一的版刻字体呈现模式。

总之，经过正确标引和关联的文本，读者阅读古籍，基本上就没有太大的障碍了，而可视化的图谱，又能加深读者对人物和文本的理解。古籍的智慧化数据建设，是一项浩大的工程，今后应该加大这方面的投入。以后出版社必须和高校合作，共同来打造这样一个平台，因为这里面涉及非常专业的知识，需要学者的参与。而过去的古籍数据库，学者参与度是很小的。这样的平台建设好了以后，可以大大加快中国古籍的整理进程。譬如，《全明文》《全明诗》，过去耗费了很长的时间，也才各自出版了三册。但是用这种古籍智慧化的数据理念和技术来处理，我们这一代人还有可能看到《全明文》《全明诗》项目的完成。我的报告就到这里，谢谢各位。

当前我国的语言生态与中国语言学的使命

庄初升

学者名片

庄初升，1968年生，福建平和人。现为浙江大学文学院教授、博士生导师。兼任浙江省语言学会副会长、浙江省语言文字工作者协会副会长等。2000年毕业于暨南大学汉语言文字学专业，获博士学位。主要著作有《粤北土话音韵研究》《19世纪香港新界的客家方言》《广州方言民俗图典》《广东连南石蛤塘土话》《东莞方言调查报告》等，主持国家社科基金重大项目"海内外客家方言的语料库建设和综合比较研究"等，获得教育部、国家语委"中国语言资源保护奖"先进个人称号和广东省第六届哲学社会科学优秀成果奖论文类一等奖、浙江省第二十一届哲学社会科学优秀成果奖二等奖。

时间：2021 年 6 月 24 日

地点：浙江大学紫金港校区人文学院 419 室

各位老师、同学，大家晚上好！

我这次讲座的题目是“当前我国的语言生态与中国语言学的使命”。预计前来听讲座的将会有不同专业的学生，所以我就选了一个比较切合当前现实生活的题目。这个题目前几年我给中山大学的本科生讲过一次，去年我们基地给贵州省望谟县进行普通话培训的时候，我也跟学员们讲过一次。这一次，我对演示文稿作了一些修改，增加了一些新的内容。

这次讲座主要有三个部分。一个是关于语言生态跟语言濒危的关系问题，讲到语言生态，首先要讲到语言濒危，当前全球性的语言濒危现象是非常突出的。第二是当前我们国家的语言生态，不仅仅是语言濒危，还包括语言文字使用的方方面面，甚至包括所谓的网络语言。大家知道，当前我国的网络语言实际上有点失控，这是一个很糟糕的事情，也是语言生态的重要方面，但我这里只是谈我个人比较熟悉的语言濒危跟语言生态的关系问题。第三就是面对语言濒危这样一种迫切的形势，中国语言学界还有中国的语言学家，应该做一些什么样的工作。我将结合当前国内外的一些基本的做法，还有几个重要的语言文化工程来给大家分享一下。

一、关于语言生态与语言濒危

党的十八大报告提出了“大力推进生态文明建设”，在此前，经济建设、政治建设、文化建设、社会建设是在很高的层面，但很少谈到生态文明建设。党的十八大把它正式提了出来，而且在党的十九大报告当中进一步提出，要“加快生态文明体制改革，建设美丽中国”。生态（ecology）这个词，是指一切生物——包括人、动物、植物——在自然界的生存状态，以及它们之间和它们与环境之间环环相扣的关系，所以也称为自然生态和生态系统。“生态学”是由德国生物学家恩斯特·海克尔（Ernst Haeckel）于1866年首次提出来的，海克尔将生态学定义为“有机体与外部世界环境之间相互关系的所有科学，这在广义上指生存条件。一部分是有机性质的，另一部分是无机性质的”。生态进化和生态系统是人类研究人与自然环境重要的理论和方法。

生态当然首先是自然生态，但也经常用来隐喻社会生活当中的存在状态，比如社会生态、文化生态。大家知道，语言是文化的重要组成部分，也是文化最重要的载体，所以说语言生态是文化生态的重要组成部分。“语言生态”（ecology of language）这个概念最早是由美国哈佛大学的艾纳·豪根（Einar Haugen）于1972年提出的，主要是研究特定的语言跟环境之间的相互作用关系，这个概念现在已经被全世界的语言学家普遍接受，甚至已经形成了“语言生态学”。可以说，语言生态就是大到世界范围内、小到局部地区的民族语言的使用现状，以及各语言、各方言之间此消彼长的关系。人类有交际交流的需求，有些语言或方言衰落了，甚至消亡了，那么另外的语言必然会崛起，会扩展使用的范围，这就叫作此消彼长。这些都是语言生态的问题。

人类进入工业化时代以后，因为环境污染、滥砍滥伐和滥捕滥杀，物种在不断地减少，生物的多样性也受到严重威胁，自然生态问题很快就引起了全世界、全社会的关注。在我们中国的学科体系里面，也有一个叫生态学的学科，是关注自然生态的发展演变的一个学科。最近几十年来，在全球化、信息化和现代化的浪潮中，人类语言的多样性遭受了前所未有的挑战，语言濒危已经成为全球性的问题，全球性的语言濒危严重地损害了语言的多样性，是当前语言生态最突出的表现、最严重的问题。

"语言生态"这个概念和理论，自 20 世纪 70 年代被国外的语言学家提出并逐渐完善之后，时至今天它不仅仅是一种语言观，也是一种世界观和价值观。这句话的意思是，你怎么来看待语言和语言的价值？是仅仅把语言看成是一种交际工具，还是同时把语言看成是一种文化的载体、一种思维的工具？那么健康的语言观、健康的世界观跟价值观应该是什么？世界物种应该是多样的，这个观点大家都普遍接受，所以我们要保护濒危动物，保护濒危植物，要维持物种的多样性。世界政治也应该是多极的，当然有些国家它并不这么认为，比如一直奉行单边主义的美国；但我们认为，政治是多极的，而且世界文化也应该是多元的，不应该仅由基督教文化主宰，整个世界的各种文化应该互相尊重，互相包容。这样看来，语言也必然是多样的。"语言生态"把语言的多样性跟生物多样性、文化多元化的依存关系作为理论基础，强调语言多样性对人类生存与发展的必要性和重要性。生物多样性与文化多元化、语言多样性的相关性已被大量调查研究证实，生物越是多样的地方，它的文化往往越是多元，语言也往往越是多样，这三者有着正相关的关系。地球上生物多样性程度高的地区，也是人类族群文化丰富和语言种类密集的地区，像非洲热带雨林地区、南太平洋地区，以及我国的西南地区、西北地区和湘西武陵山区。在座有几位曾经跟我到湘西去调查，那一带的物种是非常丰富的，文化也是非常多样的；有好几个少数民族，语言当然也非常丰富。

这里我想给大家特别介绍一下费希曼－普尔假说（Fishman-Pool Hypothesis）。费希曼是美国社会语言学的奠基者之一，他在 1966 年的时候曾经观察到，凡是较为富裕的国家，语言都较为统一，也就是具有"同质性"；而较为贫穷的国家，语言具有较强的多样性，也就是具有"异质性"。也就是说，语言似乎和贫穷有关，经济越是发达，语言越是单一；经济越是落后，语言越是多样。1972 年，普尔在费希曼研究的基础上，分析了133个国家1962年前后人均GDP与语言状况的关联，发现“一个语言极度繁杂的国家，总是不发达的或半发达的；而一个高度发达的国家，总是具有高度的语言统一性”。这便是语言和贫困具有相关性的“费希曼－普尔假说”。

大家可以思考一下，这个假说到底合不合理？到底是语言多样性会引起贫穷，还是经济发展会导致语言危机？哪个是因，哪个是果？实际上，很多国家包括美国在内，原来的语言都是非常多样的。但是欧洲人到了美洲之后，实行了种族灭绝政策，使得不计其数的少数民族语言遭受了灭顶之灾。所以现在看来，美国的语言当然是比较单一的。所以这个假说到底有多少的合理成分，大家可以认真去思考一下。我原来的一个同事，中山大学岭南学院的徐现祥教授，他发表过一篇文章叫《方言与经济增长》，大家可以到网上去搜一下。他所得出的结论跟费希曼他们具有很大的一致性，认为语言的多样性会阻碍信息的沟通，会阻碍经济的发展。但是我认为，这个结论是不科学的。首先是统计方法有很大的问题，他采用了《中国语言地图集》里头的方言划分，比如闽语分成5个区、5个次方言，西南官话也分成若干个次方言。但是，闽语次方言之间的差异程度，其实比西南官话内部的差异程度要大得多，甚至大于整个官话的差异程度；仅仅用方言、次方言这个参数来进行统计，而没有考虑到语言的沟通度，我认为是非常不科学的。再者，这个结论可以找到很多的反例。珠江三角洲是全中国经济最发达的地区之一，但这里的语言可不是很统一的。面积只有2000多平方公里的东莞市，有多达十几种的方言不能通话，但这一点都没有阻碍东莞成为全球制造业的中心。浙江省北部方言的差别也非常大，我们前段时间到宁波的象山县去调查，这里的方言跟宁波市的很多方言都不能沟通，跟周边的台州方言也不能沟通，但这一点都不影响浙江省的经济发展水平。相反，东北地区方言是很统一的，但经济发展水平并不高。语言跟经济社会发展

的相关度究竟是怎样的，可以作为一个很好的问题去研究。

尽管费希曼有这样一种设想，但是他提出要保护濒危语言。他打了个比方：医生们都知道他们所有的病人都将离开人世，但是医生们还是尽力延长他们的生命。这个比喻非常恰当。你保护它也好，不保护它也好，很多语言都是肯定会消失的，人类的语言一定会越来越少；但是不能因为有些语言会消失，就漠视语言生命，让它们自生自灭，而是要采取有效的手段来延续它们的生命。人类自从进入文明社会以后，随着国家的建立和民族的统一，语言的数量就在逐渐减少。特别是在 15 世纪以后，随着新航线的开辟以及欧洲殖民主义的扩张，语言的数量减少得更快。目前我们所知道的已经消失了的，或者说已经死亡了的语言，最著名的比如像印欧语系的吠陀语、巴利语、哥特语、焉耆语，阿尔泰语系的回鹘语、契丹语、女真语、龟兹语，都已经尸骨无存了。闪－含语系的希伯来语也已经死亡了，但是以色列建国使得希伯来语重新“复活”，这是全世界复活的语言当中最著名的一种。这在语言学上有个术语，叫“语言复兴”。这些消失的语言只有少数有文字形式的残存，像巴利文、吐火罗文，我们通过文字知道了这两种语言实际上是欧洲的、印欧语系的语言，它们曾分布在我们中国的新疆。

根据有关统计，全世界高度濒危的语言一共有 1742 种，有的使用人口不到 1000 人，有的不到 500 人，有的不到 100 人，有的不到 10 个人，甚至有些语言只剩下 1 个人会说，而且这些语言多达 56 种，数量还不少。这个数据是比较早的，我相信现在已经不到 56 种了。目前全世界存活的语言大约是 6000 种，这些高度濒危的语言约占了全球语言总数的 1/3，有接近 2000 种的语言是高度濒危的，还有一些已经出现了濒危的趋势。在未来的 100 年，可以预计人类将有 2/3 的语言会消失，只剩下 2000 种左右。

那么，一种语言消失了，是不是因为使用这种语言的民族消亡殆尽，或者全部变成哑巴了？这肯定不是的，而是因为它们被其他权威的、强势的语言所替代了。这种现象在语言学上叫“语言转用”，或者叫“语言替换”。这个概念是梅耶提出的，他是欧洲历史比较语言学的奠基人，也是历史比较语言学后期最重要的代表人物。他说：“某一社会单位拿另一社会单位所用的语言来代替原有语言的现象叫语言的替换。”替换或转用不彻底的，就会导致弱势语言的濒危；替换或转用彻底的，就会导致弱势语言的死亡。假设有一门甲语言，跟比它强势的乙语言接壤，说甲语言的人为了跟乙方打交道，就要有一些人学会讲乙方的语言，由此便形成了甲乙两种语言都会使用的格局。当会使用甲乙两种语言的人数——即双语者的人数——越来越多，甲语言就会越来越弱势，越来越濒危。如果有朝一日，甲语言的后代完全不再使用甲语言而改用乙语言，那么甲语言就被乙语言所取代，走向了灭亡。全世界所有的濒危语言，都会经过这样一个必然的双语阶段，没有哪个语言是一夜之间突然死亡的。

下面是几种语言“临终”的实例。1974 年，欧洲的曼克斯语（Manx）随着最后一名使用者内德·麦德瑞的去世而在地球上彻底消失；1981 年，澳大利亚北昆士兰的瓦龙古语（Warrungu）消失；1992 年，土耳其的乌别克语（Ubykh）消失。乌别克语是世界上辅音最多的语言，从语言学的角度来说，这是非常珍贵的。中东阿拉伯地区的语言有一个普遍的类型特征，就是辅音发达，元音比较不发达，当然辅音发达也可能往元音发达的方向演变。比如，我认为上古汉语就是辅音比较发达的一种语言。因为复辅音消失、韵尾消失，声调产生，它的元音性变得越来越强，汉语就由一种辅音性很强的语言，变为了一种元音性很强的语言。2000 年，我们中国的羿人语也随着最后一名使用者的去世而永远成为了历史。

语言活力是语言学家用来衡量一个语言是否濒危以及濒危程度的重要标准。根据语言活力的现状，可以粗略地把人类的语言分为“强势语言”“弱势语言”和“濒危语言”。联合国教科文组织有一个有关语言活力跟语言濒

危的文件，它设定了“代际语言传承”“语言使用者的绝对人数”“语言使用者占总人口比例”等6项主要指标来评估语言的活力，其中最主要的就是“代际传承”。“代际传承”的意思是，一个地方的人是不是一直把他们的母语传承给下一代。如果代际传承出现了问题，哪怕一种语言使用的人口再多，也是没有用的，一代人可能平均最多25年,25年之后，这种语言可能就消失了。

根据代际语言传承的指标,可以将濒危语言的程度分为7个等级：安全的语言（safe language）、稳定但受到威胁的语言（stable but threatened language）、受到侵袭的语言（eroding language）、濒临危险的语言（endangered language）、严重濒危的语言（severely endangered language）、危急的语言（critically endangered language）和灭绝的语言（extinct language）。大家可以思考一下，你们所熟悉的语言属于这里面的哪个等级？比如说汉语普通话，肯定是安全语言；英语、俄语、日语、德语、法语，也都没问题。稳定但受到威胁的语言也是很多的，比如像我国的壮语，壮族有1500万以上的人口，但其实有很多壮族人不会讲壮语，壮语的使用人口也在减少，但减少得不是很快。它整体上比较稳定，在可以预见的未来大概是不会消失的。但是，比如像刚刚讲到的，使用人口很少的语言，就很危险了。这些语言往往都不是分布在像杭州、上海这种大城市。你想想看，一种语言，只有不到100个人会讲，或者甚至不到10个人会讲，这10个人、100个人会住在杭州吗？会住在同一栋楼里面吗？不可能。这些语言往往是非常偏僻落后地区的语言，人们不住在一起，交通、通讯都非常不发达，所以导致它们丧失了交际的功能；当这种语言只剩下一个人会说的时候，你说他跟谁去交流？这样肯定是必死无疑的。很多语言，都会有这么一天。

专就濒危语言而言，一般可以分为3个等级：一般濒危语言

（endangered language）、严重濒危语言（severely endangered language）和危急的语言（critically endangered language）。造成语言濒危消亡的原因很多，首先有政治、经济、文化地位的原因。比如每个国家都有自己的官方语言，或者确定为标准语、国语的语言，这些语言的政治、经济、文化地位很高，当然就不会有濒危跟消亡的危险。其次有民族杂居跟语言接触的原因。一种语言越是跟其他语言接触，就越有可能走向濒危和消亡。在传统的农业社会，很多族群因为与世隔绝，反而可以比较好地保留语言的原生态。但是改革开放以后，交通、通讯越来越发达，这里的人走出去、外面的人走进来，造成人群的杂居以及频繁的语言接触，就会加速语言的濒危和消亡。还有人口比例和社会变迁、民族心理和语言态度的原因。最后一点，我认为也非常重要。一个语言会不会很快地走向濒危和消亡，除了看代际传承和绝对人数，还有一点，就是语言忠诚度。有些语言的使用人口不少，但是使用者对自己的语言没有感情，也不忠诚，那么尽管人数很多，也可能很快消亡。相反地，有些语言使用人口不多，但是他们有很强的民族自尊心、民族自信心，他们对语言文化非常热爱、非常忠诚，这样的话，语言可能就会保留得很好。新疆的锡伯语就是一个例子，这是一种令我印象很深的语言。我在 2011 年的时候曾经去乌鲁木齐调查过几位锡伯族的文化人，其中有一个老板，他非常热衷锡伯族非遗跟锡伯族语言文化的保护传承。我到他办公室去，看到他墙上挂满了锡伯族申请得到的各级各类的非遗的牌匾，让人肃然起敬。后来我到他们锡伯人的餐厅去吃饭，也了解到他们对自己的语言文化非常喜爱，而且非常自豪。他们不会觉得讲锡伯语是见不得人的，所以尽管只有几万人，但语言保护、传承得非常好。有专家专门研究过锡伯族的语言传承问题，大家如果感兴趣，可以找相关的文献来看一下。

早在几十年前，国外学术界就已经开始关注语言生态问题了。《英语帝

国》《语言革命》的作者、英国语言学家克里斯托（David Crystal）指出，20 世纪 90 年代，在全世界范围内出现了革命性的三大语言趋势，从根本上改变了全球的语言生态。第一是英语成为全球性语言。大家如果对英语史比较了解的话，应该知道英语其实本来是欧洲一个非常普通的语言，但是随着殖民统治和英国跟美国的先后崛起，英语便成为全球性的语言。第二是语言的危机加重。有些语言不断扩张，就会带来有些语言不断消亡。第三就是因特网成为第三交际媒介。在这样的背景之下，每个国家、每个民族都应该认真思考自己的语言政策和语言规划问题。有些国家的经济发展水平不好，科技水平落后，吃饱饭都成问题，所以就无暇去顾及语言、文化和尊严的问题；但是有些国家不一样，他们对自己的民族语言，特别是对自己的官方语言有非常严格的政策和非常长远的规划，其中特别值得一提的就是法国。法国有所谓的“维护法语纯洁性联盟”，法国人的这种母语情结在都德的小说《最后一课》已经表现无遗。2022 年，法国将成为欧盟的轮值国，他们想利用这个机会大力削减英语的地位，凸显法语的地位。英语是欧盟主要的工作语言，也是欧盟指定的官方语言，但现在英国已经脱欧，欧盟二十几个国家的“老大”是法国跟德国，有什么理由再把英语作为官方语言？他们一直在思考这个问题。还有一个例子是俄罗斯。在圣彼得堡和莫斯科的街头，无论是旅馆还是商店的招牌，都很少看到英文，连他们的麦当劳都不用英文，而是改成俄文。如果是在远东的符拉迪沃斯托克，那么更是少见。他们为什么会这样呢？因为他们有很强的民族自信心和自尊心。他们觉得英语无非就是一个普通的语言，如果每个国家都改用英语，英国、美国独大不是一件好事。他们骨子里对这种现象是很抵制的，日常生活当中就很少出现英文的影子。

我国的语言学家张公瑾先生曾经呼吁：“我们要坚持文化多元性，语言多样性的潮流，以此抵制政治上的霸权主义、文化上的西方中心主义，实现世界各民族真正的文化平等和语言平等，出色地肩负起语言学的时代使命。”可见，语言是有很强的意识形态色彩和政治性的。赵世举教授主编过一本书，叫《语言与国家》，他谈到语言跟国家在很多方面是有关系的。早在 2004 年，马庆株先生就在《羊城晚报》发表过一篇有名的文章，叫《保卫汉语就是保卫祖国》。他认为汉语已经存在危机，要奋起保卫我们的汉语，并上升到了保卫祖国这样的高度。

二、当前我国的语言生态

第二部分，讲我国当前的语言生态问题。我们国家有 56 个民族，但是语言多达 129 种，其中有汉藏语系的语言，也有阿尔泰语系、南岛语系、南亚语系、印欧语系的语言，还有一些其他的。5 大语系里，汉藏语系是最主要的，多达几十种；语系下面分语族，如藏缅语族，藏缅语有北部语群跟南部语群之分，下面再分语支，比如彝语支，包括彝语、纳西语等等，大家在云南丽江看到的东巴文，其实就是记录纳西语的一种文字。彝语本身不是很复杂，语言的结构体系、音节都较简单，但方言十分复杂。

为什么 56 个民族会有多达 129 种语言？这是因为有些民族是民族集团。像高山族就有十几、二十个族群，讲的语言也有几十种，其中的阿美人主要分布在台北附近，语言的使用人口比较多，有十几万人；但是有些语言，像阿里山、日月潭旁边的邵语，会讲的人就非常少。我曾经去过讲邵语的村庄，每天都有很多人去那里旅游观光，当地人做生意也会各种接触，这使得邵语的使用人口急剧减少，不久的将来，这种语言肯定会死掉。藏族也有很多的语言，虽然藏语是其中最主要的，但藏语也有很多方言。瑶族使用的语言也多达 3 种，而且这 3 种之间差别还非常大。有些地方的汉族，讲的其实也不是汉语，比如海南的临高人，虽然身份证上写的是汉族，

但他们讲的临高话，实际上是侗水语支的一种语言。还有广东怀集县的标话、海南的村语、桂林郊区的茶洞语，都不是汉语。

实际上，这 129 种语言中，有多达 117 种语言已经濒危或正在走向濒危。其中，已经濒危的 21 种，迈入濒危的 64 种，临近濒危的 24 种，没有交际功能的 8 种。为什么有的语言还活着，却没有交际功能？这是因为使用人口很少，而且根本就不住在一起，即便住在一起，可能平时也不怎么习惯说这种话，已经成了记忆当中的一种语言，这是经常有的。比如分布在湘、鄂、渝、黔四个省交界的土家族，人口总数有 800 多万，但是会讲土家语的只有几万人。有些跟汉族直接交界的乡镇，会讲土家语的人就更少。我曾经去过永顺县的芙蓉镇作调查，它的原名叫王村，后来因为拍了电影《芙蓉镇》，才改了名。这里曾经是土家族王宫的所在地，是土家族的一个文化中心，但是整个镇会讲土家语的只有两个人，是一对兄妹。我当时其实是去找这位哥哥的，租了个车跟几个学生跑到他家去，结果扑了个空，他老人家不在家；他儿子跟我说了姑姑的住处，于是我们又跑到那边去找老太太。他们两兄妹不住在一起，可见这个语言已经丧失了交际能力。还有满族，满族的人口多达 1000 多万，是我国第三大的少数民族。满语在兴盛的时候是被定为国语的，据《清史稿》记载，清朝初年，政府设立了一些专门教授汉人满语、满文的官员，当时去见皇帝是要讲满语的，因为不会讲满语被革职的汉族官员非常多。但是到了清朝中期，乾隆以后，宫廷里面，甚至皇帝自己，都开始讲汉语了。经历了满汉双语的这么一个阶段，到了清朝晚期,连皇帝自己都不会讲满语了。清朝的最后一个皇帝溥仪是满口的北京腔，满语只会讲几个词；他也会讲点英语，因为他有专门的英语老师，名叫庄士敦。到现在，满语只有 100 个左右的东北老人还会讲，可以预料这种语言很快就会消失。现在政府也采取了一些措施来抢救和推广，在满族人的中小学里面教授满语，但是效果不怎么好。还有畲族，畲族的人口也有大几十万，但今天只有 1000 多个人会讲畲语，他们居住在广东的 4 个县——博罗、增城、惠东、海丰。其他分布在福建、浙江、江西、广东、安徽的畲族人，都不会讲畲语，只会讲“畲话”，是跟客家话接近的一种汉语方言。畲语和畲话是不同的，畲语是少数民族语言，但畲话是汉语的方言。浙江丽水有一个全国唯一的畲族自治县——景宁畲族自治县，那里的人也是讲畲话，同时也会讲当地的吴语，那里的畲话受到吴语的很多影响。再比如回族，他们本来有自己的民族语言——像波斯语，但是现在已经丧失了。中国的回族在哪里就讲哪里的话，在甘肃就讲甘肃话，在宁夏就讲宁夏话，在陕西就讲陕西话，在广州就讲广州话。但是，广州的回族讲的广州话里面有一些原来回族的、伊斯兰的词汇。我老家所在的福建南部，也有回族乡，那里的回族讲闽南话。

汉语是这 129 种语言当中最重要也是最主要的一种，它是世界上使用人口最多的语言，也是最悠久和最发达的语言。汉语的方言差异非常大，现在所谓的十大方言区，官话的使用人口多达好几个亿，吴方言、粤方言有几千万，但有些可能只有几百万，像平话。官话的使用范围很广，除官话外，其他方言主要集中在东南地区。汉语方言的形成有多种多样的自然、历史、文化的原因，古代也有方言的差异，甚至可能比今天还要厉害，在两汉之交就有扬雄的《方言》。汉语方言差异悬殊是我国的基本国情之一，以方言作为主要的交际工具是大部分人的一种基本的生活方式。你们大学生平时可能都是讲普通话，但是老乡跟老乡之间就会讲方言，跟家里父母也一般都讲方言。在农村、在城镇，那就更是这样了。

新中国成立以后，党和国家一直非常重视推广普通话，《宪法》明确规定：“国家推广全国通用的普通话。”2001 年起施行的《中华人民共和国国家通用语言文字法》，进一步明确了普通话的国家通用语地位。推广普通话是为了消除各地区、各民族、各族群之间的语言隔阂，实现语言作为人类

最重要交际工具的交际功能。推广普通话并不是为了消灭方言，当然，方言也不可能人为地被消灭。但是，最近几十年来，随着普通话的逐步推广和普及，汉语方言的流失现象越来越严重。除了那些小众的方言外，包括像上海话、厦门话、福州话、长沙话、南昌话在内的地域性权威方言，也逐渐被新生代所不齿。像广州话这类绝对强势的方言已经不很常见了。东南方言里，广州话应该是一枝独秀，是最强劲的一种方言，广州是全国语言生态最好的地方。广州的孩子从小肯定是先说广州话，再说普通话，他们在一起也都是讲广州话，广州的公共场合，像地铁、公交、医院，也一定有广州话的广播。但是，这一点都不影响广州的普通话推广，广州人的普通话水平比全国很多城市好。一个广州年轻人开口讲普通话，你可以听出他是南方人，但是很可能听不出他是广东人。这充分说明了方言的保护传承跟普通话推广一点都不矛盾。上海、杭州的不少年轻人，都把他们的方言丢了，但是并不见得他们的普通话就说得很好。普通话允许有一定的变异，不是每个人都需要讲得像中央电视台的播音员一样。

除此以外，全国各地，特别是东南地区，还有一些濒危方言，这些方言都是极小众的方言。比如说在岭南地区，除了大的方言——粤语、客家话、闽语、平话、官话、湘语之外，还有一些像粤北土话、蛇声、占米话的小方言；在海南，也有东坡话、迈话、疍家话等等，都是使用人口很少、极度濒危的方言。经过大半个世纪的努力，普通话在包括广州这类方言势力非常强大的地区，都得到了有效的推广。可以说，推广普通话已经深入人心，市场经济的无形大手使得推普的滚滚洪流不可阻挡。但是，当前是已经到了回过头来适度保护汉语方言的时候了，以确实有效地延续文化的多元性。

关于这个问题，社会上有很多的争议、有很多不同的声音，我觉得都是正常的。但是作为官员、作为公众人物，如果你秉持的是一种不健康的语言观，那么就会影响到很多人。山东省原副省长黄胜，公开说方言类电视节目应该退出山东电视台的黄金时段，因为方言节目跟国家的语言文字政策有抵触，会影响推普。当然，也有一些有识之士一直在呼吁方言保护，比如北京的政协委员提倡在幼儿园开设方言课，并给方言影视节目一些空间。最近几年，每次召开两会，常会有关于方言的议案，有些甚至是非常有名的政协委员或人大代表，联名的也越来越多。2011 年，《广东省国家通用语言文字规定》出台，规定使用方言播音的电视节目应当经由国务院广播电视部门或广东省广电部门批准。规定出台之后引起了很大的争议，很多老百姓担心电视台里面的方言节目会不会都被取消。《南方人物周刊》的记者就来采访我。我的主要观点是，方言节目的比例不应该由政府来规定，而应该交由市民跟市场来决定。比如杭州电视台的《阿六头说新闻》，已经好多年了，就是一个非常受喜欢的方言节目。电视节目要考虑收视率，如果市民喜欢、有市场，就播；市民不喜欢、没有市场，就不要播。我曾经还接受过《新华每日电讯》的采访，提出了“方言保护需防患于未然”。我们现在讲的濒危方言和方言保护，往往是针对那些弱势的方言，但是大的方言、比如闽、粤、客方言，还有几千万人在使用，是不是就没有濒危的问题了呢？不是的。这些方言也已经出现了濒危的趋势，而且有些已经相当明显，所以应该防患于未然。我发表在《语言战略研究》上的《论闽、粤、客方言的保护传承问题》，主要观点也是这个。大的方言也要保护、要关注，就像一个人不能等到生了重病才去看医生，有点小病就要及时去看；在它还相对健康、健全的时候，就要对它进行有效的干预，否则，这些方言就真的会得大病、会消亡。《濒危汉语方言与中国非物质文化遗产保护》这篇文章，是从非遗的角度来探讨方言的保护传承问题。方言跟非遗的关系非常密切，应该把它作为非遗的一个部分，进行捆绑式的保护传承。

实际上，如果没有汉语方言，也就没有一切的口头文化遗产。赵本山的

小品、湖南台的相声之所以大获成功，很大程度上得益于它们都是一些深深植根于乡土的方言作品。就汉语而言，没有方言的话，国家通用语言——普通话——就会成为无源之水、无本之木。普通话受方言的影响是很大的，它也是在不断丰富、不断发展的，普通话当中有很多方言的成分；况且，普通话是以北京音为标准音，以北方方言为基础方言，因此没有方言也就没有普通话的前身和今世。我们不能把方言跟普通话对立起来，两者实际上是相辅相成的。社会上有很多人，包括官员、学者和公众，都对方言有一种错误的观感，认为方言会阻碍人们的交流，会阻碍推普，恨不得去之而后快。但是最近几年，我国的语言规划理论也正在从“问题导向”向“资源导向”的规划观转变，不再把“多语多言”现象视为问题，而是作为一种语言资源、文化资源，甚至是战略资源来看待，我认为是一个很大的进步。

三、中国语言学的使命

第三部分，我给大家简单介绍一下当前中国语言学界和语言学者在做些什么。首先简单介绍两个概念：一个是物质文化遗产，一个是非物质文化遗产。物质文化遗产是看得见、摸得着的实物，比如考古遗址、墓葬、建筑壁画、石刻、艺术品、手稿等等。非遗是指口头传统和表述、民俗活动和礼仪节庆、传统手工艺等以及与此相关的文化空间。非遗当中最重要的就是口头传统和表述，即一切以语言为媒介的非物质文化形态，像山歌、曲艺、童谣、史诗、民间故事、历史传说等等，它们与当地方言的关系非常密切。

2001 年通过的《世界文化多样性宣言》阐述了文化多元性是人类共同遗产的原理，并对保护人类的文化遗产作出了明确的规定。文化在不同的时代和不同的地方具有各种不同的表现形式，这种多样性的具体表现是构成人类的各群体和各社会的特性所具有的独特性和多样化。文化多样性是交流、革新和创作的源泉，对人类来讲，就像生物多样性对维持生物平衡那样必不可少。从这个意义上讲，文化多样性是人类的共同遗产，应当从当代人和子孙后代的利益考虑予以承认和肯定。每个人都应当能够用其选择的语言，特别是用自己的母语来表达自己的思想，进行创作和传播自己的作品。

语言的多样性是文化多元化的基本保证。《联合国教科文组织法》将永久保护语言的多样性作为一项基本原则。2003 年 3 月，濒危语言国际专家会议通过的《语言活力与语言濒危》指出："语言多样性是人类最重要的遗产。每一种语言都蕴藏着一个民族独特的文化智慧，任何一种语言的消失都将是人类的损失。"最近几十年，联合国教科文组织做了很多努力，设立"抢救濒危语言年"，编辑出版了《濒危语言红皮书》，呼吁各国政府机构、团体组织和世界各地的语言学家开展濒危语言方言的保护和抢救工作。2018 年，我国政府和联合国教科文组织在长沙共同举办了首届世界语言资源保护大会，我也有幸参加。在会上，联合国教科文组织及各国政府、相关学术机构代表和与会的 120 位专家学者讨论并通过了《岳麓宣言（草案）》。这样一份以我们中国的历史文化名胜作为抬头的文件，于 2019 年 1 月 18 日在联合国教科文组织的官网上正式公布。《岳麓宣言》是联合国教科文组织首个以"保护语言多样性"为主题的永久性重要文件，该宣言号召国际社会、各国、各地区、政府和非政府组织等就保护和促进世界语言多样性达成共识。

当前，国外有一些濒危语言保护的项目，如欧洲濒危语言记录项目（Endangered Languages Documentation Programme，ELDP）、濒危语言项目（The Endangered Languages Project，ELP）、语言记录和保存项目（Language Documentation & Conservation，LD&C）、濒危语言有声词典研究所（Living Tongues Institute for Endangered Languages）、

美国濒危语言基金（The Endangered Language Fund，ELF）、英国濒危语言基金会（Foundation for Endangered Languages，FEL）、土著语言协会（Indigenous Language Institute，ILI），还有语言多样性联盟（Terralingua）。我们中国的语言学界也在积极行动。2000 年 10 月，中国民族语言学会和《民族语文》杂志社在京联合召开了“我国濒危语言问题研讨会”，而后还出版了几十种描写和研究濒危语言的专著，发表了一批有分量的文章。比如孙宏开先生主编的“中国新发现语言研究丛书”（1997—2005），涉及 30 多种少数民族语言，其中多数为濒危语言。还有像戴庆夏先生主编的《中国濒危语言个案研究》（2004），汇集了土家语、仙岛语、仡佬语、赫哲语、满语等 5 个濒危语言的个案研究。

中国少数民族语言学界开展这方面的研究比较早，我们方言学界就显得比较迟钝。但是，方言跟语言其实并没有本质的区别，方言就是方言区人民的语言，我们讲的语言保护传承也包含着方言的保护传承。如果某个地方的方言消失了，那么地域文化也会黯然失色，甚至被连根拔起。所以，从非遗的角度来研究濒危方言的意义十分重大。面对濒危方言，在客观上我们虽然无法进行有效的干预，但在主观上，我们可以赶在其消亡之前进行抢救性的调查。过往在这方面有一些理论的探讨，也有一些实际的行动，比如曹志耘教授的论文《关于濒危汉语方言问题》（2001），还有 2002 年中国社会科学院的 A 类重大课题“中国濒危语言方言调查研究与新编《中国语言地图集》”，调查了军话、站话、正话、乡话、九姓话、畲话、疍家话等 7 种濒危汉语方言，陆续有一些著作出版。我的博士论文《粤北土话音韵研究》，面对的也是濒危方言。2009 年，我在中山大学主持召开了首届濒危方言学术研讨会，一共有 60 多位学者参加，提交了 58 篇论文。论文内容非常丰富，涉及濒危汉语方言的分布、类型、保存和保护，濒危汉语方言与语言接触，濒危汉语方言与国家语言资源以及濒危汉语方言的个案研究等等。2011 年，第二届会议在吉首大学召开。后来，我跟邹晓玲把两次会议的论文收集起来，进行遴选，编辑出版了国内第一部濒危汉语方言研究的论文集——《濒危汉语方言研究》。

2007 年，我们在中山大学中国非物质文化遗产研究中心申请了名为“岭南濒危方言研究”的重大项目。“岭南”包括两广、港澳跟海南，主体方言是粤语、客家话、闽语、平话、官话和湘语，除此以外还有很多系属未明的濒危方言，比如广西贺州的鸬鹚话。从语言心理、语言生活、语言活力等方面来看，片状分布的方言都是强势方言，在可以预见的未来并没有消亡殆尽之虞；但岛状分布的方言都是弱势方言，在强势方言和普通话的双重夹攻之下交际功能越来越弱，使用人口越来越少。这类弱势方言就是该课题所要调查研究的濒危方言。这个课题在岭南地区选择了 10 个左右有代表性的方言点进行详尽的记录、描写和分析，以文字、音标、地图和音像等形式使之永久性地保存下来，为后人提供一份完整、系统、准确的非物质文化遗产。这是该课题的学术价值和实践意义之一。这个项目主要研究濒危方言的地理分布和语言本体、语言活力和濒危程度以及语言接触和语言变异。我们调查了 10 个点，比如有讲军话的惠东平海古城。这个古城建立于洪武年间，是一个海防要地，明政府派遣北方的士兵来驻扎，这些人数代从军。现在，明朝已经灭亡了几百年了，但古城里面的人还在讲官话。惠东县本身方言很复杂，周边有粤语、客家话、闽语，走出城就有三四种方言，但是城里却一直讲官话。还有深圳的大鹏古城，也是一个海防要地，这里的官兵主要是客家人和广府人，久而久之就形成了一种客家和广府的混合方言，也是非常有特色的。还有像广西合浦县的永安古城，这里驻扎的士兵主要来自福建，因此讲闽语。可见，军话是很复杂的，有官话系统的军话，也有客方言系统、粤方言系统、闽方言系统的。值得一提的还有石蛤塘土话，全世界讲这种方言的人不到 400 个人。这个村我去过很多次，

调查、录音、整理、转写，每句话除了汉字以外还有完整的国际音标。这本书前年由商务印书馆出版，所有的音像资料都在书里做了二维码，用手机扫一扫，就可以收听和收看。

最近几十年来，随着计算机应用技术的发展，汉语方言有声数据库的建设成为方言建档工作的基本方式。国外做这种有声语料库的工作比我们要早，美国有“语言数据联盟”。在我国，台湾也比较早建了“客家语常用词辞典”和“台湾闽南语常用词词典”，大陆方面较早的工作是在 1995 年至 1999 年，侯精一主编的近 40 种现代汉语音档陆续出版，包括磁带和书本，后来集合成光盘版的《现代汉语方言音库》。2008 年，国家语委在苏州启动中国语言资源有声数据库的建设试点，后来推广到江苏全省 70 个点，2013 年已经完成建库，这 70 个点的材料在网上是可以听得到的。当前，一些有条件的地方政府也在有意识地对方言文化进行保护传承，比如东莞市。东莞的经济非常发达，政府也大力支持东莞市档案局开展东莞方言的建档工作。据我们了解，这在广东全省地方政府的工作中实属首创。这项工作也开创了政府与高校合作进行方言调查、方言建档的先例，在档案工作和语言学研究领域都是一个显著的创新。项目在 2014 年正式启动，主要调查莞城的粤语和樟木头的客家话，包括单字 3500 个、词语 2500 条和语法例句 200 条，以及尽可能多的惯用语、成语、谚语、歇后语等熟语以及童谣、山歌和民间传说等口头传统。所有的调查内容全部用专业的软件进行高质量的录音，有一些还进行摄像。东莞市档案局还在档案馆里开辟了一个专门的东莞方言档案视听室，这项工作也得到了当地的一些文化名人和各级政府的大力支持。我们的莞城发音合作人是东莞文史名家杨宝霖先生，他当时已经 80 岁了，每天来到宾馆接受我的访谈录音。他是整个东莞市唯一会唱木鱼歌雅唱的人。木鱼歌在明清两代盛行于珠江三角洲，当时的歌词甚至被英国人翻译成了英文，传到欧洲去，被称为“岭南的情歌”，非常有名。东莞的木鱼歌是国家级非遗，有雅唱跟俗唱之分，俗唱是即兴的弹唱，雅唱则是有写好的歌词、歌曲，歌词非常文雅，是用方音来演唱的。能录到杨先生的木鱼歌雅唱，实在是非常难能可贵的。我们还录到了一些原生态的客家山歌，演唱的老太太已经 90 岁了。她虽然是个文盲，但当我们把她唱的内容转写成汉字的时候，却发现歌词非常文雅。这些歌没有曲谱，没有歌册，完全靠祖祖辈辈口耳相传，传到她这一辈就失传了，因为她的儿孙们已经没有人会唱了。类似的情况在中国民间还有很多，它不单单是我们研究方言学的宝贵资料，也是研究民间文化、民俗、民间文学的重要素材。民俗学不能坐在空调房里研究，要下去采风。如果你懂得方言学，就可以采集到非常地道的材料。经过多年的努力，我们终于把全市的 32 个镇调查了个遍，收录了七八万条字词句篇，今年将会在广东人民出版社出版一本 1000 多页的《东莞方言调查报告》，这些材料也会陆陆续续在他们的官网上公布，每一条都有国际音标的记音。这对调查研究者来说，要求是非常高的。

总之，通过实地调查，以记音、录音或摄像等为主要手段实态采集第一手的方言素材，这是我们首先要解决的问题。随后，我们会根据语料整理规范，包括音像资料剪辑规范、模板表填写规范、文件命名规范、文件归档和校对规范等，对文本文档和音频、视频文档进行整理，使之成为熟语料。最后，要聘请数据库专家，根据不同目标、不同需要，把经过整理的熟语料输入不同类型的语料数据库，分别建立 4 个各自独立又互相关联的子库：字音库、词汇库、语法例句库和熟语歌谣及自然口语语料库，真正实现方言语料的电子数字化以及全面共享。这些东西编出来之后，学者可以用，公众也可以用，真正做到接地气、雅俗共赏。做这些课题，一方面锻炼了学生，一方面采集了数据，出版的成果也能为社会作贡献，我觉得是非常开心的一件事情。其他有关汉语方言的语料库建设项目还很多，如 2014 年度国家社科基金重大项目“海内外客家方言的语料库建设和综合比较研究”，还有

2015 年起，湖南著名艺人汪涵全程资助的湖南方言调查“响应”计划。汪涵聘请了我作为“响应”计划学术委员会的委员，我也多次去湖南指导他们的调查。这个项目做完之后，会建成一个数据库，无偿捐献给湖南省博物馆。

最后我再给大家简单介绍一下语保工程。党的十八大及十七届六中全会提出要“建设优秀传统文化传承体系，弘扬中华优秀传统文化”，以及“科学保护各民族语言文字”的精神，《国家中长期语言文字事业改革和发展规划纲要（2012—2020）》也提出了语言资源保护的任务。所以，2015 年教育部和国家语委联合发文，决定自当年起启动中国语言资源保护工程（简称语保工程），在全国范围内开展以语言资源调查、保存、展示和开发利用等为核心的各项工作。2017 年，中共中央办公厅、国务院办公厅印发了《关于实施中华优秀传统文化传承发展工程的意见》，提出“保护传承方言文化”。“方言”这两个字被写进了中央的文件，被看作是优秀传统文化的组成部分。语保工程 2015 年启动的项目，有福建、浙江、山西和重庆，还有方言文化典藏项目和濒危方言项目。2016 年起，在全国各地全面铺开。语保工程的第一期已经在 2019 年完成，一共调查了全国超过 1500 个点的少数民族语言和汉语方言。所有的材料都经过了验收，最后由科技部科技支撑计划立项，由清华大学计算机学院开发了一个“中国语言资源保护工程采录展示平台”，这是目前世界上最大规模的有声语言数据库，容量达到了 200TB。

除了开发有声数据库之外，语保工程还出版了一系列的图书。第一种就是《中国语言文化典藏》，一共 20 卷，2017 年由商务印书馆出版。后来又出版了《中国濒危语言志》，一共 30 本，其中少数民族语言 20 本，汉语方言 10 本，我与学生合作的《广东连南石蛤塘土话》就是汉语方言当中的一本。前段时间这套书获得了第 5 届中国出版政府奖的提名奖，是一项很高的荣誉。

我认为语保工程是相当重要也是相当有实效的。首届世界语言资源保护大会，其实也是因为有了语保工程这样一个背景，才有可能在中国召开。如果中国政府没有这样的举措，中国的语言学家没有这样的作为跟担当，联合国教科文组织也不会把这场大会放在我国来举办，也不会邀请我们这么多中国的学者来参与这样一个盛会，见证这么一个重要文件的诞生。现在第一期工程已经结束，去年又启动了第二期工程。在财政比较吃紧的情况下，国家还愿意继续投资，这个是很难得的。

交流环节

杨望龙：我记得上一次语言学年会的时候，有一个专场就是讲语言生态的。当时有位老师提到，语言濒危是一个方面，还有另外一个方面是，因为语言接触或语言分裂，也会有少量的新语言诞生。老师怎么看待这个问题？

庄初升：这种现象是存在的，但速度肯定赶不上语言濒危的速度。在多民族、多方言的地区，两种方言接触时，不是一种把另外一种吞并掉，而是各取一部分，混合形成一种新的方言。克里奥尔语就是属于这种情况。当前好像不是太多，现存的是有，但是新产生的混合语我不知道有哪些。更多的混合语实际上是方言跟普通话的混合，像你们年轻人讲的方言当中，普通话的成分越来越多，越来越像普通话。我认为这不是件好事，挽救不了整个汉语方言的颓势。所以我们作为语言学者就要积极行动起来，开展一些力所能及的调查、记录、保存的工作。如果我们都不做这项工作，就无可救药了。

王则徐：刚刚老师有提到，我们现在说的方言越来越受到普通话的影

响，变成了某种意义上的一种新方言，那么什么样的方言可以被认定为是一种标准方言？

庄初升： 其实在过往的农业经济时代，语言尤其是优势语言的发展演变是非常缓慢的，代际的差异比较小，有一个相对长的稳定期。比如100多年前记录的普通话，除了词汇以外，跟现在的普通话语音是完全一样的，这是因为政治、经济、文化的中心力量，使它自然地成为一种区域性的优势方言，甚至成为区域性的共同语。广州话也是一样的道理。语言的标准其实就是这样形成的，由于发展变化比较慢、比较稳定，当它成为权威方言或标准语之后，有人就会自觉地来规范它。香港的电台是有专门的粤语正音节目的，本地的播音员经常要去接受培训，也出版过正音字典。这些方言还有一个特点，比如广州话除了有很完整的语音、词汇、语法系统以外，还有文字，是可以写得出来的。广州话还有粤剧及各种歌谣，还有方言故事，可见它有非常完善的、完整的方言文化。这种方言就是一种权威的方言，一种向心型的方言，它比较稳定，变化发展也会慢一些。

王则徐： 在调查一些比较小众的方言的时候，如果它已经受到普通话影响比较深了，应该怎么找到它原来的样子？

庄初升： 这要看地方。在方言权威性比较高的地方，找不同年龄阶段的人来发音，其实口音差别不是很大。但是很多地方就不行，比如我们前几天去的象山县，那里不同的人口音差别就非常大，要找到一个理想的发音合作人，就会非常难。

王则徐： 在寻找的过程中有什么参考的条件吗？

庄初升：当然有。我上方言调查课的时候讲过几条原则，最主要的一条，是一定得是母语者，从小学会的第一门语言就是这门语言。再一个是年龄要尽量大，但身体要健康，发音器官要健全，不能连门牙都没了，如果没有门牙，有些音就发不出来了。在身体健康、精力充沛的情况下，年龄越大是越好的。还有，最好选择男性，因为男性的口音会比较保守，女性的口音往往比较偏向于时髦。另外，方言调查要调查到一些对女性不好说出口的条目，比如人体的器官部位，如果是女性发音人有时候就会很尴尬。所以我一般情况下不会找女性发音人，但是实在找不到的话，也没办法。还有一条就是不要长期在外。有些人一到外面去，说了普通话，口音就会受到影响，发生一些变化。对于方言调查，现在我整体的感觉是找人越来越难，所以我们这个行业也是个“夕阳产业”。但是，方言学可以让你受到全方位的语言学训练，所有语言学可以做的课题，方言学都可以做。如果你想要一辈子从事语言的调查研究，从方言学入手，我认为是不错的一个选择。

王则徐：刚刚老师提到了很多在我个人看来比较小众的方向，比如一些社会学的角度，比如说对自己语言文化的自信心、忠诚度，还有把语言和非遗结合起来等等。这些似乎不是语言学最核心的研究，那么现在有多少中国的语言学学者在做这些事情？

庄初升：其实这些严格来说不是语言学研究，而是语言社会学研究，用的方法完全是社会学的方法，比如问卷、访谈和隐匿观察，还有一些统计软件。他们研究的不是语言的本体，不是语音、词汇、语法、语用，而是语言外围的东西，即语言跟社会、语言跟文化之间的关系。语言服务、语言经济、语言规划、语言政策、语言生活、语言教育……这些其实都是语言社会学。我刚才讲到的《语言战略研究》，里面发文章的很多作者都是做

这种研究的。根据我的观察，做这些的主要不是中文系的老师，很多是外语系、社会学系甚至是经济系的。感兴趣的话，你可以多关注一下国家语委每年发布的《中国语言生活绿皮书》。最近发布了《粤港澳大湾区语言生活报告》，都是由商务印书馆出版的。

域外词研究中的几个问题

——以高丽朝鲜词为例

陶 然

学者名片

陶然，1971 年生，江苏南京人。现为浙江大学文学院教授、博士生导师。兼任浙江大学宋学研究中心主任、全国大学语文研究会副会长、浙江省诗词与楹联学会副会长等。1999年毕业于浙江大学中国古代文学专业，获博士学位。主要著作有《金元词通论》《乐章集校笺》等，主持国家社科基金重点项目“韩国古代词文学及全集笺注”等。

时间：2019 年 12 月 1 日

地点：厦门大学中文系

古代东亚大陆的中原王朝与日本列岛、朝鲜半岛、中南半岛的密切文化交流和汉字文化圈的影响，使得词也和中国传统的诗文经史一样，远播至域外。词在这些域外邻邦的流衍，促使其文人仿效操觚，留下了数量颇丰的域外词。其中朝鲜半岛上的高丽、朝鲜两个王朝，一向与东亚大陆的中国各朝代保持着极为密切的政治、经济与文化联系，其文学以汉字为主要语言载体，与中国文学有着深厚的因缘。随着中国唐宋时代的词乐、词作和词谱的传入，词文学成为高丽朝鲜文学的一支，并作为反映了中国词学的域外影响的参照系，在现代词学研究史上得到中外词学研究者的关注，近年来已有不少研究成果。然而从研究立场而言，研究者较多地着眼于作为文化输出的内容，中国唐宋时代的词是如何影响高丽朝鲜词的，而较少注意另两种立场：借助高丽朝鲜词的文献材料，考察中国词史中的重要问题；立足高丽朝鲜词的实际生态，考察高丽朝鲜的词史演进与词学观念。兹试就词作、词乐、词论三方面略作举例发凡。

一、借助东传词作考察宋词的域外影响问题

宋朝与辽金蒙古以及西夏高丽等政权，在政治上存在或对抗或并存或藩属的不同外交关系，而在文化上却仍以往来交流为主要特征。这是作为宋代通俗音乐文艺形式的宋词所依托的独特的政治文化环境。因此宋代词人及其作品的域外影响问题是考察宋词发展的视角之一，它和宋朝域内的本体视角构成了互为参证的关系。叶梦得《避暑录话》载：“余仕丹徒，尝

见一西夏归朝官云：‘凡有井水饮处，即能歌柳词。’言其传之广也。”[①] 其实这条记载更令人感兴趣的是，它反映了在域外荒寒之地西夏，柳词居然也能有如此广泛的流播这一事实。又《高丽史·乐志》中所载宋词中，计柳永 8 首，晏殊、欧阳修、苏轼、晁端礼、阮逸女、赵企、李甲各 1 首。这当然不能反映从宋朝传播到高丽之宋词的完整面貌，但无疑体现了流行于高丽国的宋词格局，构成了当时高丽音乐文化中的宋词世界。从这一角度进而返观北宋词史，对于认识北宋词坛在音乐文艺和文学形塑两方面的二重格局、对于考察词作的流衍方式等问题，都可以启发一些新的思索。兹略考欧阳修词传入高丽的情况以作示例。

韩国学者黄一权曾广泛考察欧阳修诗文著作传入高丽的时间，据高丽金富轼撰《三国史记》中《新罗本纪》卷 10 已引用欧阳修《新五代史·梁本纪》卷 3 史论、李仁老《破闲集》中曾提及《集古录跋尾》及《居士集》中《重读徂徕集》诗句、崔滋《补闲集》曾提及《归田录》及《欧阳公集》等记录，认为欧阳修所编《新五代史》《新唐书》在 1145 年之前已传入高丽，诗文集则在 1241 年之前传入了高丽。[②] 但黄文未专门考察欧词东传的情况。就现存文献来看，关于欧词东传高丽的问题，有三点值得特别关注。

1. 欧阳修《洛阳春》

《高丽史·乐志》中所载词作，见于欧阳修词集者为《洛阳春》：

纱窗晓黄莺语。蕙炉烧残炷。锦幄罗幕度春寒，昨夜里三更雨。　绣帘闲倚吹轻絮。敛眉山无绪。把花拭泪向归鸿，问来处，逢郎不。

① 叶梦得：《避暑录话》卷下，商务印书馆《丛书集成初编》本 1939 年版，第 49 页。
② ［韩］黄一权：《欧阳修著作初传韩国的时间及其刊行、流布的状况》，载《复旦学报》2000 年第 2 期，第 131—140 页。

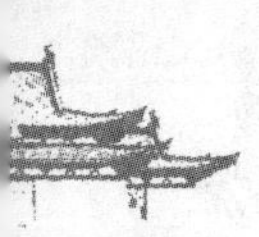

此词传入高丽的具体时间已难以考证。《钦定词谱》卷5《一络索》调下注："欧阳修词名《洛阳春》。张先词名《玉连环》。辛弃疾词名《一络索》。"① 在中国后世的南曲和昆曲中仍有该调遗留或余绪，但多采用《一络索》为曲名。而在高丽朝鲜的音乐史上，此调一直以欧阳修词原本的《洛阳春》之名，在《俗乐源谱》和李王职雅乐部的大笒谱、筚篥谱、唐笛谱等诸种乐谱中保留并流传至今②。这至少从一个侧面说明了欧阳修词影响的深广程度。

2. 真卿所传《踏沙行》

高丽文宗二十五年（1071）三月，"遣民官侍郎金悌奉表礼物如宋。初，黄慎之还，移牒福建，请备礼朝贡。至是，遣悌由登州入贡"③，从而恢复了中断数十年的北宋和高丽之间的通好关系。徐兢《宣和奉使高丽图经》卷40《乐律》载："熙宁中，王徽（高丽文宗）尝奏请乐工，诏往其国，数年乃还。后人使来，必赍货奉工技为师。每遣就馆教之。"④ 这说明乐舞词曲的交流，已成为两国通好的内容之一。北宋的乐师、歌伎不仅去高丽使节的客馆中教授，还被派遣到高丽执教，如《高丽史》卷71《乐志》俗乐"用俗乐节度"条载：

> 文宗二十七年二月乙亥，教坊奏女弟子真卿等十三人所传《踏沙行》歌舞，请用于燃灯会。制从之⑤。

真卿等女弟子可能就是北宋派至高丽教习歌舞的歌伎。《踏沙行》即《踏莎

---

① 《钦定词谱》卷5，中国书店1983年版，第306页。

② 参见郑祖襄：《〈洛阳春〉词调初考》，载《中央音乐学院学报》，1996年第2期；[韩]郑花顺：《現行韓國唐樂의樂調에關하여》，载《韩国音乐研究》2015年第58辑。

③ 郑麟趾：《高丽史》卷8《文宗世家》，韩国亚细亚文化社1972年影印版，上册第179页。

④ 徐兢：《宣和奉使高丽图经》卷40，中华书局1985年版，第140页。

⑤ 郑麟趾：《高丽史》卷71《乐志二》，韩国亚细亚文化社1972年影印版，中册第560页。

行》，是一种歌舞曲，其词始见于晏殊《珠玉集》和欧阳修《近体乐府》，而欧阳修“候馆梅残”一阕更是词史上的名作。按高丽文宗二十七年(1073)，当宋神宗熙宁六年。这是目前文献中所能发现的最早的高丽史上与词有关的记载。这时晏殊已卒，而上距欧阳修熙宁五年(1072)去世尚不到一年。真卿所传的《踏沙行》歌辞今已不可考，当然也就不能完全证明欧词此时已传入高丽，但将宋神宗熙宁年间作为欧词传入高丽的时间上限，是有一定的可能性的。

3. 高丽宣宗《贺圣朝》

现存的第一首高丽词出自宣宗之手。高丽宣宗名王运(1049—1094)，字继天，文宗次子，顺宗之弟。史谓其“博览经史，尤工制述”①，《高丽史》中还记载了他作有古风长篇及三宝诗等诗歌作品。《高丽史》又载宣宗六年(1089)九月，“丁丑，以天元节宴辽使于乾德殿。王制《贺圣朝》词曰：露冷风高秋夜清。月华明。披香殿里欲三更。沸歌声。　扰扰人生都似幻，莫贪荣。好将美醁满金觥。畅欢情。”② 宣宗六年，当宋哲宗元祐四年、辽道宗大安五年。

按《贺圣朝》一调本为唐教坊曲，始见于冯延巳《阳春集》。《钦定词谱》卷6谓此词“双调四十七字，前段五句三仄韵，后段六句两仄韵”③，并录冯词为正体：

金丝帐暖牙床稳。怀香方寸。轻颦轻笑，汗珠微透，柳沾花润。云鬓斜坠，春应未已，不胜娇困。半欹犀枕，乱缠珠被，转羞人问。(冯延巳《贺圣朝》)

① 郑麟趾:《高丽史》卷10《宣宗世家》，韩国亚细亚文化社1972年影印版，上册第201页。
② 郑麟趾:《高丽史》卷10《宣宗世家》。韩国亚细亚文化社1972年影印版，上册第210页。
③ 《钦定词谱》卷6，中国书店1983年版，第393页。

对照可知，高丽宣宗的《贺圣朝》词与冯词句律全然不同。细按其律，实为《添声杨柳枝》。《钦定词谱》卷3谓《添声杨柳枝》“双调四十字，前段四句四平韵，后段四句两仄韵、两平韵”①，并以五代顾敻所作为正体，以北宋贺铸改名的《艳声歌》为“又一体”：

秋夜香闺思寂寥。漏迢迢。鸳帏罗幌麝香销。烛光摇。　正忆王郎游荡去。无寻处。更闻帘外雨潇潇。滴芭蕉。（顾敻《添声杨柳枝》）

蜀锦尘香生袜罗。小婆娑。个人无赖动人多。见横波。　楼角云开风卷幕，月侵河。纤纤持酒艳声歌。奈情何。（贺铸《艳声歌》）

可以确定高丽宣宗的这首《贺圣朝》实际用的就是《添声杨柳枝》之词调。故韩国学者柳己洙在其所编《历代韩国词总集》中直接将此词题为《添声杨柳枝·贺圣朝词》②，亦有论者谓“这首词既然是用来‘贺圣朝’的，没有颂祷之意、喜庆之情是不行的”③，似乎都倾向于将《高丽史》原文中的“贺圣朝”三字作为词序看待。而细绎宣宗词的内容、用语等，实际上并不能看出有颂圣谀辽之意，至少，“扰扰人生都似幻”是不宜作为善颂善祷之语看待的。那么“贺圣朝”之名究竟从何而来？按《添声杨柳枝》这个词调，在宋代词人手中产生了不少别名或简称，如贺铸的八首《添声杨柳枝》统称《太平时》，又分别被改名为《艳声歌》《唤春愁》《花幕暗》《晚云高》《钓船归》《爱孤云》《替人愁》《梦江南》；陆游词中亦称《太平时》；晁补之、张元干、张镃、葛长庚诸人词中则简称为《杨柳枝》；而在欧阳修词中则被称为《贺圣

---

① 《钦定词谱》卷3，中国书店1983年版，第209页。

② ［韩］柳己洙：《历代韩国词总集》，韩国韩信大学校出版部2006年版，第17页。柳氏新版之《全高丽朝鲜词》则已改为《贺圣朝影》，华东师范大学出版社2019年版，第1页。

③ 李宝龙：《韩国高丽词文学研究》，人民出版社2011年版，第82页。

朝影》。清沈雄《古今词话》云："太平时（杨柳枝贺圣朝）贺方回衍杜牧之'秋尽江南草未凋'诗，陈子高衍王之涣'李夫人病已经秋'诗，以七字现成句而和以三字为调。《花间集》，起于张泌、顾敻，换头句仍押仄韵。六一词犹押平韵，一名《添声杨柳枝》。"[①] 兹将高丽宣宗的《贺圣朝》和欧词对列如下：

露冷风高秋夜清。月华明。披香殿里欲三更。沸歌声。　扰扰人生都似幻，莫贪荣。好将美醁满金觥。畅欢情。（宣宗）

白雪梨花红粉桃。露华高。垂杨慢舞绿丝绦。草如袍。　风过小池轻浪起，似江皋。千金莫惜买香醪。且陶陶。（欧阳修）

两词格律完全相同。故宣宗《贺圣朝》实为《贺圣朝影》的简称，而非词序或词意总括。事实上前引清人沈雄《古今词话》中也是将《贺圣朝影》简称为《贺圣朝》。《高丽史》载睿宗五年（1111）十二月"癸丑立春，百官朝于乾德殿，赐春幡子，仍赋迎春词二首"[②]，又睿宗十年（1115）三月"壬午，宴群臣于乾德殿，赋万年词宣示左右"[③]。此所谓"迎春词""万年词"，当即为《迎春乐》《万年欢》的简称。这和《贺圣朝影》被简称为《贺圣朝》是类似的。《高丽史》所载大曲《莲花台》的表演程序谓："乐官奏《三台令》，左童女舞讫。乐官奏《贺圣朝》，左先舞讫，右舞讫。"[④] 其中的曲调《贺圣朝》，就是与宣宗的《贺圣朝》一脉相承的。

宣宗《贺圣朝》词与欧阳修《贺圣朝影》有直接的关联。比较五代顾敻

① 沈雄：《古今词话·词辨上卷》，《词话丛编》本，中华书局 1986 年版，第 899 页。
② 郑麟趾：《高丽史》卷 14《睿宗世家》，韩国亚细亚文化社 1972 年影印版，上册第 267—268 页。
③ 郑麟趾：《高丽史》卷 14《睿宗世家》，韩国亚细亚文化社 1972 年影印版，上册第 278 页。
④ 郑麟趾：《高丽史》卷 71《乐志二》，韩国亚细亚文化社 1972 年影印版，中册第 542 页。

和北宋欧阳修的两首词，可以发现《添声杨柳枝》实“有唐宋两体。唐词换头句押仄韵，宋词换头句即押平韵”[①]。区别即在于：唐体在下片的第一句和第二句换两个仄声韵，而宋体在下片第二句协一个平声韵，不换韵。两宋词人所作均为宋体，正如《词谱》所云“宋词皆照此填”。而高丽宣宗所作也是全依宋体。因此该词传入高丽宫廷并流行的明显是宋体《添声杨柳枝》，而非唐曲。宋体《添声杨柳枝》首见于欧阳修词。这个词调宋人填得不算特别多，说是僻调并不过分，北宋词人中不过欧阳修、贺铸、晁补之数人有作，其中自是作为文章巨公的欧阳修影响最大。另外，以《贺圣朝影》为调名的宋体《添声杨柳枝》仅有两首，一为欧词，一为《花草粹编》卷1所录无名氏“雪满长安酒价高”一阕。而就宋体《添声杨柳枝》中北宋欧阳修、贺铸两词的比较来看，《钦定词谱》谓：“按欧阳修词，前段第三句‘垂杨慢舞绿丝絛’，‘慢’字可仄。”[②]但贺铸《艳声歌》此句为“个人无赖动人多”，“无”字为平声。宣宗《贺圣朝》此句则为“披香殿里欲三更”，“殿”为去声。可见宣宗与欧词字律全合，而与贺词稍异[③]。

这样看来，宣宗作《贺圣朝》词，从调名来源和词律方面来看，有比较大的可能是沿用欧阳修《贺圣朝影》词之体式的结果。因此，至少在宣宗作词的元祐四年前，欧阳修的词作已传入高丽。这样就可以大致勾勒出欧词传入高丽的时间上限为熙宁六年（1073），下限为元祐四年（1089）。这段时期，正是北宋和高丽音乐文化交流臻于极盛的时期。欧阳修词和柳永词一样，都是传入高丽的第一批宋词作品。据此进而考察和比较北宋柳、欧、苏等不同词人的域外影响和域内地位，或许就有了新的角度和支点。

---

① 《钦定词谱》卷3，中国书店1983年版，第210页。

② 《钦定词谱》卷3，中国书店1983年版，第211页。

③ 关于欧词与宣宗词关系的考察，参见拙撰《欧阳修词与早期高丽词关系三议》一文，载《新国学》2015年第1期，第89—98页。

二、利用东传词乐考察唐宋词律词调问题

唐宋燕乐在数百年间通过各种途径传至朝鲜半岛，其中当然不乏有民间交流，但中原王朝与高丽的政治关系决定了这种音乐文化的交流更多地需要借助官方外交往来。《高丽史》中的“唐乐呈才”和宋徽宗赐大晟乐入高丽等事，多为研究者所称引。借助这些东传入高丽的词乐文献记录，对于考察唐宋词律和词调的问题，就有可能提供一些新的研究维度或参证角度。例如《高丽史》所载《献仙桃》《寿延长》《五羊仙》《抛球乐》《莲花台》等乐曲的表演体制中关于“口号”“致语”“竹竿子”等，就可以和南宋史浩词中《采莲舞》《柘枝舞》等词曲的表演体制互相参证。兹再以《高丽史·乐志》所载词调名下的双行夹注问题为例。

《高丽史》卷71《乐志》二中的“唐乐”部分，记载了一批北宋传入的中国乐曲并歌词。有学者认为，除前已提及的柳永等宋人词15首外，其余的应多为高丽词人所撰。[①] 但从词乐角度来看，无论其歌词撰者为北宋词人还是高丽词人，至少这些乐曲均是宋代词乐东传的重要内容。《高丽史》中记录词乐调名时，有一个明显的现象，与中国所传文献颇不相同，即许多词调后均以双行夹注的形式标注有“令”“慢”“曲破”“嗺子”“中腔”等字样，如《献仙桃》大曲的演奏记录中即云：“乐官奏献天寿慢，王母三人唱日暖风和词。”其中的“慢”字，是以双行夹注的形式刊刻的，这在传世的《高丽史》各种刻本中均同之，说明不是刊刻差异而是郑麟趾原本即为如此。这一现象已颇受词乐及音乐史研究者的关注，提出了不少新的推测和判断，或认为这些词作反映了北宋歌谱之原貌，并据此提出令、慢并非词体类别或词调类别，而是歌谱中关于歌法的符号或标志[②]；或区分其中的令、慢偏

① 罗忼烈:《高丽、朝鲜词说略》，载《文学评论》1991年第3期，第17—25页。

② 谢桃坊:《〈高丽史·乐志〉所存宋词考辨》，载《文学遗产》1993年第2期，第70—78页。

重体类，而中腔、踏歌等偏重于表现技法等[1]。但《高丽史·乐志》所载词调名下的双行夹注，颇易遗漏或误植。兹依奎章阁本《高丽史》依原式汇列如下（原书中双行夹注，今以括号小字标识）。

大曲部分共五曲：

（1）献仙桃。其中曲调依次为：会八仙引子　献仙桃　献天寿（慢）　献天寿令（嗺子）　金盏子（慢）　金盏子令（嗺子）　瑞鹧鸪（慢）　瑞鹧鸪（慢嗺子）　千年万岁引子

（2）寿延长。其中曲调依次为：宴太清引子　中腔令　破字令

（3）五羊仙。其中曲调依次为：五云开瑞朝引子　万叶炽瑶图令（慢）　嗺子令　步虚子令　步虚子令（中腔）　破字令

（4）抛球乐。其中曲调依次为：折花令　折花令三台　水龙吟令　小抛球乐令　小抛球　清平令

（5）莲花台。其中曲调依次为：五云开瑞朝引子　众仙会引子　白鹤子　献天寿令（慢）　献天寿令　嗺子令　三台令　贺圣朝　班贺舞　五云开瑞朝引子

只曲部分共四十三调：

惜奴娇（曲破）　万年欢（慢）　忆吹箫（慢）　洛阳春　月华清（慢）　转花枝（令）　感皇恩（令）　醉太平　夏云峰（慢）　醉蓬莱（慢）　黄河清（慢）　还宫乐　清平乐　荔子丹　水龙吟（慢）　倾杯乐　太平年（慢　中腔唱）　金殿乐（慢　踏歌唱）　安平乐　爱月夜眠迟（慢）　惜花春早起（慢）　帝台春

① 王琳夫：《〈高丽史·乐志〉词调下小字标识考释》，载《黄钟（武汉音乐学院学报）》2018 年第 3 期，第 101—108 页。

（慢） 千秋岁（令） 风中柳（令） 汉宫春（慢） 花心动（慢） 雨淋铃（慢） 行香子（慢） 雨中花（慢） 迎春乐（令） 浪淘沙（令） 御街行（令） 西江月（慢） 游月宫（令） 少年游 桂枝香（慢） 庆金枝（令） 百宝妆 满朝欢（令） 天下乐（令） 感恩多（令） 临江仙（慢） 解佩（令）

同书所载大曲表演程式时，亦有夹注，如《五羊仙》载："舞队（皂衫）率乐官及妓（乐官朱衣，妓丹妆）立于南。"① 与此相似，乐曲名称后面的夹注，无疑也主要是起到补充说明作用的。但它们究竟为何意，所标识的指向又是什么，目前看来还不能得出非常确切的结论。但这些材料对宋代词律词调问题的研究颇有启发作用，至少可以提出许多新的问题。

讲论唐宋燕乐者，多熟知令、引、近、慢的称呼，一般认为这是燕乐杂曲的不同曲调类型。因此无论是《浪淘沙令》还是《石州慢》，一向被认为是一个曲调的完整名称。然而《高丽史》的这些材料，却提示了"令""慢"与乐曲名称分离的可能性，即《浪淘沙》《石州》本为曲名，而"令""慢"为音乐标识符号。如柳永《乐章集》中《浪淘沙令》（"有个人人"），在《高丽史》中的只曲部分中录有此词，调名却径刻为"浪淘沙（令）"。《浪淘沙》在唐宋时代本就有令、慢二体，曲名相同的情况下，音谱与歌辞却绝不相似，"令""慢"的标识作用就于此可见。或许是随着时间的推移和传唱的流行，作为标识符号的"令""慢"就逐渐"升格"成为曲调名的组成部分。这意味着词调名形成的历史动态过程。但是为什么在宋代音乐文献中没有见到这种情况？是否因为词乐及其歌词在域外传播的复杂性促使高丽乐工歌伎在学习乐曲表演和演唱过程中产生出尽量完整记录的需求？

北宋沈括《梦溪笔谈》载："所谓'大遍'者，有序、引、歌、㒜、哨、

① 郑麟趾：《高丽史》卷71《乐志二》，韩国亚细亚文化社1972年影印版，中册第539页。

催、攧、衮、破、行、中腔、踏歌之类，凡数十解，每解有数叠者。裁截用之，则谓之‘摘遍’。今人大曲，皆是裁用，悉非‘大遍’也。”[①] 这样看来，“嗺”和“中腔”“踏遍”，应该和“序”“引”“破”等一样，是大曲的组成部分的名称。但是根据《高丽史》只曲部分中《太平年》和《金殿乐》二调后的夹注“中腔唱”和“踏歌唱”，可知“中腔”“踏歌”应该指的是歌法，即以“中腔”或“踏歌”来演唱，这明显是对特殊的表演或演唱方法的说明。而《高丽史》中的“嗺子”也应为同类术语。《高丽史》所载音乐术语与北宋时代的文献记录中的音乐术语之所指，为什么会有这种差异？一般而言，沈括将大曲结构与歌法相互混淆的可能性应该不大，那么是否有可能和前述“令”“慢”一样，其中也有一个歌法标识向大曲结构名称“升格”的问题呢？

就同一词乐名称，《高丽史·乐志》中的记载也非常复杂。如大曲部分中的“令”，一概不作夹注，全都为乐曲名的组成部分。而只曲词调中的“令”，却截然相反，一概为夹注，无一例作为乐曲名的组成部分者。而“慢”在大曲和只曲中，又均一概为夹注，无一例作为曲名者。大曲《献仙桃》中《瑞鹧鸪》下夹注的“慢嗺子”与其他词调下单独注“慢”或单独注“嗺子”相比，是一个音乐名词还是两个连用，其分别在何处？大曲《莲花台》中的《献天寿令》下夹注“慢”，这里的“令”和“慢”之间的关系如何理解？

尽管上述这些问题，限于词乐的失坠和文献的缺乏，暂时还无法得出令人满意的结论，但毫无疑问，《高丽史·乐志》以及后来朝鲜时代的不少音乐史料，作为能够反映宋代词乐东传域外状况的文献，对于返观唐宋词调词律，有可能起到比较重要的作用。

---

① 沈括:《梦溪笔谈》卷 5,《丛书集成初编》本，商务印书馆 1937 年版，第 29 页。

三、通过词论文献勾勒域外词学的内在形态

考察域外词史，既要重视其接受中国词影响的一面，更要充分注重在文化传入的过程中，域外词人的选择和抵拒、羡慕和自傲等文化心理上的复杂性。这就要求研究者有时要将视角转换至域外词的本位立场，从域外词人的词学观念等不同的角度去探究其创作心态和内在形态。词籍、词论、词话等词学文献，在高丽时期鲜有传世者。随着明清词话的盛行，朝鲜时期的词学评论也渐趋繁盛，留下了不少评词论艺的词学文献，从这些文献中足以勾勒出高丽朝鲜词学观念的演进轨迹，同时也显示出其与中国词论在关注焦点上的差异性。以下据其类别略举数例。

1. 附于诗话例：徐居正《东人诗话》

徐居正（1420—1488），字刚仲，号四佳亭。六岁能读书，世以奇童称之。二十五岁登第，选入集贤殿兼知制教，后中文科登俊试，官至赞成事，封达城君，成宗十九年（1488）卒，谥文忠。徐居正一生历事六朝，侍经筵四十五年，主衡二十六年，掌选二十三傍，为一代斯文宗匠。文集有《四佳集》三十一卷，另诗文补遗五卷。著有《东文选》等。《东人诗话》是朝鲜中期最有代表性的诗歌评论集，有对中国诗人和诗歌史的评述，更多的是对高丽、朝鲜朝诗人的记述，其中涉及词乐、词妓、词人以及词文学创作观念的材料也有不少。例如《东人诗话》卷下载：

> 郑司谏西都诗：紫陌春风细雨过，轻尘不动柳丝斜。绿窗朱户笙歌咽，尽是梨园弟子家。西都繁华气象，四句尽之，后之作者无能闯其藩篱。①

① 徐居正：《东人诗话》卷下，《韩国诗话丛编》本，韩国太学社1996年版，第1册第468页。

这条记载中讲到西都“梨园”之盛况，实际上反映了当时高丽都市之间声妓流行的情况，是很重要的词乐史的材料。又如卷下“林西河椿”条、“辛政堂”条、“林生致安”“国初梨园妓雪梅”“朴惠肃信”条、“朴赞成忠佐”条等，均大量记载了文人与歌妓的交往情况，也是不可多得的词文化史材料。而最值得重视的是卷上所载关于词文学创作与东国语音关系的一则：

> 乐府句句字字，皆协音律，古之能诗者尚难之，陈后山、杨诚斋皆以谓苏子瞻乐词虽工，要非本色语，况不及东坡者乎？吾东方语音与中国不同，李相国、李大谏、猊山、牧隐皆以雄文大手，未尝措手，唯益斋备述众体，法度森严，先生北学中原师友，渊源必有所得者。近世学者不学音律，先作乐府，欲为东坡所不能，其为诚斋、后山之罪人明矣。①

这条材料主要涉及三个方面的问题。一是李齐贤之所以能擅长填词的原因，即在中国的游历经历，受到“中原师友”的影响等。二是高丽文人为什么填词的相对较少。主要是因为“东方语音与中国不同”，在平上去入、阴阳清浊等声律方面，很难掌握，所以很多著名的文人虽擅长诗文，但对于词却“未尝措手”。三是高丽人填词的弊端所在，即“不学音律，先作乐府”。应该说徐居正的这种词学观念是比较传统的中国词学观念影响下产物，即强调格律，并指出不能以苏轼词为借口不学音律等问题。当然语音问题与音律问题其实是有内在矛盾的，这一点徐居正并没有意识到。但不管从哪个方面来看，这篇短小的文字却很能代表当时朝鲜词人对于词文学这种体裁的两难态度。

---

① 徐居正:《东人诗话》卷上,《韩国诗话丛编》本，韩国太学社 1996 年版，第 1 册第 440—441 页。

2. 附于词集例：李宗准《遗山乐府跋》

李宗准（？—1499），字仲匀，号慵斋、慵轩、浮休子、尚友堂、太庭逸民、庄六居士等，庆州人。有《慵斋先生遗稿》。元好问的《遗山乐府》有高丽晋州刊本，其后附有李宗准所撰跋语云：

乐府，诗家之大香奁也。遗山所著，清新婉丽，其自视似羞比秦、晁、贺、晏诸人，而直欲追配于东坡、稼轩之作。岂是以东坡为第一，而作者之难得也耶？然后山以为："子瞻以诗为词，如教坊雷大使之舞，虽极天下之工，要非本色。"李易安亦云："子瞻歌词，皆句读不葺之诗耳，往往不协音律；王半山、曾南丰，文章似西汉，若作小歌词，则人必绝倒，不可读也。乃知别是一家，知之者少。"彼三先生之集大成，犹不免人之讥议，况其下者乎？夫诗文分平侧，而歌词分五音、五声、又分六律；清浊轻重，无不克谐，然后可以入腔矣。盖东坡自言平生三不如人，歌舞一也；故所作歌词，间有不入腔处耳。然与半山、南丰，皆学际天人，其于作小歌词，直如酌蠡水于大海，岂可谤伤耶？吾东方既与中国语音殊异，于其所谓乐府者，不知引声唱曲，只分字之平侧，句之长短，而协之以韵，皆所谓以诗为词者。捧心而颦其里，只见其丑陋耳！是以文章巨公，皆不敢强作，非才之不逮也。亦如使中国人若作《郑瓜亭》、《小唐鸡》之解，则必且使人抚掌绝缨矣！惟益斋入侍忠宣王，与阎、赵诸学士游，备知诗余众体者，吾东方一人而已。然使后山、易安可作，未知以敝衣缓步为真孙叔敖也耶？以此知人不可造次为之。虽未知乐府，亦非我国文章之累也。愚之诵此言久矣，今以告监司广源李相国。相国曰："子之言是矣！然学者如欲依样画胡卢，不可不广布是集也。"于是就旧本考校残文、误字，誊写净本，遂属晋州庆牧，使任绣梓。时弘治纪元之五年壬子，重阳后一日。都事

月城李宗准仲钧识。①

这篇跋语非常重要，它反映了朝鲜王朝中期朝鲜文人的词学观念。大体上，可以从以下四个方面加以认识。

第一是对于词文学源流的回溯。在跋语中首先界定了词与乐府、诗家的关系，认为词文学即是“诗家之大香奁也”，这就从源头上肯定了晚唐五代以来以《花间集》为代表的花间词风的正统地位，而这与明代词坛崇尚《花间》的风气和观念都是一致，体现出明人词学观念对朝鲜词学观念的影响。

第二是对于唐宋以来词文学发展的认识。在跋语中李宗准提出晏殊父子、秦观、晁补之及贺铸等词人的一种路径，并引用陈师道《后山诗话》、李清照《词论》中对苏轼、王安石、曾巩词作的评论为依据。同时李宗准又提出苏、王以下的另一种词的创作路径，认为这种路径有其特殊性，如果没有苏轼、王安石等人的才学，盲目效颦，就如同用“以诗为词”当作保护伞一样，“只见其丑陋耳”。这实际上是针对高丽、朝鲜以来的词坛现象而发出的评论，和前面所引的徐居正《东人诗话》中的观念是一致的。

第三是对于高丽朝鲜词坛创作习气的分析。和徐居正一样，李宗准也认为针对词文学的创作而言，东国文人最大的短板在于“与中国语音殊异，于其所谓乐府者，不知引声唱曲，只分字之平侧，句之长短，而协之以韵，皆所谓以诗为词者”。所以，不少文章巨公对此都只能束手。这一观念和前引《东人诗话》的观念也是一脉相承的，说明这是朝鲜时代的普遍性词学观念。但是值得注意的是李宗准提出“虽未知乐府，亦非我国文章之累也”这一新的看法。盖词文学发展到南宋以后，本就走上了徒诗化的道路，而高丽朝鲜的词文学受中国词坛影响存在着一定的滞后性，兼以语音的差异，徒

① 李宗准:《遗山乐府识语》,《武进陶氏涉园续刊景宋金元明本词》本《遗山乐府》，上海古籍出版社1989年版，第907页。

诗化本身未尝不可以是高丽朝鲜词坛的一种选择，事实上东国词人们也是这样做的。因此，并没有必要因为不懂音律而妄自菲薄。这一观念是非常重要的。

第四是解释了刊印《遗山乐府》的缘由。借用广源李相国之语，明确提出即使是"依样画葫芦"，也是非常有价值的。这样就把词文学的创作，在观念上从不明音律、不辨阴阳等死结中解脱出来了，认为朝鲜词人们完全可以将词文学作为诗歌体式的一种加以模仿，从文学角度加以发展。这种视角虽然脱离了词的音乐文艺性质，但实事求是地说，却是在当时最适合朝鲜词坛的一种发展方向。

李宗准的这篇不长的跋语，由于附存在元好问词集之后，中国词学研究者多未关注其对于朝鲜词坛的意义，而后来的朝鲜乃至当代的韩国学者又多未注意及之，在一定程度上忽视了它的重要意义，这是特别值得提出的。

3. 记于词序：申光汉《夏初临》

词序也是词学文献中的重要一类。早期词序比较简单，南宋始词人渐好作长序如姜夔者，大多以说明创作背景等相关情况为主，偶亦有阐发词学观念者。朝鲜词人申光汉好制词序，其词序有简单的，也有复杂的。有些词序中就可以略窥当时的词学观念，并能由此探求朝鲜词史的演进。如其《玉楼春》（"海棠含露胭脂湿"）词序云："敝邦音调有异，不惯此作，然盛意不可虚负，录呈求教，伏希斤正。"① 对"音调有异"这一情况的反复述说，就可以强化后人对于朝鲜词人创作心态的认识。又如其《夏初临》（"踯躅初残"）词的长序云：

吾东人鲜有作词者，仆久病无聊，忽承玉堂直学士辱示所制三词，

① ［韩］柳己洙：《历代韩国词总集》，韩国韩信大学校出版部 2006 年版，第 97 页。

> 且谓求正。此事古闻而今始见之。奉读再三，不觉沈疴去体。观其词意高古，格律森严，虽置古人作中，不多让焉，况敢有所评议耶。且其所赋，实皆先得病夫未道之怀。谨依来韵和之，此亦相长之意也。[①]

除了开篇的老生常谈之外，这篇词序有两点是值得注意的。一是词的评论标准。申光汉以“词意高古”和“格律森严”这两条标准来评价对方的词作，前者是内容方面的，后者是形式方面的。风格内容上强调高古的风韵，体裁形式上强调合律方能当行。两句评语虽然简单，却可由此延展出一套词的评价体系，这是非常珍贵的词学文献。二是提及了朝鲜时代词人们之间唱和的方式，实际上到朝鲜王朝的后期，或许是受到中国词坛的影响，朝鲜词人们也有结社唱和的风气出现，这篇词序中“谨依来韵和之”的做法，应该也是这种风气的体现。此前朝鲜词人们多是唱和中国词人如苏轼、李清照等人的名作，其后逐渐转为唱和李齐贤等东国词人的名作如《巫山一段云》组词等，而这时开始大量和词人同道友朋之间的唱酬，进一步体现了朝鲜词人创作形态的一种新的变化。

4. **录于笔记：许筠《鹤山樵谈》**

高丽朝鲜时代，笔记写作也是文人们的重要创作形态，留下了不少的作品，其中就有不少涉及词学观念的内容，如许筠的《鹤山樵谈》中就录有两条：

> 歌词之作，必分字之清浊、律之高下。我国音律不同中原，故无作歌词者。龚吴之来，湖阴不次之，世谓得体，其后苏退休次华侍讲之韵，有“伤心人复卷帘看，目断凄凄芳草色”之句，华公赞赏不一，

① ［韩］柳己洙:《历代韩国词总集》，韩国韩信大学校出版部 2006 年版，第 103 页。

抑皆中于律邪，抑只取其藻丽而然耶？

娣氏尝自称作词则合律，喜为小令。余意其诳人。及见《诗余图谱》，则句句之傍尽圈点，以某字则全清全浊，某字则半清半浊，逐字注音。试取所作符之，则或有五字之误，或有三字之误，其大相舛谬者，则无一焉。乃知天才俊迈，俯而就之，故其用功约而成就如此。其《渔家傲》一篇，緫合音律而一字不合，词曰：庭院东风恻恻。墙头一树梨花白。斜倚玉栏思故国。归不得。连天芳草萋萋色。　罗幕绮窗扃寂寞。双行粉泪沾朱臆。江北江南烟树隔。情何极。山长水远无消息。朱字，当用半浊字，而朱字则全浊。才如苏长公者，亦强不中律，况其下者乎。[①]

这两则谈论的都是词律问题。前一则在泛论东国词人不擅音律的同时，最后却提出了“中于律”与“取其藻丽”的两种批评角度。许筠虽然没有提出自己的观点，但看得出来，他对于这两方面似乎都是取中庸的态度的，并不轩轾其高下。第二则就非常细致地讨论了其姐姐许兰雪轩的词的音律问题，他根据明朝人张綖所编的《诗余图谱》来对照许兰雪轩的词作，发现了不少音律上面的问题，其中对于“朱”字的清浊音的讨论是非常精细的，基本上朝鲜词人都没有涉到这么精细的程度。这可以体现明代的词律图谱之学兴起对于朝鲜词人的影响。关于《诗余图谱》东传到朝鲜的情况，这是首次明确的记载。同时，又体现出朝鲜时代词论渐趋细密的发展趋势。

5. 存于信札：金正喜《答赵怡堂书》

文人信札，形式自由活泼，讨论问题比较随意，这也是朝鲜词学文献的重要来源之一。朝鲜文人的信札多散存在文集之中，兹略举一例。朝鲜

① 许筠:《鹤山樵谈》,《韩国诗话丛编》本，韩国太学社 1996 年版，第 2 册第 26 页。

金正喜《阮堂先生全集》卷二《书牍》中就有一札《答赵怡堂》，赵怡堂即赵冕稿，是著名的词人。其文云：

> 词之源，即自《诗》之比兴变风之义，楚骚九歌九章，感物而发，触类条色，各有所归，非苟为雕琢曼辞而已。至唐之李白为首倡，温庭筠尤特出，其言深美宏约。五代以来，孟氏李氏，君臣为虐，竞作新调，词之杂流，由此起矣。至其工者，往往绝伦。宋之词家极盛，然苏轼、周邦彦、辛弃疾、姜夔、王沂孙、张炎，渊渊乎有其质焉。过此以往，皆未免流于放荡淫靡，殊非贤人君子缠绵悱恻之旨。①

这篇信札中主要讨论了两个问题。一是词的源流问题，认为词文学是源自《诗经》《楚辞》以来的比兴寄托的文学传统，并不只是“雕琢曼辞”而已，随后举出李白、温庭筠，许为“深美宏约”，足称词家之祖。而五代后，新调杂流渐起。这一观念中明显可以看出清代常州词派的观念印迹，事实上，整篇信札的观念中都有张惠言《词选序》的影子。这说明清代词学观念向朝鲜的渗透，而且这一渗透是非常迅速的。二是宋词名家的评价与区分问题。金正喜举出苏轼、周邦彦、辛弃疾、姜夔、王沂孙、张炎六家作为宋词极盛的代表，这里面是有很值得探究的内容的。这五家词都是以文学性见长的，苏之超旷、周之典雅、辛之雄放、姜之骚雅、王之寄托、张之清空，很典型地代表了宋词在文学性方面的成就，这说明金正喜的眼光是极高明的，他所看重的是“有其质焉”，说明文学性的要求对于朝鲜词人来说是超过其他方面的。至于其他宋词名家，有的是因为“流于放荡淫靡”而不为金氏所许，有的或许是因为对朝鲜词人来说无法理解词作音律上精妙。这大概指

① 金正喜:《阮堂先生全集》卷二书牍《答赵怡堂冕镐》(四)，韩国新城文化出版社 1972 年版，第 180 页。

的是柳永、李清照等人的作品吧。类似金正喜这篇信札的论词文献，在朝鲜文人的文集中还保留了不少，如南有容《答吴伯玉书》等，这些材料是值得集中汇录并加以分析的。

总体来看，唐宋词的域外传播所产生的域外词既是中国文学之域外影响的直接表现，体现了中国古代文化传播的强大辐射性；同时又是中国词的重要参照系，生动地体现出域外词对中国词或反射或折射、或吸纳或拒斥的复杂性。域外词的研究和中国词的研究是相辅相成的。相对于中国词，域外词当然有其整体共性，但不同地域的域外词之间，因与中国的不同关系以及各民族的不同文化心理，音乐、文学、礼俗甚至语音等诸多方面因素的影响，实际上是有巨大差异的。不同地区的域外词，其繁盛程度和创作水平固有高低，但在宏观层面却反映了历史上以东亚为核心的亚洲地区的文化交流之结构和方向。这就要求研究者不能仅仅孤立地考察某一地区的域外词，既应将域外词作一个整体看待，又要充分认识其丰富性与复杂性。

（本文为2019年12月1日在厦门大学中文系所作讲座，后经整理刊发于《国学学刊》2019年第4期，题为《论域外词的研究立场与考察维度——以高丽朝鲜词为例》）

“关键词批评”与文学研究

黄　擎

学者名片

黄擎，1975年5月生。文学博士，浙江大学文学院教授、博士生导师。曾在复旦大学中国语言文学博士后流动站进行博士后研究工作，以高级访问学者身份赴剑桥大学、中国社会科学院文学研究所研习。研究方向为文学理论与批评、中国现当代文学，在《文学评论》等期刊发表《时代铭纹深重的话语风貌》等数十篇学术论文，出版《“关键词批评”研究》等数部专著，主持国家社科基金项目“‘关键词批评’的理论范式及其在中国的批评实践研究”等多项课题，曾获浙江省第十七届哲学社会科学优秀成果奖等奖项。

时间：2010 年 4 月 6 日

地点：浙江大学西溪校区教学主楼

各位老师、各位朋友，晚上好！

我打算以"'关键词批评'研究"为选题申报国家社科基金，不论是否获得立项，自己都会努力把它做好。找到一个自己喜欢的课题不容易，我不想只是被体制内的那些量化指标牵着鼻子走，看准了就投入地去做吧。

今天一来是就"'关键词批评'与文学研究"这一话题向各位老师和朋友汇报自己的粗浅想法，二来是借"启真"学术沙龙这个平台向各位求教，"榨取"你们的智慧。我将主要就"关键词批评"的萌生和发展状况、"关键词批评"的理论特质及其带给文学研究的启示、对"关键词批评"的理性反思这三方面进行交流。

一、"关键词批评"的萌生与发展

我认为"关键词批评"经历了 20 世纪 70 年代中期至 80 年代的萌生和 20 世纪 90 年代至今较为广泛的运用这两个阶段。这里特别说明一下，我第一个小标题所谓的"发展"指的就是较为广泛的运用，但尚未进入纵深发展阶段。

"关键词批评"孕育于文化研究的母体之中，源自英国学者雷蒙·威廉斯 1976 年出版的《关键词：文化与社会的词汇》一书的创造性想法，20 世纪 90 年代以来在中西方多个研究领域中得到了较为广泛的应用。"关键词批评"以核心术语为考察重心，梳理并揭示词语背后的政治立场与人文踪迹，具有独到的研究视角和开阔的理论视野，开创了把"关键词批评"作为社会和文化研究有效路径的独特方法，也可以说开启了一扇研究新视窗。

随着文化研究成为显学，雷蒙·威廉斯的名字也常见于学界。大家应该不会陌生，这里我稍作介绍。雷蒙·威廉斯，也译作雷蒙德·威廉斯，是20世纪中叶英语世界最重要的马克思主义文化批评家，当代英国文化研究的重要奠基人之一，也是英国传播研究的开创者。1921年，雷蒙·威廉斯出生于威尔士乡间的工人家庭，在剑桥三一学院主修文学，二战期间中辍学业应召入伍，1945年战后返校完成学业。阶级出身使雷蒙·威廉斯认识到提升工人教育对推广社会主义式民主的意义，毕业后他投身于成人教育，曾加入由牛津大学一些社会主义教员负责的“工人教育协会”，从事劳工教育，后到剑桥大学任教。《关键词：文化与社会的词汇》一书即是他在从事成人教育时与学生讨论后的结晶。

雷蒙·威廉斯著作宏富，有《文化与社会：1780—1950》《漫长的革命》《乡村与城市》《电视：科技与文化形式》《关键词：文化与社会的词汇》《马克思主义与文学》《写作、文化与政治》等著作，发表过数百篇学术论文及其他类型的文章，还写过小说、剧本等文学作品。雷蒙·威廉斯在文学批评、政治评论、文化研究、戏剧研究、媒体传播等多方面都产生了很大的影响，他的学术成就无疑是跨学科的，对英国新左派运动产生了较大影响。1988年，雷蒙·威廉斯离世之后，人们对他几十年来对英国思想界和文化政治的贡献给予了高度的评价。特里·伊格尔顿认为雷蒙·威廉斯是二战后乃至20世纪英国最重要的文化思想家，是英国左派知识阵营中一位具有广阔历史视野和丰富文化批评实绩的知识分子，《新左派评论》主编拉宾·布莱克本曾誉雷蒙·威廉斯为“英语世界中最具权威、最言行一致、最有原创性的社会主义思想家”。

雷蒙·威廉斯在《文化与社会：1780—1950》中即联系社会发展考察“文化”一词的语义嬗变史，开始了“关键词批评”的早期实践，其《关键词：文化与社会的词汇》一书的问世则是“关键词批评”兴起的标志。

雷蒙·威廉斯本想让《关键词：文化与社会的词汇》作为《文化与社会：1780—1950》一书的附录出现，但是由于出版社提出全书必须删减，他只好忍痛割爱，把《关键词：文化与社会的词汇》撤下，二十多年间不断增补，最后独立成书出版。《关键词：文化与社会的词汇》是文化研究的重要羽翼，特里·伊格尔顿在《纵论雷蒙德·威廉斯》说："从《文化与社会：1780—1950》到《关键词：文化与社会的词汇》，语言问题自始至终是他的思想上热情探究的问题之一。然而他所指的语言其意义是那么深广，竟隐含衍化到如此众多的方向上去，以至人们对是否应该称他为语言学家感到踌躇。在威廉斯看来，词语是社会实践的浓缩，是历史斗争的定位，是政治智谋和统治策略的容器。他对词语，对它们丰富的肌质和稠密的意蕴具有一种凯特尔人式的感受力。"《新左派评论》把它所激发的知识效应称为"马克思主义的政治经济学批评"。《关键词：文化与社会的词汇》中译本封底有如是评价："威廉斯一生的知识工作与文化唯物主义息息相关，《关键词》无疑为此提供了详尽而有系统的注释，也为他的'文化与社会'的方法提供了实际有用的工具。这是一本影响深远的书，是历史语义学、语言社会学及文化研究的重要著作。"

20 世纪 90 年代以来，西方出版了众多文学理论和文化理论的相关著作，还出现了"劳特里奇关键词系列"。此外，劳特里奇出版公司还以"一词一书""一人一书"的方式推出了批评新成语系列丛书及批评思想家系列丛书，形成相互关联的总体框架，深入考察这些在相关领域产生重大影响和作用的词语或学者。"关键词批评"在推进文化研究的同时，也渗透到电影研究、教育学、社会学、医学、政治学、哲学、修辞学、地理学等其他研究领域之中。

20 世纪 90 年代以来，随着文化研究渐成显学，"关键词批评"在我国产生了较大影响，成为重要的理论资源和研究路径。中国新的时代语境既

有引入“关键词批评”的内在需求，也为其勃兴提供了适宜的文化土壤。中国社会步入全面发展、急剧转型的快车道，互联网时代的到来更是使中国社会文化映现出多元共生、繁杂斑驳的镜像。在资讯爆炸、术语迭出的文化语境中，透过错综复杂的表象深入有效地把握问题要义和学科发展重心，成为中国学界的集体诉求，“关键词批评”恰在这方面为我们提供了可资借鉴的学术资源和研究理路。“关键词批评”不仅推动了我国文学研究的深入发展，影响力还波及众多学科领域，对我国学术界、思想界、文化界的影响日益凸显，相关研究成果也颇为丰赡。国内已有多部与“关键词批评”有关的出版物，相关文章也为数众多。其中有丛书，如陶东风主编的“文化研究关键词”，周宪、杨书澜、李建盛主编的“文化关键词”等，《外国文学》《人大复印资料·文艺理论》《南方文坛》《信阳师范学院学报》等刊物还设立了“文论讲座：概念与术语”“关键词解析”“当代文学关键词”“中国现代文学关键词”等专栏。

由上述简要勾勒可见“关键词批评”近年在中国被较为广泛接受和应用的情形，在文学研究领域和其他学科领域产生了较大影响力。然而，与“关键词批评”在中国学术界应用面之广这一蔚为壮观的景象形成较大反差的是，对“关键词批评”本身的研究却相对贫乏。学界目前仅有对“关键词批评”的散论式零星评介，主要有以下几种形式：一是有少量关注关键词研究的论文，如汪晖的《关键词与文化变迁》、陈平原的《学术史视野中的“关键词”》、黄丽萍的《“所指”变迁下的文化史：论雷蒙·威廉姆斯的“关键词”研究》等；二是书评和相关出版物的序言，如陆建德、刘建基分别为雷蒙·威廉斯《关键词：文化与社会的词汇》中译本所写的“词语的政治学（代译序）”“译者导读”，汪正龙为安德鲁·本内特与尼古拉·罗伊尔合著的《关键词：文学、批评与理论导论》中译本所写的“译者序”，王晓路为《文化批评关键词研究》所撰的“序论：词语背后的思想轨迹”、朱水涌为南帆主编的《二十世纪中国文学批评 99 个词》所写书评《关键词、话语分析与学术方法》等；三是在论及英美文化批评和评析雷蒙·威廉斯论著学说时以不多的篇幅捎带提及《关键词：文化与社会的词汇》，如王宁的《当代英国文论与文化研究概观》、张亮的《雷蒙·威廉斯“文化唯物主义”视域中的电视》等；四是文学批评类教材，目前仅有我参与写作的、由蒋述卓和洪治纲主编的《文学批评教程》中第六章“文学批评的类型”设专节“关键词批评”予以简要述评，该教材今年 1 月刚由武汉大学出版社出版。

二、“关键词批评”的理论特质及研究启示

接下来，我想从批评理念和批评文体两个方面来阐析“关键词批评”的理论特质及其带给文学研究的启示。

（一）批评理念：纵横交织的“网结式”与“星座式”

如果把文学活动比喻为一个纵横交错的网络的话，那些在某一时期的文学现象、文学批评或文学思潮中起到过核心作用的基本概念和批评术语就是这个网络上经纬线脉交汇而成的“网结”。

“关键词批评”并非像其表面形态那样是由一个个孤立的术语并置串联而成的，而是以这些关键词为“结点”勾连了相关层面的问题，通过以点带线、以线带面的辐射作用，提纲挈领地勾勒了所涉及批评对象的整体状貌，在以散点透视的形式微观解剖批评对象的同时，又巧妙地进行了总揽全局的俯瞰式批评。以安德鲁·本尼特和尼古拉·罗伊尔合著的《关键词：文学、批评与理论导论》为例，此书选择的 32 个关键词既包括了文本与世界、人物、悲剧等属于传统意义上的文学理论问题的关键词，又涉及了自我认同、战争、怪异、述行语言、变异、种族差异、性别差异等近年文艺批评中新涌现的关键词，批评视角独到，理论视野开阔，对许多问题提出

了令人耳目一新的见解。

"关键词批评"所触及的那些关键性术语都是相关批评领域不可或缺的核心范畴，大多为在学科发展史上产生重要作用、蕴含着巨大理论能量的词语。这些词语往往关涉重点、热点、焦点和难点问题，对于科学认识研究对象甚至一个学科的深入发展都具有根本性的意义，其重要性是不言而喻的。正如洪子诚、孟繁华在《期许与限度——关于"中国当代文学关键词"的几点说明》中谈到关键词之于当代文学学科的重要性时所说的那样，当代文学应该有社会主义文学、两结合创作方法、集体创作、手抄本、鲜花、毒草、阴谋文艺等属于它自身的基本概念，因为这些概念联系着当代文学的特殊问题，体现了当代文学的独特性质。

不仅在当代文学学科，在文学批评、文化研究和其他学科领域也都存在着这样一批身系学科魂灵命脉的核心语汇。这些关键性概念通常在相关学科中起着举足轻重的基石作用，许多重要命题和争论往往围绕着这些概念展开，对这些概念的关注和阐析与一个学科的发展趋势密切相关。南帆认为每一个时代都会产生一些隐含了这个时代最为重要的信息的关键性概念，这些关键性概念在特定文化网络之中占据着"核心位置"，并成为复杂的历史脉络的聚合之处。因此，阐释这些概念也就是从某一方面阐释一个时代。南帆主编的《二十世纪中国文学批评 99 个词》就力图阐释一批活跃在 20 世纪中国文学批评史上的关键性概念。

一方面，关键性的词语在批评实践中的使用频率极高，并切实有效地推进了批评的进程；另一方面，学界往往在对这些核心范畴的理解和使用中存在着不可忽视的混杂性。这种混杂性在当前中国文学批评界表现得分外明显：有些是由于缺乏对其生发语境及特定含义的细致考辨而产生的望文生义，甚而导致误用和滥用；有些概念则在提出之时就缺乏科学的界说，在使用中更是各执一词，需要审慎甄辨它们与学科构造之间的生成、互动等复杂关系；有些关键术语伴随时代和社会的发展也有其自身的演进，内涵外延发生了变异，需要对之进行重新厘清和界说，而不是采取彻底抛弃或继续沿用的简单轻慢姿态；也有些是囫囵吞枣式地搬用挪移异邦话语，对这些包含异质性的外来批评话语未及充分辨识、咀嚼、消化和吸收，就仓促应用于批评实践，而这种仅作从概念到概念的空洞滑行的批评未能有的放矢地解决本土问题……总之，正因为学界术语使用中存在上述种种复杂状况，因而，对关键词进行细致的梳理、反思、甄别、滤汰就显得十分必要和重要。

就显性层面而言，“关键词批评”似乎缺乏严密的体系性。其实，如珠玑般散落着的一个个关键词自成系统，其后潜隐着相应的理论脉络，构成了纵横交织的“网结式”批评。这些关键性词语之间本身具有关联性，他们绝不是一颗颗孤立地散发炫目光芒的星星，而是如雷蒙·威廉斯在进行关键词研究时所强调的那样，特定词汇与另一些词汇构成了一个“星座”，进而彰显出该词汇的复杂意义。

而批评家对关键词的遴选和阐述也同样不是随意性的行为，因为无论是从浩若繁星的批评词语中筛选出组成“星座”的关键性词语，还是关于不同批评流派、不同时代和不同文化语境对同一个或相近词语使用上的显著或微妙的差异甚或对立进行辨析和考察，都体现了批评主体自己的批评立足点、批评理念、批评视域和批评敏感度。

就批评理念而言，我认为“关键词批评”具有两大理论特质：一是以关键词钩沉为写作模式，对基本术语进行历史语义学考察梳理，呈现问题的流变，注重关联性，揭示词语背后的政治立场与人文踪迹；二是体现了充满学术张力的思维特点，主张概念的意义与鲜活的理论活动、阐释实践密不可分，关注关键词的开放性与流变性，重视其生成语境、基本意涵及在批评实践中的发展、变异。

（二）批评文体：辞书性与反辞书性

与其开放的研究理念相应，“关键词批评”在借鉴辞书编撰理念和文本体例时，突破了为词条进行“标准答案”式定评界说的话语权威姿态，表现出一定的反辞书性和论辩性。

雷蒙·威廉斯的《关键词：文化与社会的词汇》虽然对 130 多个社会文化基本词语的解说有些简略，但作者以对这些关键词演变的敏锐理论洞察及独特体例构思开启了“关键词批评”研究的文本范例。总体观之，以“关键词批评”为主要方法的论著收入的词条数目虽然多寡不一，但在批评体例上基本体现了辞书性与反辞书性的融合，并表现出理论研究与个案研究兼顾的特点，在对文学现象和文学问题的多元探讨和文学文本的多维解读中呈现了文学理论与批评行进的多条路径。

所谓辞书性，指的是“关键词批评”在批评形态上借鉴辞书编撰的理念和体例来结构全书，具有较强的语汇积聚性，用把遴选出的关键词作为词条逐一进行阐释的方法集中论述了某一领域或某一时段的主要批评术语。耐人寻味的是，“关键词批评”的实践者大多否认意在编撰关于关键词的辞典。雷蒙·威廉斯就反复强调他的《关键词：文化与社会的语汇》并非一本辞典，而“应该算是对于一种词汇质疑探寻的记录”，“这类词汇包括了英文里对习俗制度广为讨论的一些语汇及意义”，“现在我们通常将其归入为文化与社会”。可见，雷蒙·威廉斯只是借鉴辞书编撰的外壳，重心却在解析文化与社会。

洪子诚、孟繁华谈到《当代文学关键词》编撰初衷时也表示主要不在于“编写一本有关当代文学主要语词的词典，以期规范使用者在运用这些概念时的差异和分歧，进而寻求通往概念确切性的道路”，而是“质疑对这些概念的‘本质’的理解，不把它们看作‘自明’的实体，从看起来‘平滑’、‘统一’的语词中，发现裂缝和矛盾，暴露它们的‘构造’的性质，指出这些概念的形成和变异，与当代文学形态的确立和演化之间的互动关系，通过从对象内部，在内在逻辑上把握它们，来实现对‘当代文学’的反思和清理”。

不论编著者的初衷如何，“关键词批评”在批评体例和文本构造上显然受到辞典等工具书编撰的启发和影响，具有较强的全面性与客观性，事实上“关键词批评”的论著也已经成为相关研究领域的经典工具书。

所谓反辞书性，指的是“关键词批评”突破了辞书以话语权威的姿态为词条进行“一锤定音”式的界说，体现出了开放性与延展性。

一方面，正如我们已经看到的那样，一个词语的意义并非固定不变的，也不仅限于其辞典意义。它在使用中会发生裂变，在不同历史时期、不同现实身份和不同文化背景的使用者那里也会表现出不同的理解和意义差异。词语意义的演变不是单纯的语言问题，而是社会、政治、文化、思想等的变迁合力作用的结果。“关键词批评”通过探寻词语意义的变化过程，从语言角度深入社会、政治、文化、思想及其历史演进的过程，揭示其中隐含的意义的差异、矛盾、断裂和张力。

另一方面，由于人文学科自身的特性，很多概念在鲜活的批评实践中仍处于动态变化之中，因而，“关键词批评”又表现出极富弹性的批评思维特征。陈思和就曾在《中国当代文学关键词十讲》中坦言所论的五个关键词的内涵意义是他在文学史研究的实践中逐步形成、逐步丰富的，到现在也还在尝试中，所以本来也没有什么确定的意义。采用“关键词批评”的研究者虽然在比较与鉴别各种观点的基础之上形成了自己的看法，却并不试图给出一个最后的结论。这种充满学术张力的研究方式与思维方式表明研究者认识到这些概念的意义与鲜活的理论活动和阐释实践不可分割，因此，他们的阐释意图并非要提供一个有关这些关键词界定的“标准答案”，而是看到了关键词的开放性与流变性，重视这批概念的缘起、生成语境、基本理论意涵及其在批评实践中的发展、变异。

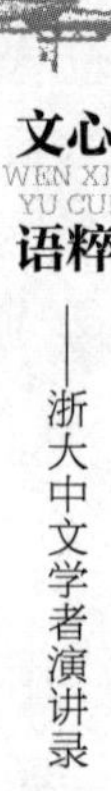

"关键词批评"著作大多既可以被视作理论辞书，又不同于一般意义上的辞书，而是以关键词为切入点对相关问题进行深入探究，具有上面所说的反辞书性。正是这种反辞书性彰显了"关键词批评"的论辩性。不过，在不同的"关键词批评"论著中，辞书性与论辩性这两种特性的比重各有差异。有的辞书性更强一些，如廖炳惠编著的《关键词 200：文学与批评研究的通用词汇编》；有的论辩性更强一些，如赵一凡、张中载、李德恩主编的《西方文论关键词》。

三、对"关键词批评"的理性反思

最后，我简要谈谈对"关键词批评"的一些反思或曰预警，当然也许只是杞人忧天。

在新概念、新术语层出不穷的当下文学和文化研究语境中，认真清理核心术语对相关学科的健康发展尤为重要。从这个意义上说，"关键词批评"的开拓者和推进者以他们深刻独到的学理思考和充满生机的批评实践，冲击着传统批评理念和批评话语，显示了强劲的理论穿透力。相较既有的研究模态，"关键词批评"在显微知著中灵动又别具穿透力地通过那些起着支撑作用的核心语汇来把握一部作品、一个作家、一个问题、一个时代乃至一个学科的核心要义，显然具有自己的特色与优势。相对而言，"关键词批评"是一种经济高效的批评方法，能够敏锐地捕捉到那些关系着批评对象实质的关键性发展线脉。

我们在充分认识"关键词批评"理论价值时，也要清醒地看到它在有力地推进了当代文学研究的同时，在批评实践中存在着一些误区或盲区。"关键词批评"在我国兴起不久，并表现出了非常宽泛的适用性，但也已经显现了一些应该引起我们重视的不良倾向的端倪。我们应注意避免"关键词批评”的一些理论“陷阱”和实践误区，慎防霸权化、唯政治视角、快餐化等倾向，力争在批评实践中有新的理论提升与实践拓展，为其在更多研究领域的纵深发展及与西方文论界展开有效对话提供良好的理论支撑，并宕开更为广阔的发展空间。

（一）避免“关键词批评”的霸权化和中心论

从某种程度上讲，关键词的流变就是一个社会、时代或学科的发展历史和研究前沿的浓缩。因此，研究这些词语及其关涉概念的内涵厘定、发展流变的“关键词批评”受到学界的重视，是相关学科发展到相对成熟阶段的自然产物。然而，正如雷蒙·威廉斯当年不仅注重关键词的所谓“权威”意义，还特别关注其被边缘化了的意义一样，我们在“关键词批评”的实践中不要仅仅重视关键词——它们本来就是相关学科的强势话语，更要注意不能因此而遮蔽其他非关键性的词语及其昭显的文学和文化现象与问题，以免由于唯关键词马首是瞻而造成关键词霸权现象。

关键词本来就是研究对象中备受瞩目的词语，对其进行全面系统的深入探究确有必要。然而，我们也应意识到，研究关键词有助于把握住核心问题，但并不能囊括全部问题。以我国当代文学研究为例，它历经了六十余年的风雨洗礼，发展至今，亟须对关键词及其折射的重大问题进行透彻研究，毕竟它们起着支撑一个学科大厦的根基性作用。在这方面，“关键词批评”已经并仍将继续发挥重要作用。但我们也不能因此而忽略对非关键性词语及非关键性问题的研究，倘若研究者眼中只有关键词，不及其余，唯关键词是从，显然会遮蔽当代文学研究的多元景观，使我们陷入关键词中心论的泥淖之中。

关键词好似万绿丛中的那一点红，然而，如若没有那些绿叶枝干，没有地下那些四通八达、盘根交错的根系的支撑，地表是开不出繁盛娇艳的花朵的。何况，关键词本来就是相对而言的，它不是孤立的，关键词与次

关键词或非关键词之间有着千丝万缕的关联性，若干关键词组成了一个个“星座”，共同构建了璀璨浩瀚的文学星空。因此，理想的“关键词批评”绝非为关键词所障目，止步于关键词所折射的问题，而是能够通过对某些关键词的深入研究带动促进相关的次关键词、非关键词及其折射问题的研究。面对我国文学和文化研究中“关键词批评”愈演愈烈的态势，我们要保持清醒，不能仅仅看到其优势，还要看到其不足，更不能盲目跟风。

“关键词批评”只是纷繁多姿的各种文学和文化批评中的一种形态，在给予我们极大理论启迪的同时，也难免有局限和短板。“关键词批评”就如同文学和文化批评百花园中的一株引人注目的鲜花，既不会因为膺拥“关键”二字而艳压群芳、独领风骚，也不可能替代其他各色各形的鲜花。毕竟，仅推崇少数几种批评范式而漠视其他批评范式，显然有悖于理想的文学和文化生态场，也不利于对文学和文化展开全方位、多层面的研究。

此外，在具体进行“关键词批评”时，我们也应理性对待关键词的遴选问题。一方面，随着社会文化的变迁、学术思想的发展，关键词所面对的问题在变化，不同时代或同一时代的不同研究者的思想观念也在变化，这些都会造成关键词本身在历史文化的流变中发生种种复杂的变化；另一方面，我们也要看到“关键词批评”的实践者们在遴选关键词时也不可避免地具有主观性与差异性。编著者不同的关注点导致他们遴选关键词时有所偏好，这也恰恰体现了“关键词批评”在批评实践中受到研究者主观性影响较大的一面，再次彰显了“关键词批评”在遴选关键词时会深深地烙印着批评主体的印迹，这也从另一个侧面提醒我们既要重视关键词又不能过于夸大其作用，以避免造成霸权化。

（二）避免政治视角从“一维”成为“唯一”

“关键词批评”萌生之初即与政治视角紧密相连，雷蒙·威廉斯视词语为社会实践的浓缩、政治谋略的容器，注重在语言的实际运用、意义变化中挖掘其文化内涵和政治意蕴。乃至有批评者指责雷蒙·威廉斯在《关键词：文化与社会的词汇》中虽然秉持尊重历史的原则追溯关键词的词源，却仍然将自己的文化政治观点融入对关键词的阐释之中，充满党派之见。雷蒙·威廉斯曾直言《关键词：文化与社会的词汇》一书对词义的评论并非不持任何立场，他在对词义的细微辨析中往往暗含针砭。陆建德也从中看到了雷蒙·威廉斯《关键词：文化与社会的词汇》价值之所在，并以《词语的政治学》为题撰写了该书中译本的代译序。陆建德指出这些涉及文化和社会的词语在实际使用中原本就时常具有明显或潜隐的政治倾向，人文学者不该忽略词语背后的政治学和利益。陆建德还以雷蒙·威廉斯对“福利”（welfare）词语的释义为例，指出其结尾所言“福利国家（the welfare state）一词出现在 1939 年，它有别于战争国家（the warfare state）”，这就巧妙地通过 welfare 与 warfare 这两个头尾押韵的词语的对照，婉曲地讽刺 20 世纪七八十年代提出削减福利待遇的那些政界人物有 1939 年第二次世界大战爆发时纳粹德国的法西斯分子之嫌疑，有力地抨击了撒切尔夫人及其追随者。虽然有些学者认为我国的“关键词批评”缺乏政治权力、意识形态方面的分析，不能算是真正的雷蒙·威廉斯意义上的“关键词批评”，然而，我们需要注意的是，政治视角只是文学研究的重要维度之一，我们在“关键词批评”的实践中既要重视词语背后的政治意味和意识形态色彩，又要避免政治视角从“一维”成为“唯一”。

如何把握好“关键词批评”的政治性问题其实关涉文学和文化批评的政治性问题，文学和文化批评不可能处于与政治绝缘的真空状态，因此，为了追求所谓纯粹的学术客观性、学理性而将政治性、意识形态性完全置于一边，恰恰是不符合客观事实的非学理的态度。而过于夸大政治性，处处紧扣政治性，甚至牵强附会，则又走向了另一极，也同样是不符合客观事实的非学理的态度。在特殊时代语境的熏染下，我国当代文学研究曾经在相

当长一段时间内几乎始终被置于政治凹凸镜之下，因而，我们可以从该学科研究的“关键词批评”论著中汲取其在正视政治性又不陷于唯政治性这方面的经验。有些当代文学研究领域的“关键词”本身就带有浓郁的政治性，在研究中自然就要联系相关的时代、社会背景对其蕴涵的政治性进行透彻的解析。在这方面，洪子诚对“中国当代文学”这一“关键词”的解析就做得很到位。洪子诚以尊重历史、求真求实的学理态度对“中国当代文学”这一关系到我国当代文学学科命脉的核心概念作了阐析，从作者简洁而明晰的行文中，我们可以清楚地看到这一“关键词”是如何逐步被构建的，看到它与生俱来的政治性及在新的历史时期日趋多元化的发展路向。我们冀望研究者们进行“关键词批评”时，秉持科学态度对文学、文化现象进行严谨求真的理性观照，彰显问题意识和自我省思，关注其折射的社会、政治、文化、历史等多重光波，而不要将政治光波放大到独尊一极的程度，避免以政治立场、道德审判取替学理评判。

（三）避免浅表化、快餐化与简单化

我们在“关键词批评”实践中还要注意避免浅表化、快餐化、简单化，以免助长批评话语膨胀的不良趋向。由于“关键词批评”在关键词的遴选方面具有一定的主观性，运用不当易出现批评的浅表化、快餐化、简单化，并由此导致批评的随意化、草率化。在我国文学和文化研究领域令人眼花缭乱的“关键词批评”中，已经出现了这样的苗头，应当引起我们的警觉与重视。这当中，有的缺乏对研究对象进行深入细致的分析，较为随意地找出几个所谓的关键词，就对批评对象进行洋洋洒洒的分析；有的遴选出的所谓关键词则是直接挪移自西方术语，而不论其与我国之文化语境和批评对象是否相符；有的是人为地生硬制造所谓关键词，在这个浮躁功利和喜好通过命名来争夺批评话语权的时代，助长了批评话语膨胀的不良趋向。合理地运用“关键词批评”这一利器，需要我们对关键词进行严谨审慎的辨析，剔除那些不能体现出关键性词语应具有的“最关紧要的”意义的词语，注意根据研究对象的特点，从多个层级遴选关键词，尤应重视其后复杂的历史脉流及与更为广博的学科发展、社会流变、意识形态等之间的关联。以我国当代文学为例，在发展中涌现了许多镌刻着历史独特印记的关键性词语，从学科反思的宏观层面来说，我们要注意联系特定学科的发展流变和现实问题，选用那些真正体现了其历史、现状、问题与现象的词语，而非简单习效西方舶来的术语或热衷于新造术语以吸引眼球。正如陈思和在《中国当代文学关键词十讲》中所指出的那样：“许多来自西方的理论术语自然也很好，但用来解释中国当代的文学现象总是有点隔，花费在解释术语的原意和引申义方面的精力要超过对文学现象本身的解释。”此外，在对关键词的考量方面，只做加法是显然不够的，我们进行“关键词批评”时还要学会做减法，注意避免浮躁功利的批评心态，沉潜治学，认真理清庞杂的术语，滤汰那些“伪概念”“伪关键词”。现今的学界本来就存在着热衷于发明新概念和新名词的浮躁现象，在文化“麦当劳”时代，我们也要避免让“关键词批评”扮演助长这一不良批评倾向的角色，以免出现“关键词批评”的快餐化和浅表化。毕竟，只有抓住那些真正能够有力阐释文学现象和解决文学问题、富含理论创见的批评术语，才能在批评实践中保持并不断激发“关键词批评”的生机与活力。

相对而言，“关键词批评”尚属于晚近新兴的批评类型，学界对它的研究不多也不够深入，尤其欠缺对其优势和短板的科学而有信服力的分析。与此相应，在我国文学和文化研究领域应该怎样合理运用“关键词批评”，也是一个值得我们关注和思考的问题。不过，前面所指出的我国文学和文化研究中“关键词批评”存在的问题并非它独有，也折射出学界存在的一些普遍性问题。我们期待“关键词批评”能够在跨文化的宏观境遇和批评实践中告别喧闹，真正做到陈思和所说的“以问题带动关键词的创新”，更好地起

到夯实学科研究基石、推动文学研究良性发展、拓宽对文学的多维阐释的作用。

以上就是我今天向各位汇报的内容，请多多批评指正！谢谢！

附记：

本文是我 2010 年 4 月 6 日晚在浙江大学中文系组织的“启真”学术沙龙上主题发言的讲演稿，地点是在浙江大学西溪校区教学主楼。时隔多年，当初拟申报的国家社科基金项目早已立项并结项，本文的内容后来也在《浙江大学学报》等期刊发表，并整合进 2018 年商务印书馆出版的专著《“关键词批评”研究》之中。值此浙江大学中文系为百年系庆拟出版浙江大学中文系教师演讲录之际，我重新审改了当初的讲演稿，对部分文字表述作了增删处理。2010 年前后，时任教工支部书记兼系副主任的我在院系领导班子及全系师生的大力支持下，正式启动了“启真”系列学术活动。“启真”学术沙龙就是其中的一项活动。沙龙既有旨在加强学术传承的王元骧教授、祝鸿熹教授、陈坚教授、吴秀明教授等资深学者的治学谈，也有以中文系青年教师和博士后为主的学术交流。沙龙有助于加强中文系不同代际教师的学术交流，传递人文精神之薪火；有助于形成“启真求是”的良好学术研究氛围，增进中文系师生的互动交流；有助于“聚人气、凝人心、促交流、谋发展”，促进中文学科的良性发展。光阴荏苒，11 年倏忽已逝，我也由青年步入中年，不胜感慨！在系党政班子及师生们的共同努力下，“启真”系列学术活动越办越好，甚为可喜！

黄擎

2021 年 6 月 18 日

精神主体学与文学史

朱首献

学者名片

朱首献，1973年10月生，河南淅川人。现为浙江大学文学院副教授、博士生导师。2005年获浙江大学文学博士学位，中国社会科学院文学研究所博士后。中国作家协会会员，中国文学理论学会会员，浙江省文艺评论家协会理事。主要从事文学基础理论、文学史理论研究。著有《文学的人学维度》《中国当代文论八讲》等。主持国家社科基金等项目多项，在国内外学术刊物发表学术论文数十篇。

时间：2018 年 9 月 27 日

地点：浙江大学中文系会议室（西溪校区教学主楼 377）

各位老师、同学，大家好！

我今天和大家分享的话题是“精神主体学与文学史”，之所以有这样一个想法，主要是来自对文学史学科现状的一些思考。

前些年有报刊发表过一篇文章，讲的是中国文学史与其高产还不如优生，根据这篇文章的说法，从 1904 年到 2004 年的 100 年中，中国文学史类的著述出版总量已经超过 1000 部，其中，新中国成立之前 77 部，其后 930 余部，而且这 900 多部中，绝大部分是近 30 年来的“杰作”。这篇文章还认为，中国文学史的这种高产实际上并没有催生出优质的文本，甚至在目前高校使用的数十种中国文学史文本之间，“袭编”现象很严重，由此还引发了一些著作权纠纷。另外，还有一组数据说是现存的中国文学史著作多达 6000 多种，其中中国现当代文学史超过 1000 部。针对这一惊人数字，有人讽刺说，很多文学史既没有文学也没有史，文学史写作正在“垃圾化”，凡此等等，一时间，文学史似乎沦为大家口诛笔伐的对象。

钱穆先生的《国史大纲》有这样一个说法，大概是说对以往的历史我们应该抱着一种“温情与敬意”。由此，我们觉得，对百年来中国文学史写作的历史进行单纯的否定甚至讨伐都是没有任何意义的，关键问题是我们得搞清楚造成这种局面的原因，然后尽可能去找到破除这种局面的可行性路线。

今天我和大家分享的这个话题实际上也就是想在这方面做一点尝试。我个人认为，改变当前文学史写作的“垃圾化”也罢，“高产不优生”也罢的胶着状态，倡导文学史书写的精神主体性或许是一个可以尝试的方法。

要认清这个问题，需要我们先来看看造成当前文学史陷入上述窘境的原因，当然，这个原因很复杂，既有历史的，也有现实的。

就历史来看，自晚清中国文学史这个学科进入中国文学研究领域开始，就有仿写、袭编的传统，这种传统当然是和文学史书写所要求的精神主体性背道而驰的。譬如说最早的林传甲的《中国文学史》，开篇就标着“传甲斯编，将仿日本笹川种郎《中国文学史》之意”的字样，仿写的意图就很明显。几乎和林著同期完成的黄人本《中国文学史》，它的历史分期、章节设置尤其是在文学史观念、功用及方法的认识上也都直接搬用了梁启超的新史学中的论断，虽然有所改造，但大意却仍然是梁启超的。譬如它说文学史是“人事之鉴”，强调文学进化的路线不是直线，而是不规则的螺旋形，这和梁启超《新史学·新史学之界说》中对历史的理解几乎同辙。再譬如，它说文学史可以激发爱国保种的情感，这其实也和梁启超的历史是国民之明镜、爱国心的源泉没有本质的差异。来裕恂本《中国文学史》，陈平原先生曾说，仔细辨析亦隐约可见梁启超的“声影”，其实陈先生的隐约之说大概是为了给来氏挽回一点面子，说重一点，来本基本上就是直接搬用梁启超新史学的相关论述。我曾做过一个文本比照，可以支持我的看法。限于时间，在此不作展开，大家有兴趣可以去比照一下看看。正因如此，郑振铎后来在《插图本中国文学史》有过这样一句话：“他书大抵抄袭日人的旧著。”这里的“他书”指的就是当时的其他一些文学史著本，不过，他说的“抄袭日人的旧著”的说法却不够全面，也不足以体现问题的普遍性，不仅日著，中著、西著，文学史的、非文学史的，凡能抄者，均在尝试之列。所以说，中国文学史的仿写、袭编也罢，著作权也罢，实际上是一个老问题、与生俱来的问题，也是“历史传统”，不值得大惊小怪。

再就现实来看，我觉得主要原因在于我们在文学史理论层面的反思似乎还不够深入。尽管20世纪后期，国内有过一场关于“重写文学史”的大讨论，这个讨论也涉及文学史理论中的一些深层次问题，譬如强调审美因素

在文学史建构中的重要作用，纠正了我们以往对文学史的一些错误理解，等等。但现在来看，这个讨论并没有进一步深入下去，应该说是一种遗憾。那么，现在我们如果重新来思考文学史的问题，我觉得有四个观念需要注意。

第一，文学史观。决定文学史的学科本质的究竟是文学还是史学，通俗点讲就是文学史姓文还是姓史？大家可能觉得这个问题不是一个问题，但实际上我认为这是一个很重要的问题。这个问题解决不好，文学史的观念就立不起来。而且它也直接涉及文学史学科性质的定位，涉及文学史的写作方法等问题。以往人们虽然也言之必称文学史是介于文学和史学间的学科，但在实际理解中，往往又出现了一边倒的情形，细言之就是：过于强调史学对它的影响，而忽视文学对它的影响。这种一边倒的情形实际上就让文学史变成了史学的分支学科或者是从属学科，这样的理解到现在也没有本质上的改变。如有学者认为“文学史本质是史学”，文学史“应恪守史学的方法与原则”，还有学者认为“文学史观的本质是历史观，文学史中的文、史不是并列关系，而是以史为指导、为原则，为文学的历史发展提供一般的规律”。这些言论都强调了“史”的品质对于文学史的重要性，实际上却遗忘了文学史学科的另外一个限制性因素——文学。实际上，一个合格的文学史家首先应该是一个具有突出审美能力的鉴赏家，其次，他才是一个历史学家。在这个意义上，我倒觉得文学史应该区分为两个层次，第一个也是最表层的是“史”，也就是对史料的实证，对文学发展线索或者规律的把握等，这个层次不是文学史的灵魂，文学史的灵魂应该是第二个也是最深层的“文”，就是文学史家对文学作品的感悟、体验，这个层次最能体现不同文学史的个性和主体性，也能使不同文学史家之间的距离拉开。事实上，有不少学者也意识到了这一点，譬如洪子诚就提醒人们不应该把文学史“作为文学**史**”，而是作为“**文学**史”。金惠敏也指出，20 世纪的中国文学史研究“只有‘历史’甚至‘伪历史’而就是不见‘文学’”。所以说，我们考虑中国文学史的问题时，应该以文学为中心，历史为其次，多一些文学的要素，多一些精神主体性。我的直觉是，如果不认真地反思文学史究竟是姓文还是姓史这个问题，不但文学史的“重写”会成为一句空话，而且中国文学史也依然会走着一条以文学史的名义拒绝文学的老路，那么，我们这里所说的文学史中的精神主体性也没有办法得到真正的落实。

第二，历史观。在这个问题上，应该尽量摆脱19世纪形成的科学主义历史观的影响。刘纳曾说过，中国人有历史癖，其实就是说中国人很重视历史。史的观念在中国传统观念中是一种非常重要的观念。那么，中国古人如何理解史？《说文解字》在注解“史”时这样说：“史，记事者也。”“历”则是“过也”。不过，它是把这两个字分开进行解释。在19世纪末20世纪初，真正让历史学在中国成为显学的是梁启超，他不满意中国旧的史学，认为它们不过是为帝王续家谱，所以他倡导新史学，把西方19世纪以来的科学主义史学观念引进到中国来。许冠三有一句话说得还是比较到位的，他说梁启超开启了中国史学“科迹整合的门径”，也就是说，梁启超的新史学拉开了中国科学主义史学的序幕。受梁启超科学主义史学思想的影响，中国早期的文学史家不仅热衷于把文学史和科学同一起来，甚至把文学史家当作科学家来看待。胡适、郑振铎、周作人、李长之等人就是如此。譬如胡适倡导文学史写作应该“有一分证据说一分话，有十分证据说十分话”，将实证主义的科学精神直接搬移到文学史的写作之中。郑振铎把文学史著者比作是一个植物学家或地质学家。李长之认为，文学研究不同于文学创作与欣赏，“研究就要周密、精确和深入。中国人一向不知道研究文学也是一种‘学’，也是一种专门之学，也是一种科学”。新中国成立后，李长之在他的《中国文学史略稿》又重申“文学史就是根据社会科学、历史科学底一般规律，结合文艺学底法则，对文学发展的具体状况及其规律性进行探讨的科学。这就是它的性质”。这种历史观在当

前的文学史学者心目中也是很普遍的。实际上，狄尔泰、卡西尔、克罗齐、杜威、别尔嘉耶夫、沃尔什、布克哈特乃至后现代主义史学等都对科学主义历史学表现出了极大的不满。我们必须看到，科学主义历史观只是众多历史观念中的一种。它所推崇的实证归纳方法、注重史料、注重规律、进化观念等并非文学史研究非此不可的途径。

第三,史料观。文学史写作究竟该如何面对文学史料？这是长久以来一直困扰着文学史著者的一个问题，郑振铎就认为:“史料的谨慎的搜辑，在中国文学史的编纂中，因此便成了重要的一个问题。”在中国传统史学中，“史料”对“史学”的作用常常被强调到一个无以复加的地位。这种对于“史料”过度关注的治史理念导致传统史学普遍把“史料”看成是“史学”的生命，最终导致“无史料则无史学”治史理念的滥觞。例如，中国早期的编年体历史实际上就是罗列史料，清儒之朴学考据和历史实证方法以及后来坚持此路线的学者都是如此，例如章学诚、梁启超、傅斯年等。1928 年，傅斯年和陈寅恪、赵元任等人创建国立中央研究院历史语言所,在谈到历史语言所的工作旨趣时，傅斯年就认为:“近代的历史学只是史料学，利用自然科学给我们的一切工具，整理一切可逢着的史料。”在《史料论略》中，他又提出:“史学的对象是史料，不是文词，不是伦理，不是神学，并且不是社会学。史学的工作是整理史料，不是作艺术的建设，不是做疏通的事业，不是去扶持或推倒这个运动，或那个主义。”那句在坊间流传甚广的“史学便是史料学”就是首先出自他之口。除傅斯年外,国学大师陈寅恪也曾宣称“无史料即无史学”。在这种治史方略的影响下,史料的价值在传统的文学史书写中受到了狂热的追捧。胡适在给徐嘉瑞的《中古文学概论》所作的序中就是这样，他说，比起“真正史料来，什么谨严的史传，什么痛快的论赞，都变成一个钱不值的了”。这种论见在当代也不鲜见。要弄清这个问题，我们得明白文学史的研究对象是什么，我觉得文学史的研究对象不应该是文学史料与文学史料之间的关系，而是文学史家与文学史料之间的关系，文学史料与文学史料之间的关系是一种“客观”关系，但文学史家与文学史料之间的关系则是一种“主观”关系，一种“评价”关系。因此，文学史家首先应该是一个拥有新鲜、活泼感悟的审美家，然后才是一个擅长细致严密的分析家。郑振铎的《中国文学史》，浦江清赞其“材料所归，必成佳著无疑”，但鲁迅却说：“郑君治学，盖用胡适之法，往往持孤本秘笈，为惊人之具，此实足以炫耀人目……郑君所作《中国文学史》……诚哉滔滔不已，然此乃文学史资料长编，非‘史’也。”由此可见，史料只是文学史的起点而不是终点，文学史写作起于史料不假，但其终点则必须是“史识”“史思”，一个钻进史料而跳不出的文学史家是无法写出一本真正的文学史的。何兆武曾说过：“史料本身并不能自行再现或重构历史，重构历史的乃是历史学家的灵魂能力。”所以，文学史书写首先要求写作者“入乎其内”，进入史料的大海，同时又必须要求他“出乎其外”，调度自己的“史识”“史思”，发动自己的主体性。文学史写作者仅仅只是“入乎其内”，必然会走不出史料，被史料所淹没，更谈不上文学史写作了。当然，如果没有“入乎其内”，只有“出乎其外”，则必然会使文学史写作流于主观臆断，步步踩空。文学史的写作强调文学史料的首要地位，固然在理，脱离史料想当然地勾连文学史，无疑会使文学史变成历史主义的神话，这自然是有悖于文学史研究的根本意旨的。但我们也得清楚，文学史料和文学史家的主体性是文学史书写中富有张力的两种限度，这两种限度规避了文学史书写行为中所存在的一种固执地要去复原文学史的原生态的面孔的努力和另外一种一任文学史家的主体性泛滥而给文学史造成灾难性后果的偏颇。

第四，文学史需不需要成见？钱基博在批评胡适的《五十年来之中国文学》时否认它是文学史，他举证的理由是，“盖褒弹古今，好为议论”，“成见太深”。而这个批评的理论背景又是来自他的史学标准：“夫纪实者，史之

所为贵；而成见者，史之所大忌也。”文学是需要成见的，作家的成见事实上就是文学的灵魂，因此，无成见则无文学。对于文学史，国内外都有学者坚持文学史无需成见，究其原因，是因为在他们眼里，文学史是一门专门之学，既然是“学”，它就理所当然地应该像自然科学那样准确、客观，不能有丝毫成见。有人曾把金岳霖的“哲学要成见，而哲学史不要成见”的主张移植到文学史研究中来，提出“文学研究要成见，文学史研究不要成见”。这个话说得有些过头，好像文学史研究不属于文学研究似的。卡西尔曾这样说：“如果历史学家成功地忘却了他的个人生活，那他就会由此而达不到更高的客观性。相反，他就会使自己无权作为一切历史思想的工具。如果我熄灭了我自己的个人经验之光，就不可能观看也不可能判断其他人的经验。在艺术的领域里，如果没有丰富的个人经验就无法写出一部艺术史。”所以，在文学史活动中，文学史作者应该证明自己不仅仅只是一个文学史料的被动接受者，而且也是一个个人经验丰富且充满活力的创造者。从这个意义上说，一个优秀的文学史家的与众不同之处正是在于他的个人经验的丰富性和多样性、深刻性和强烈性，否则他的著作就一定是死气沉沉和平庸无力的，冷冰冰的客观主义对于文学史写作来说是无法说明叙述者的内心是站在哪一边的。

我们只想提醒的是，作为一个文学史家，自己的审美鉴赏能力、审美判断能力和个性化的审美创造能力在文学史的写作中非常重要。文学史的写作从来就不只是一个文学历史复原的过程——且不说这种复原在何种程度上能够实现，还是一个审美接受和审美创造的过程。从这种意义上来看，文学史既是历史的，同时又是超历史的，文学史的超历史性体现为它对文学本身的重视。刘勰有一句话叫作“各师成心，其异如面”，这大家都知道。当然，他是说文学的“体”（风格）的，不可能关涉文学史写作。实际上，就像钱锺书说的那样：“东海西海，心理攸同；南学北学，道术未裂。”“各师成心，其异如面”，也是文学史之道，是做文学史应该遵循的一个最高原则。没有新鲜、活泼的审美感悟，文学史家就不可能有独到的审美发现。尧斯在《文学史作为向文学理论的挑战》中强调“文学史是一个审美接受和审美生产的过程”，既然是审美接受和审美生产，那么，接受者和生产者的精神主体性在文学史的书写中就有着异乎寻常的意义。

以上就是我报告的内容，不当之处，请批评指正，谢谢大家！

（本文为2018年9月27日在“浙江大学中文系青年教师系列学术活动之文艺学工作坊”上的报告，地点在浙江大学西溪校区教学主楼377中文系会议室）

唐歌行的空间流动与分体撰辑：从敦煌钞卷到唐别集

戚晓婷

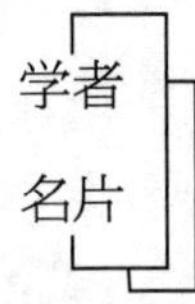

戚晓婷，1979 年生，山东临沂人。文学博士。现为浙江大学文学院副教授、博士生导师，中国古代文学研究所副所长，中国唐诗之路研究会理事。主要从事唐代文学与文献研究。著有《中唐儒学变革与古文运动嬗递研究》，并在《文学遗产》《浙江大学学报》《岭南学报》等重要刊物上发表论文多篇。

时间：2021 年 12 月 30 日

地点：线上讲座（香港城市大学中文及历史学系主办）

一、唐歌行名篇的空间流动

歌行是唐诗的一种重要诗体，也是唐代诗国高潮的一个重要标志。在唐代，歌行名篇的流传就已经对诗人诗坛地位和声望的确立有着决定性和代表性的作用。举几个典型的例子。

1. 李白之于《蜀道难》

孟棨《本事诗》记载："李太白初自蜀至京师，舍于逆旅，贺监知章闻其名，首访之。既奇其姿，复请所为文，出《蜀道难》以示之，读未竟，称叹者数四，号为谪仙。"

李白在唐代诗名非常大，他的诗名与贺知章的推崇有关，而贺知章所推崇正是李白的歌行名篇《蜀道难》。

杜甫《苏端薛复筵简薛华醉歌》云："近来海内为长句，汝与山东李白好。何刘沈谢力未工，才兼鲍昭愁绝倒。"

长句指的就是歌行，杜甫的这几句诗也说明，李白的歌行在当时非常有名。我自己有一个猜想，就是李白与杜甫相比，在唐代，李白的诗名更大，杜甫的诗名不太大，可能与杜甫的歌行不如李白有关。杜甫以律诗见长，单篇律诗的影响力不如单篇歌行的影响力，因为歌行的篇幅比较长。当然，目前纯属猜想。

2. 白居易之于《长恨歌》《琵琶行》

白居易是新乐府运动的倡导者，白居易对自己的讽喻诗非常看重，但实际上，白居易在当时影响最大的就是他的两篇歌行——《长恨歌》与《琵琶行》。

吊白居易

唐宣宗

缀玉联珠六十年，谁教冥路作诗仙。
浮云不系名居易，造化无为字乐天。
童子解吟长恨曲，胡儿能唱琵琶篇。
文章已满行人耳，一度思卿一怆然。

白居易《与元九书》云："及再来长安，又闻有军使高霞寓者，欲娉倡妓，妓大夸曰：'我诵得白学士《长恨歌》，岂同他妓哉？'由是增价。又足下书云：到通州日，见江馆柱间有题仆诗者。复何人哉？又昨过汉南日，适遇主人集众乐娱，他宾诸妓见仆来，指而相顾曰：此是《秦中吟》、《长恨歌》主耳。"

3．韦庄之于《秦妇吟》

总体上来说，不管是李白的《蜀道难》还是白居易的《长恨歌》和《琵琶行》，在唐代传播的盛况我们知之甚少。不过敦煌韦庄的《秦妇吟》可以让我们一睹当时歌行名篇传播的盛况。

韦庄《秦妇吟》这首诗在历代典籍包括韦庄的别集里面均不载，敦煌遗书中到目前为止已经发现的《秦妇吟》写卷共有十件。这些钞件的时间，最早钞于公元905年，当时作者韦庄尚在世，韦庄去世于910年，最晚钞于公元979年。也就是说在905年到979年之间，仅在敦煌地区就出现了十多个《秦妇吟》写卷。敦煌属于西北偏远之地，在西北偏远之地能有十多个《秦妇吟》写卷，从这一点来说，《秦妇吟》这首诗在当时的传播速度是非常快的，传播地域是非常广的。

（1）伯3381卷，卷末题："天复五年（905）十二月十五日敦煌郡金光明寺学仕张龟写”。首尾全，均题“秦妇吟一卷”，未署作者。

（2）伯3780卷，卷末有写书人题记两行，一行云：“显德二年（955）乙卯岁二月十七日就家学士郎马富德书记”，又一行云：“大周显德四年（957）丁巳岁二月十九日学士童儿马富德书记”。首尾均题“秦妇吟一卷”，署名残存“右补阙”三字，诗卷之前半多有残损。

（3）伯3910对折册页装诗文选钞卷，《秦妇吟》首全尾缺，题署作“秦妇吟”“补阙韦庄撰”。卷末题记：“癸未年二月六日净土寺弥赵员住左手遗（书）”，又：“癸未年二月六日净土寺赵赵”。经考实为太平兴国四年（979）己卯学郎阴奴儿所写。

（4）伯3953卷，首尾残，题署均缺。

（5）斯692卷，首残尾全，尾题“秦妇吟一卷”，卷末题“贞明五年（919）己卯岁四月十一日敦煌郡金光寺学仕郎安友盛写讫”。

（6）斯5476卷，对折册页装，首尾均残缺，无题署。

（7）斯5477对折册页装，首残尾全，题“秦妇吟一卷”，原卷于“六军门外倚僵尸，七架营”句后淡墨写“阴奴儿”三字，此卷与伯3910均为阴奴儿写本。

（8）伯2700、斯5834拼合卷，卷首题“秦妇吟”“右补阙韦庄撰”，尾残。据斯5834残片末行题记，知为贞明六年（920）写本。拼合卷的意思就是原本是一个写卷，但是被撕裂了，分藏于法国和英国。

（9）李盛铎原藏本。

（10）俄罗斯藏残卷。

二、敦煌歌行钞卷

在敦煌遗书中，另外几种歌行钞卷也引起了我的关注和思考。在敦煌

诗歌写卷中，有几种钞本，所钞诗歌均为歌行。

非常典型的是斯 2049 钞卷。这一钞本共钞有 17 首诗，全部都是歌行，依次是：安雅《王朝君》、《古贤集》、《落扬篇》（即刘希夷《代悲白头翁》）、《酒赋》、《锦衣篇》、《汉家篇》（即高适《燕歌行》）、《大漠行》、《老人篇》、王翰《饮马长城窟行》、“阙题”（即李白《将进酒》）、“阙题”、《老人相问嗟叹诗》、“阙题”、《藏驹》、《苑中牧马思诗》、卢竫《龙门赋》、《北邙篇》。

另外还有一个，即伯 3195、伯 2677、斯 12098 诗歌钞卷，这一钞卷共钞诗 7 首，均为歌行：高适《送浑将军出塞》、高适《送萧判官赋得黄花戍》、冯待征《虞美人怨》、魏奉古《长门怨》、高适《燕歌行一首》、屈同仙《燕歌行》、王泠然《野烧篇》。

这几种歌行钞卷之所以引起了我的兴趣，是因为这些歌行诗钞集在一起。既然在唐代当时的诗歌选本中歌行被钞集在一起，那在别集中是不是也会这样？我产生了这一想法之后当时立即去翻了手头上的几种宋本唐代诗人别集，宋蜀刻本《王摩诘文集》《李太白文集》《新刊权载之文集》，以及白居易集、元稹集、刘禹锡集、皎然《吴兴昼上人集》等，然后发现，在这些别集中，歌行与其他类诗歌都是分别编撰，这与敦煌歌行选本的钞集方式是吻合一致的。

而这一发现之所以让我兴奋，是因为关于唐人别集诗歌的编撰体例到底是分类还是分体、在中古时期是如何演进的相关研究非常少。这主要是因为，第一，保存至今的唐人原本较少；第二，现存唐集多为宋人编定本，是否唐集的本来面目，不易轻易认定；第三，唐代处于中国古典诗歌蓬勃发展的时期，各种新诗体层出不穷而尚未固化，别集诗歌的编撰方式也就丰富多彩、复杂多样。

万曼《唐集叙录》这部书共著录有传本的唐人诗集、文集、诗文合集共 108 家，是一部唐代诗文别集的专题目录书，可以说一册在手，唐代别集的基本情况一览无余。但是，即便这样一部功大积深的唐别集叙录，对唐代别集的编撰体例也是认识不清的："大抵唐人诗集率不分类，也不分体。宋人编定唐集，喜欢分类，与明人刊行唐集喜欢分体一样，都不是唐人文集的原来面目。"这是《唐集叙录》里面的一段话，表明学界对这一问题的认识是模糊的。因此，敦煌遗书中的歌行选本，启发了我们重新审视唐人别集的编撰方式。

除了前面两种歌行选本，在一些综合性诗歌写卷中，诗人的歌行诗也往往被钞集在一起。

伯 2567、伯 2552 拼合卷"唐诗丛钞"，钞李昂、王昌龄、孟浩然、荆冬倩、丘为、陶翰、常建、李白、高适 9 位诗人的诗歌共 119 首，也就是说原本是按人编次的，而其中李白部分，先钞 16 首诗，然后 20 余首乐府歌行连钞，并且前有小标题"古乐府"：《战城南》《白鼻䯄》《乌夜啼》《行行游猎篇》《临江王节士歌》《乌栖曲》等。

伯 2492、俄藏 Дх. 3865"唐诗文丛钞"除首尾之外，中间集中钞白居易新乐府诗 18 首：《上阳人》《百炼镜》《两珠阁》《华原盘》《道州民》等。

此外尚有数种诗歌写卷，所钞歌行数量虽然不多，但是歌行诗也都是并排在一起的。

伯 3619"唐诗丛钞"诗 48 首，前 6 首均为歌行：《清明日登张女郎神》《宝剑篇》《死马赋》《白头翁》《北邙篇》《捣衣篇》。

伯 2748"唐诗丛钞"诗 37 首，前 2 首为词，自《燕歌行》《古贤集》《大漠行》至《长门怨》四首均为歌行。

伯 2673"唐诗文丛钞"诗 5 首，前 3 首为歌行：卢竧《龙门赋》、安雅《王昭君》、《北邙篇》。

斯 788"唐诗丛钞"诗 3 首：《古大梁行》《燕歌行》《大漠行》，均为歌行。

歌行是唐诗的一种重要诗体，在唐人的诗歌钞本中出现了数量如此之多的歌行集中钞纂本，尽管这些钞本既无标题，也无序言，也不知其编者，我们很难确认这些钞本编者的严格意义上的辨体意识，但是将钞本中的歌行分编与唐人别集中的歌行分编相对照，两者所表现出来的诗歌编撰方式的趋同性，无疑使唐人唐诗选本中的分体成为一个进入和观照别集诗歌分体编撰的有效的途径。

三、歌行在初盛唐别集中的散编

唐代别集诗歌编撰的基本方式以类编排。例如卢藏用编陈子昂文集，据万曼《唐集叙录》:“《陈伯玉集》来源只有一个，大致保存了卢藏用所编十卷本的原貌，虽然几经翻刻，却没有发现有什么大的差异，在唐集刻本中是比较单纯而又完整的一种。”①《陈伯玉文集》诗歌大致分为题赠、酬答、送别、家园、游览几类。

天宝四载（745），王士源编录孟浩然诗，王士源《孟浩然诗集序》云:“集其诗二百一十八首，别为七类。”现存宋刻本《孟浩然集》三卷，应为王士源原编，诗二百一十八首，没有分细目，但大致可以看出是分为七类编排的：游览、赠答、旅行、送别、宴乐、怀思、田园。

我们再进一步考察歌行在初唐诗人别集中的编排。前面的两位诗人，歌行诗比较少，像孟浩然，诗集中并没有歌行。初唐四杰是歌行体创作的重要人物。当然，这里涉及唐代歌行发展的一个背景，在武则天时期和初唐四杰之前，唐代是没有歌行的创作的，或者说几乎没有。所以考察歌行在初唐诗人别集中的编撰也要从初唐四杰开始。

---

① 万曼:《唐集叙录》，河南大学出版社 2008 年版，第 46 页。

北宋本《骆宾王集》基本保存了唐集的原貌，当然这有一个较为枯燥的文献考证过程。骆宾王的文集，骆去世之后由兖州人郗云卿编成十卷，宋代《崇文总目》《郡斋读书志》《直斋书录解题》均作十卷，可见郗云卿所编的十卷本在宋代还没有散佚。现存北宋刻本《骆宾王文集》，递经毛氏汲古阁、顾氏小读书堆、黄氏士礼居、梅氏海源阁收藏。卷首顾广圻跋云："嘉庆丁卯影写一部，后十年丙子秦敦夫太史开雕于扬州文局覆刊印行，为记首帙，使阅此者知其为祖本也。"[①]而秦敦夫在覆刊时撰序云："证诸《直斋书录解题》，蜀本也。分卷凡十，为赋颂一、诗四、表启书二、杂著三，前有郗云卿序。又考旧、新两《唐志》，皆以十卷著录，是此实为唐、宋相仍云卿编次之旧矣。"[②]《骆宾王集》卷二至卷五为诗，无细目，大致按照赠答、行旅、送别、游览、咏怀、咏物、杂诗分类编排。其中，骆宾王的乐府诗，《艳情代郭氏答卢照临》《代女道士王灵妃赠道士李融》归入第二卷赠答，《棹歌行》《王昭君》归入第五卷杂诗，《帝京篇》《畴夕篇》编为一卷即第九卷杂著。

也就是说，在《骆宾王文集》中，歌行诗是分散编入以内容分类的诗歌中的。

现存最早卢照邻诗文合集，为明崇祯十三年张燮刊《幽忧子集》，就是说明以前的版本都没有了。《幽忧子集》七卷，卷一至卷三为诗，分体编排：赋、五言古诗、七言古诗、五言律诗、五言排律、五言绝句、七言绝句、中和乐九章。

这种编排方式显然是经过明人重编的。因为这种非常齐整的分体编排在唐代以及在宋代很长一段时间内还没有出现。既然经过明人重编，而且明前的版本不存，我们也就很难得知卢照邻的歌行《行路难》《长安古意》在

① 顾广圻跋，见中国国家图书馆藏北宋刻本《骆宾王文集》卷首，《中华再造善本》，北京图书馆出版社2003年版。

② 秦敦夫：《骆宾王文集考异序》，载顾广圻《思过斋集》卷十，清道光二十九年徐渭仁刻本，第19页。

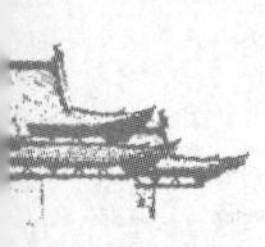

唐集中是如何编排的。不过丁丙《善本书室藏书志》二十四云:“宋刻有二卷本，载赋诗及五悲，惟无乐府九章与骚序对问书赞碑十七篇。”这说明在宋本中，乐府九章是另外编排的，没有与诗、赋同编，我们大致只能知道这些。

岑参是盛唐时期歌行诗创作的重要诗人。《岑参集》是岑参去世之后杜确所编，杜确《岑嘉州诗序》云:“岁月逾迈殆三十年，嗣子佐公复纂前绪，亦以文彩登名翰场。有公遗文，贮之箧箧，以确接通家余烈，忝同声后辈，受命编次。因令缮录，区分类聚，勒成八卷。”这说明杜确原编岑参诗是分类编撰的。现存宋刻本《岑嘉州诗》四卷，也是分类编排的。虽然我们不能确定这个宋刻本是否唐人旧编,但其编排方式应该是沿袭了唐人的方式。其中歌行诗《青门歌送东台张判官》《梁园歌送河南王说判官》《白雪歌送武判官归京》《热海行送崔侍御还京》《走马川奉送出师西征》《轮台歌奉送封大夫出师西征》《敷水歌送杜渐入京》《函谷关歌送刘评事使关西》《天山雪歌送萧治归京》《胡笳歌送颜真卿使附河陇》《火山云歌送别》《秦筝歌送外生萧正归京》均归入第一卷送别类。

总而言之，从初唐四杰到盛唐岑参，歌行尚未单独编辑，而是散编入以内容分类的各类诗歌中。

四、唐别集歌行诗的分体编撰

歌行诗在唐人别集中明确单独归类、分体编撰，目前所知是从李白文集开始的。

李白集唐编不存，宋蜀刻本《李太白文集》是经过宋人编次的，卷一为序和碑，卷二至二十四为歌诗，分类编排，有细目：乐府、歌吟、赠、寄、送、酬答、游宴、登览、行役、怀古、闲适、怀思、感遇、写怀、咏物、题咏、杂咏、闺情、哀伤。根据我自己的阅读经验，像这种有细目的分类一般为宋人所加，唐人分类编排但一般不标细目，像陈子昂集和孟浩然集。

既然经过宋人的编次，这些类目就不能确定为唐人所分，但是幸而我们有魏颢《李翰林集序》。魏颢编李白集是唐代李白集的最早编集，当时李白尚在，魏颢在《李翰林集序》中有一段话："颢平生自负，人或为狂，白相见泯合，有赠之作，谓余尔后必着大名于天下，无忘老夫与明月奴。因尽出其文，命颢为集。经乱离，白章句荡尽，上元末，颢于绛偶然得之。沉吟累年，一字不下。今日怀旧，援笔成序，首以赠颢作，颢酬白诗，不忘故人也。次以《大鹏赋》、古乐府诸篇积薪而录，文有差互者两举之。白未绝笔，吾其再刊。"[①] 也就是说，魏颢编李白集首以两人的赠酬之作，次以《大鹏赋》和古乐府，可证在魏颢所编的李白集中古乐府诗是汇集在一起的，李白的古乐府大多是歌行，像《蜀道难》。

王维集，现存宋蜀刻本《王摩诘文集》十卷，第一卷"赋诗歌赞"，第二卷"书序记文赞"，第三卷"表状露布"，第四卷"应制应教唱和酬答"，第五卷"寄赠山水"，第六卷"山水"，第七卷"碑"，第八卷"碑墓志"，第九卷"饯送留别游览"，第十卷"逆旅杂题哀伤"。王维集宋蜀刻本编次有点混乱，就是诗文混杂，但是就诗歌而言，仍然是分类编排的："赋诗歌赞""应制应教唱和酬答""饯送留别游览""逆旅杂题哀伤"。其中王维的乐府歌行作品《从军行》《老将行》《桃源行》《陇西行》《洛阳女儿行》等是集中编撰的，就是编撰在第一卷"赋诗歌赞"里面。

李白、王维之后，中晚唐诗人的别集，尤其是乐府歌行创作的重要诗人，歌行诗大多是独立编集的。

白居易是新乐府运动的代表性人物。白居易的新乐府作品一般不称为

---

① 魏颢：《李翰林集序》，载中国国家图书馆藏宋蜀刻本《李太白文集》，《中华再造善本》，北京图书馆出版社 2003 年版。

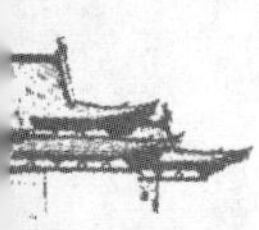

歌行，但是就其采用新题而不是古题这一点，与歌行是一致的。实际上，白居易自己也曾经称他的新乐府为歌行。白居易《编集拙诗成一十五卷因题卷末戏赠元九李二十》云："每被老元偷格律，苦教短李伏歌行。"句后自注："予乐府五十首。"[①] 这里的歌行指的就是新乐府。元和十年，白居易第一次编集自己的文集，他将自己的诗分为讽喻诗、闲适诗、感伤诗、杂律诗，其中新乐府作品集中编撰并且归入讽喻诗，白居易《与元九书》云："仆数月来，检讨囊帙中，得新旧诗，各以类分，分为卷目。自拾遗来，凡所遇所感，关于美刺兴比者；又自武德至元和，因事立题，题为'新乐府'者，共一百五十首，谓之'讽喻诗'。"[②] 此后白集续有增编，但始终沿袭了这一分类方式。

张籍也是中唐时期一位重要的乐府歌行创作诗人，据白居易《读张籍古乐府》，张籍在世时就有编辑乐府诗小集流传。

读张籍古乐府

白居易

张君何为者，业文三十春。尤工乐府诗，举代少其伦。
为诗意如何，六义互铺陈。风雅比兴外，未尝着空文。
读君学仙诗，可讽放佚君。读君董公诗，可诲贪暴臣。
读君商女诗，可感悍妇仁。读君勤齐诗，可劝薄夫敦。
上可裨教化，舒之济万民。下可理情性，卷之善一身。
始从青衿岁，迨此白发新。日夜秉笔吟，心苦力亦勤。
时无采诗官，委弃如泥尘。恐君百岁后，灭没人不闻。

---

① 谢思炜：《白居易诗集校注》卷一六，中华书局2006年版，第1334页。
② 《白居易集》卷五四，中华书局1979年版，第964页。

愿藏中秘书，百代不湮沦。愿播内乐府，时得闻至尊。
言者志之苗，行者文之根。所以读君诗，亦知君为人。
如何欲五十，官小身贱贫。病眼街西住，无人行到门。[①]

张籍文集，唐原编据《新唐书·艺文志》记载七卷，明高儒《百川书志》云："《张司业集》七卷。国子司业苏州张籍文昌著，今并一册，卷数仍旧。乐府三百九十有奇。"[②] 我们不能确知《张司业集》是否为张籍集旧编，但是根据这段话，这个版本中的乐府诗应是集中编排的。宋代番阳汤中所藏的《张司业集》八卷附录一卷本，汤中记云："司业诗集，世所传者，历阳、盱江二本，编次不伦，字亦多误。余家藏元丰八年写本，以乐府首卷，绝句系后，既有条理，古诗亦多二本十数首。"[③] 这一个宋代元丰八年的钞本，不知在多大程度上沿袭了唐原编，其中的乐府诗也是编在一起并且列于卷首。

另外，中晚唐时期，即使不以歌行名家的诗人，就是说他的歌行诗不是特别有名，但也有歌行的创作，像这样的诗人别集中的歌行诗也往往单独归类编排。权德舆文集，宋蜀刻本《新刊权载之文集》三册为权德舆五十卷原编，前七卷为赋、诗，无细目，分类编排：赋、咏怀、酬和、寄赠、送别、行旅、哀伤。第八卷标目"歌词"，收挽歌词《德宗挽歌词三首》《顺宗挽歌词三首》《昭德皇后挽歌词》等。挽歌词之后为歌行五首：《和李尚书竹亭歌》《和张仆射朝天行》《清上人院牡丹花歌》《锡杖歌》《马秀才草书歌》。

另外皎然诗集也是如此。宋本《吴兴昼上人集》，卷一至卷六诗分类编排：寄赠、酬答、行旅、游宴、送别、古乐府、读史、戏题；第七卷均为歌行诗。

---

① 谢思炜：《白居易诗集校注》卷一，中华书局2006年版，第8页。
② 高儒：《百川书志》卷一四，清光绪至民国间观古堂书目丛刊本。
③ 丁丙：《善本书室藏书志》卷二五，清光绪刻本。

五、唐别集中的歌行与古乐府分编

在中晚唐诗人的别集中，不仅歌行作为一种诗体是与其他诗歌分别编撰的，成为唐别集从分类到分体的重要一步，而且歌行中的新题歌行与古题歌行也往往是分开编撰的。

唐人歌行诗，就诗题是否采用汉魏六朝乐府旧题，可以分为新题歌行与古题歌行，古题歌行又归属于古乐府，因为它采用的是乐府旧题。这两类就诗体而言均为歌行，但是诗题来源不同，一为新题，一来源于汉魏古乐府。

唐代歌行在发展之初，数量较多的是新题歌行，而不是古题歌行。如骆宾王的《畴昔篇》、卢照邻的《长安古意》、宋之问的《明河篇》《放白鹇篇》《嵩山天门歌》、沈佺期的《霹雳引》《七夕曝衣篇》《凤箫曲》、李峤的《倡妇行》《汾阴行》《宝剑篇》、阎朝隐的《鹦鹉猫儿篇》、郭元振的《古剑歌》、武三思的《仙鹤篇》、崔湜的《塞垣行》、蔡孚的《打毬篇》、陈子昂的《庆云章》《与东方左史虬修竹篇》《观荆玉篇》《鸳鸯篇》、张说的《时乐鸟篇》《邺都引》《赠崔二安平公乐世词》《送尹补阙元凯琴歌》《遥同蔡居偃松篇》、崔颢的《江畔老人愁》、张楚金的《逸人歌赠张山人》、尹懋的《美女篇》、王泠然的《寒食篇》《夜光篇》《汴堤柳》，等等。

从初唐四杰到盛唐诗人，以古题作歌行尽管也有，但在数量和比例上要少于新题歌行，如王勃的《临高台》《采莲篇》、张若虚的《春江花月夜》、高适的《燕歌行》、王翰的《饮马长城窟行》等。

盛唐诗人大量以乐府古题作歌行的是李白，而在别集编撰中将新题歌行与古乐府分编也始于李白。宋蜀刻本李白集，卷三至卷六上为乐府，卷六下至卷七为歌吟。因为经过宋人重编，我们不能确定这一分编方式是否为李白唐集原貌，不过在唐代李白的古题乐府确曾单独编集。伯2567、伯2552拼合卷“唐诗丛钞”，其中李白部分，小标题“古乐府”后钞诗二十余首，依次为:《战城南》、《白鼻騧》、《乌夜啼》、《行行游猎篇》、《临江王节士歌》、《乌栖曲》、《长相思》、《古有所思》、《胡无人》、《阳春歌》、《白纻词》三首、《飞龙引》二首、《前有樽酒行》二首、《古蜀道难》、《出自蓟北门行》、《陌上桑》、《紫骝马》、《独不见》、《怨歌行》。这二十三首诗确实均为古题乐府。

我们再回过头来看，魏颢《李翰林集序》:"次以《大鹏赋》、古乐府诸篇积薪而录。"唐人不会称新题歌行为古乐府，这里的古乐府是不包括新题歌行的，也就是说新题歌行是在古乐府之外另编的，李白唐集原编确实是古乐府与新题歌行分别编撰的。

中晚唐诗人的别集，如果集中新题歌行与古乐府的数量足够多，两者也往往分编。元稹集，白居易作元稹墓志称"着文一百卷，题曰《元氏长庆集》"，原集一百卷不传。《四库全书总目提要》著录了元稹的一个宋刻本："《元氏长庆集》六十卷，唐元稹撰……此本为宋宣和甲辰建安刘麟所传，明松江马元调重刊，自一卷至八卷前半为古诗，八卷后半至九卷为伤悼诗，十卷至二十二卷为律诗，二十三卷为古乐府，二十四卷至二十六卷为新乐府，二十七卷为赋，二十八卷为策，二十九卷至三十一卷为书，三十二卷至三十九卷为表状，四十卷至五十卷为制诰，五十一卷为序记，五十二卷至五十八卷为碑志，五十九卷至六十卷为告祭文。"[①] 在这一个宋刻本中，古乐府与新题乐府是分编的。宋蜀刻本《元氏长庆集》卷一至卷四为古诗，卷五至卷八为乐府，其中卷六至卷八为新题乐府，卷九至卷十二为古体诗，卷十三为伤悼诗，卷十四至卷二十六为律诗。这两个宋刻本尽管编次顺序不一致，但是新题乐府与古乐府均是分编的。而且宋刻本的分类方式，实际上是延续了元稹生前对自己诗歌的分类。元和七年（812），元稹应李景俭

① 永瑢等:《四库全书总目》卷一五一，中华书局 1960 年版，第 1295 页。

的要求编集自己的诗集，他在《叙诗寄乐天书》中说：

> 适值河东李明府景俭在江陵时，僻好仆诗章，谓为能解，欲得尽取观览，仆因撰成卷轴。其中有旨意可观，而词近古往者，为古讽。意亦可观，而流在乐府者，为乐讽。词虽近古，而止于吟写性情者，为古体。词实乐流，而止于模象物色者，为新题乐府。声势沿顺属对稳切者，为律诗，仍以七言、五言为两体。其中有稍存寄兴、与讽为流者为律讽。不幸少有伉俪之悲，抚存感往，成数十诗，取潘子悼亡为题。又有以干教化者，近世妇人晕淡眉目，绾约头鬓，衣服修广之度，及匹配色泽，尤剧怪艳，因为艳诗百余首。词有今古，又两体。自十六时，至是元和七年矣，有诗八百余首，色类相从，共成十体，凡二十卷。[①]

可见，元和七年元稹在编集自己的诗集时就将自己的诗分成古讽、乐讽、古体、新题乐府、律诗等几类。其中“流在乐府”的乐讽就是古乐府，与新题乐府分编。两个宋刻本尽管已经不是《元氏长庆集》原貌，但在诗歌分类方式上与元稹生前自己的分类是一脉相承的，元稹唐集原编，无疑也是新题乐府与古乐府分编的。

就诗体而言，新题歌行为歌行，而旧题歌行也是歌行，两者为同一种诗体，在体式上并无本质的区别。唐人别集中新题歌行与古题歌行分编，并不意味着他们对这两者体式的一致性没有认知。在敦煌歌行钞卷中，往往既有新题歌行也有旧题歌行，两者杂钞。伯 2544 存歌行十四首，其中高适《燕歌行》、王翰《饮马长城窟行》为古乐府，其余为新题歌行：刘长卿《酒赋一本》、《锦衣篇》、《汉家篇》、“阙题”（即《大漠行》）、《老人篇》、“阙

---

① 元稹:《元稹集》，中华书局 1982 年版，第 352 页。

题”（即王翰《饮马长城窟行》）、“阙题”（即李白《将进酒》）、“阙题”、《老人相问哓叹诗》、“阙题”、《藏驹》、《苑中牧马思诗》、卢竧《龙门赋》、《北邙篇》。

伯3195、伯2677、斯12098存歌行七首，其中魏奉古《长门怨》、高适《燕歌行》、屈同仙《燕歌行》为古乐府，其余为新题歌行：高适《送浑将军出塞》、高适《送萧判官赋得黄花戍》、冯待征《虞美人怨》、魏奉古《长门怨》、高适《燕歌行》、屈同仙《燕歌行》、王泠然《野烧篇》。

尽管这些钞卷不是唐人严格辨体意识下的歌行钞卷，但是在实际应用中，他们确实并不区分新题歌行与古题歌行。

中晚唐诗人将新题歌行与古乐府分编，一方面当然是出于文献编撰上的便宜，凡是用古题的归入古乐府，凡是用新题的归入歌行，不过另一方面，在更深的诗学内涵上，是由于中晚唐人对新题歌行与古乐府的价值评价并不相同，认为古乐府的价值高于新题歌行，也就是说在唐人的观念中，古乐府属于更高层级的诗体。从白居易《读张籍古乐府》中可看出，古乐府在中晚唐人的观念中具有讽喻时事的更高的社会功能。而新题歌行的价值则止于模写物像，抒发一己之情感，元稹自己就说“止于模象物色者，为新题乐府”。武元衡在《刘商郎中集序》中论刘商歌行：“著歌行等篇，皆思入窅冥，势含飞动，滋液琼瑰之朗润，浚发绮绣之浓华，触境成文，随文变象。”[①] 晚唐贯休《还举人歌行卷》云：“厚于铁围山上铁，薄似双成仙体缬。蜀机凤雏动蹩躠，珊瑚枝枝撑著月。王恺家中藏难掘，颜回饥僝愁天雪。古松直笔雷不折，雪衣女啄蟠桃缺。佩入龙宫步迟迟，绣帘银殿何参差。”[②] 又贯休《读顾况歌行》论曰：“忽睹逋翁（况别号）一轴歌，始觉诗魔辜负我。花飞飞，雪霏霏，三珠树晓珠累累。妖狐爬出西子骨，雷车拶破织女

① 《全唐文》卷五三一，中华书局1983年版，第5389页。
② 《全唐诗》卷八二六，中华书局1980年版，第9308页。

机。忆昔鄱阳寺中见一碣，逋翁词兮逋翁札。庾翼未伏王右军，李白不知谁拟杀。”[①] 中晚唐人在评价自己时人的歌行时，无论他们如何热情洋溢、不吝辞藻地赞扬它自由飞动、放情驰骋的艺术，都不会与之将社会讽喻教化功能相连，而在他们的观念中，社会讽喻功能高于自由纵逸的艺术。

至宋代李昉等编《文苑英华》，仍然将古题歌行归于乐府卷，而不是歌行卷。宋人的这一编撰方式，以现代学术的诗歌辨体视角，会被认为对古题歌行的体性认识不清；实际上，《文苑英华》这一编撰方式是对唐人的诗歌观念和歌行体编撰方式的继承，是有其文学史背景和思想渊源的。

结 语

从类编到体编，即从分类编撰发展为分体编撰是唐代别集诗歌编撰演进的大势，这是后世别集诗歌分体的先声，而歌行分体是唐代别集诗歌分体编撰的重要步骤和重要方面。歌行在唐别集中的分体编撰具有双重含义。一方面，歌行分体编撰是唐代各种诗体尤其是歌行发展成熟的结果。歌行在唐别集中由最初的散编逐渐发展为集中编撰，较早对歌行进行集中编撰的是李白、王维，到中晚唐，诗人在别集中将歌行进行集中编撰成为流行的趋势，唐别集的歌行分体成立。另一方面，歌行在唐别集中的编撰方式又是唐人诗歌观念的体现。在唐人的观念中，古乐府属于高层级诗体，高于新题歌行，因此，尽管古乐府与新题歌行在体式上具有一致性，而唐人对此也并非没有认知，他们还是将古乐府与新题歌行分编，并且这一编撰方式一直延续到宋代。

---

① 《全唐诗》卷八二七，第 9316 页。

运动事件词化类型演变的语体差异

——兼论语体与语言面貌及演变方向的关联性诸问题

史文磊

学者名片

史文磊，1981 年生，山东昌邑人。现为浙江大学文学院教授、博士生导师。2010 年毕业于南京大学汉语言文字学专业，获博士学位。主要著作有《汉语运动事件词化类型的历时考察》(2014)、《汉语历史语法》(2021)等，主持国家社科基金青年项目“语法化中的语法性及相关问题研究”(鉴定“优秀”)、国家社科基金一般项目“汉语分析性词汇语法特征的历时演变研究”等，获第八届高等学校科学研究优秀成果奖(人文社科)青年奖(2020)、浙江省第十八届哲学社会科学优秀成果奖三等奖(2015)、浙江大学“2014 年十大学术进展”(2015)、第十六届中国社会科学院吕叔湘语言学奖二等奖(2012)等奖励。

时间：2019 年 1 月 8 日

地点：黑龙江大学

一、引　言

本次演讲主要探讨运动事件词化类型演变过程中存在的语体差异及相关问题。学界近年来对运动事件词化类型（lexicalization pattern of motion events）历时演变的关注日渐增多，但鲜有论及演变过程中的语体（register）差异的，本次演讲旨在对此作出论析。伦纳德·泰尔米（Talmy，1985、1991、2000）提出，人类语言中运动事件的词化类型大体可以分成两种：动词构架型（verb-framed language/V 型）和附加语构架型（satellite-framed language/S 型）。[①]V 型结构中路径信息（Path）由主要动词编码，方式信息（Manner）需要用其他成分编码，如（1a）西班牙语例；S 型结构中路径由附加语成分（satellite）编码，主要动词往往空出来表达方式等信息，如（1b）英语例。

(1) a. Juan[动体] entró[运动+路径] a la casa[背景] corriendo[方式].
　　胡安　进　到 房子　跑动名词

b. Juan[动体] ran[运动+方式] into[路径] the house[背景].
　　胡安　跑　进了　房子

该类型学提出之后影响很大，吸引了学界广泛的关注。近年来的研究

① 文中用到的缩写：alternative expressions of Manner=AEM；Deictic=D；double Path pattern=DPP；Equipollently-framed=E 型构架；Manner=M；Path=P；Satellite-framed=S 型构架；Synthetic pattern=Syn 型；Verb=V；Verb-framed=V 型构架。

表明，一种语言中运动事件的主导词化类型在历史上会发生转变。举例来说，罗曼语族的诸语言（如法语、西班牙语、意大利语等）从拉丁语发展至今，表现出从 S 型向 V 型转变的趋势（Kopecka，2006、2009；Stolova，2008、2015；Acedo-Matellán and Mateu，2013；Acedo-Matellán，2016）。英语在历史上表现出 S 型不断增强的趋势（Slobin，2004；Fanego，2012；Verkerk，2015）。希腊语从荷马（Homer）时代发展至经典希腊语（Ancient Greek）时代，逐渐发展为一种典型的 S 型语言（Nikitina，2013）。希伯来语从圣经希伯来语（Biblical Hebrew）发展至现代希伯来语（Modern Hebrew）经历了从 V 型向 S 型转变的过程（Rappaport Hovav，2019）。汉语从古到今也表现出从 V 型向 S 型转变的趋势（Li，1993、1997；Peyraube，2006；史文磊，2011、2014a）。Talmy（2000：118–120）也曾提到，运动事件词化类型并非一成不变，有的语言在历史上发生了类型转变，有的语言通过各种策略保持了原有的类型；追溯词化类型的历史可以成为历史语言学研究中的一座富矿。

但我们知道，语言系统（词汇、形态句法、语篇）内部并非均质，不同的手段之间在其所适用的语体上存在显著差异（陶红印，1999；冯胜利，2010；汪维辉，2014）。近来已有研究注意到，现代共时层面里运动事件词化类型存在语体差异（柯理思，2003［2019］、2008、2018；李福印，2017；Kashyap and Matthiessen，2018）。比如，柯理思（2008）对属于通俗作品的《人到中年》一书和属于口头语体的电视剧《结婚十年》中 15 个小时的会话作了比较。作者对两种语料中的“走回来”类格式和“回来”类格式作了统计。对比发现，《人到中年》里两类格式的占比差不多（“走回来”47%，“回来”53%），但《结婚十年》里两者的比例悬殊（“走回来”7%，“回来”93%）。这说明在小说这类带有一定书面语体色彩的通俗文本中，S 型结构的使用频率相对高一些，而在口头语体色彩浓厚的电视会

话中，S 型结构相对而言用得极少，V 型结构［“回来”这类格式我们归到双路径型（double Path pattern），与单路径 V 型区别对待］占据绝对优势。那么，我们不禁要问：运动表达在历时演变的进程中，是否也存在语体差异？换言之，不同语体属性的文本，其演变是否会表现出各自不同的发展倾向和脉络？表现在哪些方面？遗憾的是，既有的历时演变方面的研究对此并未给予足够的重视。拿汉语来说，已有研究指出（Li，1993、1997；Peyraube，2006；史文磊，2011；Shi and Wu，2014），汉语运动事件词化类型在历史上表现出远离 V 型、朝向 S 型演变的趋势。但我们注意到，这些研究持论的依据，大都是作者从汉语史上择取的某一种自认为具有代表性的语料（口语性较强、反映新质成分），却并未触及语体差异问题。

有鉴于此，我们拟选取汉语史四个时期的通俗作品、古今汉语对译文本以及近代四种版本《老乞大》这三种具有不同语体倾向的语料，对词化类型演变中的语体差异及其表现作出探讨。调查主要基于汉语自移运动（autonomous motion）事件词化类型的历时演变。

主体内容按以下四部分展开：第二节分析三种语料在词化结构分布倾向上存在的差异，第三节分析语义要素（方式、路径）分布倾向上存在的差异，第四节是相关问题的讨论，涉及语体差异、词化类型的代表性以及历时类型学等诸问题，第五节进行总结。

二、词化结构分布倾向

首先看基于汉语史四个时期通俗作品的调查。史文磊（2014a）、Shi and Wu（2014）从汉语史四个时期（上古、中古、近代、现代）的通俗作品语料中，分别随机摘取了 180 个情节[①]（episode）的运动表达作为样本。各时期语料信息如下（史文磊，2014a：383—388 表 6-4a—6-4d）（括号内数字为情节数）：

（2）上古:《左传》(76)、《晏子春秋》(24)、《论语》(6)、《孟子》(7)、《韩非子》(33)、《吕氏春秋》(34)。所选语料大致分布在公元前 5 世纪中期—公元前 3 世纪中期这 200 年间。

中古:《世说新语》(66)、"短篇小说"(89)、《周氏冥通记》(7)、《奏弹刘整》(7)、《百喻经》(11)。所选语料大致分布在公元 4 世纪中期—公元 6 世纪中期这 200 年间。

近代:《三朝北盟会编》(10)、《朱子语类》(20)、"宋元话本小说"(130)、《原本老乞大》(5)、《元典章·刑部》(15)。语料集中在 12 世纪中期—14 世纪中期这 200 年间。

现代语料：现代汉语书面作品 9 种。数据主要来自 Chen and Guo（2009）。所选语料集中在 20 世纪以降。

作者将这四个阶段的语料制成数据库，进行了语义要素和结构类型的标注，然后对各时期运动事件编码结构作了统计和分析。四个时期各类编码结构的使用频率如下表所示：

① 一个情节是指这样的叙述片段：位移动体（Figure）从一个定点开始并持续移动，经过若干介质性背景（Ground）以后，直到另一预期达到的定点、新的情节开始为止（plot-advancing event occurs）（Özçalışkan and Slobin 2003：206）。

表 1　汉语史四个时期通俗作品抽样语料自移运动表达结构统计表

	V 型	E 型	S 型	DPP 型	Syn 型	其他
上古汉语	69.05%	17.26%	0.3%	0	5.66%	7.33%
中古汉语	65.48%	14.42%	0.71%	7.33%	0	12.01%
近代汉语	33.45%	0.68%	39.59%	18.43%	0	7.85%
现代汉语	13.85%	0	70.38%	9.04%	0	6.73%

注：本表数据在史文磊（2014a：383—388 表 6-4a—6-4d）的基础上重新归纳而成。上古汉语 V 型结构包括路径动词单用（如“入”“出”）、指向（Deictic）动词单用（“来”“往”“去”）；E 型包括 M conj P（“趋而归”）、M conj D（“驾而往”）、MP（“走出”）、MD（“驰往”）；DPP（double Path pattern）指前后两类形式都是编码路径的结构：P conj P（“出而去”）、PP（“还反”）、DP（“往入”）；Syn 型或称综合型（Synthetic pattern）指一个形式兼表方式和路径的结构；“其他”指难以归类的：PM、MM、M、N_1 等。N_1（neutral verb）指既不表方式也不表路径的动词，如“行”。中古语料中，方式和路径之间有连词的或典型的连动结构（“挨身而入”“骑坐……还”）归入 E 型，但这一阶段 S 型和 E 型有时很难区分（“飞入”“走去”），暂时统归 E 型，在比较时我们将 E 型和 S 型结合起来看。这个问题在近代语料中也存在，我们根据大势，将近代语料中的此类结构统归 S 型（“奔到”“撞入”“走过……来”）。近代 DPP 结构如：“出到”“回来”；N_1P 归入 S 型：“行到”；“其他”：“奔”“奔走”“行”。

由表 1 数据可见，V 型结构在上古汉语中占绝对优势（69.05%），后世使用比例逐渐降低，到近代汉语降为 33.45%，现代汉语中则只剩 13.85% 了。S 型结构在上古汉语中几乎见不到。既编码方式又编码路径的结构本就少见，如 E 型只有 17.26%。中古近代以降，S 型结构的使用频率逐渐增多。需要说明的是，中古近代时期，同时编码方式和路径的复合结构，到底是 S 型还是 E 型不易确定，如中古“飞入”、近代“奔到”。我们不妨合起来看，上古和中古时期，E 型和 S 型的总量分别占 17.56% 和 15.13%，说明这种结构模式很少，到近代时期增至 40.27%，而随着动趋式在近代的成熟和扩展（史文磊，2014b），其中绝大多数都已是 S 型结构。时至现代，S 型结构所占比例已经高达 70.38%。

下面看基于古今汉语对译语料的调查结果。Shi et al.(2018)以上古汉语及其现代译文作为平行语料，对上古和现代汉语中运动事件的编码类型作了对比调查。上古汉语语料信息与史文磊(2014a)、Shi and Wu(2014)一致。作者为每一部上古文献找了四到六种现代译文进行比较，挑选了其中一本读起来最符合口语语感的译文作为现代译文语料样本。今译文本信息如下(括号内数字是情节数):

(3)《论语》: 钱逊《论语读本》，中华书局，2007 (6)

《左传》: 冯作民《白话左传》，岳麓书社，1989 (76)

《孟子》: 杨伯峻《孟子译注》，中华书局，1962 (7)

《韩非子》: 陈明、王青《韩非子全译》，巴蜀书社，2008 (33)

《吕氏春秋》: 廖名春、陈兴安《〈吕氏春秋〉全译》，巴蜀书社，2004 (34)

《晏子春秋》: 薛安勤《晏子春秋注译》，许嘉璐主编《文白对照诸子集成》，广东教育出版社，1995 (24)

作者统计了上古汉语及其现代译文中各类自移运动表达结构的例数和占比，如下表所示(Shi et al.，2018：854 Table 2):

表 2　上古汉语及现代译文自移运动表达结构统计表

	现代译文							合计
上古	V 型	S 型	DPP 型	Syn 型	E 型	其他	无	
V 型	98	44	71	4	0	7	2	226+6=232 (69.05%)
E 型	7	41	4	1	8	1	0	62−4=58 (17.26%)

续表

上古	现代译文							合计
	V 型	S 型	DPP 型	Syn 型	E 型	其他	无	
S 型	0	1	0	0	0	0	0	1（0.3%）
Syn 型	1	13	0	2	0	3	1	20−1=19（5.66%）
其他	1	9	1	1	0	17	0	29−3=26（7.73%）
合计	107（31.94%）	108（32.24%）	76（22.69%）	8（2.39%）	8（2.39%）	28（8.35%）	3	上古总数 =336 现代总数 =335

注："其他"指难以归类的结构，如"追楚师""挟辀以走""长驱疾驰""转身"。

对比表 2 和表 1 数据可见，现代译文和四个时期通俗作品这两种语料的调查结果，有些方面出入较大。V 型结构的使用比例，近代通俗语料已经减至 33.45%，现代通俗语料则更是减至 13.85%，而现代译文却还有 31.94%。另外，DPP 型结构中主要动词也是编码路径的，所以也可以看成是 V 型结构的一种变体。要是把现代译文 22.69% 的 DPP 型结构也算进来的话，V 型结构的占比要更高。S 型结构的使用比例，近代通俗语料已经增至 39.59%，现代通俗语料更是增至 70.38%，但现代译文却只有 32.24%。

为了最大程度上呈现出历史口语的实际使用情况，我们选取了四种不同版本的汉语口语教科书《老乞大》作为语料，对其所反映的近代北方官话口语的使用倾向进行了对比分析。四种版本的基本信息如下：《原本老乞大》（《原本》）成书于元末（约 1346 前），是迄今所见最早的《老乞大》刊本，其语言是地道的元代北方官话口语。《老乞大谚解》（《谚解》）刊行于明末（约 1607），其所据文本成书于 1483 年前后，大体上反映了明初的北方官话口语。《老乞大新释》（《新释》）刊行于 1761 年，是朝鲜人边宪等为了"适乎时、便于俗"，对《老乞大》"逐条改正，别其同异"而成。此书对之前版本的表述作了大幅改动，在《老乞大》诸版本中最贴近当时北方实际口语面貌。《重刊老乞大》(《重刊》) 成书于 1795 年，朝鲜人李洙等奉正祖之命修订而出。《重刊》较《新释》来说语言略显保守，可能是为了“雅正”而重修，但总体上也反映了清代北方汉语口语的实际面貌。(汪维辉，2005、2015) 综上，这四种版本成书的大致时代是:《原本》(约 1346 前) →《谚解》(约 1483) →《新释》(1761) →《重刊》(1795)。

之所以选择这批语料，其原因如下。第一，口语性极强。《老乞大》是朝鲜时代最重要的汉语口语教科书之一，能够最大程度上反映当时汉语官话口语的实际面貌，具有其他书面语料无法比拟的独特价值。第二，反映现实口语的历时演变。这四种版本的《老乞大》，内容基本相同，但各版之间在词汇、语法的诸多方面差异明显。这些差异是随着时代的推移、语言的变化而不断修订形成的，所以为我们考察 14 世纪中叶至 18 世纪末期这四百多年间汉语北方官话口语的历时演变提供了不可多得的语料。(李泰洙，2003；汪维辉，2005) 第三，全书包含大量运动情节的叙述。比较各版本运动表达的差异，对我们了解这四百多年间汉语官话口语中运动事件词化类型的历时演变具有格外重要的价值。

我们将四种版本《老乞大》的文本做了标注，包括各类语义要素和编码格式等，然后制成相应的数据库。这里重点关注自移运动表达。下表是各版本所用自移运动表达结构的分布情况:

表 3 《老乞大》诸版本所用自移运动表达结构分布表

	V 型	E 型	S 型	DPP 型	Syn 型	其他	总例数
《原本》	71.75% (193)	0	3.72% (10)	15.99% (43)	0	8.55% (23)	269
《谚解》	72.69% (197)	0	3.32% (9)	15.50% (42)	0	8.49% (23)	271

续表

	V 型	E 型	S 型	DPP 型	Syn 型	其他	总例数
《新释》	65.94%（182）	0	3.62%（10）	20.29%（56）	0	10.14%（28）	276
《重刊》	66.08%（187）	0	3.53%（10）	20.85%（59）	0	9.54%（27）	283

对比表 3 和表 1 通俗作品语料的数据，有以下两点尤其引人注目。第一，先看 V 型结构，四种版本的《老乞大》语料中，相对来说前两个版本的使用比例更近（71.75%、72.69%），后两个版本的数据更近（65.94%、66.08%）。但整体而言，前后变化不太显著[①]，都表现出强烈的 V 型语言倾向，其变化远比不上表 1 近代汉语数据的变化那么显著（从中古的 65.48% 降到 33.45%）。四种版本《老乞大》的 V 型语言倾向可从下例 V 型结构的使用窥见一斑：

（4）每日清早晨起来，到学里，师傅行受了生文书。下学到家，吃饭罢，却到学里写仿书。(《原本》)

（5）每日清早晨起来，到学里，师傅上受了文书。放学，到家里吃饭罢，却到学里写仿书。(《谚解》)

（6）每日清早晨起来，师傅根前受了书。放学，家里吃完了饭，再到学里写仿。(《新释》)

（7）每日清早晨起来，师傅根前受了书。放学，到家里吃饭，再到学里写仿。(《重刊》)

第二，再看 S 型结构，四种版本的《老乞大》语料中，S 型结构的使用

① 后两种版本《老乞大》减少的 V 型结构，大多转到 DPP 型结构中去了，对 S 型倾向并无实质影响。

比例都特别低，前后版本看不出显著变化，基本上保持在 3.5%—4% 之间。这跟表 1 近代汉语 S 型结构的数据（39.59%）又形成了鲜明对比。

如此鲜明的对比，难免令人心生困惑。表 1 近代汉语的数据来自 12 世纪中期至 14 世纪中期这二百年间通俗作品的抽样语料[①],《老乞大》诸版本则是 14 世纪中期至 18 世纪后期这四百多年间的语料。总体来说，通俗作品在先,《老乞大》在后。根据既有的历时演变研究的结论（Li，1993；Peyraube，2006；史文磊，2011）,《老乞大》中 V 型结构的使用比例应该低于近代通俗语料，至少不会高出这么多（前者是后者的两倍）;《老乞大》中 S 型结构的使用比例应该高于近代通俗语料，至少不会低这么多（前者是后者的 1/10）。

可能有人会说,《老乞大》是外国人学习汉语的教材，这种语料有其特殊性，情节相对简单。但无论汉语教材是什么内容情节，其行文所用的词化类型（即句法模式）要合乎语感，跟通常的口语说话应当是一致的。情节内容的简单与否，应不会影响其基本的词化类型。

另一个问题是，从 14 世纪中期到 18 世纪末期这四百多年之间，汉语自移运动事件词化类型的变化并不明显，尤其是 S 型结构的使用倾向，几乎没有变化。这该如何解释？我们认为,这在很大程度上恰恰是对当时口语实际的反映。《老乞大》的语言反映了北方官话口语的用法，尽管我们无法穿越回去看看当时活的口语是什么样子，但现代汉语北方方言口语的使用情况却为我们窥探先前的面貌提供了重要线索。我们以“梨子故事”（The

① 其中用到了《原本老乞大》这份语料，但只随机摘用了 5 个情节。

Pear Stories）视频作为素材[①]，对各地汉语方言口语中自移运动事件的词化类型作了比较详细的调查。根据我们目前调查到的语料，在现代汉语北方话众多方言的口语中，自移运动事件的表达倾向是一致的，即都表现出强烈的 V 型语言倾向。这些方言在表达自移运动事件时，很少启用方式动词作主要动词的动趋式，大多只用路径动词或 DPP 式（"下来""下到"）就完成任务了。举例来说，在叙述果农从梨树上下来发现三个小孩手里拿着梨从他眼前经过这个场景时，北方各地方言口语几乎全都只用主要动词表达路径（V 型或者 DPP 型），基本上不用 S 型结构。例如下面句中画线部分的结构[②]：

（8）摘梨这哥们儿终于下来了。……看见俩孩子拿着梨过来。（北京话）

（9）那师傅又摘了一筐梨，下来了。……下边过来了三个小孩儿。（哈尔滨话）

（10）摘梨的那个人从树上顺着梯子他就下来了。……三个小男孩儿拿着那个梨从他身边经过。（河北昌黎话）

（11）老汉子又摘了一袋子梨又下来了。……从那边过来了三个小

---

① "梨子故事"（The Pear Stories）是由美国著名语言学家华莱士·蔡菲（Wallace Chafe）教授团队在 1970 年代录制的一个短片视频。视频时长 6 分钟，没有对话，跨语言语篇调查时用作采集语料的素材。"梨子故事"在汉语各方言中的表达情况，参见网址：http://pearstories.org/docu/ThePearStories.htm。姚玉敏在这些汉语方言语料的基础上，对汉语普通话、吴语、客家话、闽语和粤语等五种汉语方言运动表达的类型作了比较分析。作者重点考察了六种路径信息的表达（上、下、进、出、来、去），其调查结果显示，吴语的 S 型语言倾向最强，闽语和粤语的 V 型语言倾向更强一些，更接近上古汉语的特征（Yiu，2014：367）。不过，作者对各方言内部片区自移运动事件的表达情况调查不够细致。我们仅按需就自移事件进行讨论，其他各类概念范畴（致移、伴随位移等）的表达以及各方言之间的差异，这里不展开。

② 录音语料采集和转写者：北京话（孟琢）、哈尔滨话（李家春）、河北昌黎话（董正存）、山东昌邑话（史文磊）、山西代县话（闫菊香）、浙江嘉兴话（沈丽梅）、温州苍南话（姜淑珍）、温州瑞安话（孙晓雪）、丽水庆元话（胡文文）、台州椒江话（金龙）。统致谢忱。

子。（山东昌邑话）

（12）农民从树上下来。……那三个娃娃从他跟前过去。（山西代县话）

与此形成鲜明对比的是，S 型语言倾向非常强烈的吴语则几乎全都采用 S 型结构表达，南部吴语在这方面的倾向格外明显。例如下面句中画线部分的结构：

（13）树上采梨子个姆爸么，梯子上爬脱来勒。……正好个三个人走过。（浙江嘉兴话）

（14）就是该下，许个工人，摘消梨个工人树里爬落罢呐！……就该时节，碰着该三个妹妹边吃消梨边走过。（温州苍南话）

（15）个聋哑个叔叔树上又摘落一围裙个梨，再宿树上［ba^{31}］跨拉落。……该三个小细儿正好走过。（温州瑞安话）

（16）这时［ʔduo^{33}］那个老成侬渠上树里溜落来。……刚刚几个孩儿又［uoʔ^{31}］走过来，拿有个梨吃。（丽水庆元话）

（17）［xaʔ］然后格树上［dəʔ］的格人趟转落［lɔ^{42}］（“来爻”合音）。……格时候三个小人慢慢式在渠面前趟过去^{55}爻。（台州椒江话）

对比可见，现代汉语北方各地方言口语表现出强烈的 V 型语言倾向，《老乞大》诸版本表现出的词化类型倾向很可能就是当时北方通语口语的实际使用面貌，这种倾向一直延续至今。换言之，现代汉语北方话口语中表现出的强 V 型语言倾向最晚从元代就已成型了。

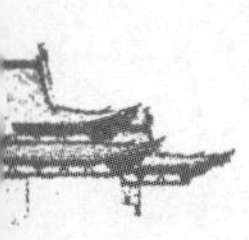

三、语义要素分布倾向

斯洛宾（Slobin，1996、2000、2004、2006、2014）等调查发现，运动事件词化类型对相关概念要素（如方式、路径、背景及修辞风格等）的语篇分布倾向具有显著的影响（参看 Shi and Wu，2014：1244-1245）。下面我们就三种语料中语义要素（方式、路径）的分布倾向作出调查。先看方式，再看路径。

（一）方式表达

方式表达策略大体可以分为主要动词和状语性成分（alternative expressions of Manner/AEM）两大类（Slobin，2006；Shi and Wu，2014）。《老乞大》文本中编码方式信息的状语性成分太少，只有 3 次“慢慢的”，1 次“快”，1 例“顶着房子走 / 行”，四种版本均是如此。因此我们暂不讨论状语性成分，只看方式动词的类数（type）和例数（token）。

1. 方式动词类数

史文磊（2014a：347 表 6-5）、Shi and Wu（2014：1260 Table 3）对汉语史四个时期通俗作品抽样语料中方式动词的类数作了统计，Shi et al.（2018：867 Table 8）对现代译文语料中方式动词的类数作了统计。我们将这两项数据合成一表，如下所示：

表 4　汉语史四个时期通俗作品抽样语料及现代译文方式动词类数统计表

	上古通俗	中古通俗	近代通俗	现代通俗	现代译文
方式动词	26	36	40	41	58（单音 38；双音 20）

由表 4 数据可知，从古到今汉语方式动词的类数呈递增之势。比较通俗抽样和现代译文两项数据可见，如果只看单音节动词，现代汉语通俗作品抽样语料所用方式动词跟现代译文语料差不多，分别是 41 类和 38 类。不

过，现代汉语译文有 20 类双音节方式动词（共用 28 次），这是现代通俗作品语料里没有的，如下所列（括号内是例数）（Shi et al.，2018：865-866 Table 7）：亡命（5）、撤退（2）、逃跑（2）、翻越（2）、追逐（2）、出动（1）、步行（1）、出发（1）、驾驶（1）、出走（1）、流亡（1）、进兵（1）、跳跃（1）、进伐（1）、行走（1）、进军（1）、巡行（1）、凯旋（1）、追赶（1）、追击（1）。因此，现代译文的方式动词在总类数上远远多于现代通俗抽样语料。

再看《老乞大》诸版本的调查数据。我们对四种版本《老乞大》中所用方式动词的类数作了统计，结果如下表所示：

表 5 《老乞大》诸版本所用方式动词类数统计表

序号	词项	原本	谚解	新释	重刊
1	行$_1$	10	10	3	3
2	跟	7	7	6	7
3	赶	3	3	5	5
4	走$_2$	2	2	0	0
5	骑	1	1	1	1
6	窜	1	1	1	1
7	逃	1	0	0	0
8	走$_1$	0	0	7	7
9	逃走	0	1	2	2
10	行走	0	0	2	0
11	跑	0	0	1	1
12	游荡	0	0	1	0
类数		7	7	10	8
例数		13.59%（25）	13.51%（25）	15.03%（29）	13.17%（27）

注："行$_1$"：步行；"走$_1$"：步行；"走$_2$"：逃跑。

相较而言，《老乞大》后两版用到的方式动词类数上比前两版略多。但总体上看，四种版本《老乞大》里方式动词的类数跟近代通俗抽样相比少了许多。《老乞大》诸版本方式动词类数大致在 7—10 之间，其中还包括 3 类双音节的（“逃走”“行走”“游荡”），但近代通俗语料却多达 40 类。这跟《老乞大》作为口语教科书内容相对简单不无关系。

2. *方式动词例数*

我们将汉语史四个时期通俗作品抽样语料中方式动词的类数（史文磊，2014a：350 表 6-8；Shi and Wu，2014：1264 Table 6）和古今对译语料中方式动词的例数（Shi et al.，2018:868 Table 9）合成一表，如下所示：

表 6　汉语史四个时期通俗作品语料及现代译文语料方式动词例数统计表

	上古通俗	中古通俗	近代通俗	现代通俗	现代译文
方式动词	21.3%（77）	24.9%（120）	32.8%（128）	45.3%（374）	30.26%（138）

注：史文磊（2014a）和 Shi et al.（2018）中上古通俗作品抽样语料中方式动词的例数相同，都是 77 例，但占比略有出入，分别是 21.3% 和 20.37%。差别出在 17 例 B 类中立动词（neutral verb/NB）上（如“鞭”“衣”“载”）。史文磊（2014a）的总例数没把这 17 例算进来，Shi et al.（2018）算进来了，所以占比高一点。

我们又统计了《老乞大》诸版本所用方式动词的例数及其占比，如下表所示：

表 7　《老乞大》诸版本所用方式动词例数表

	《原本》	《谚解》	《新释》	《重刊》
方式动词	13.59%（25）	13.51%（25）	15.03%（29）	13.17%（27）

比较可见，（ i ）历时来看，四个时期通俗作品语料和古今对译语料显示出汉语史上方式动词使用频率呈递增之势；（ ii ）现代译文中方式动词例数的占比明显低于现代汉语通俗作品语料（30.26%：45.3%）；（ iii ）《老乞

大》诸版本所用方式动词例数占比大致在 13%—15% 之间，远低于近代通俗作品语料（32.8%）。

（二）路径表达

1. 路径动词类数

我们将汉语史四个时期通俗作品抽样语料中路径动词的类数（史文磊，2014a: 349 表 6-6; Shi and Wu，2014: 1262 Table 4）和现代译文语料中路径动词的类数（Shi et al.，2018: 871 Table 11）合并为一表，如下所示：

表 8 汉语史四个时期通俗语料和现代译文语料所用路径动词类数统计表

	上古通俗	中古通俗	近代通俗	现代通俗	现代译文
路径动词	23	25	16	13	21（单音 16＋双音 5）

我们又统计了四种版本《老乞大》所用路径动词的类数和例数，如下表所示：

表 9 《老乞大》诸版本所用路径动词表

序号	词项	《原本》	《谚解》	《新释》	《重刊》
1	到	61	62	68	75
2	出	14	14	15	15
3	起	14	15	15	16
4	回	10	10	15	14
5	行$_3$	9	9	4	4
6	离	8	8	5	9
7	过	5	5	3	5
8	入	4	4	2	4
9	走$_4$	3	3	9	1
10	倒	2	2	1	1

续表

序号	词项	《原本》	《谚解》	《新释》	《重刊》
11	下	1	1	1	1
12	上	1	1	1	1
13	穿	1	1	1	1
14	进	0	0	1	1
类数		13	13	14	14
例数		72.28%（133）	72.97%（135）	73.06%（141）	73.17%（150）

注:“行$_3$”,离开;“走$_4$”,离开。本表例数只统计了处在 V/V_1 位置作主要动词的情况。

综合表8、表9两表数据可知,（ⅰ）历时来看，路径动词类数从古到今呈递减趋势。路径动词在汉语史上表现出归一化的趋势。举例来说，下例中《左传》原文四类不同的路径动词（“适”“如”“至”“及”），在现代译文李梦生《左传译注》（上海古籍出版社，2004）中被规整为一类（“到”）。

（18）a. 适晋，说赵文子……（《左传·襄公二十九年》）

b. 公子札到了晋国，喜爱赵文子……

（19）a. 郑子产如陈莅盟。(《左传·襄公三十年》)

b. 郑子产到陈国去参加盟会。

（20）a. 公子围至，入问王疾。(《左传·昭公元年》)

b. 公子围回到国都，进宫探视楚王的病。

（21）a. 及郊，闻费叛，遂奔齐。(《左传·昭公十二年》)

b. 到了郊外，听说费邑叛变，就逃往齐国。

（ⅱ）只看单音节，现代译文比现代通俗作品略高（16：13），不过现代译文中用到了 5 类双音节路径动词，这样从总类数上来看，现代译文明显要高于现代通俗语料。(iii)《老乞大》诸版本中用到的路径动词保持在十三四类，跟近代通俗语料差别不太显著。

2. 路径动词例数

我们将汉语史四个时期通俗作品抽样语料中路径动词的例数（史文磊，2014a: 350 表 6-8; Shi and Wu，2014: 1264 Table 6）和现代译文语料中路径动词的例数（Shi et al.，2018: 868 Table 9）合并为一表，如下所示：

表 10　汉语史四个时期通俗语料和古今对译语料所用路径动词例数统计表

	上古通俗	中古通俗	近代通俗	现代通俗	现代译文
路径动词	76.2%（275）	68.1%（329）	60.5%（236）	53.1%（438）	67.76%（309）

注：四个时期通俗抽样语料中另有中立动词，现代 1.6%（13）、近代 6.7%（26）、中古 7%（34）、上古 2.5%（9）；现代译文另有中立动词 1.97%（9）。史文磊（2014a）和 Shi et al.（2018）中上古语料路径动词例数一致，占比不同（分别是 76.2% 和 72.75%）。差别还是出在中立动词上，史文磊（2014a）的总数中没算 17 例 B 类中立动词，Shi et al.（2018）算了。这个差别并不影响整体结论。

我们又对四种版本《老乞大》中所用路径动词的例数和占比作了统计，如下表所示：

表 11　《老乞大》诸版本所用动词统计表

	方式动词	路径动词（V_1）	路径动词（V_2/V_3）	中立动词	总数
《原本》	13.59%（25）	72.28%（133）	9.24%（17）	4.89%（9）	184
《谚解》	13.51%（25）	72.97%（135）	8.65%（16）	4.86%（9）	185
《新释》	15.03%（29）	73.06%（141）	6.74%（13）	5.18%（10）	193
《重刊》	13.17%（27）	73.17%（150）	8.29%（17）	5.37%（11）	205

我们根据处在 V/V_1 作主要动词和处在 V_2/V_3 作补语这两种情况，将路径动词分出两类。这么做是出于以下考虑：第一，该部分考察的目的是

展示路径这一语义要素在语篇中分布的多寡和显著与否，用于补语位置的路径表达形式也应予以关注。第二，学界在汉语的动趋式是何种词化类型上尚存争议，那我们不妨把这两种情况分别进行考察，看看差别有多大。

由上表数据可知，（ⅰ）历时来看，路径动词的使用频率呈递减趋势。（ⅱ）现代译文路径动词例数的占比明显高于现代通俗语料（67.76%：53.1%）。（ⅲ）只看用作主要动词的情况时，四种版本《老乞大》中路径动词的使用频率已是很高（72%—73%），把用作补语的情况算进来之后，诸版本中路径动词的使用频率则高达80%左右。前文提到，《老乞大》诸版本用到的方式动词类数和例数都相对少得多，但路径动词在类数和例数上都不少。

四、相关问题的讨论

（一）语体差异——不同文本运动表达倾向差异的重要原因

通过以上比较分析我们发现，三种语料之间在词化结构的使用倾向和语义要素的分布倾向上都表现出显著差异。原因何在？我们认为，这种差距很大程度上是由语料之间的语体差异造成的。

四个时期通俗作品的抽样语料基本上是从口语性较强的书面语料中摘取的，大致能反映出当时通俗语言的使用倾向和演变趋势。因此，我们可以通过调查不同历史阶段的通俗作品语料，呈现出运动事件词化类型历时演变的趋势。但通俗作品语料终究不是纯粹的口头表达，必然会表现出较强的视觉语言（visual language）离线（offline）加工的色彩。作者在撰写这些通俗作品时，必然要经过构思、酝酿和谋篇，会在较大程度上凸显运动的丰富性（expressiveness）和生动性（vividness）（史文磊、王翠，2021）。因此，我们会看到通俗作品中方式信息编码的显著度（Manner salience）

要大大高于其他两种语料。这突出地表现在：S 型结构的使用频率和方式动词例数的占比相对高得多。需要特别说明的是，现代通俗语料中方式动词总类数低于今译文本语料，但这里有个重要因素不能忽视，Shi and Wu（2014）中所列现代通俗语料方式动词数据引自 Chen and Guo（2009），该数据中未调查双音节方式动词，但双音节方式动词在通俗作品中应当是存在的。因此，只看单音节的话，通俗作品语料中方式动词的类数相对来说并不少。

译文语料在跟源头语言的场景对应性上具有较大的优势。斯洛宾（Slobin，2005：128）曾说："翻译任务为我们提供了一个展示该语言最大可能性的窗口,因为翻译任务促使译者力求根据源头语言所表达的内容进行翻译。" 通过对译语料可以呈现出，源头语言和目标语言在面对相似场景的时候编码结构有哪些倾向性的差异。从古今汉语译文的对比调查来看,译文的确反映出了类型上的变化。但译文语料也存在一定的问题。译者的目的多是停留在将古代语言翻译成今天能懂的语言就可以了，相对而言，在表达位移运动的丰富性和生动性上就不如通俗作品。另外,译文往往会或多或少地受到源头语言的影响，有时采用源头语言的词汇或格式。举例来说，Shi et al.（2018）所利用的古今汉语对译语料中，"入" 在现代译文中凡 6 见，多是比较书面的用法，如 "驱入于师→驾车直驰入郑军中" "入→躲入、侵入、攻入、退入"，分别见于《左传》《韩非子》和《吕氏春秋》译文。"往" 主要用于 "前往" 这种固定的双音结构中。"至" 1 见，即 "至于中流→至江心"（《吕氏春秋》)。"归" 1 见，用于固定结构 "及高粱而还→当大军进伐到高粱时，就班师而归"（《左传》)。这类用法都是在一定程度上受了原文的影响。

因此，出于翻译语体的缘故，现代译文所反映的类型演变，要比现代通俗作品的抽样语料所反映的类型演变滞后一些。这突出表现在：V 型结构相比通俗语料多，方式动词例数相对少，路径动词的类数和例数相对多。

这其实反映了译文语体的一个普遍现象[①]，我们在使用当代语言的对译语料时，也会面临这方面的问题。

《老乞大》作为汉语口语教材，相对而言应是现实口语模式最忠实的映现。人们在教授一门语言的口语时，总得让学习者说出来的话符合母语者的说话习惯。前文（第二节）已经论证指出，《老乞大》对应的北方官话口语直到现在仍然表现出强烈的 V 型倾向，所以我们认为，《老乞大》所反映的词化类型倾向，正是当时实际口语的面貌。这突出表现在：V 型结构占绝对优势，S 型结构用得很少，方式动词类数和例数相对少，路径动词类数和例数相对多。当然，《老乞大》这份语料也给运动事件词化类型研究提出了一个新问题：词化类型演变的地域差异。既然《老乞大》反映的是北方话口语使用的实际面貌，并且词化类型存在地域差异（见前文所引方言语料），那么，当我们在面对不同地域背景的历史语料时，就要考虑到地域之间的差异。这个问题我们暂时一提，期待将来的研究作出更加细致的调查。

（二）哪种语体代表语言的面貌和演变方向？

既然一种共时的语言系统包含各种语体，那么，我们不免要问：究竟哪种语体能够代表共时语言面貌？哪种语体代表历时演变方向？[②]

先说第一个问题，哪种语体能够代表共时语言面貌？泰尔米（Talmy，1985/2007：72；2000：27）在归纳运动事件词化类型时一再强调："大多数情况下，一种语言只采用一种词化类型作为其运动事件最具代表性（most characteristic）的表达策略。"判定代表性有三条标准，第一条就是：调查对象应是口头语体或口语性强的语料（colloquial in style），而非书面

---

① 当然，译文语料的确可以显示不同类型语言之间的差异，这是毫无疑问的。比如 Slobin（2000）等研究显示，从 S 型语言（如荷兰语、德语、英语）的通俗作品翻译为 V 型语言（如法语、西班牙语）时，方式信息会丢失；反向翻译时，方式信息会增加。详参史文磊（2019）的介绍。

② 汪维辉老师在看初稿时提出这两个问题，促使我作了进一步思考。

的（literary）或生硬不自然的（stilted）[①]。泰尔米在他后来的调查（Talmy 2000：chapter 1-3）中多次提到这条标准。依此来看，在泰尔米的理念中，口语语体形式最具代表性，最能代表共时语言面貌。

口头语体是在线处理（online）[②]，反映的是认知系统中可及性（accessibility）最高的语言表达策略（Slobin，1996），也就是在口头表达时最先想到的表达策略。从这个意义上说，把最贴近口头语体的形式视为共时语言系统中最具代表性的表达模式，是有道理的。但另一方面，我们认为其他语体也应予以重视。正如前文所言，语言的词汇语法系统内部并非均质，不同的语体各有其特定的功能，在认知处理过程上也各有各的特质；语体不同，所用的形态句法乃至语篇手段就会表现出不同的倾向。比如，通俗书面作品表现出视觉语言离线加工的色彩。作者在撰写这些通俗作品时，必然要经过构思、酝酿和谋篇，会在较大程度上凸显运动的丰富性和生动性。所以通俗作品中方式信息编码的显著度相对更高。这种表现很可能具有跨语言的普遍性，无论 V 型语言还是 S 型语言；但不同语言类型的通俗书面作品，在方式信息的编码策略上很可能是不同的，这种不同不完全跟口头语体相对应，而是表现出各自的特质[③]。口头语体代表了语言表达的可及度，而通俗语体则代表了语言表达的延展度（extension）。通俗书面作品中的表达手段，可能不是可及性最高的，但却是整个语言系统中不可缺少的重要组成部分，是纯粹口头语体形式无法替代的。从这个意义上说，各种语体合在一起，才是完整的语言系统。基于以上分析，我们认为不宜径谈哪种语体最能代表共时语言面貌，而应区分语体，分别看待。

---

① 另两条是：（i）高频使用（frequent in occurrence），而非偶现的；（ii）扩展性强（pervasive），而非受限的，即多种语义范畴都采用该类型编码。

② 严格来说，《老乞大》文本并非在线处理，只是编纂者根据在线模式“再造”的离线形式。

③ 这个问题值得进一步的实证研究。

再说第二个问题：哪种语体代表历时演变方向？这个问题十分复杂，这里只谈一点：是不是只有口语语体代表演变方向呢？从我们的历时考察来看，不一定。汉语运动事件词化类型在历史上表现出远离 V 型、向 S 型演进或 S 型倾向逐渐增强的趋势，但口语性最强的《老乞大》诸版本所反映的词化结构在分布倾向上变化不大（表 3），反倒是正式度相对高的通俗书面作品反映出了较为显著的变化（表 1），走在了前面。因此，我们在考察语体与演变方向的相关性时，至少要区分词汇演变和语法（词法、句法）演变两种情况。就词汇演变而言，口语语体更能代表演变的方向。从四种版本《老乞大》的对比来看，有不少词汇发生了演替，例如："说"取代"道"，"脸"取代"面"，"拿"取代"将"，"饿"取代"饥"，"就"取代"便"，等等（汪维辉，2005），这应是当时实际口语发生演变的反映。这种变化在当时的书面语体文献中可能反映得不太明显，但在口语语体文献中就有明显的体现。但就语法演变而言，有时恰恰是正式语体代表了语言演变的方向。由此可见，语言演变的驱动力有时并非来自口头语体，而是来自受教育程度较高的文人雅士所作的雅正语体。受教育程度高的人往往具有更高的社会威望（prestigious），在新质语言成分的传播上更具影响力。他们会率先采用更具丰富性和生动性的表达策略，并把这种策略传播开来。

当然，很可能不是所有的语法演变都由正式语体驱动并代表其演变方向。在整个语法演变中，什么情况下由正式语体驱动，什么情况下由口语语体驱动？这些问题尚需综合更多个案考察，作出更具说服力的解答。语体与语言演变方向的相关性是一个涉及面广、复杂庞大的课题，绝非一两项个案研究就能解决得了的。但这个问题颇值得关注，这里抛砖引玉，期待后续研究作出更加周全的论证。

基于以上分析，我们主张不同语体各有其特定的存在价值，运动事件词化类型的共时和历时考察，不宜只关注口头语体（colloquial），也不宜笼统讨论整个语言的类型归属，而应区分不同语体域，分别进行调查。通过区分不同语体之后的细致调查，我们可以更立体、更全面地揭示出各历史时期的词化类型和语篇分布倾向。

当我们考察语言类型的历时演变时，可资利用的语料主要是目治的文献资料。正如前文所言，我们无法穿越回古代，看看当时活的口语实际是什么样子，而只能依据手头的文献语料，对其加以鉴别和离析，挖掘出哪些更口语，哪些更正式。

结 论

我们对三种不同语料（通俗作品、古今对译、汉语北方官话口语教材《老乞大》）中的自移运动事件表达结构进行了统计和对比分析。调查发现，不同类型的文本之间，在词化结构的分布倾向和语义要素（方式、路径）的分布倾向上存在显著差异。

我们在此基础上论证指出：（ i ）这些差异很大程度上是由各文本之间的语体差异造成的。通俗作品、现代译文和《老乞大》因其语体功能和实现过程不同，从而表现出使用倾向上的差异。（ ii ）泰尔米（Talmy，1985/2007：72；2000：27）多次强调，判定一种语言最具代表性的词化类型要看口语性的语料，不能看书面性的、文学性的语言。我们主张，不同语体各有其特定的存在价值，口头语体代表了语言表达的可及度，而雅正语体则代表了语言表达的延展度（extension）。雅正语体是整个语言系统中不可缺少的重要组成部分，是纯粹口头语体形式无法替代的。不宜径谈哪种语体最能代表共时语言面貌，而应区分语体，分别看待。从历时考察来看，不一定只有口语语体才代表历时演变方向。就词汇演变而言，口语语体更能代表演变的方向；但是，就语法演变而言，有时恰恰是雅正语

体代表了语言演变的方向，走在了前面。（iii）我们的讨论对一般的历时语言类型学研究也具有比较重要的启示。语言系统（词汇、形态句法、语篇）内部并非均质，不同语体在其所用手段上有不同的倾向。因此，在分析语言类型的演变时，宜引入语体视角，揭示出不同语体之间的差异，方可展示类型演变之全貌，否则，得出的结论就可能是片面的。

当然，除了语体因素之外，有些分布上的差异还可能是由地域、概念域等方面的不同造成的。期待未来的研究作出深入的探索。

附记：

原稿是在黑龙江大学“西语之声青年学术论坛——认知语言学专题”青年学者讲座上的演讲稿，后以现名刊发于《古汉语研究》2020 年第 1 期。现版又作了一些修订。

参考文献

冯胜利:《论语体的机制及其语法属性》，载《中国语文》2010 年第 5 期，第 400—412、479 页。

柯理思（Christine Lamarre）:《汉语空间位移事件的语言表达——兼论述趋式的几个问题》，载《现代中国语研究》（*Contemporary Research in Modern Chinese*）2003 年第 5 期，第 1—18 页。2019 年中国版总 4 期修订重刊。

柯理思（Christine Lamarre）:《中国語の位置変化文とヴォイス》，载生越直树等编《ヴォイスの対照研究——東アジア諸語からの視点》，东京黑潮出版社 2008 年版，第 109—142 页。

柯理思:《位移与语体：从叙事语体和对话语体的差异看汉语位移事件的“典型表达”》，清华大学报告，2018 年 10 月 17 日。

李福印:《典型位移运动事件表征中的路径要素》，载《外语教学》2017 年第 4 期，第 1—6 页。

李泰洙:《〈老乞大〉四种版本语言研究》，语文出版社 2003 年版。

史文磊:《汉语运动事件词化类型的历时转移》，载《中国语文》2011 年第 6 期，第 483—498、575 页。

史文磊:《汉语运动事件词化类型的历时考察》，商务印书馆 2014a 版。

史文磊:《语言库藏显赫性之历时扩张及其效应——动趋式在汉语史上的发展》，载 *International Journal of Chinese Linguistics* 2014b（2）: 293-324.

史文磊、王翠:《组合构成还是整体演成？——“越来越”历史形成诸问题的考察》，载 *Journal of Chinese Linguistics 2021*（2）: 1-39.

陶红印:《试论语体分类的语法学意义》，载《当代语言学》1999 年第 3 期，第 15—24、61 页。

汪维辉:《〈老乞大〉诸版本所反映的基本词历时更替》，载《中国语文》2005 年第 6 期，第 545—556、576 页。

汪维辉:《现代汉语“语体词汇”刍论》，载《长江学术》2014 年第 1 期，第 91—102 页。

汪维辉:《〈重刊老乞大〉对〈老乞大新释〉的修改及其原因》，载《语文研究》2015 年第 2 期，第 35—43 页。

Acedo-Matellán, Víctor, and Jaume Mateu. 2013. Satellite-framed Latin vs. verb-framed Romance: A syntactic approach. *Probus: International Journal of Latin and Romance Linguistics* 25（2）: 227-265.

Acedo-Matellán, Víctor. 2016. *The morphosyntax of transitions: A case study in Latin and other languages*. Oxford University Press.

Chen, Liang, and Jiansheng Guo. 2009. Motion events in Chinese novels: Evidence for an equipollently-framed language. *Journal of pragmatics* 41（9）: 1749-1766.

Fanego, Teresa. 2012. Motion events in English: The emergence and diachrony of Manner salience from Old English to Late Modern English. *Folia Linguistica Historica* 33. 29-85.

Kashyap, Abhishek Kumar and Christian M.I.M. Matthiessen 2018 The representation of motion in discourse: variation across registers. *Language Sciences*. Doi: https://doi.org/10.1016/j.langsci.2018.06.011.

Kopecka, Anetta. 2006. The semantic structure of motion verbs in French: Typological perspective. In Maya Hickmann & Stephane Robert (eds.), *Space in Languages: Linguistic Systems and Cognitive Categories*, 83-101. Amsterdam: John Benjamins.

Kopecka, Anetta. 2009. Continuity and change in the representation of motion events in French. In Jiansheng Guo, Elena Lieven, Nancy Budwig, Susan Ervin-Tripp, Keiko Nakamura & Şeyda Özçalışkan (eds.), *Crosslinguistic Approaches to the Psychology of Language: Research in the Tradition of Dan Isaac Slobin*. 415-425. Mahwah, NJ: Lawrence Erlbaum Associates.

Li, Fengxiang. 1993. *A diachronic study of V-V Compound in Chinese*. Buffalo, NY: SUNY at Buffalo dissertation.

Li, Fengxiang. 1997. Cross-linguistic lexicalization patterns:

Diachronic evidence from verb-complement compounds in Chinese. *Sprachtypologie und Unversalienforschung* 3. 229–252.

Nikitina, Tatiana. 2013. Lexical splits in the encoding of motion events from Archaic to Classical Greek. In Juliana Goschler & Anatol Stefanowitsch (eds.) *Variation and change in the encoding of motion events*. 185–202. Amsterdam: John Benjamins.

Peyraube, Alain. 2006. Motion events in Chinese: A diachronic study of directional complements. In Maya Hickmann & Stéphane Robert (eds.), *Space in Languages: Linguistic systems and cognitive categories*, 121–138. Amesterdam, Phiadelphia: John Benjamins.

Özçalışkan, Şeyda & Dan Isaac Slobin. 2003. Codability effects of the expressions of Manner of motion in Turkish and English. In A. Sumru Özsoy, D. Akar, M. Nakipoğlu-Demiralp, E. Erguvanlı-Taylan, & A. Aksu-Koç (eds.), *Studies in Turkish Linguistics*, 259–270. Istanbul: Bogaziçi University Press.

Rappaport Hovav, Malka. 2019. The change in Hebrew from a V-framed to an S-framed Language. In Edit Doron, Malka Rappaport Hovav, Yael Reshef and Moshe Taube (eds.), *Language Contact, Continuity and Change in the Genesis of Modern Hebrew*, 143–177. John Benjamins.

Slobin, Dan. I. 1996. From "thought and language" to "thinking for speaking". In John J. Gumperz & Stephen C. Levinson (eds.), *Rethinking linguistic relativity*, 70–96. Cambridge, MA: Cambridge University Press.

Slobin, Dan Isaac. 1997. Mind, code, and text. In Joan Bybee,

John Haiman & Sandra A. Thompson (eds.), *Essays of language function and language type*, 437–467. Amsterdam & Philadelphia: John Benjamins.

Slobin, Dan. I. 2000. Verblized Events: A dynamic approach to linguistic relativity and determinism. In Suzanne Niemeier & René Dirven (eds.), *Evidence for Linguistic Relativity* [*Amsterdam studies in the theory and history of linguistic science. Series Ⅳ, Current issues in linguistic theory*], 107–138. Amsterdam: John Benjamins B.V.

Slobin, Dan. I. 2004. The many ways to search for a frog. In Strömqvist & Verhoeven (eds.), *Relating Events in Narrative. Vol 2: Typological and Contextual Perspectives*, 219–257. Lawrence Erlbaum Associates.

Slobin, Dan Isaac. 2005. Relating narrative events in translation. In Dorit D. Ravid & Hava B. Shyldkrot (eds.), *Perspectives on language and language development: Essays in honor of Ruth A. Berman*, 115–129. Dordrecht: Kluwer Academic Publishers. https://doi.org/10.1007/1-4020-7911-7_10

Slobin, Dan Isaac. 2006. What makes Manner of motion salient: Explorations in linguistic typology, discourse, and cognition. In Maya Hickmann & Stéphane Robert (eds.), *Space in Languages: Linguistics systems and cognitive categories*, 59–81. Amsterdam & Philadelphia: John Benjamins.

Shi, Wenlei, and Yicheng Wu. 2014. Which way to move: The evolution of motion expressions in Chinese. *Linguistics* 52（5）: 1237–1292.

Shi, Wenlei, Wanglong Yang, and Henghua Su. 2018. The

typological change of motion expressions in Chinese revisited: Motion events in Old Chinese and its Modern Chinese translation. *Studies in Language* 42（4）: 847–885.

Stolova, Natalya I. 2008. From satellite-framed Latin to verb-framed Romance: Late Latin as an intermediate stage. In R. Wright (ed.), *Latin vulgaire-latin Tardif*, ⅷ, 253–262. Hildesheim: Olms-Weidmann.

Stolova, Natalya I. 2015. *Cognitive linguistics and lexical change: Motion verbs from Latin to Romance*. Amsterdam: John Benjamins.

Talmy, Leonard. 1985. Lexicalization patterns: Semantic structure in lexical forms. In Timothy Shopen (ed.), *Language typology and syntactic description, vol.3: Grammatical categories and lexicon*, 57–149. Cambridge: Cambridge University Press.

Talmy, Leonard. 1991. Path to realization: A typology of event conflation. *Proceedings of the 17th Annual Meeting of the Berkeley Linguistic Society*. 480–519.

Talmy, Leonard. 2000. *Toward a Cognitive Semantics*, vol. Ⅱ. Cambridge, MA: MIT Press.

Verkerk, Annemarie. 2015. Where do all the motion verbs come from? The speed of development of manner verbs and path verbs in Indo-European. *Diachronica* 32（1）: 69–104.

Yiu, Carine Yuk-man. 2014. *The Typology of Motion Events: An Empirical Study of Chinese Dialects*. [Empirical Approaches to Language Typology 53] Berlin/Boston: Walter de Gruyter.

社群参与式的网络文学版权传播构想与运营实践

陈　洁

学者名片

陈洁，浙江大学文学院教授、博士生导师，浙江大学数字出版研究中心执行主任，浙江大学出版社常务副总编、副总经理，《浙江大学学报（人文社科版）》执行副主编，清源学社副社长，剑桥大学访问学者。入选国家万人青年拔尖人才、浙江省万人青年拔尖人才、浙江省宣传系统五个一批人才、浙江省第一批之江青年社科学者、求是青年学者、省万名好党员。担任韬奋基金会第一届学术委员会委员、中国编辑出版高等研究会常务理事、国家出版融合发展重点实验室学术委员会委员、新华文轩博士后工作站指导专家。主要从事数字出版、媒介文化、出版产业等领域的研究。曾在《新闻与传播研究》《新华文摘》《中国出版》《出版科学》和人大复印资料等重要学术期刊及知名国际期刊《出版研究季刊》（*Publishing Research Quarterly*）上发表60篇有影响力的学术论文，主持完成国家社科基金、教育部、中宣部等省部级课题9项，在国家一级出版社出版专著《数字出版商业模式研究》《数字时代的大众文学出版与传播研究》和《数字时代的出版学》，成果获中华优秀出版物奖、省哲学社会科学优秀成果奖（3次）、全国编辑出版优秀论文奖。教学方面成果被列为省优秀教材，获立省级精品课程，指导学生作品获全国竞赛一等奖，获浙江大学优秀班主任（3次），获十佳青年岗位能手（2次）。

时间：2016 年 12 月 17 日 /2019 年 12 月 2 日

地点：清华大学新闻与传播学院 / 武汉大学信息管理学院

各位老师同学，大家好！

非常高兴能在这里跟大家分享我对网络文学版权的一些思考，也想借此机会与在座的本科生、研究生和青年老师交流互通，敬希得到大家的批评指正。

提到网络文学的版权改编，大家想到了哪些作品？我听到有人说《盗墓笔记》，还有《花千骨》《微微一笑很倾城》《择天记》《三生三世　十里桃花》，看来大家都是“追剧达人”。我国网络文学发展至今已形成庞大的规模和完整的产业链。网络文学版权传播的范围越来越广，版权运营在产业收入中所占比重也越来越多。尤其是被称为“版权元年”的 2015 年以来，版权运营愈发成为商业资本追逐的对象，几乎每年都会出现“现象级”的网络文学改编，大家刚刚提到的作品都是近年来网文版权改编的代表作，而早年的《鬼吹灯》《盗墓笔记》等作品，已经形成了可长期稳定开发的版权产业链。

网络文学的版权运营促进了版权传播，而版权传播模式的改变，又是版权运营革新的基础。我们可以看到，网络文学的口碑常处于“热”与“冷”的两极，网络文学版权产业的规模和争议同在，商业资本的盲目注入和文学网站之间的资源争夺加剧了现有秩序的不稳定性，版权开发在广度与深度上出现不平衡，创意和策略显得单薄。那我们该如何看待介于冰与火之间的版权传播新态？又如何创新网文版权运营模式？社交媒体的在线社群重构了网络文学版权传播的版图，社群参与作为全新的视角，为网络文学版权运营提供了新的思路。所以，今天我想和大家从动力、传播构想、运营实践这三个方面一同探讨社群参与模式下的网络文学版权发展情况。

一、社群参与成为网络文学版权传播与运营的新动力

社交媒体改变了网络文学作品的传播模式，由其形成的用户社群，作为重要的消费力量,日益受到文化生产商的重视。《2017 中国社交媒体影响报告》[①] 指出：社交媒体在各年龄段的使用率均呈上涨趋势，尽管年轻人仍然是主要的使用者，中老年使用者的增速已经超过前者。除了微信、微博、QQ 等专门的社交软件，具有社交评论功能的生活应用、电商平台、直播软件（如大众点评、淘宝、斗鱼 TV 等）也从广义上拓宽了社交媒体的范围。在这种情况下，我们可以明显地感知到社交媒体为网络文学版权传播与运营构建了全新的环境。这主要表现在四方面。首先,社交媒体具有庞大用户基础，作为一种消费渠道，用户可实现阅读、购买作品和产品。其次，其分享、评论、发布等功能使用户相互影响，易于出现以社群为单位的病毒式分享和集体消费行为。再者，网络文学改编作品常常会引起粉丝巨大反应，如影院包场、集会活动等，带动他人加入消费行列。最后，社交媒体作为交流的平台，为作者、编辑、制作、经纪人等资源的汇集整合创造了条件，对网络文学写作水平提升和版权运营机制完善均有潜在的促进可能。因此，我认为在社交媒体改写网络文学版权传播模式的基础上，对版权运营进行针对性的创新，是值得文化生产者们积极试水的领域。

我们还要了解到的是，社交媒体创造的不仅是一种网络群体，用户们所表现出的集体讨论、消费和反馈行为，更是时下具有普遍意义的参与式文化的体现。美国媒介研究者亨利・詹金斯是参与式文化的提出者，他认为："参与式文化是一种艺术表达和公民参与门槛相对较低，强烈支持创造和共

① 凯度（Kantar）:《2017 中国社交媒体影响报告》，http://www.199it.com/archives/600059.html，访问日期：2018 年 9 月 1 日。

享创造作品的文化。”[①] 用户社群的参与主要分为接受、反馈、评价和再创作四类，以在线发布的剧情解读、同人写作、视频制作等用户原创内容为典型。用户参与在过去难以固化，“它们或是在口头流传，或是体现在读者来信中，形成一种集体的而不是个体的反应”[②]；社交媒体使之保留并扩散，一些同人文和视频在社群中享有极高的人气。他们借此对作品进行定义和阐释、争执和维护、续写和补充，重新勾勒出作品的面貌。以作者为代表的版权官方往往希望拥有唯一解释权，但考虑到合理利用参与行为对于作品的提升可能和经济收益，应对网络文学版权产业中的社群参与予以足够的重视。社群网络的参与行为是自主、非营利的，却能在一定的条件下能转化为消费力。它要求文化生产者正视用户的社群参与行为和审美需求，一味“迎合大众”的作品反而会遭到抵制。网络文学创作和改编有必要契合这一社会文化特征，把社群参与纳入运营模式，为用户打开参与之门，以达到更好的商业和文化效果。

将社群参与提高到版权运营的战略层面，我认为这是用户中心商业理念的延伸。我们可以根据参与的程度将其分为三层：第一层，优化商品结构和交易形式，满足用户个性化的消费需求；第二层，“Web2.0 的用户中心理念还体现在用户之间的灵活多样的交互沟通机制上，博客上的评价、留言、推荐功能，RSS 的订阅功能，Tag 的标引等诸多功能”[③]；第三层，尊重并认可以参与形式出现的用户表达。尽管它们都旨在提供最佳的阅读体验，但第三层暗含着用户希望在作品中看到自己身影、发出自己声音的意愿。这正是一些网络文学作品能够兴起的原因吧。版权《全职高手》之所以能够异

---

① 参见石义彬，岳改玲:《数字时代的参与式文化——以互联网上围绕〈星球大战〉的受众创作为例》，载《新闻与传播评论》2009 年第 1 期，第 129—134 页。

② Fiske, John Fiske. 1987. Television Culture. London and New York: Methuen, p.124.

③ 参见刘萍，望俊成，王亮等:《Web2.0 环境对知识共享的影响分析》，载《图书情报知识》2007 年第 6 期，第 40—44 页。

军突起，除了作为小说题材的电子竞技是年轻人既熟悉又陌生的内容，还在于小说对虚拟偶像的塑造满足了粉丝深度参与的要求，因为“虚拟偶像的最关键特征，就是粉丝投入偶像的创作和成长中去，产生巨大的参与感”[①]。尽管版权方阅文集团提供了诸多周边让粉丝花钱“供养”偶像，但仍无法满足他们过剩的热情，甚至导致了粉丝们屡次与阅文发生矛盾冲突。这说明社群参与改变了网络文学版权的传播模式，旧的运营方式显然无法胜任。

目前社群参与作为商业资源的利用率还比较低，我认为以网络文学网站为主的版权官方与改编者之间的断裂是一个很重要的原因。由于许多版权授权是“一次性”改编，改编者往往依赖明星、名人、事件制造“噱头”吸睛，而忽视了原著粉丝的潜在商业和文化价值，未从根本上对用户参与给予关照。尤其是一些欲借着“小说情怀”或是“流量小生”快速获利的改编，低劣的制作质量还影响了原著的口碑。不同的改编作品在背景、人物、剧情上千差万别，与原著读者心中的想象愈行愈远，原著读者的喜好则主要体现在他们原创的批评、小说、漫画中。我想为了充分尊重并发扬读者的审美需求和创造能力，文化生产者们需要对社群参与式的网络文学版权传播进行再认识，重新设计其运营体系。

二、社群参与式的网络文学版权传播构想

现在是社交媒体时代，我们发现，用户社群多样、多意的参与行为变成了可与版权官方分庭抗礼的力量，通过社交媒体平台的在线发布功能，在内容创作上形成了一张与官方产业布局相对应的版图。我们可以将网络文学及其衍生改编、用户原创作品的产生与传播，按照中心／边缘、官方／同

---

① 参见张家欣:《〈全职高手〉粉丝怒撕“经纪公司”阅文集团》，http://chanye.07073.com/guonei/1623202.html，访问日期：2018 年 8 月 2 日。

人的空间层级划分，勾勒出社群参与式的网络文学版权传播基本框架：内容核心概念是版权传播的中心，它被版权开发产业链分成具体的作品，从而传播至用户社群；用户社群的参与行为具有建构意义，是非主流、非官方的作品来源；官方和用户原创的作品都是内容核心概念的形象呈现和意义组成，核心用户将之再传播至外围用户。

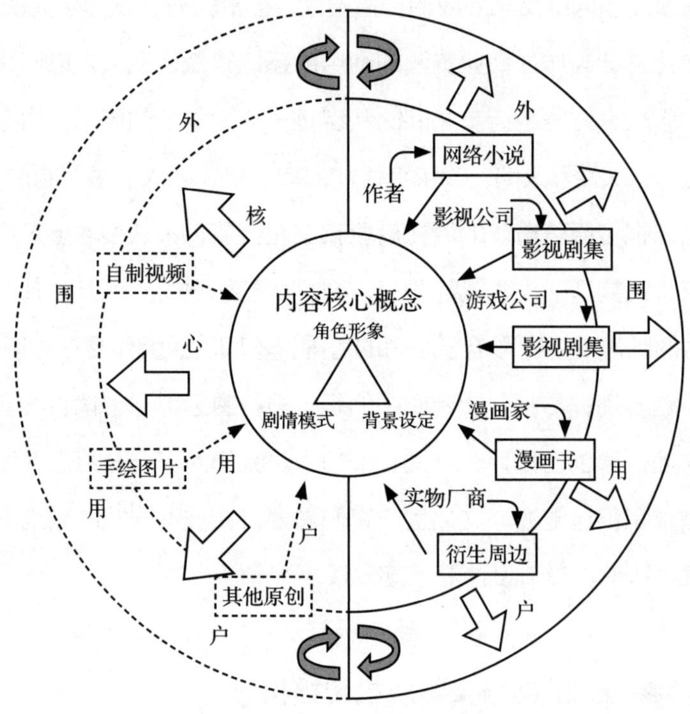

社群参与式的网络文学版权构建模式构想

(一)作为版权运营中心的内容核心概念

当前，小说不再是产品衍生的唯一基点，取而代之的是多形式的内容核心概念，一个内容核心概念可以转化的衍生产品远超过小说本身。概念先行即是一种表现，例如方想的《不败王座》，仅作为一个 IP 概念就拍出了 810 万元的高价。内容核心概念包括角色形象、剧情模式和背景设定，像《猫和老鼠》突出的是角色，《魔戒》则以背景著称，我国网络文学长期以剧情见长。言情小说“多角虐恋”、盗墓小说“大战僵尸”、武侠小说“少年终成大侠”、青春小说“玛丽苏”等就是典型的剧情类型。近年来，网络文学本身的丰富性在增强，类型写作中也涌现出创新式的人物和背景。

内容核心概念既是版权传播的中心，也是版权运营的中心，很显然，内容核心概念的深度决定了版权运营的广度和生命周期，以及用户社群的可参与程度。它的地位是作品长期开发的必然要求。我们可以看看《盗墓笔记》这个例子。《盗墓笔记》十多年来衍生产品不断，粉丝社群稳固，除了古墓探险的剧情模式引人入胜，吴邪、张起灵、王胖子的“铁三角”形象和步步展开的背景设定激起了粉丝参与创作的热情，其同人小说多以人物情感纠葛为主题，“地宫”地图之类粉丝制品则是针对背景设定产生。真正有潜力的内容核心概念，应当是背景设定、人物形象、剧情模式形成联动整体。这一方面，欧美、日本文化产业有着许多的可鉴之处。

（二）版权产业链主圈

版权产业链主圈是版权产品开发的主体部分，目前我国的文学网站主要以全版权 IP 入股、共同投资出品、系列工作室、反向 IP 定制四种方式[①]，将网络文学改编成影视、游戏、漫画、舞台剧等，内容核心概念从而传播到用户圈层。传播的路径越多、分支越多，用户社群的数量和规模越大。生产主体和产品形式的增加，是扩大版权影响力的主要办法。就阅文集团来说，它在 2015 年推出的“版权共赢合伙人制”强调了与其他专业制作团队的合作，以动漫开发为例，“阅文集团一般选择‘全明星护航’的模式，从精品 IP 的选择到动漫的制作、营销等无一不是行业领头公司或个人承包”[②]。《择

① 参见王潇娓：《网络文学版权运营分析——以“中文在线”为例》，载《新闻传播》2016 年第 22 期，第 36、38 页。

② 参见刘锦宏，赵雨婷：《泛娱乐生态中的网络文学全产业链生产和运营模式解析——以阅文集团旗下猫腻作品〈择天记〉为例》，载《出版科学》2017 第 1 期，第 30 页。

天记》的动画改编从总监制、制片人、动画、后期、配音都交予业内顶级团队、知名人士负责。对于不同衍生产品来说，其关联性、互补性越高，它们的用户也越容易发生转换与融合，形成更大的用户社群。相反地，改编与原著差别过大，不满、批评的意见在用户社群中快速传播，导致其产生抵抗姿态。影视改编中的“原著党”和“电视剧党”，就是由此产生的用户群体对立。《花千骨》的粉丝分为“原著党”和“电视剧党”，分为两派相互攻击，这自然影响了外围用户对作品的期待和加入，不利于口碑积累和消费扩大。

（三）用户社群的外圈和参与创造的半边

我们要知道，产业链圈层外是数量庞大的用户群体，距离中央由近及远是核心用户和外围用户。官方作品的传播路径为“内容核心概念—生产主体—作品—核心用户—外围用户”，社群参与的路径与官方反向，从外向内影响内容核心概念，构成了参与创造的半边。詹金斯在考察电视粉丝时认为，粉丝并不是任凭媒体制作者、原著作者决定文本内容，而是通过意义解析、同人志来选择、建构自己的“理想”版本，参与的原创内容“与单集剧情或者电影并列，是粉丝群体通过对现有剧集不断地分析和细读而日渐积累起来的”[①]。外围用户看到的内容核心概念，大多包含版权官方和核心用户的双重因素。社群参与的形式多样，文本解读、讨论和批评是初级的一类，同人小说、自制视频等则相对高级，扩充了内容核心概念。

我认为社群参与使用户社群与版权官方分享内容核心概念，社群参与的原创作品有时可达到和官方作品并驾齐驱的水准，如《哈利·波特》的粉丝自制电影就显示出极高的专业度。值得关注的是，用户社群能对作品自决，但是这并不意味着他们就必然是与官方对抗的，版权官方可以与用户协商人物设定、剧情走向，甚至采用粉丝原创内容或者招募用户加入官方创

① 参见［英］亨利·詹金斯著，郑熙青译：《文本盗猎者：电视粉丝与参与式文化》，北京大学出版社2016版，第94页。

作组。因此，用户的社群参与对内容核心概念的建构意义，从虚拟延伸到了现实。就拿《全职高手》来说，主角叶修的粉丝不仅通过微博话题为他庆生，到小说中叶修去过的杭州湖滨麦当劳消费，甚至以他的名义出资修路、捐助爱心免费午餐和图书。这些行为显然有利于外围用户、普通公众对叶修这一文学虚拟偶像的认知，从而扩大作品受众。

三、社群参与的广度与深度结合的运营实践

下面我们来谈一谈运营实践。从社群参与式的网络文学版权传播入手，我们可以发现，版权运营的关键在于参与的主体广度与方式深度的结合。参与的主体，包括生产者、接受者和环境支持者；参与方式的深度，主要指依托数字技术、叙事模式与开发策略的创新，产生新型内容阅读和出版资源利用方式。参与广度与深度的结合，即是多方主体通过媒介融合、模式变革、资源共享等手段，提高网络文学创作、传播以及版权运营的制作水平、参与精神和商业活力。我们按照文本创作、版权改编、发行营销的阶段划分，可以分为传统写作出版力量支持、前沿技术创新阅读体验、同人作品资源利用、跨媒体叙事开发策略、社群营销带动次级传播等五种运营实践。

（一）传统写作出版力量支持

据我了解，类型化有余而深度不足，是许多网络文学作品的通病。除了东方玄幻、游戏、穿越、宫斗，军事、历史、科幻、现实主义等较难把握的类型，仍然多出自传统作家之手，例如《和平饭店》《大秦帝国》《三体》《人民的名义》等。从出版和评价机制来看，“文学网站编辑的职业重点不在于内容把关，而在于签约作者，提醒作者更新，以及内容发布与推荐等”[①]，一般不会对作品发布多加限制，浅显、惊奇遂成了网络文学的常态。“网络

---

① 参见周百义，胡娟：《出版集团开展网络文学出版刍议》，载《编辑之友》2013 年第 5 期，第 24 页。

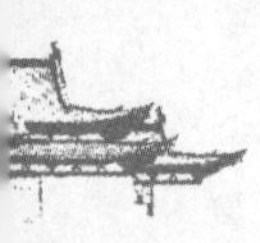

文学光靠网络写手难以支撑整个文学产业，必须从传统文学领域里寻找新的产业资源和发展动力”[①]，出版社的编辑把关和学院派的专业批评是传统文学质量的保证，让传统写作出版力量支持网络文学写作与版权运营，契合了社群参与对于参与主体广度的要求。

目前，网络文学吸收传统文学资源的方式主要包括招募传统作家、评论人进入网络文学生产体系，或是开设面向“草根”作者的写作课堂等。起点中文网曾采用作协擂台赛、作家比拼等方式吸引传统作家加盟，当初盛大文学拥有一对一辅导、网络培训、编辑访谈、写作训练营等项目，通过“白金书评人”“招安”专业文学书评人。传统出版社的策划与审校体系、传统作家的专业技巧和人文精神，将拓宽网络文学的广度和深度。

（二）前沿技术创新阅读体验

一般意义上的网络文学阅读体验，主要指用户在电子媒介上阅读的过程与感觉，包括检索、支付、评论的流畅性等。社群参与下的阅读体验，强调对文学世界的深度沉浸，使用户拥有介入人物命运和阐释主题精神的机会，能在文学阅读中看到“自我”。我们通过前沿技术实现用户的参与性诉求，或为未来文学阅读的主流，以 VR 技术和人工智能的应用为代表。VR 技术让用户从二维平面阅读进入三维空间，全方位调动视、听、嗅、触觉，与书中人物角色发生互动，《花千骨》《三生三世十里桃花》等都试推出了 VR 体验版。那人工智能的应用场景又包括哪些呢？我想有“协助作者撰写文章”“代替人工进行校稿”“模仿某人声音读文章”“语音识别转成文字”“精准推送文章给读者”“即时、智能的名词解释”等，交互式人工智能以资深编辑、书评人的形象引导阅读，而大数据库、人工智能则定向推荐作品、章节，甚至“量身定做”故事剧情，例如人工智能语音合成技术可以个

① 参见禹建湘:《产业化背景下的文学网站景观》，载《中南大学学报（社会科学版）》2012 年第 2 期，第 129 页。

性定制“明星”朗读声音，微软人工智能“小冰”能够模仿人类创作诗歌。

综合分析下来，我们可以发现前沿数字技术对网络文学阅读的变革，主要体现在“身体力行＋亲近内容”的体验，尤其是一些交互类的影视、游戏，调动用户参与性使分散的注意力重新聚集到产品上。新技术阅读接受程度低的主要原因在于消费成本过高。随着技术的成熟，其价格必然向大众倾斜，数字阅读又将重新洗牌，从而影响网络文学阅读和版权运营整个生态。

（三）同人作品资源利用

我们知道，同人作品的累积扩大是当前网络文学传播的显在趋势，围绕一些高产的同人发布者，还在用户社群中形成了若干“圈中圈”。像《盗墓笔记》的粉丝录制广播剧、剪辑音乐短片、叙写同人文、绘制漫画，声势十分浩大，同人创作无疑起到了正面的宣传和形象作用。但是，从另一方面来说，同人创作消解了原著作者、文学网站的官方权威，造成了二者关系的紧张状态。作者天下霸唱就表示反感同人创造，对同人网剧《摸金符》不予认可。在参与式文化背景下，同人创作不仅是社群参与、版权传播的有效手段，也是版权运营的可利用资源。我认为要把同人作品资源纳入商业化运营体系，在内容质量、版权成本、作者培养等方面都要呈现出优势。首先，同人作者对原著的理解不亚于职业编剧，同人作品常常更能忠于原著。其次，同人创作尚未完成商业化，作者身价和作品稿酬也较低，与动辄几十万的编剧薪资相比，开发成本低得多。在长尾效应下，批量级的“小投入、小制作、小回报”比单一的“大投入、大制作、大回报”更符合分众阅读和个性消费的社会趋势。再者，扶持同人创作商业化，可发现和培养优秀的网络文学新人。商业制度化的同人创作可以成为超级版权的孵化器。

从受众市场的角度看，同人作品还原了用户社群对于作品的认知，开发同人作品更容易受到他们的青睐。随着参与规模的继续扩大，同人创作大规模进入开发视野是大有可能的，所以，如果在这一方面抢占先机，便

是占领了网络文学版权运营的高地。

（四）跨媒体叙事开发策略

大家知道什么叫跨媒体叙事吗？这是詹金斯总结提出的一种叙事模式，指的是“用不同的传播渠道，按照一定的系统性来讲述小说的各个元素，为的是创造出协调统一的娱乐体验；不同的媒介载体对故事的展开有其独特的价值”①。简单地说，即是以不同的媒介形式的作品完成整个故事的叙事，就像下图展示的这样。因此，跨媒体叙事强调产品之间的关联性和文本的延展性，用户必须搜集不同媒体形式作品中的信息碎片，拼凑出故事的全貌。对于网络文学创作和版权运营来说，叙事的节奏应当是不同媒介相互配合的，不同媒介的接受体验反过来也加深了用户参与。面对跨媒体叙事的阅读难度，用户社群正好是公共学习空间，用户在其中进行信息交换和分享，以此理解复杂而庞大的作品。不同媒介形式的作品使所有用户都成了“原著党”，其受众范围也比一般版权改编更为广泛。

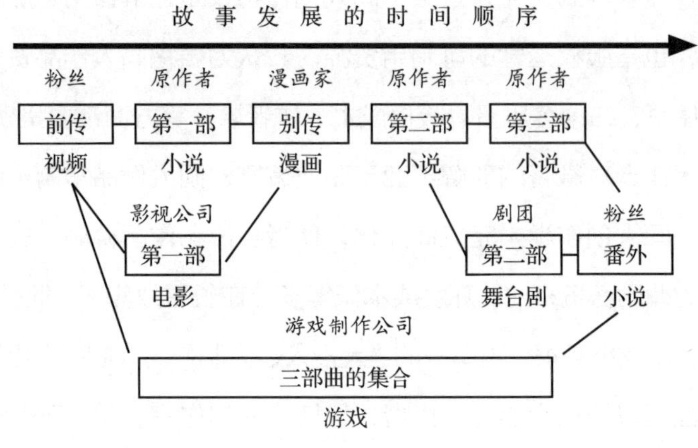

跨媒体叙事模式

① Jenkins, Henry. Transmedia Storytelling 101[EB/OL].[2017-03-21]. http://henryjenkins.org/2007/03/transmedia_storytelling_101.html#more-1317.

我认为在跨媒体叙事的开发策略中，内容核心概念中的背景设定居于首位。为什么这么说？是因为背景世界的容量决定了故事发展的可能性。国外许多大型文化传媒公司的模式是：自己掌控着内容核心概念的背景设定，将作品的创作权、改编权外包，在人物、剧情上给予一定的创作自由。国内不少改编者在拿到网络文学的作品版权后，弃置了原著的背景设定，造成了人物性格分裂和剧情漏洞矛盾，引起用户社群的强烈不满。正是面对这样“恶劣”的改编环境，小说《全职高手》的粉丝社群才会向阅文集团发出“不要改编”的诉求。所以说，跨媒体叙事开发策略要求各方之间的“协同创作”来保持内容核心概念的稳定。

（五）社群营销带动次级传播

大众传播模式是由点及面的，传播经过的路线越长，效力就越有限。在社群参与中，核心用户能够作为版权方和外围用户之间的桥梁，自觉将改编作品的内容核心概念传向后者。社群营销带动次级传播，即是通过非大众向的、面向用户社群的营销，形成互动组团关系，再由他们向外围用户扩散，实现版权的再传播。借助社群网络传播中的组群信任因素，我们达到了更好的作品推介效果。如百度贴吧中有一些 IP 类贴吧之间的“外交关系”，当某一 IP 发布重大作品时，该贴吧成员会到具有“外交关系”的贴吧中发帖宣传该作品，这便形成了次级传播。因此，社群营销带动次级传播注重把资源集中投入核心用户的营销中，版权官方与核心用户建立长期的伙伴关系，寻找用户社群中的意见领袖作为其代理人。

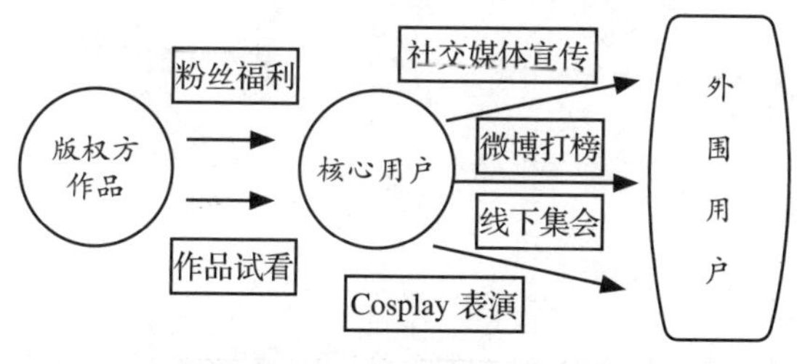

社群营销带动次级传播

虽然目前这种社群化的次级传播往往是粉丝自发的，但是版权运营者也可以有计划、可持续地对其组织引导。具体有哪些方式呢？比如作品的试看，漫威电影《复仇者联盟 3》在上海的首映“刷屏”了当天社交圈；以“粉丝福利”的方式给予特定读者群体优待，吸引外围用户加入核心用户行列；授权用户社群组织线上、线下活动，如粉丝自发 cosplay 表演、文学虚拟偶像“文”上公交车等。总的来说，就是要用粉丝的“有爱”[①] 引起普通用户对作品的关注，扩大受众范围。同时，公众也会通过粉丝群体呈现的形象评判作品的价值。这一过程显示了亚文化如何被主流文化吸纳的途径。

目前我对社群参与式的网络文学版权运营梯级构想仍是初级的，面对复杂的媒介融合现实，版权保护、资本逐利、资源争夺等问题依然突出。当前网络文学创作越来越鲜明的“共建”特征，意味着版权运营者与用户社群互动关系的多样化、多元化。除了文化与经济固有的矛盾，版权官方主导的写作方向、改编策划、专业制作与社群参与的集体反馈、原创作品、自我建构之间的平衡，以及合作模式下的利益分配，将会是今后网络文学版权运营研究与讨论的重点，运营者的服务理念和角色定位，需要更多理性、漫长的思考。我也期待有更多的人关注到这些领域，共同交流探索。

谢谢大家！

① 参见邵燕君:《面对网络文学：学院派的态度和方法》，载《南方文坛》2011 年第 6 期，第 12—18 页。